기출의 파급효과

사탐 영역

사회·문화

orbibooks

사회·문화
기출의 파급효과

사회 · 문화

저자의 말

이 책의 대상

이 책은 사회·문화의 기본적인 개념을 다루지 않습니다. 이 책의 방향성은 수험생이 수능 실전 연습을 하도록 도와주는 것입니다. 따라서 이 책을 보기 전에 반드시 개념을 1회독 이상 해야 합니다. 여기서 말하는 1회독 이상이란, 단순히 개념을 처음부터 끝까지 한 번 학습했다는 것에서 그치지 않고 스스로 개념 문제는 풀 수 있을 정도로 학습한 상태를 의미합니다.

이 책만의 특장점

1. 이 책은 사회·문화 문제를 풀 때 학생이 가져야 할 태도와 행동을 실전적으로 설명했습니다.
   단순히 개념을 나열하는 식의 서술에서 벗어나, 실전에서 필요한 내용을 서술했습니다.

2. 이 책은 수험생이 수능 시험장에서 문제를 원만하게 해결할 수 있도록 도움을 제공합니다.
   각각의 기출 문제에서만 사용할 수 있는 설명에서 그치지 않고 실전 개념에 대해 최대한 많은 설명을 하면서 학생들에게 도움이 될 수 있도록 서술했습니다.

3. 이 책을 쓸 때는 학생들에게 가장 필요한 것이 무엇일까에 대해 항상 생각했습니다.
   제가 수험생일 때, 시중에 이러한 책이 있었으면 좋겠다고 생각했던 형식의 책을 만들려고 노력을 했습니다. 저는 기출 분석서가 수험생의 입장에서 가장 효율적인 학습을 할 수 있는 방향으로 만들어져야 한다고 생각합니다.

4. 이 책에서는 단순히 교과서 단원에 맞춰 순행적으로 문제를 나열하지 않았습니다.
   나름의 체계를 갖춰 학생들이 효율적으로 학습을 할 수 있도록 만들었습니다.

5. 이 책에 있는 모든 〈보기〉 문제는 주관식으로 구성되어 있습니다.
   〈보기〉 문제가 객관식으로 구성되어 있다면 찍어서 맞추었을 때, 본인이 그 문제를 맞았다고 생각하고 넘어가는 경향이 있습니다.
   학생들이 조금 더 많은 것을 얻어갈 수 있도록 하고, 극한 상황에서 실력을 끌어올리도록 만들기에는 〈보기〉 문제를 주관식으로 바꾸는 것이 좋다고 생각했습니다.

이 책의 활용법

1. **중간에 포기하지 말고 이 책의 모든 내용을 이해하기 위해 반복해서 학습하시길 바랍니다.**
   저는 이 책을 쓸 때 수능 사회·문화를 푸는 데 도움이 되는 내용만 적었기 때문에 이 책을 통달한다면 어려운 문제는 없으리라 생각합니다.

2. 이 책에 있는 모든 문제는 실전 모의고사 문제가 아니라 이미 기출된 문제입니다.
   따라서, 한 문제를 푸는 데 걸린 시간보다 얻어간 지식의 양이 훨씬 더 중요합니다.
   기출 문제와 집요하게 싸워서 많은 것들을 얻어가시길 바랍니다.

3. **이 책은 본문 못지않게 해설도 중요합니다.** 이 책에 있는 모든 해설은 저자가 실제로 문제를 푸는 방식으로 서술되었습니다.
   그렇기에 문제를 풀고 본인의 풀이와 해설을 비교한다면, 문제만 푸는 것 이상으로 많은 것을 얻어갈 수 있을 것입니다.

4. 나열된 선지의 내용을 모두 머리에 집어넣으려고 하기보다는, **본인이 몰랐던 내용에 표시하면서 회독할 때 모르는 것 위주로 선지를 공부**하는 것이 좋을 것입니다.

5. 수능 사회·문화의 기조는 매년 급격하게 변하고 있습니다.
   수능 전까지 이 책으로 전반적인 학습을 하고, 올해 6월, 9월 평가원 모의고사에서 새롭게 등장하는 유형을 반드시 분석하길 바랍니다.
   기출된 문제와 당해 시행되는 평가원 모의고사를 조화롭게 분석하면 충분히 수능에서 만점을 받을 수 있을 것입니다.

파급의 기출효과

cafe.naver.com/spreadeffect
파급의 기출효과 NAVER 카페

기출의 파급효과 시리즈는 기출 분석서입니다. 기출의 파급효과 시리즈는 국어, 수학, 영어, 물리학 1, 화학 1, 생명과학 1, 지구과학 1, 사회·문화가 예정되어 있습니다.

준킬러 이상 기출에서 얻어갈 수 있는 '꼭 필요한 도구와 태도'를 정리합니다.
'꼭 필요한 도구와 태도' 체화를 위해 관련도가 높은 준킬러 이상 기출을 바로바로 보여주며 체화 속도를 높입니다. 단시간 내에 점수를 극대화할 수 있도록 교재가 설계되었습니다.

학습하시다 질문이 생기신다면 '파급의 기출효과' 카페에서 질문을 할 수 있습니다.
교재 인증을 하시면 질문 게시판을 이용하실 수 있습니다.

기출의 파급효과 팀 소속 오르비 저자분들이 올리시는 학습자료를 받아보실 수 있습니다.
위 저자 분들의 컨텐츠 질문 답변도 교재 인증 시 가능합니다.

더 궁금하시다면 https://cafe.naver.com/spreadeffect/15에서 확인하시면 됩니다.

모킹버드

mockingbird.co.kr
수능 대비 온라인 문제은행

모킹버드는 수능 대비에 초점을 맞춘 문제은행 서비스입니다. AI 문항 추천 알고리즘을 통해 이용자의 학습에 최적화된 맞춤형 모의고사를 제공하여 효율적인 수능 성적향상을 목표로 합니다. **수학, 과탐을 서비스 중입니다.**

문항 제작과 검수에 기출의 파급효과 팀뿐만 아니라 지인선 님을 포함한 시대/강대/메가 컨텐츠 팀에서 근무하였고 여러 문항 공모전에서 수상한 이력이 있는 여러 문항 제작자들이 함께 하였습니다.
웹 개발과 알고리즘 개발에는 서울대 컴공, 카이스트 전산학부 출신 개발자들이 참여하였습니다.

모킹버드를 통해 싸고 맛좋은 실모를 온라인으로 뽑아 풀어보고,
AI 문항 추천 알고리즘 기술의 도움을 받아 학습 효율을 극대화해보세요.
가입만 해도 기출은 무제한 무료 이용 가능하고, 자작 실모 1회도 무료로 제공됩니다.

Part
01

개념 파트

---

comment

1. 연구 윤리, 사회 운동, 사회적 소수자와 같이 독해가 중요한 내용은 정리하지 않았습니다.
2. 사회화 & 지위와 역할에서 나오는 개념은 다루지 않았습니다.
3. 기출의 모든 선지를 다룬 것은 아니며, 필요하다고 생각하는 선지만 정리하였습니다.

사회 · 문화 현상 vs 자연 현상

(1) 사회 · 문화 현상과 자연 현상의 공통적인 특징

- 인과 관계가 나타난다.
- 보편성이 나타난다.
- 경험적 자료로 연구할 수 있다.

(2) 사회 · 문화 현상의 일반적인 특징

- 가치 함축적이다.
- 개연성의 원리가 적용된다.
- 특수성이 나타난다.
- 자연 현상에 비해 특수성이 강하다.
- 개연성의 원리가 적용된다.
- 보편성과 특수성이 공존한다.
- 당위 법칙을 따른다.
- 확률의 원리가 적용된다.
- 인간의 가치가 반영되어 나타난다.

(3) 자연 현상의 일반적인 특징

- 존재 법칙의 지배를 받는다.
- 몰가치적이다.
- 사회 · 문화 현상에 비해 인과 관계가 분명(명확)하다.
- 확실성의 원리가 적용된다.
- 필연성의 원리가 적용된다.
- 사회 · 문화 현상에 비해 보편성이 강하다.
- 동일한 조건하에서는 항상 동일한 결과가 발생한다.

▌사회 · 문화 현상을 바라보는 관점

(1) 기능론, 갈등론의 공통 내용

- 사회 제도의 영향력을 중시한다.
- 사회 · 문화 현상을 사회 구조적 측면에서 설명한다.
- 사회 문제를 설명하는 데 사회 구조적 요인을 중시한다.
- 개인의 행위를 구속(강제)하는 사회 체계에 초점을 맞춘다.
- 개인의 행동이 개인 외부에서 독립적으로 작동하는 강제력에 의해 규제된다고 본다.
- 행위자의 능동적, 자율적 측면을 간과한다는 비판을 받는다.

(1-1) 기능론에만 해당하는 내용

- 사회의 각 부분이 상호 의존적 관계를 맺는다고 본다.
- 사회 각 부분의 통합과 균형을 강조한다.
- 다양한 사회 제도들의 상호 의존 관계에 주목한다.
- 사회 구성 요소의 기능과 역할이 사회적으로 합의된 것으로 본다.
- 사회적으로 공유된 가치와 합의를 중요시한다.
- 집단 간의 대립을 균형 회복을 위한 일시적 과정으로 본다.
- 사회를 유기체와 같은 존재로 인식한다.
- 사회는 스스로 균형을 유지하려는 속성을 지닌다고 본다.
- 사회의 각 부분이 유기적인 관계에 있다고 본다.
- 사회 각 부분이 상호 보완적 역할을 수행한다고 본다.

a point of criticism

- 지배 집단(기득권층)의 이익을 대변하는 논리로 활용될 수 있다는 비판을 받는다.

(1-2) 갈등론에만 해당하는 내용

- 사회의 안정보다는 변동을 중시한다.
- 사회에는 어느 시점에나 구조적 모순이 내재되어 있다고 본다.
- 사회 제도를 지배와 피지배 관계의 재생산을 위한 수단으로 본다.
- 지배 집단과 피지배 집단 간 대립과 투쟁을 사회 변동의 원동력으로 본다.
- 집단 간 갈등을 사회 변동의 원동력으로 본다.
- 사회적 갈등을 필연적 현상으로 이해한다.
- 사회 제도를 통해 기존의 불평등한 사회 구조가 재생산된다고 본다.
- 사회의 구조를 지배와 피지배의 관계로 설명한다.
- 사회 제도를 지배 집단의 이익을 위한 것으로 본다.
- 사회 규범이 지배 집단의 합의에 의해 구성된다고 본다.
- 개인의 행동은 특정 집단의 가치가 반영된 사회 규범에 의해 강제되는 것이라고 본다.
- 사회적 희소가치를 둘러싼 집단 간 대립 관계에 주목한다.

- 상황 정의에 기초한 개인 간 상호 작용을 중시한다.
- 개인의 행위가 상황에 대한 주관적 해석에 기초하여 이루어진다고 본다.
- 상황에 대한 주관적인 해석 과정을 중시한다.
- 인간이 상황 정의에 기초하여 행동한다고 본다.
- 사회·문화 현상의 의미가 발생 상황과 행위 주체에 따라 달라진다고 본다.
- 행위자의 능동성을 중시한다.
- 개인이 구성해 내는 생활 세계를 중시한다.
- 인간을 능동적인 주체로 전제한다.
- 사회 구성원의 주관적 상황 정의에 기초한 상호 작용을 중시한다.
- 상징을 통한 개인 간 상호 작용에 초점을 맞춘다.
- 사회 구조가 개인에게 미치는 영향력을 간과한다는 비판을 받는다.

(3) 기능론, 갈등론, 상징적 상호 작용론 모두의 공통 내용

- 사회 문제의 발생 원인을 설명할 수 있다.

자료 수집 방법

	실험법	질문지법	면접법	참여 관찰법
자료 수집 통제 순서	1	2	3	4
실제성 높은 순서	4	3	2	1

(1) 24학년도 수능 – 참여 관찰법, 질문지법, 문헌 연구법

- 변인 간의 관계를 파악하는 연구에 주로 사용된다 : 질문지법
- 연구 대상자와의 언어적 상호 작용이 필수적이다 : 질문지법
- 다수를 대상으로 한 자료 수집에 유리하다 : 질문지법

(2) 24학년도 9월 평가원 – 질문지법, 면접법, 참여 관찰법

- 주로 질적 자료를 수집할 때 활용한다 : 면접법, 참여 관찰법
- 언어나 문자로 의사소통할 수 없는 대상으로부터 자료 수집이 가능하다 : 참여 관찰법
- 자료 수집 과정에서 연구 대상자의 응답이 필수적이다 : 질문지법, 면접법
- 문맹자에게 사용하기 어렵다 : 질문지법

(3) 24학년도 6월 평가원 – 질문지법, 면접법

- 자료 수집 과정에서 조사자가 융통성을 발휘하기 용이하다 : 면접법
- 수집된 자료의 통계 처리가 용이하다 : 질문지법
- 조사 대상자의 주관적 인식을 파악할 수 있다 : 질문지법, 면접법

(4) 23학년도 수능 – 질문지법, 참여 관찰법

- 다수의 응답자를 대상으로 실시하는 데 적합하다 : 질문지법
- 인과 관계 파악을 통한 법칙 발견에 유리하다 : 질문지법
- 연구자와 연구 대상자 간 언어적 상호 작용이 필수적이다 : 질문지법

- 면접법은 문헌 연구법에 비해 자료 수집 과정에서 시·공간적 제약이 크다.
- 질문지법은 문헌 연구법과 달리 연구 대상자와의 언어적 상호 작용이 필수적이다.
- 질문지법은 면접법에 비해 연구자의 주관적 가치가 개입될 가능성이 낮다.
- 질문지법은 수집된 자료의 통계 처리가 가능하다.

- 면접법, 질문지법, 참여 관찰법 모두 연구 대상자의 주관적 인식을 파악할 수 있다.
- 면접법, 질문지법, 참여 관찰법 모두 경험적 자료의 수집에 적합하다.
- 면접법, 질문지법은 연구자와 연구 대상자의 언어적 상호 작용이 필수적이다.

- 질문지법, 참여 관찰법, 면접법 모두 1차 자료의 수집용으로 활용된다.
- 참여 관찰법, 면접법은 질적 자료 수집을 목적으로 한다.
- 참여 관찰법은 생생한 자료를 현장에서 직접 수집할 수 있다.

- 면접법은 질문지법에 비해 조사 대상자와의 정서적 교감을 중시한다.
- 면접법은 조사 대상자의 반응에 유연하게 대처할 수 있다.

- 질문지법은 참여 관찰법에 비해 구조화된 자료를 수집하기 용이하다.
- 참여 관찰법은 질문지법, 실험법과 달리 방법론적 이원론에 기초한 연구에 주로 사용된다.

- 문헌 연구법은 면접법에 비해 시간과 장소의 제약이 작다.
- 질문지법은 참여 관찰법에 비해 수집된 자료를 통계적으로 처리하기가 용이하다.
- 면접법, 참여 관찰법은 질문지법에 비해 연구자의 가치가 개입될 가능성이 높다.
- 문헌 연구법은 양적 연구, 질적 연구 모두에 사용 가능하다.

- 질문지법은 면접법에 비해 문맹자에게 사용하기에 불리하다.
- 참여 관찰법은 면접법에 비해 예상치 못한 상황을 통제하기가 곤란하다.
- 참여 관찰법은 질문지법에 비해 일상을 심층적으로 파악하기에 용이하다.

– 질문지법은 면접법에 비해 시간과 비용 측면에서 효율적이다.

– 실험법과 질문지법은 독립 변수와 종속 변수의 관계를 검증하는 연구에 적합하다.
– 면접법은 자료 수집 과정에서 연구자가 유연성이나 융통성을 발휘하기 쉽다.
– 실험법은 인위적으로 상황을 통제함으로써 변수의 효과를 관찰하기에 용이하다.
– 질문지법은 대규모 집단을 대상으로 한 자료 수집에 용이하다.
– 면접법은 소수의 응답자로부터 깊이 있는 정보를 수집하기에 용이하다.

*** 실험 집단과 통제 집단은 실험법에서만 쓰이는 용어이다.**

▌사회화 기관, 사회 집단 및 사회 조직

(1) 알아두면 좋은 내용

- 비공식 조직 ⊂ 자발적 결사체 ⊂ 이익 사회 (220607)
- 자발적 결사체에는 친목 집단(동호회 등), 이익 집단(~협회 등), 시민 단체가 있다.
- 빈곤층, 보조 출연자, 관객들은 사회 집단이 아니다. (201107)
- 모든 사회 집단은 준거 집단이 될 수 있다. (200908)
- 배역은 지위가 아니다. (200906)
- 소방공무원 채용은 사회화가 아니다. (200606)

(2) 기출 사례

- **가족** : 비공식적 사회화 기관, 1차적 사회화 기관, 공동 사회, 1차 집단
- **또래 집단, 어릴 적 동네 친구들** : 비공식적 사회화 기관, 1차적 사회화 기관, 공동 사회, 1차 집단
- **(비공식 조직이 아닌) 동호회·동창회, 종친회** : 비공식적 사회화 기관, 이익 사회, 자발적 결사체
- **학교, 대학교 내 ○○과, 대학원, 학원** : 공식적 사회화 기관, 2차적 사회화 기관, 이익 사회, 공식 조직
- **회사, 회사 내 ○○팀, 방송사, 경찰청, 프로 축구팀, 영화 제작사 등** : 비공식적 사회화 기관, 2차적 사회화 기관, 이익 사회, 2차 집단, 공식 조직
- **사내 동호회** : 비공식적 사회화 기관, 이익 사회, 자발적 결사체, 비공식 조직
- **시민 단체, 이익 집단(협회, 노동조합 등)** : 비공식적 사회화 기관, 이익 사회, 2차 집단, 공식 조직, 자발적 결사체,
- **총동창회** : 비공식적 사회화 기관, 2차적 사회화 기관, 이익 사회, 2차 집단, 공식 조직, 자발적 결사체

※ **유치원 :** 이익 사회 (210604)
※ **정당 :** 2차 집단 (210604)

공식 조직의 운영 방식 (관료제, 탈관료제)

(1) 관료제의 특징

- 하향식 의사 결정 방식이 지배적이다.

(2) 탈관료제의 특징

- 상향식 의사 결정 방식이 지배적이다.

(3) 관료제와 탈관료제의 공통적인 특징

- 공식적 규약과 절차에 의해 구성원을 통제한다.
- 효율적인 목표 달성이 조직 운영의 핵심이다.

No	비교 기준	비교 결과
1	과업 수행 절차의 예측 가능성	관료제 > 탈관료제
2	연공서열(경력)에 따른 보상 중시	관료제 > 탈관료제
3	업무의 전문화, 표준화, 세분화, 분업화 정도	관료제 > 탈관료제
4	의사 결정의 분권화 정도	관료제 < 탈관료제
5	조직 구성원(업무 담당자)의 재량권 및 자율성 중시	관료제 < 탈관료제
6	외부 환경 변화에 유연하게 대처하기 용이한 정도	관료제 < 탈관료제
7	구성원이 창의성을 발휘하기 용이한 정도	관료제 < 탈관료제
8	업무 수행의 안정성을 확보하기가 용이한 정도	관료제 > 탈관료제
9	목적 전치 현상이 나타날 가능성이 높은 정도	관료제 > 탈관료제
10	성과에 따른 보상 중시	관료제 < 탈관료제

█ 개인과 사회의 관계를 바라보는 관점

(1) 사회 실재론만의 내용

- 사회가 개인의 외부에 존재하는 독립적인 실체라고 본다.
- 사회 규범의 구속력이 개인의 자율성(자유 의지)보다 우선한다고 본다.
- 개인은 사회에 의해 구조화된 행동을 한다고 본다.
- 개인의 속성은 사회의 속성이 반영된 결과라고 본다.
- 개인은 사회 속에서만 존재 의미를 가진다고 본다.
- 사회는 개인의 외부에서 독자적으로 작동한다고 본다.
- 사회의 특성이 개인의 특성으로 환원될 수 없다고 본다.
- 사회 구조에 대한 개인의 불가항력성을 인정한다.
- 사회 현상은 개인적 요인보다 사회적 요인으로 설명되어야 한다.
- 사회 전체의 이익을 명분으로 개인의 희생을 정당화하는 전체주의로 변질될 우려가 있다.
- 사회 문제의 발생 원인을 개인의 의식보다 사회 제도와 구조에서 찾는다.
- 사회 문제 해결을 위해 개인의 의식 개선보다 사회의 제도 개혁을 강조한다.

(2) 사회 명목론만의 내용

- 사회의 속성은 개인의 속성에 의해 결정된다고 본다.
- 사회 규범은 개인들이 옳다고 믿기에 존재한다고 본다.
- 개인의 자율적 의지에 의해 사회 현상이 형성된다고 본다.
- 사회는 개인의 이익 실현을 위한 수단에 불과한다고 본다.
- 사회는 개인의 총합에 불과하다고 본다.
- 사회는 개인의 행위 지향과 그에 따른 결과를 통해서만 발전할 수 있다고 본다.
- 사회 문제의 원인을 사회 제도나 구조보다는 개인의 의식이나 행동에서 찾는다.
- 사회 문제의 해결책으로 제도의 개혁보다 개인의 의식 개선을 강조한다.
- 사회에 대한 개인의 자율성을 강조한다.
- 사람들의 자율적·능동적 노력으로 사회 변화를 이루어 가는 현상을 설명하는 데 유용하다.
- 개인의 발전이 곧 사회의 발전이라고 본다.
- 조직의 역량은 구성원들의 능력을 합한 것과 같다.
- 개인의 능동성이 사회의 구속성보다 우선한다.
- 사회 현상은 개인의 행위나 심리 상태로 환원된다.
- 개인이 주체적이고 능동적인 존재임을 강조한다.

┃ 일탈 이론

(1) 아노미 이론

- 일탈 행동의 원인을 거시적 측면에서 찾는다.
- 사회 구조적 관점에서 일탈 행동을 설명한다.

(1-1) 뒤르켐의 아노미 이론

- 일탈에 대한 대책으로 새로운 사회 규범의 정립을 제시한다.
- 일탈 행동의 대책으로 사회 규범의 통제력 강화를 중시한다.
- 일탈 요인이 급격한 사회 변동으로 인한 규범의 부재라고 본다.
- 일탈에 대한 대책으로 사회적 합의를 통한 규범의 정립을 강조한다.
- 급격한 사회 변동과 전통적 규범의 통제력 약화를 일탈의 원인으로 본다.

(1-2) 머튼의 아노미 이론

- 일탈 행동에 대한 대책으로 문화적 목표를 달성할 수 있는 제도화된 기회의 확대를 중시한다.
- 중상층 계층보다 하층 계층의 범죄를 설명하기에 용이하다.
- 일탈 행동 예방 방안으로 소외 계층에 대한 교육 지원, 직업 훈련 프로그램 제공을 지지할 것이다.
- 문화적 목표를 달성하기 위한 합법적 수단의 부족을 일탈의 원인으로 본다.
- 문화적 목표와 제도화된 수단의 괴리를 일탈 행동의 원인으로 본다.

(2) 차별 교제 이론

- 일탈 행동이 상호 작용을 통해 일탈 문화를 학습한 결과임을 강조한다.
- 일탈에 대한 대책으로 정상 집단과의 교류 촉진을 제시한다.
- 사람들이 일탈 성향을 타고나는 것이 아니라 일탈 행동을 사회적으로 학습하여 일탈자가 되는 것이라고 본다.
- 일탈 행동을 예방하기 위해서는 일탈자와의 접촉을 차단하는 방법이 최선이라고 본다.
- 일탈 집단 대신 정상적인 집단과의 교류가 일탈 행동을 억제한다고 본다.
- 일탈에 우호적인 가치관의 학습에서 일탈이 비롯되었다고 본다.

- 1차적 일탈에 대한 원인 규명보다 1차적 일탈이 2차적 일탈로 이어지는 과정에 주목한다.
- 일탈자의 부정적 자아가 형성되는 과정에 주목한다.
- 차별적인 사회적 제재를 일탈의 원인으로 본다.
- 일탈 행동에 따른 부정적 평판이 개인에 따라서 차별적으로 부여된다고 본다.
- 일탈자에 대한 사회적 제재가 오히려 일탈 행동을 유발한다고 본다.
- 일탈이 행위의 속성에 의해서가 아니라 그에 대한 사회적 반응에 의해 규정된다고 본다.
- 일탈 행동에 대한 신중한 규정을 일탈 행동에 대한 대책으로 강조한다.
- 최초의 일탈보다는 일탈 행동을 반복하는 현상에 주목한다.
- 일탈 행동에 대한 사회적 반응이 지속적인 일탈 행동의 원인이라고 본다.
- 규범을 위반한 행동이 모두 일탈로 규정되는 것은 아니라고 본다.

(4) 차별 교제 이론과 낙인 이론의 공통적인 내용

- 타인과의 상호 작용이 일탈 행동에 미치는 영향에 주목한다.
- 일탈 행동이 발생하는 과정에서 나타나는 상호 작용에 주목한다.

(5) 아노미 이론과 차별 교제 이론의 공통적인 내용

- 일탈 행동을 규정하는 객관적 기준이 있다고 본다.

▌문화의 의미와 속성

1) 좁은 의미의 문화 : 발전되고 세련된 것처럼 특정 의미만 나타냄, 문화에 대한 평가적 의미가 내포

– 문화생활, 문화 시설

2) 넓은 의미의 문화 : 생활 양식의 전체를 의미함

– 한국의 독특한 야구 문화, 조직 문화, 여가 문화, 대중문화, 문화적 환경, 건축 문화

(2) 문화의 구성 요소

1) 물질문화

– 야구 방망이, 온라인 중개 플랫폼 기술, 동영상 전송 기술; 편집 기술, 정보 통신 기술, 스마트폰

2) 비물질문화

– 법률, 은어와 속어, 예술, 풍습, 육식 문화

(3) 문화의 속성

> **comment**
>
> 1. 단일한 문화의 속성만 나타나지 않는 기출 문장은 '그중 가장 부각되는' 문화의 속성 안에 넣었습니다.

1) 공유성 → 주로 특정 지역이나 특정 국가를 제시하면 대부분 공유성이 존재함
– 문화는 한 사회 구성원 간 원활한 상호 작용의 토대가 된다.
– 문화는 구성원들의 사고와 행동에 동질성을 갖게 한다.
– 문화가 사회 구성원의 행동을 예측 가능하게 하는 것임을 보여 준다.
– 문화가 구성원의 사고와 행동을 구속함을 의미한다.

(사례)
– 기성 세대가 청소년들이 만들어 사용하는 줄임말의 의미를 알지 못하는 것
– 배트 플립이 한국 야구에서는 일종의 볼거리로 여겨지지만, 미국 야구에서는 홈런 맞은 투수를 자극하는 행위로 간주되어 금기시된다.
– 미국 야구에 익숙한 사람이라면 한국의 배트 플립 문화가 놀랍고 신기할 수밖에 없었다.
– 북아메리카에서 유럽계 여성에게 단발은 자유의 상징으로 여겨졌지만, 원주민 여성에게 단발은 상중(喪中)임을 의미했다.

2) 학습성

- 개인의 사회적 행동은 사회화 과정을 통해 형성된다.
- 선천적인 것이 아니라 후천적인 학습 과정을 통해 습득된다.

(사례)

- 폭력성을 발산하는 기사들의 문화를 아이들이 일상적으로 접하면서 따라 했다.
- 타고난 특성에서 기인한다고 생각하는 성 역할도 사회 속에서 후천적으로 획득된다.
- 외국에서 활약하고 있는 운동 선수 갑은 처음에는 현지 언어를 사용하지 못해 어려움을 겪었으나, 틈틈이 현지 언어를 공부하였고 지금은 능숙해져 팀 동료들과 자유롭게 대화를 나눌 수 있게 되었다.

3) 축적성

- 문화는 세대 간 전승을 통해 점차 복잡하고 풍부해진다.
- 문화가 상징체계를 통해 전승되면서 보다 풍부하게 축적됨을 보여 준다.
- 새로운 삶의 방식들이 더해지면서 문화 요소가 풍부해진다.
- 문화가 계승되고 발전하는 현상임을 보여준다.

4) 전체성(총체성)

- 문화는 유기적으로 연결된 총체로서 존재한다.
- 문화가 여러 요소들이 상호 유기적으로 연관되어 나타나는 현상임을 보여 준다.
- 문화 요소들이 관련을 맺으며 하나의 체계(전체)를 형성한다.
- 한 문화 요소의 변화가 다른 요소의 연쇄적 변화를 가져온다.

(사례)

- 물리적 폭력 수단이 중앙 권력에 집중되자, 일상에서는 폭력을 삼가고 예의와 교양을 중시하는 문화가 확산되었다.
- SNS의 확산이 가져온 뉴트로 열풍은 패션, 예술은 물론 상권에도 영향을 주고 있다.
- 세탁기 발명으로 가사 노동 부담이 줄어들자 여성의 사회 진출이 증가하였고 사회적 지위도 향상되었다.

5) 변동성

- 문화는 시간이 흐르면서 그 형태나 내용이 변화된다.
- 고정되어 있지 않고 지속적으로 변화한다.
- 인간이 새로운 환경에 적응하는 과정에서 문화가 변화함을 보여 준다.
- 새로운 특성이 추가되거나 기존의 특성이 소멸되기도 한다.

▌문화 이해 태도 및 문화 이해의 관점

(1) 문화 이해 태도

1) 자문화 중심주의만의 내용

– 국수주의로 변질될 수 있다는 비판을 받는다.
– 타문화와의 마찰을 초래할 가능성이 크다.
– 자기 문화의 가치만을 중시한다.
– 자문화를 다른 사회에 이식하는 것을 당연시한다.
– 문화 제국주의로 나아갈 수 있다는 비판을 받는다.
– 타문화와의 공존에 대해 부정적인 태도를 보인다.
– 자기 문화의 정체성 유지에 기여한다는 평가를 받는다.
– 다른 사회의 문화에 대해 배타적 태도를 취할 가능성이 높다.

2) 문화 사대주의만의 내용

– 특정 사회의 문화를 기준으로 자문화를 낮게 평가한다.
– 자문화의 정체성을 상실할 수 있다는 비판을 받는다.
– 타문화를 무비판적으로 수용할 가능성이 높다.
– 타문화를 수용하는 데 적극적이다.
– 자신의 문화가 상대적으로 열등하다고 본다.

3) 문화 상대주의만의 내용

– 문화 간 우열을 평가할 수 없다고 본다.
– 문화의 다양성을 보존하는 데 기여한다.
– 모든 문화가 동등한 가치를 지닌다고 본다.
– 해당 사회의 맥락에서 문화를 존중한다.
– 각 사회의 문화가 형성된 역사와 사회적 맥락을 중시한다.

4) 자문화 중심주의, 문화 사대주의의 공통적인 내용

– 특정 문화를 기준으로 타문화를 평가한다.
– 문화 간 우열이 존재한다고 본다.
– 문화를 이해가 아닌 평가의 대상으로 본다.
– 문화의 다양성을 저해할 수 있다는 비판을 받는다.

1) 총체론적 관점

- 문화 요소 간의 유기적 관계에 초점을 둔다.
- 다양한 문화 요소를 전체적인 맥락에서 이해하고자 한다.
- 문화가 부분이 아닌 전체로서의 의미를 갖는다고 본다.
- 자연 환경, 관습, 정치 제도 등 다양한 문화 요소들과 어떤 관련을 맺고 있는지 전체적으로 연구
- 문화에 대한 편협하고 왜곡된 이해를 방지하는 데 기여한다.

2) 비교론적 관점

- 여러 문화를 비교하면서 공유되는 보편성을 파악해야 한다.
- 보편적 문화 현상을 바탕으로 특정 문화 현상의 객관적 의미를 파악한다.
- 문화 간 비교를 통해 자기 문화를 객관적으로 이해하는 데 유용하다.

3) 상대론적 관점

- 사회의 특수한 환경과 역사 속에서 문화를 파악해야 한다.
- 모든 문화는 고유한 가치를 지닌다고 본다.
- 해당 사회의 문화적 전통과 사회적 맥락 속에서 연구해야 한다고 본다.
- 해당 문화를 향유하는 사회 구성원의 입장에서 문화의 의미를 파악하는 데 초점을 둔다.
- 문화를 평가의 대상이 아닌 이해의 대상으로 인식한다.

현대 사회의 문화 양상

(1) 주류 문화

- 한 사회의 구성원 대다수가 공유하는 문화

(2) 하위문화 (반문화+반문화가 아닌 하위문화)

- 한 사회 내에서 특정 집단의 구성원들 또는 특정 영역의 사람들만 공유하는 문화
- 일부 구성원이 공유하는 생활 양식이 문화 다양성을 증진시킨다.

(사례)

- 한 사회에서 특정 지역의 문화 (지역 문화)

(3) 반문화

- 한 사회의 지배적 가치와 규범에 저항하거나 대립하는 문화
- 주류 문화에 대항하는 성격을 가진 문화

(사례)

- 1960년대 미국의 히피 문화

(4) 기출 선지 정리

- 하위문화와 반문화의 총합으로 주류 문화를 설명할 수 없다.
- 모든 반문화는 하위문화에 해당한다. 그렇지만, 모든 하위문화가 반문화에 해당하는 것은 아니다.
- 주류 문화, 하위문화 모두 시대나 사회에 따라 반문화가 되기도 한다.
- 하위문화가 사회 변화에 따라 주류 문화가 되기도 한다.
- 하위문화는 전체 사회의 문화적 다양성 증진에 기여한다.
- 반문화를 공유하는 구성원이라고 해서 주류 문화의 문화 요소 전체를 거부하는 것은 아니다.
- 주류 문화, 하위문화, 반문화 모두 해당 문화를 누리는 구성원의 정체성 형성에 기여한다.
- 하위문화, 반문화 모두 기존 문화에 다양성과 역동성을 제공할 수 있다.
- 하위문화가 강화되거나 다양화된다고 해서 기존의 주류 문화에 동화, 수렴되는 것이 아니다.
- 주류 문화, 하위문화, 반문화는 한 사회에서 공존할 수 있다.

▌문화 변동

> **comment**
> 1. 문화 변동의 요인은 모두 한 사회의 문화 요소를 다양하게 하는 요인이다.
> 2. 발명과 자극 전파는 존재하지 않던 것을 만들어 내는 요인이다.

1) 내재적 요인

1-1) 발명 : 존재하지 않았던 기술이나 사물 등을 만들어 내는 행위나 그 결과물

(사례)

- B국의 군인들은 야외 훈련 중 철제 투구를 이용하여 음식을 끓여 먹었던 경험에서 아이디어를 얻어 새로운 형태의 냄비를 만들어 조리 도구로 사용하였다.
  (자신들의 경험에서 아이디어를 얻어 새로운 형태의 냄비를 만들었으므로 자극 전파에 해당하지 않음)

1-2) 발견 : 이미 존재하고 있었으나 알려지지 않았던 사물이나 원리 등을 찾아내는 행위나 그 결과물

2) 외재적 요인

2-1) 직접 전파 : 문화 요소를 제공하는 사회와 그것을 수용하는 사회 구성원들 간의 직접적인 접촉 과정에서 문화 요소가 전달되어 정착하는 현상

(사례)

- 병국 사람들은 이웃 주민인 C국 이민자들이 C국의 전통적 농기구인 호미를 들여와 사용하는 것을 보고, 온라인 유통망을 통해 호미를 구매하여 정원을 가꾸는 데 적극적으로 사용하게 되었다.
  (직접적인 접촉 과정에서 문화 요소가 전달되었으므로 간접 전파에 해당하지 않음)

2-2) 간접 전파 : 문화 요소를 제공하는 사회와 그것을 수용하는 사회 구성원들 간의 직접적인 접촉이 아닌 매개체를 통해 간접적으로 문화 요소가 전달되어 정착되는 현상

(사례)

- 외국에서 유행하는 새로운 춤이 인터넷을 통해 자국으로 확산된 사례

2-3) 자극 전파 : 서로 다른 문화 체계 간의 문화 요소와 관련된 추상적인 개념이나 아이디어가 전파되어 새로운 문화 요소의 발명이 이루어지는 현상

(사례)

- 전쟁 중에 B국은 A국의 병조림에서 아이디어를 얻어 철제 통조림을 개발한 사례

comment

1. 강제적 문화 접변과 자발적 문화 접변은 문화 접변의 양상 중 외래 문화의 강제적 이식 여부에 따른 구분이고, 문화 동화·병존·융합은 변동 결과에 따른 구분이다. 따라서 둘은 구분 기준 자체가 다르다.
2. 문화 동화, 문화 병존, 문화 융합 모두 강제적 문화 접변에 의해서도, 자발적 문화 접변에 의해서도 나타날 수 있다.
3. 강제적 문화 접변은 물리적 강제력에 기초하여 지배적 입장에 있는 사회의 문화 요소가 피지배 사회에 강제적으로 이식되어 나타나는 문화 변동이다.

1) 문화 동화

- 자문화의 정체성 상실을 야기한다.
- 한 사회의 문화가 다른 사회의 문화로 흡수되어 정체성을 상실하는 현상
- 외래 문화의 유입에 의해 기존 문화의 정체성이 상실된다.
- 외래 문화가 변형되지 않은 상태로 남아 있다.

(사례)

- 북아메리카 원주민의 문화가 이주해 온 유럽인의 문화로 대체된 사례
- 정국에서 정국 사람들이 병국 언어만 쓰게 된 사례

2) 문화 병존(공존)

- 서로 다른 사회의 문화 요소가 한 사회의 문화 체계 속에서 나란히 존재하는 현상
- 외래 문화의 유입에도 기존 문화의 정체성이 유지된다.
- 외래 문화가 변형되지 않은 상태로 남아 있다.

(사례)

- 우리나라에서 양력설과 음력설을 모두 지내는 사례
- 대중교통 요금 지불 시 현금만 이용하던 갑국에서 을국이 개발한 전자 교통 카드 시스템을 도입하여 전자 교통 카드도 대중교통 요금 지불 수단으로 널리 사용된 사례

3) 문화 융합

- 새로운 문화 요소가 만들어졌다.
- 외래 문화의 유입에도 기존 문화의 정체성이 유지된다.

(사례)

- 온돌을 사용하던 우리나라의 난방 방식과 서양식 주거 문화의 실용적 요소가 접목되어 바닥 난방식 아파트가 만들어진 사례
- A국에서는 전통 신앙에 외래 종교가 결합된 새로운 성격의 종교가 나타났다.

▌사회 불평등 현상의 이해

1) 기능론

- 직업 유형 간 사회적 중요도에서 차이가 있다고 본다.
- 차등 분배가 갖는 사회적 순기능을 강조한다.
- 사회 불평등을 불가피한 현상으로 본다.
- 균등 분배가 인재의 적재적소 배치에 어려움을 야기한다고 본다.
- 희소가치의 분배 기준은 대다수 사회 구성원이 합의한 것이라고 본다.
- 사회에서 가치 있다고 생각하는 자리를 자격 있는 사람으로 채우기 위해서는 더 많은 보상을 제공해야 한다고 본다.
- 사회적 지위나 직업에는 중요도에 따른 위계 체계가 존재한다고 본다.

> **a point of criticism**
>
> - 직업 유형 간 사회적 중요도의 우위를 객관적으로 평가하기 어렵다는 지적을 받는다.
> - 사회 불평등 현상이 개인의 성취동기를 감소시킬 수 있음을 간과한다는 비판을 받는다.

2) 갈등론

- 개인의 귀속적 요인(가정 배경)이 사회 불평등에 미치는 영향을 강조한다.
- 사회 불평등 현상을 보편적이지만 제거해야 할 대상이라고 본다.
- 지배 집단과 피지배 집단 간의 대립 관계에서 사회 불평등 현상을 이해한다.

1) 계급론

- 구분 기준 : 생산 수단의 소유 여부
- 생산 수단의 소유 여부에 따라 자본가와 노동자로 나뉨.
- 사회 불평등 현상을 이분법적으로 파악한다.
- 사회 불평등 현상을 불연속적으로 구분되어 있는 상태로 본다.
- 같은 계층 범주에 속하는 사람들 간 연대 의식이 뚜렷하다고 본다.
- 경제적 불평등이 정치적 불평등을 결정한다고 본다.
- 사회 계층화 현상의 원인을 단일 요인으로 설명한다.
- 계층 간 수직 이동이 극히 제한적이라고 본다.

2) 계층론

- 구분 기준 : 재산 / 위신 / 권력
- 재산, 위신, 권력을 각각 상층, 중층, 하층으로 나뉨.
- 사회 불평등 현상을 설명하는 요인을 다차원적으로 본다.
- 지위 불일치 현상을 설명하기에 적절하다.
- 계층을 연속적인 위계 관계로 파악한다.
- 현대 사회의 다양한 계층 분화를 설명하기에 용이하다.
- 사회 불평등의 층위가 사회적 · 정치적 차원에서도 발생한다고 주장한다.
- 한 사람의 지위가 계층화의 여러 차원에 따라 달라질 수 있다고 본다.

3) 계급론과 계층론의 공통점

- 경제적 요소를 사회 불평등의 요인으로 본다.
- 경제적 요인에 의해 계층화가 발생한다고 본다.

▌빈곤 유형

(1) 절대적 빈곤 (200618)

- 최소한의 생활 수준을 유지하기 곤란한 상태
- 우리나라에서는 가구 소득이 최저 생계비 수준에 미치지 못하는 가구를 절대적 빈곤 가구로 분류함

(2) 상대적 빈곤 (200618)

- 사회 구성원 다수가 누리는 생활 수준에 이르지 못한 상태
- 우리나라에서는 가구 소득이 중위 소득의 50%에 미달하는 가구를 상대적 빈곤 가구로 분류함

(3) 절대적 빈곤과 상대적 빈곤의 공통적인 내용

- 소득 수준이 높은 국가에서도 나타날 수 있다.
- 우리나라에서는 객관화된 기준에 의해 규정된다.
- 상대적 박탈감을 유발할 수 있다.

(4) 절대적 빈곤과 상대적 빈곤에 모두 해당하지 않는 내용

- 개인이 주관적으로 빈곤하다고 인식하는 상태를 의미한다.
- 절대적 빈곤, 상대적 빈곤을 판단하는 기준선은 시간과 장소에 관계없이 보편적으로 적용된다.
- 한 국가에서 절대적 빈곤에 따른 빈곤율과 상대적 빈곤율에 따른 빈곤율을 더하면 전체 빈곤율이 된다.
- 우리나라에서는 최저 임금액을 기준선으로 활용한다. (220617)

❙ 사회 보장 제도

(1) 사회 보험 vs 공공 부조

- 사회 보험, 공공 부조 모두 금전적 지원을 원칙으로 한다.
- 사회 보험은 보편적 복지의 성격이 강하고, 공공 부조는 선별적 복지의 성격이 강하다.
- 사회 보험은 상호 부조의 원리가 적용된다.
- 사회 보험은 수혜자 비용 부담 원칙이 적용된다.
- 공공 부조는 정부 재정으로 비용을 전액 충당하는 것을 원칙으로 한다.
- 사회 보험은 사전 예방적 성격이 강하고, 공공 부조는 사후 처방적 성격이 강하다.
- 사회 보험은 강제 가입을 원칙으로 한다.
- 공공 부조는 대상자 선정에 따른 부정적 낙인이 발생할 수 있다.
- 사회 보험이 공공 부조보다 대상자의 범위가 넓다.
- 공공 부조는 생활 유지 능력이 없거나 생활이 어려운 사람을 대상으로 한다.

(2) 사회 보험 vs 공공 부조 vs 사회 서비스

- 공공 부조는 최저 생활 보장을 목적으로 한다.
- 사회 보험과 공공 부조는 금전적 지원을, 사회 서비스는 비금전적 지원을 원칙으로 한다.
- 공공 부조는 소득 재분배 효과가 가장 큰 제도이다.
- 사회 보험은 의무 가입이 원칙이다.
- 공공 부조는 비용 부담자와 수혜자가 일치하지 않는다.
- 공공 부조는 정부가 비용 전액을 부담한다.
- 사회 보험은 수혜 정도와 무관하게 능력에 따른 비용 부담이 원칙인 제도이다.

사회 변동 이론

(1) 진화론

- 사회가 미분화된 상태에서 분화된 상태로 변동한다고 본다.
- 사회 변동을 사회 발전과 동일시한다.
- 사회 변동이 일정한 방향을 갖는다고 본다.
- 사회 변동을 문명 사회로 이행하는 과정으로 본다.
- 사회가 단순한 형태에서 복잡한 형태로 변화한다고 본다.
- 서구 사회가 진보된 사회임을 전제한다.
- 사회 변동을 긍정적으로 본다.
- 사회 변동을 단선적인 진보의 과정으로 설명한다.
- 개발도상국의 서구식 근대화 과정을 설명하기에 적합하다.

a point of criticism

- 서구 중심의 사고라는 비판을 받는다.
- 사회 변동이 항상 진보와 발전을 의미하지는 않는다는 점을 간과한다.

(2) 순환론

- 사회 변동을 동일한 과정의 주기적 반복으로 설명한다.
- 사회 변동이 언제나 진보를 의미하는 것은 아니라고 본다.
- 운명론적 관점에서 사회 변동을 설명한다.
- 흥망성쇠를 거듭한 사회의 사례를 설명하기에 용이하다.
- 사회가 퇴보할 수 있다고 본다.
- 단기적 사회 변동보다는 장기적 사회 변동을 설명하는 데 유용하다.
- 사회 변동 과정에서 나타나는 사회의 쇠락을 설명하기가 용이하다.
- 사회는 생성과 몰락의 과정을 반복한다고 본다.

a point of criticism

- 미래의 사회 변동에 대한 역동적 대응이 곤란하다는 비판을 받는다.
- 사회 변동에 대응하는 인간의 노력을 과소평가한다는 비판을 받는다.
- 사회 변동에 작용하는 인간 행위의 역동성과 자율성을 과소평가한다는 비판을 받는다.
- 과거의 사회 변동만을 설명한다는 비판을 받는다.
- 사회 변동 방향을 예측하여 대응하기 어렵다.
- 숙명론적 사고라는 비판을 받는다.

산업 사회 vs 정보 사회

1. 산업 사회는 소품종 대량 생산, 정보 사회는 다품종 소량 생산이 지배적이다.
2. 산업 사회는 자본과 노동, 정보 사회는 지식과 정보가 부가 가치의 주요 원천이다.

No	비교 기준	비교 결과
1	직업의 동질성 정도	산업 > 정보
2	정보 확산의 시공간적 제약	산업 > 정보
3	사이버 범죄가 발생할 가능성	산업 < 정보
4	쌍방향 매체를 통한 정보 전달의 비중	산업 < 정보
5	물리적 거리가 사회적 관계 형성을 제약하는 정도	산업 > 정보
6	의사 결정의 분권화 정도	산업 < 정보
7	비대면 접촉의 비중	산업 < 정보
8	정보 생산자(제공자)와 소비자(수용자) 간 구분의 명확성 정도	산업 > 정보
9	가정과 일터의 분리 정도	산업 > 정보
10	사회의 다원화 정도	산업 < 정보
11	정보의 확산 속도	산업 < 정보
12	지식과 정보의 부가 가치 창출 정도	산업 < 정보
13	구성원 간의 익명성 정도	산업 < 정보
14	2차 산업 비중	산업 > 정보
15	3차 산업 비중	산업 < 정보
16	관료제 조직의 비중	산업 > 정보
17	다품종 소량 생산 비중	산업 < 정보
18	소품종 대량 생산 비중	산업 > 정보
19	사회 변동의 속도	산업 < 정보
20	전자 상거래 비중	산업 < 정보

(1) 사회 · 문화 현상 vs 자연 현상

01 22학년도 6월 평가원 1번

[정답과 해설 12page]

밑줄 친 ㉠~㉣과 같은 현상의 일반적인 특징에 대한 설명으로 옳은 것은?

> 이산화탄소의 과도한 발생으로 ㉠지구의 평균 기온이 상승하면서 다양한 환경 문제가 나타났다. 이에 대응하여 일부 국가에서는 ㉡환경 친화적 소비를 유도하고 이산화탄소의 발생량을 감소시키고자 탄소 발자국을 표시하기 시작하였다. 탄소 발자국이란 제품의 생산, 소비, 폐기 등의 과정에서 발생하는 이산화탄소의 총량을 말한다. 탄소 발자국은 이산화탄소의 배출량을 무게 단위(kg)로 표시하거나, ㉢식물의 광합성을 통해 감소될 수 있는 이산화탄소 배출량을 ㉣나무의 수로 환산하여 표시한다.

① ㉠과 같은 현상은 ㉡과 같은 현상과 달리 경험적 자료를 통해 연구할 수 있다.
② ㉡과 같은 현상은 ㉢과 같은 현상에 비해 보편성이 강하게 나타난다.
③ ㉢과 같은 현상은 ㉣과 같은 현상에 비해 인과관계가 분명하다.
④ ㉣과 같은 현상은 ㉠과 같은 현상과 달리 확실성의 원리가 적용된다.
⑤ ㉠, ㉢과 같은 현상은 ㉡, ㉣과 같은 현상과 달리 가치 함축적이다.

02 22학년도 9월 평가원 1번

[정답과 해설 12page]

밑줄 친 ㉠~㉣과 같은 현상의 일반적인 특징에 대한 설명으로 옳은 것은?

> 칠레 연안 로빈슨 크루소 섬에 서식하고 있던 염소는 에스파냐 무역선을 괴롭히던 해적의 식량원이었다. 이에 ㉠에스파냐 해군은 한 쌍의 개를 섬에 상륙시켰다. 그 후 개체 수가 늘어난 개가 염소를 잡아먹으면서 염소의 수가 줄어들었다. 염소의 수가 줄자 개의 개체 수도 줄어들어, ㉡개와 염소 간에 수의 균형이 형성되었다. 이를 통해 19세기 서양 지식인은 ㉢정부, 법률, 도덕의 개입 없이도 사회 질서를 형성할 수 있다는 영감을 얻었다. ㉣생명체는 배고프면 먹이를 찾기 마련이며 먹이의 양에 따라 개체 수가 조절된다는 점은 새로운 사회 질서를 만들어 내는 합리적 원리였다. 이로부터 인간이 지닌 정치적 면모 대신 생물학적 면모가 주목받기 시작했다.

① ㉠과 같은 현상은 ㉡과 같은 현상과 달리 확실성의 원리를 따른다.
② ㉡과 같은 현상은 ㉢과 같은 현상과 달리 가치 함축적이다.
③ ㉢과 같은 현상은 ㉣과 같은 현상과 달리 개연성의 원리를 따른다.
④ ㉣과 같은 현상은 ㉠과 같은 현상과 달리 보편성과 특수성이 공존한다.
⑤ ㉠, ㉢과 같은 현상은 ㉡, ㉣과 같은 현상에 비해 인과관계가 분명하다.

03 22학년도 수능 1번

밑줄 친 ㉠~㉢과 같은 현상의 일반적인 특징에 대한 설명으로 옳은 것은?

비가 오지 않는 지역으로 유명한 ㉠ <u>아라비아반도 남부 지역에 열대성 저기압이 상륙해 하루 만에 300mm가 넘는 비를 뿌렸다.</u> 세계 기상 기구(WMO)는 이처럼 ㉡ <u>유례없는 강수량이 집중되는 현상</u>은 앞으로 더 빈번해질 것이라고 경고했다. 문제는 지구 온난화로 인한 이상 기후 현상을 대비할 수 있는 국가 차원의 ㉢ <u>기상 데이터와 예보 시스템을 보유하지 못한 나라들이 너무 많다</u>는 것이다. 이러한 나라들은 ㉣ <u>강수 패턴과 농업이 가능한 계절의 변화</u> 때문에 앞으로 식량 안보 위기에 처할 것이다.

① ㉠과 같은 현상은 ㉡과 같은 현상에 비해 특수성이 강하다.
② ㉡과 같은 현상은 ㉢과 같은 현상과 달리 보편성이 나타난다.
③ ㉢과 같은 현상은 ㉣과 같은 현상과 달리 가치 함축적이다.
④ ㉣과 같은 현상은 ㉠과 같은 현상과 달리 인과 관계가 분명하다.
⑤ ㉠, ㉢과 같은 현상은 필연성의 원리가, ㉡, ㉣과 같은 현상은 개연성의 원리가 적용된다.

04 23학년도 6월 평가원 1번

밑줄 친 ㉠~㉣과 같은 현상의 일반적인 특징에 대한 설명으로 옳은 것은?

인상파 화가인 모네(C. Monet)는 빛에 의해 끊임없이 변화하는 나무와 꽃의 색깔, ㉠ <u>햇빛과 물빛의 조화를 담은 작품</u>을 창작했다. 모네의 작품에 나타난 ㉡ <u>색채와 표현 방식의 변화</u>는 그가 백내장에 걸렸음을 알 수 있는 실마리가 된다. 백내장에 걸리면 ㉢ <u>눈에서 렌즈 역할을 하는 수정체가 혼탁해져 사물이 흐리게 보이고,</u> 더 진행되면 수정체가 노랗게 변한다. 이 경우 수정체에서 노란색의 보색인 남색 등은 차단되고, ㉣ <u>상대적으로 파장이 긴 노란색과 붉은색은 통과한다.</u> 실제로 모네의 작품은 후기로 갈수록 노란색과 붉은색 계통이 주를 이루고 사물의 선과 면의 경계가 불분명한 특징이 나타난다.

① ㉠과 같은 현상은 ㉡과 같은 현상과 달리 개연성의 원리가 적용된다.
② ㉡과 같은 현상은 ㉢과 같은 현상과 달리 가치 함축적이다.
③ ㉢과 같은 현상은 ㉣과 같은 현상과 달리 인과 관계가 나타난다.
④ ㉣과 같은 현상은 ㉠과 같은 현상과 달리 보편성이 나타난다.
⑤ ㉢, ㉣과 같은 현상은 ㉠, ㉡과 같은 현상과 달리 경험적 자료로 연구할 수 있다.

밑줄 친 ㉠~㉢과 같은 현상의 일반적인 특징에 대한 설명으로 옳은 것은?

> 　최근 ㉠ 일부 약제의 부작용이 남성에 비해 여성에게 더 많이 발생한다는 연구가 보고되었다. 이 연구에 따르면, ㉡ 약의 효능에 영향을 주는 특정 단백질이 여성에게 부족한 것이 원인이라고 한다. 이에 대해 관련 분야의 일부 전문가들은 신약 개발 과정에서 ㉢ 남녀 신체의 생물학적 차이를 무시하고, 관행적으로 ㉣ 남성의 신체를 연구의 표준으로 간주하여 임상 실험을 해 온 것이 문제라고 지적하고 있다.

① ㉠과 같은 현상은 ㉡과 같은 현상과 달리 몰가치적이다.
② ㉡과 같은 현상은 ㉢과 같은 현상과 달리 특수성이 나타난다.
③ ㉢과 같은 현상은 ㉣과 같은 현상과 달리 인과 관계가 명확하다.
④ ㉠, ㉡과 같은 현상은 ㉢, ㉣과 같은 현상과 달리 확실성의 원리가 적용된다.
⑤ ㉡, ㉢과 같은 현상은 ㉠, ㉣과 같은 현상과 달리 존재 법칙의 지배를 받는다.

밑줄 친 ㉠~㉣과 같은 현상의 일반적인 특징에 대한 설명으로 옳은 것은?

> 　우리 몸에 있는 대부분의 미생물은 면역계 유지에 필요하다. ㉠ 미생물은 적당한 습기와 충분한 먹이가 있는 환경을 선호하여 대장에 많이 서식한다. 대장 내 미생물 중 유익균은 식이 섬유에서 영양분을 얻고, 이를 분해할 때 면역 세포를 안정시키는 물질을 만든다. 그런데 식생활에서 가공 식품과 ㉡ 정제된 탄수화물 섭취 비중이 증가하고 유익균이 줄게 되면서 대장 내 미생물 분포가 달라졌다. 뇌와 장은 내분비계, 신경계 등을 통해 신호를 주고받는데, 미생물 분포 변화로 장내 면역 체계에 이상이 생기면 뇌 질환 발생 가능성이 높아진다. 뇌 질환자 상당수가 장 질환을 앓고 있으며, 일상에서 ㉢ 과도한 스트레스를 받으면 장에 탈이 나는 것을 볼 수 있다. 따라서 장 건강을 위해서는 채식 위주의 식단을 유지하고, ㉣ 장내 미생물을 무차별적으로 죽이는 항생제를 남용하지 않아야 한다.

① ㉠과 같은 현상은 ㉡과 같은 현상과 달리 인과 관계가 나타난다.
② ㉡과 같은 현상은 ㉢과 같은 현상과 달리 가치 함축적이다.
③ ㉢과 같은 현상은 ㉣과 같은 현상과 달리 개연성의 원리가 적용된다.
④ ㉣과 같은 현상은 ㉠과 같은 현상과 달리 보편성이 나타난다.
⑤ ㉠, ㉡과 같은 현상은 ㉢, ㉣과 같은 현상과 달리 존재 법칙의 지배를 받는다.

밑줄 친 ㉠~㉣과 같은 현상의 일반적인 특징에 대한 설명으로 옳은 것은?

기체가 초고온의 에너지를 받으면 기체와는 전혀 다른 성질을 띠는 상태가 되는데, 이를 플라스마라고 합니다. 태양에서는 ㉠플라스마 상태에서 핵융합 반응이 일어나고 막대한 양의 에너지가 방출됩니다. 핵융합 발전은 여기서 아이디어를 얻어 고효율의 에너지를 얻으려는 것입니다. 우리 과학자들이 인공 태양을 구현하려고 노력한 결과, 지난 ○○월 ○○일 ㉡초고온의 플라스마 상태를 최장 시간 유지시키는 데 성공하였습니다. ㉢기체가 일정한 조건에 이르면 플라스마로 변화하는데, 플라스마가 실험로 진공 용기에 닿는 순간 핵융합 반응이 끝납니다. 핵융합 기술의 상용화를 위해서는 플라스마를 실험로에 닿지 않도록 하는 것이 관건입니다. 연구자들은 ㉣플라스마를 안정적으로 제어할 수 있도록 실험을 계속할 예정이라고 합니다.

① ㉠과 같은 현상은 ㉡과 같은 현상과 달리 가치 함축적이다.
② ㉡과 같은 현상은 ㉢과 같은 현상에 비해 인과 관계가 명확하다.
③ ㉢과 같은 현상은 ㉣과 같은 현상과 달리 보편성이 나타난다.
④ ㉣과 같은 현상은 ㉠과 같은 현상과 달리 개연성의 원리가 적용된다.
⑤ ㉠, ㉢과 같은 현상은 ㉡, ㉣과 같은 현상과 달리 경험적 자료로 연구할 수 있다.

밑줄 친 ㉠~㉤과 같은 현상의 일반적인 특징에 대한 설명으로 옳은 것은?

'람사르 데이'는 ㉠습지의 중요성을 널리 홍보하기 위해 마련한 행사이다. 참가자들은 ㉡습지에 버려진 비닐과 플라스틱을 재활용해 만든 옷을 입고 행사에 참여한다. 습지 보존이 중요한 이유는 ㉢습지가 생태계를 보호하는 역할을 하기 때문이다. 플랑크톤과 유기 물질이 풍부한 ㉣습지는 각종 오염 물질을 정화한다. 그뿐만 아니라 ㉤습지는 기후 위기의 요인 중 하나인 탄소 증가를 억제하는 역할도 한다.

① ㉠과 같은 현상은 몰가치적이다.
② ㉡과 같은 현상은 존재 법칙이 적용된다.
③ ㉢과 같은 현상은 확실성의 원리가 적용된다.
④ ㉣과 같은 현상은 인과 관계가 불분명하다.
⑤ ㉤과 같은 현상은 보편성과 특수성이 공존한다.

밑줄 친 ㉠~㉤과 같은 현상의 일반적인 특징에 대한 설명으로 옳은 것은?

> 지구 온난화로 인한 ㉠ 강물 속 용존 산소 감소가 수생 생물의 다양성을 위협한다는 보고서가 발표됐다. 물속 용존 산소는 물속 생물의 호흡 과정에서 소비된다. 그런데 ㉡ 지구 온난화에 의해 수온이 상승하면 물속 생물의 호흡량이 증가하여 ㉢ 용존 산소가 더 빠르게 고갈된다. 보고서에서는 ㉣ 탄소 배출량 감축 정책이 실패할 경우 얕은 강에서 특정 어종이 사라질 정도로 수(水) 생태계의 ㉤ 생물 다양성이 훼손될 것으로 예측했다.

① ㉠과 같은 현상은 가치 함축적이다.
② ㉡과 같은 현상은 당위 법칙을 따른다.
③ ㉢과 같은 현상은 보편성보다 특수성이 강하게 나타난다.
④ ㉣과 같은 현상은 개연성의 원리가 적용된다.
⑤ ㉤과 같은 현상은 확실성의 원리가 적용된다.

밑줄 친 ㉠~㉣과 같은 현상의 일반적인 특징에 대한 설명으로 옳은 것은?

> ㉠ 사과에는 폴리페놀 화합물과 이를 산화시키는 효소가 포함되어 있다. 그래서 ㉡ 사과의 껍질을 깎아 공기 중에 노출시키면 산화가 일어나 퀴논이라는 물질이 만들어진다. 퀴논은 반응성이 높아 퀴논 간에 서로 화학 작용을 일으켜 ㉢ 갈색을 띠는 멜라닌 성분을 생성한다. 사과의 갈변을 막기 위해 ㉣ 깎은 사과 표면을 설탕 용액으로 코팅하여 산소와의 접촉을 줄이는 방법을 사용할 수 있다.

① ㉠과 같은 현상은 당위 법칙을 따른다.
② ㉡과 같은 현상은 확실성의 원리가 적용된다.
③ ㉢과 같은 현상과 달리 ㉡과 같은 현상은 몰가치적이다.
④ ㉣과 같은 현상에 비해 ㉠과 같은 현상은 인과 관계가 분명하다.
⑤ ㉣과 같은 현상과 달리 ㉢과 같은 현상은 경험적 자료로 연구할 수 있다.

11

[정답과 해설 17page]

밑줄 친 ㉠~㉣과 같은 현상의 일반적인 특징에 대한 설명으로 옳은 것은?

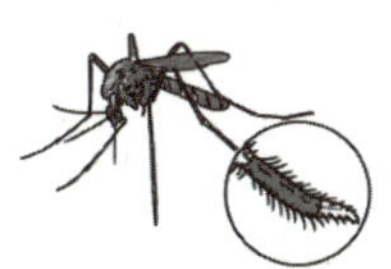

㉠ 모기에 물리지 않게 해주는 특수 오일이 개발되었다. 전자 현미경으로 모기를 확대해보면 다리에 미세한 털이 있다. ㉡ 사람의 젖은 피부에도 모기가 앉을 수 있는 것은 이 미세한 털이 물을 튕겨내기 때문이다. 하지만 특수 오일은 그러한 행동을 못 하게 하여 모기가 사람의 ㉢ 피부에 앉는 것을 차단하는 역할을 한다. 연구진은 "사람에 비유하면 늪에 발이 빠지는 것 같아 무서워서 달아나는 것으로 보인다."라고 설명했다. 앞으로 이 오일은 ㉣ 뎅기열과 말라리아 등 전염병이 발생하는 지역에 큰 도움이 될 것이라고 연구진은 전했다.

① ㉠과 같은 현상은 필연성의 원리가 적용된다.
② ㉡과 같은 현상은 확률의 원리가 적용된다.
③ ㉡과 같은 현상과 달리 ㉢과 같은 현상은 가치 함축적이다.
④ ㉢과 같은 현상과 달리 ㉣과 같은 현상은 보편성과 특수성이 공존한다.
⑤ ㉣과 같은 현상과 달리 ㉠과 같은 현상은 인과 관계가 불분명하다.

12

[정답과 해설 17page]

밑줄 친 ㉠~㉤과 같은 현상의 일반적인 특징에 대한 설명으로 옳은 것은?

○○ 신문
2024년 □월 □일

뜨거워진 한반도, 과일 재배 지도가 바뀐다!

우리나라 사람들이 좋아하는 ㉠ 나주 배, 대구 사과와 같이 지역 특산물로 생산되고 있는 과일들이 더 이상 그 지역을 대표할 수 없을지도 모른다. 기후 변화로 ㉡ 연평균 기온이 올라갈수록 특정 과일이 자랄 수 있는 지역이 북상하기 때문이다. 이에 따라 ㉢ 사과 재배 가능 지역이 변할 것으로 예측된다. 대표적인 사과 재배지가 경북 지역에서 강원 지역으로 바뀌고 2090년경에는 ㉣ 국내에서 고품질의 사과 생산이 불가능할 것이라는 분석도 나온다. 폭염, 한파 등 ㉤ 기상 이변이 자주 발생하는 것은 뜨겁게 달아오른 지구가 인류에게 주는 마지막 경고일지도 모른다.

① ㉠과 같은 현상은 확률의 원리가 적용된다.
② ㉡과 같은 현상은 인과 관계가 불분명하다.
③ ㉢과 같은 현상은 필연성의 원리가 적용된다.
④ ㉢과 같은 현상과 달리 ㉣과 같은 현상은 몰가치적이다.
⑤ ㉣과 같은 현상에 비해 ㉤과 같은 현상은 특수성이 강하다.

01 21학년도 6월 평가원 8번

[정답과 해설 18page]

사회 · 문화 현상을 바라보는 갑~병의 관점에 대한 설명으로 옳은 것은? [3점]

① 갑의 관점은 지배 집단의 이익을 대변하는 논리로 활용될 수 있다는 비판을 받는다.
② 을의 관점은 사회의 각 부분이 상호 의존적 관계를 맺는다고 본다.
③ 병의 관점은 사회 · 문화 현상을 거시적 측면에서 설명한다.
④ 갑의 관점은 을의 관점과 달리 대립과 갈등을 사회의 본질적 속성으로 본다.
⑤ 을의 관점은 병의 관점과 달리 행위자의 능동성을 중시한다.

02 21학년도 9월 평가원 6번

[정답과 해설 18page]

사회 · 문화 현상을 바라보는 갑~병의 관점에 대한 설명으로 옳은 것은? (단, 갑~병의 관점은 각각 기능론, 갈등론, 상징적 상호 작용론 중 하나이다.)

① 갑의 관점은 결혼이 불평등한 성역할 분담 체계의 강화에 기여한다는 점을 간과한다.
② 을의 관점은 사회 구성원들이 공유하는 결혼에 대한 인식 변화에 주목한다.
③ 병의 관점은 결혼 제도가 사회 구성원을 충원함으로써 사회 유지에 기여한다는 점을 간과한다.
④ 갑의 관점은 병의 관점과 달리 결혼을 하지 않는 사람이 증가하는 현상을 거시적 관점에서 이해한다.
⑤ 을의 관점은 갑의 관점과 달리 결혼 제도와 다른 사회 제도 간 상호 의존성을 설명하는 데 유용하다.

사회·문화 현상을 바라보는 갑~병의 관점에 대한 설명으로 옳은 것은? (단, 갑~병의 관점은 각각 기능론, 갈등론, 상징적 상호 작용론 중 하나이다.) [3점]

① 갑의 관점은 사회·문화 현상을 사회 구조적 측면에서 설명한다.
② 을의 관점은 지배 집단의 이익을 대변하는 논리로 활용될 수 있다는 비판을 받는다.
③ 병의 관점은 사회 각 부분이 상호 의존적 관계를 맺는다고 본다.
④ 갑의 관점은 을의 관점과 달리 대립과 갈등을 사회의 본질적 속성으로 본다.
⑤ 병의 관점은 을의 관점과 달리 행위자의 능동성을 중시한다.

사회·문화 현상을 바라보는 (가)~(다)의 관점에 대한 설명으로 옳은 것은? [3점]

> (가) 질병은 구성원 각자가 부여하는 의미나 가치에 의해 사회적으로 규정될 수 있다. 예컨대 19세기 유럽에서는 폐결핵에 걸린 지식인과 예술인의 마른 자태를 열정과 낭만의 징표로 인식하기도 하였다.
>
> (나) 질병은 사회 체계 유지라는 측면에서 볼 때 사회 통합에 긍정적으로 작용하지 못하기 때문에 사회 문제로 규정된다. 따라서 질병 치료는 일종의 사회 통제라고 볼 수 있다.
>
> (다) 질병으로부터 자신을 보호할 자원이 부족한 이들에게는 사회 구조적 모순이 고스란히 전달되어 질병으로 나타난다. 질병에 걸릴 위험은 사회 계급에 따라 차등적으로 분포되어 있기 때문이다.

① (가)의 관점은 사회 구조가 개인에게 미치는 영향을 간과한다는 비판을 받는다.
② (나)의 관점은 사회 제도를 통해 기존의 불평등한 사회 구조가 재생산된다고 본다.
③ (가)의 관점은 (나)의 관점과 달리 사회 각 부분이 상호 보완적 역할을 수행한다고 본다.
④ (나)의 관점은 (다)의 관점과 달리 대립과 갈등을 사회 구조의 필연적 속성으로 본다.
⑤ '사회·문화 현상의 의미가 발생 상황과 행위 주체에 따라 달라진다고 보는가?'라는 질문으로는 (가)와 (다)의 관점을 구분할 수 없다.

사회·문화 현상을 바라보는 갑~병의 관점에 대한 설명으로 옳은 것은? (단, 갑~병의 관점은 각각 갈등론, 기능론, 상징적 상호 작용론 중 하나이다.) [3점]

* 혼밥족: 혼자 밥을 먹는 사람들을 지칭하는 신조어

① 갑의 관점은 개인의 행동이 상황에 대한 주관적 해석에 기초하여 이루어진다고 본다.
② 을의 관점은 기득권층의 이익을 대변하는 논리로 사용된다는 비판을 받는다.
③ 병의 관점은 집단 간 갈등이 필연적이며 사회 변동의 원동력이라고 본다.
④ 을의 관점은 갑의 관점과 달리 사회 문제를 설명하는 데 사회 구조적 요인을 중시한다.
⑤ 을, 병의 관점은 모두 사회 구성 요소의 기능과 역할이 사회적으로 합의된 것으로 본다.

표는 사회·문화 현상을 바라보는 관점 A~C를 구분한 것이다. 이에 대한 옳은 설명만을 〈보기〉에서 있는 대로 고르시오. (단, A~C는 각각 기능론, 갈등론, 상징적 상호 작용론 중 하나이다.)

구분	A	B	C
(가)	예	아니요	아니요
기득권층의 이익을 대변하는 논리로 사용된다는 비판을 받는가?	아니요	아니요	예
사회·문화 현상을 사회 구조적 측면에서 설명하는가?	아니요	예	예

〈보 기〉

ㄱ. A는 B와 달리 집단 간 갈등을 사회 변동의 원동력으로 본다.
ㄴ. B는 C와 달리 사회 각 부분의 통합과 균형을 강조한다.
ㄷ. C는 A와 달리 다양한 사회 제도들의 상호 의존 관계에 주목한다.
ㄹ. (가)에는 '인간이 상황 정의에 기초하여 행동한다고 보는가?'가 들어갈 수 있다.

사회 · 문화 현상을 바라보는 (가)~(다)의 관점에 대한 설명으로 옳은 것은? [3점]

> (가) 환경 문제는 사람들이 환경 오염을 사회 문제로 규정하면서 주요 관심사가 되었다. 오늘날 많은 환경 운동가, 학자, 언론인, 시민들이 환경 오염의 심각성을 지적하며 그에 대한 문제 의식과 대응 방안을 공유하고 있다. 이들은 '그린(Green)', '에코(Eco)', '재생'과 같은 표현을 친환경의 대명사처럼 인식하면서 환경 문제 해결을 위한 실천을 서로 독려하고 있다.
>
> (나) 환경 문제는 산업화를 위해 자연을 이용하는 과정에서 나타나는 일시적인 병리 현상이다. 산업화가 진행되면서 대기와 수질이 오염되면, 이로 인한 사회적 비용과 피해가 증가한다. 하지만 이러한 문제를 해결할 수 있는 환경 정화 기술이 개발됨으로써 결국 전체 사회는 다시 조화와 균형을 회복한다.
>
> (다) 환경 문제는 자본가 계급이 자신만의 이익을 극대화하는 과정에서 발생한다. 자본가 계급이 환경보다 경제적 이익을 우선하며 자신의 이윤 추구에만 몰두한 결과가 환경 오염으로 나타난다. 그로 인한 피해는 오롯이 노동자 계급의 몫이다. 이윤 추구에서 배제된 노동자 계급은 환경 문제에 대응할 마땅한 수단이 없기 때문이다.

① (가)의 관점은 사회의 각 부분이 상호 의존적 관계를 맺는다고 본다.
② (나)의 관점은 상황에 대한 주관적인 해석 과정을 중시한다.
③ (다)의 관점은 지배 집단과 피지배 집단 간 대립과 투쟁을 사회 변동의 원동력으로 본다.
④ (나)의 관점은 (다)의 관점과 달리 사회 질서와 안정의 중요성을 경시한다는 비판을 받는다.
⑤ (다)의 관점은 (가)의 관점과 달리 지배 집단의 이익을 대변하는 논리로 활용될 수 있다는 비판을 받는다.

사회 · 문화 현상을 바라보는 갑~병의 관점에 대한 설명으로 옳은 것은?

① 갑의 관점은 을의 관점과 달리 개인의 행위가 상황에 대한 주관적 해석에 기초하여 이루어진다고 본다.
② 갑의 관점은 병의 관점과 달리 기득권층의 이익을 대변하는 논리로 활용될 수 있다는 비판을 받는다.
③ 을의 관점은 병의 관점과 달리 집단 간 갈등을 사회 변동의 원동력으로 본다.
④ 병의 관점은 갑의 관점과 달리 지배 계급과 피지배 계급의 이익이 조화를 이루고 있다고 본다.
⑤ 병의 관점은 을의 관점과 달리 사회 구조가 개인에게 미치는 영향력을 간과한다는 비판을 받는다.

09 23학년도 수능 3번

[정답과 해설 22page]

다음 글에서 사회·문화 현상을 바라보는 필자의 관점에 대한 설명으로 옳은 것은?

> 인구 증가는 사람들 간 접촉과 상호 작용을 증가시킨다. 이때 경쟁이 치열해지면, 그 치열한 경쟁이 갈등을 유발하고 사회 질서를 위협한다. 자원을 둘러싼 경쟁은 생존 가능한 자리를 찾으려는 개인들의 노력을 낳고 이는 업무 전문화로 이어진다. 전문화는 개인들로 하여금 상호 의존을 하도록 압박하고 상호 의무를 수용하려는 의지를 강화한다. 전문화로 인한 업무 분화는 무한 경쟁이 파괴할 수 있는 질서를 유지하는 데 필수적이다.

① 사회의 안정보다는 변동을 중시한다.
② 상황 정의에 기초한 개인 간 상호 작용을 중시한다.
③ 사회에는 어느 시점에나 구조적 모순이 내재되어 있다고 본다.
④ 사회 제도를 지배와 피지배 관계의 재생산을 위한 수단으로 본다.
⑤ 지배 집단의 이익을 대변하는 논리로 활용될 수 있다는 비판을 받는다.

10 24학년도 6월 평가원 3번

[정답과 해설 22page]

사회·문화 현상을 바라보는 관점 A, B에 대한 설명으로 옳은 것은?

> A : 지배 집단과 피지배 집단은 재화나 권위 또는 권력과 같은 희소 자원을 차지하기 위해 서로 끊임없이 투쟁한다. 두 집단의 이익은 양립할 수 없으므로 갈등은 필연적이고 자연스러운 현상이다.
> B : 사회 체계는 기본적으로 균형 상태를 유지하기 때문에 적대, 긴장, 모순, 투쟁과 같은 갈등은 일시적인 현상이다. 따라서 갈등은 균형을 유지하려는 사회 체계의 속성으로 인하여 머지않아 조화롭게 조정된다.

① A는 상황 정의에 기초한 개인 간 상호 작용을 중시한다.
② B는 사회적 희소가치의 불균등한 분배가 불가피하다고 본다.
③ A는 B와 달리 기득권층의 이익을 대변하는 논리로 사용된다는 비판을 받는다.
④ B는 A와 달리 질서와 안정성을 바탕으로 한 점진적인 사회 변동을 설명하기 어렵다.
⑤ A와 B는 모두 개인에 대한 사회 구조의 영향력을 간과한다는 비판을 받는다.

11 24학년도 수능 4번

사회·문화 현상을 바라보는 관점 A~C에 대한 설명으로 옳은 것은? (단, A~C는 각각 기능론, 갈등론, 상징적 상호 작용론 중 하나임.) [3점]

> 교사 : A, B, C 중 하나를 선택한 후 해당 관점에 대해 설명해 보세요.
> 갑 : A는 사회가 생물 유기체처럼 균형을 유지한다고 전제합니다. 조화와 균형은 정상적 상태로, 부조화와 불균형은 병리적 상태로 봅니다.
> 을 : B는 사회를 구성하는 하위 요소가 사회 전체의 존속과 통합을 위한 역할을 수행한다고 봅니다. 또한 B는 사회 각 부분에 존재하는 복잡한 관계를 지배와 피지배의 관계로 단순화합니다.
> 교사 : 갑은 옳게, 을은 틀리게 설명했습니다. 을의 설명에는 정작 B의 내용은 없고, A와 C의 내용만 있네요.

① A는 B와 달리 개인의 상황 정의와 의미 해석을 강조한다.
② B는 C와 달리 사회에 내재한 구조적 모순을 중심으로 사회 현상을 설명한다.
③ C는 A와 달리 기득권층의 이익을 옹호한다는 비판을 받는다.
④ '대립과 갈등을 사회의 본질적 속성으로 보는가?'라는 질문으로 A와 B를 구분할 수 없다.
⑤ '사회 각 제도의 상호 의존적 관계에 주목하는가?'라는 질문으로 B와 C를 구분할 수 있다.

12 25학년도 6월 평가원 2번

다음 글에서 도출할 수 있는 사회·문화 현상을 바라보는 필자의 관점에 대한 옳은 설명만을 〈보기〉에서 있는 대로 고르시오. [3점]

> 개별 구성원의 이익과 집합체의 이익 간 불일치는 사회적 갈등으로 나타날 수 있다. 이때 중요한 것은 서로 다른 개인들의 이익이 사회적 관계 내에서 작용한다는 점이다. 개인은 자신의 이익을 온전히 추구하기 위해 사회 내 구조화된 관계에 의해 규정된 역할 속에서 다른 구성원들의 이익 추구 과정을 고려해야만 한다. 이러한 과정을 통해 집합체는 안정적인 상태에 도달한다.

─── 〈보 기〉 ───

ㄱ. 대립과 갈등을 사회의 본질적 속성으로 본다.
ㄴ. 질서와 안정에 기반한 점진적 사회 변동을 설명하기 어렵다.
ㄷ. 사회적 갈등을 균형 회복을 위한 일시적인 과정으로 이해한다.

사회·문화 현상을 바라보는 갑~병의 관점에 대한 설명으로 옳은 것은? [3점]

> 갑 : 계층적 지위가 개인의 능력과 노력에 따라 결정된다고 하지만 불공정한 사회 구조가 사회적 희소가치의 분배를 일방적으로 결정하는 것이 현실입니다.
> 을 : 아닙니다. 계층적 지위는 개인이 자신의 능력과 노력을 통해 정당하게 얻은 결과이며, 우리 사회 대다수 구성원은 이를 당연한 것으로 받아들이고 있습니다.
> 병 : 계층적 지위는 개인의 출신이나 능력으로 결정되는 것이 아닙니다. 평소 타인의 시선을 의식하고 말투와 옷차림에 신경 쓰면서 자신의 계층을 인식하는 것처럼 계층적 지위는 사람들과 교류하는 과정 속에서 형성됩니다.

① 갑의 관점은 사회 불평등 현상이 불가피하다고 본다.
② 을의 관점은 개인의 행위에 미치는 사회 구조의 영향력을 중시한다.
③ 병의 관점은 사회 현상을 갈등과 대립의 측면에서만 파악한다는 비판을 받는다.
④ 갑, 병의 관점과 달리 을의 관점은 지배 집단과 피지배 집단의 이익이 조화를 이루기 어렵다고 본다.
⑤ 을, 병의 관점과 달리 갑의 관점은 기득권층의 이익을 옹호하는 논리로 활용된다는 비판을 받는다.

다음 글에서 사회·문화 현상을 바라보는 필자의 관점에 대한 옳은 설명만을 〈보기〉에서 있는 대로 고르시오.
[3점]

> 　사회 체계 안에서 인간의 상호 작용이 작동하는 이유는 행위자들에게 할당되는, 분화된 역할 구조가 있기 때문이다. 개인은 역할 구조 속에서 사회가 기대하는 행동을 수행하게 된다. 이렇게 개인이 사회의 한 부분으로서 공유된 기대에 부응하여 다른 부분과 유기적으로 상호 작용을 함에 따라 사회라는 완전체가 형성된다.

―――――――――〈보 기〉―――――――――

ㄱ. 상황 정의에 기초한 개인 간 상호 작용을 중시한다.
ㄴ. 개인 행위자의 능동적이고 자율적인 측면을 중시한다.
ㄷ. 사회의 각 부분이 상호 의존적 관계를 맺는다고 본다.
ㄹ. 사회는 스스로 균형을 유지하려는 속성을 지닌다고 본다.

01 14학년도 6월 평가원 2번

[정답과 해설 25page]

그림의 (가), (나)는 사회 · 문화 현상의 연구 방법이다. 이에 대한 설명으로 옳은 것은? [3점]

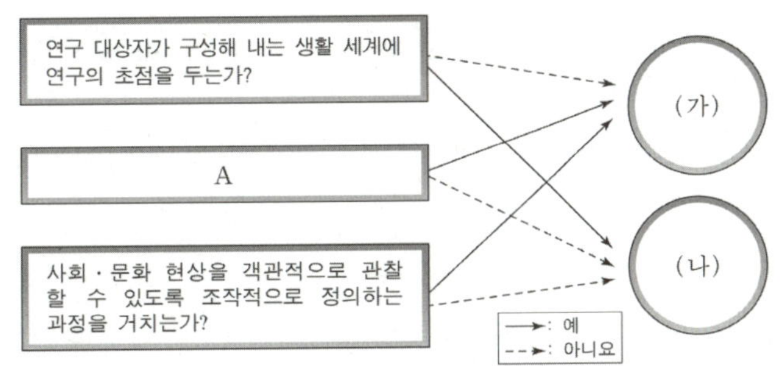

① (가)는 방법론적 이원론에 기반하여 사회 · 문화 현상을 탐구하고자 한다.
② (나)는 행위 주체인 연구 대상자의 주관적 의도가 배제된다는 비판을 받는다.
③ (가)와 달리 (나)는 행위의 동기보다는 행위 자체를 주된 분석 대상으로 삼는다.
④ (나)와 달리 (가)는 사회 · 문화 현상의 의미가 인식 주체에 의해 다르게 규정된다고 본다.
⑤ A에 들어갈 질문으로 '변수와 변수 간의 관계 파악을 목적으로 하는가?'가 적절하다.

02 18학년도 9월 평가원 4번

[정답과 해설 25page]

다음 연구에 대한 설명으로 옳은 것은? (단, (가)~(마)는 연구 과정을 순서 없이 나열한 것이다.) [3점]

> • 연구 주제 설정: ㉠ 청소년이 스마트폰 게임 중독에 빠지는 원인으로 가족 환경에 주목하고 그 관련성을 파악하기로 하였다.
>
> (가) 스마트폰 게임 중독은 게임 빈도와 시간으로, 부모와 자녀의 유대 정도는 부모-자녀 간 말다툼 빈도 및 부모와의 동일시 정도로 측정하기로 하였다. 연구 대상자는 300명으로, ㉡ ○○ 지역 5개 고등학교 1학년 남녀 학생 중에서 무작위로 선정되었다.
>
> (나) 스마트폰 게임 빈도 및 시간은 부모-자녀 간 말다툼 빈도와는 정(+)의 관계, 부모와의 동일시 정도와는 부(−)의 관계에 있음을 확인하였다.
>
> (다) ㉢ 부모와 자녀 간 유대가 약할수록 자녀의 스마트폰 게임 중독 정도가 높을 것으로 추정하였다.
>
> (라) 2017년 8월, 연구 대상자와의 대면 접촉을 통해 구조화된 질문지로 자료를 수집하였다.
>
> (마) ㉣ 게임 중독 치료 경험이 있는 청소년들을 심층 면접한 선행 연구 자료를 검토하였다. ㉤ 이 선행 연구 자료에서 가족의 특성, 가족 내 갈등 경험 및 가족 구성원 간 친밀성 정도와 스마트폰 게임 중독 사이에 높은 연관성이 있음을 확인하였다.
>
> • 결론 도출: ㉥ 이 연구를 통해 부모와의 유대가 약한 청소년일수록 스마트폰 게임 중독에 빠질 가능성이 높아진다는 사실을 확인하였다.

① ㉠은 모집단, ㉡은 표본 집단이다.
② ㉢을 측정하기 위한 조작적 정의는 (마)에서 이루어졌다.
③ ㉣과 같은 자료 수집 방법은 연구 대상자와 연구자 간 친밀성이 중시된다.
④ ㉤과 같은 연구 방법은 ㉣과 같은 연구 방법에 비해 한정된 수의 변인에 집중하여 가설을 검증하기 용이하다.
⑤ 이 연구 과정은 (가)-(다)-(마)-(라)-(나) 순서로 진행되는 것이 적절하다.

03   18학년도 수능 8번

다음 연구에 대한 설명으로 옳은 것은? (단, (가)~(라)는 연구 과정을 순서 없이 나열한 것이다.)

> ○ 연구 주제 설정: 정보 격차 문제를 파악하기 위해 A 지역 고등학생의 인터넷 이용 형태에 부모의 경제 수준 및 부모의 인터넷 이용 형태가 미치는 영향을 탐구하기로 하였다.
>
> (가) ㉠부모의 경제 수준이 높을수록 자녀의 정보 지향적 인터넷 이용 정도가 높아지고, ㉡부모의 정보 지향적 인터넷 이용 정도가 높을수록 자녀의 정보 지향적 인터넷 이용 정도가 높아질 것이라고 가설을 설정하였다.
>
> (나) A 지역에서 선정된 6개 ㉢고등학교 학생 1,000명 중 ㉣부모도 응답 가능한 300명을 대상으로 구조화된 질문지를 통해 자료를 수집하였다.
>
> (다) 경제 수준은 ㉤월평균 소득으로, 정보 지향적 인터넷 이용 정도는 ㉥인터넷 이용 시간 중 정보 검색 시간 비중으로 측정하기로 하였다.
>
> (라) 부모의 월평균 소득에 따라 자녀의 정보 검색 시간 비중은 통계적으로 유의미한 차이가 나타나지 않았다. 반면 부모의 정보 검색 시간 비중이 높을수록 자녀의 정보 검색 시간 비중은 통계적으로 유의미하게 높아지는 것으로 나타났다.

① ㉠은 독립 변수, ㉡은 종속 변수이다.

② ㉢은 모집단, ㉣은 표본이다.

③ ㉤은 ㉠의, ㉥은 ㉡의 조작적 정의에 해당한다.

④ (라)로 보아 가설은 검증되었다.

⑤ (다) - (나) - (가) - (라) 순서로 연구가 진행되었다.

04   19학년도 9월 평가원 2번

밑줄 친 ㉠~㉥에 대한 설명으로 옳은 것은? [3점]

> ○ 연구 주제 : 부부 간 친밀도에 영향을 미치는 요인
> ○ 연구 가설
>   - ㉠부부 간 대화 시간이 많을수록 부부 간 친밀도가 높다.
>   - 부부 간 의견 일치 정도가 높을수록 부부 간 친밀도가 높다.
> ○ 연구 설계
>   - 조사 방법 : 기혼자 1,000명을 대상으로 설문 조사
>   - 조사 항목 : ㉡부부 간 대화 시간, ㉢부부 간 의견 일치 정도, 부부 간 친밀도
> ○ 분석 결과
>   - 부부 간 대화 시간에 따라 세 개의 집단으로 구분한 결과, ㉣많은 집단의 부부 간 친밀도는 2.8, 중간 집단은 3.5, 적은 집단은 4.2였으며 ㉤통계적으로 유의미한 차이가 나타남.
>   - 부부 간 대화 시간에 따라 구분한 ㉥위 세 개의 집단 각각에서 부부 간 의견 일치 정도와 부부 간 친밀도는 통계적으로 유의미한 양(+)의 상관관계가 있는 것으로 나타남.
>
>   * 조사 항목은 모두 5점 척도이며, 숫자가 높을수록 그 정도가 많거나 높음.

① ㉠은 기각되었다.

② ㉡은 종속 변인, ㉢은 독립 변인이다.

③ ㉣은 실험 집단 중 하나이다.

④ ㉤은 2차 자료를 분석하여 얻은 결과이다.

⑤ ㉥을 통해 ㉠이 검증되었다.

다음 자료에 대한 옳은 분석만을 〈보기〉에서 있는 대로 고르시오. [3점]

○과제: 교육 관련 연구를 위한 가설을 설정하고, 이를 검증하기 위해 필요한 자료를 3개만 수집하시오.

모둠	가설	수집한 자료
A	도시 지역은 농촌 지역보다 고등학교 졸업생의 대학 진학률이 높을 것이다.	• 농촌 지역과 도시 지역 각각의 고등학교 졸업생 수 • 농촌 지역에 거주 중인 대학생 수 • 도시 지역에 거주 중인 대학생 수
B	가구 소득이 높을수록 자녀 교육비에서 사교육비의 비중이 높을 것이다.	• 자녀가 있는 가구들의 가구별 소득액 • 가구별 자녀 교육비 지출액 • 가구별 자녀 사교육비 지출액
C	비수도권 지역 고등학교는 수도권 지역 고등학교보다 교사 1인당 학생 수가 적을 것이다.	• 수도권 지역과 비수도권 지역 각각의 고등학생 수 • 수도권 지역의 교사 수 • (가)

───── 〈보 기〉 ─────

ㄱ. A 모둠에서 수집한 자료 중 '농촌 지역과 도시 지역 각각의 고등학교 졸업생 수'는 가설 검증에 적합하지 않은 것 중 하나이다.

ㄴ. B 모둠의 가설은 가정의 경제적 요인이 자녀 교육에 미치는 영향을 확인하는 데 활용될 수 있다.

ㄷ. A, C 모둠은 모두 교육적 측면에서 나타난 지역 간 차이를 확인하고자 한다.

ㄹ. (가)에는 '비수도권 지역의 교사 수'가 들어갈 수 있다.

다음 연구에 대한 설명으로 옳은 것은? [3점]

> 갑은 '재난 상황에서 인간의 행동에 미치는 주변인의 영향'이라는 주제를 연구하기 위해 자료를 수집하였다. 갑은 대학 생활에 관한 ㉠ <u>설문 조사</u>를 한다는 명목으로 조사에 참여할 ㉡ <u>대학생 100명</u>을 모집하여 무작위로 A 집단에 60명, B 집단에 20명, C 집단에 20명을 배정하였다. 갑은 A 집단에게 설문 조사는 연구의 목적과 아무 관련이 없다는 점을 설명하고, 방에 연기가 들어오더라도 무해하니 설문지를 작성하는 척하면서 나오지 말라고 하였다. 반면 B 집단, C 집단에게는 연기에 대한 언급 없이 설문 조사에 성실하게 임해 달라고만 하였다. 이후 갑은 격리된 방 40개를 마련하여 20개 방 각각에는 A 집단 학생 3명과 B 집단 학생 1명이, 또 다른 20개 방 각각에는 A 집단 학생 없이 C 집단 학생 1명만 들어가서 설문지를 작성하게 하였다. 갑은 설문 조사 시작 1분 후 각 방에 연기를 들여보내고, 폐쇄회로 텔레비전(CCTV)을 통해 ㉢ <u>B 집단과 C 집단 학생들의 행동</u>을 관찰하였다. 연기가 들어오자 B 집단 중 5명은 ㉣ <u>A 집단 학생들의 행동</u>을 의식하지 않고 곧바로 방을 나갔고 15명은 다른 학생들을 살피면서 설문지를 계속 작성하였다. C 집단의 경우, 연기가 들어오자 15명은 방에서 곧바로 나갔고 5명은 설문지를 계속 작성하였다. 갑은 이러한 관찰 결과를 바탕으로 논문을 발표하였다.

① ㉠은 사전 검사에 해당한다.
② ㉡은 모집단, A 집단은 표본 집단이다.
③ ㉢은 독립 변인, ㉣은 종속 변인이다.
④ B 집단은 실험 집단, C 집단은 통제 집단이다.
⑤ 갑은 의도한 결과를 얻기 위해 자료를 자의적으로 조작하였다.

다음은 학생들이 제출한 수행 평가 과제에 대해 교사가 평가한 내용이다. 이에 대한 설명으로 옳은 것은?

A 조 과제에 대한 평가	B 조 과제에 대한 평가
A조는 '에고서핑(ego-surfing)'의 의미를 찾아 ㉠ <u>'인터넷으로 자신에 대한 정보나 댓글을 검색하는 것'</u>이라고 소개한 후 '에고서핑을 많이 하는 사람일수록 자존감이 낮을 것이다.'라는 가설을 세워 검증하였습니다. A조가 제출한 과제는 일반인을 대상으로 가설과 관련한 일반적인 경향성을 적절히 규명한 연구입니다. 	B 조는 '에고서핑(ego-surfing)'을 하는 사람들의 심리를 알기 위해 심층 인터뷰를 실시하였습니다. B 조가 제출한 과제는 인터넷상에 나타난 자신에 대한 정보나 댓글에 매우 민감한 연예인, 유명 인터넷 1인 방송인 등을 대상으로 그들이 왜 불편한 감정을 감수하고 에고서핑을 하는지에 대해 적절히 조사한 연구입니다. 

① ㉠은 A조가 연구 과정에서 실시한 개념의 조작적 정의이다.
② B 조가 사용한 연구 방법은 법칙 발견을 목적으로 한다.
③ A조가 사용한 연구 방법은 B 조가 사용한 연구 방법에 비해 계량화가 어려운 인간의 주관적 영역에 대해 탐구하기 곤란하다.
④ B 조가 사용한 연구 방법은 A 조가 사용한 연구 방법과 달리 자료 수집 과정에서 연구자의 가치 중립이 요구된다.
⑤ A조가 사용한 연구 방법은 방법론적 이원론을, B 조가 사용한 연구 방법은 방법론적 일원론을 전제로 한다.

다음 연구에 대한 옳은 설명만을 〈보기〉에서 있는 대로 고르시오. [3점]

> 연구자 갑은 고등학생 자녀의 학업 성취와 부모의 민주적 양육 태도 간의 관계를 파악하고자 가설을 설정하고 연구를 진행하였다. 갑은 구조화된 설문지로 자녀의 학업이나 진로를 결정하는 과정에서 부모의 개입 지수, 부모의 통제 지수, 자녀의 의사 반영 지수를 측정하고, 부모와 자녀의 동의를 얻어 자녀의 모의평가 성적을 학교로부터 제공받았다. 수집한 자료의 분석을 통해 갑은 자녀의 학업 성취에 대하여 부모의 민주적 양육 태도가 정(+)의 영향력을 가지며, 이는 통계적으로 유의미하다는 것을 확인하였다.

〈보 기〉

ㄱ. 자료 분석에 1차 자료와 2차 자료가 모두 활용되었다.
ㄴ. 독립 변수와 종속 변수에 대한 조작적 정의가 이루어졌다.
ㄷ. 자녀의 학업 성취는 양적 자료로, 부모의 민주적 양육 태도는 질적 자료로 수집되었다.
ㄹ. 분석을 통해 수용된 가설은 '자녀의 학업 성취가 높을수록 부모의 민주적 양육 태도가 높을 것이다.'이다.

다음 자료에 대한 설명으로 옳은 것은? [3점]

> 연구자 갑은 ㉠ "학업 성취도에 자기 통제력이 정(+)의 영향을 미칠 것이다."라는 가설을 검증하기 위해 아동 90명을 대상으로 연구하였다. 갑은 아동에게 "초콜릿 1개를 받고 바로 먹어도 되지만 15분 동안 먹지 않고 기다리면 1개를 더 먹을 수 있다."는 조건에서 자신의 ㉡ 기다림 행동 정도(바로 먹음, 기다리다 중간에 먹음, 끝까지 기다림)를 예측하여 기입하게 하였다. 해당 아동의 ㉢ 학업 성적을 구하여 통계 분석한 결과, '끝까지 기다림' 집단이 나머지 집단보다 학업 성적이 높았다.
>
> 연구자 을은 갑의 가설을 재검증하기 위해 아동 900명을 대상으로 아동의 기다림 행동 정도와 학업 성적을 갑의 연구와 동일하게 수집하였다. 추가적으로 아동에 대한 가정의 경제적 배경을 조사하여 연구 대상자를 ㉣ 두 집단으로 구분한 후 자료를 분석하였다. 갑의 가설과 자신이 추가한 가설을 모두 검증하기 위해 분석한 결과, 기다림 행동 정도에 따른 학업 성적의 차이는 통계적으로 유의미하지 않았고, ㉤ 가정의 경제적 배경에 따른 학업 성적의 차이는 통계적으로 유의미한 것으로 나타났다.

① 갑은 실험법, 을은 질문지법을 사용하였다.
② ㉠은 갑, 을의 연구 모두에서 수용되었다.
③ ㉡은 갑, 을의 연구 모두에서 독립 변수의 조작적 정의이다.
④ ㉢은 갑의 연구에서, ㉤은 을의 연구에서 종속 변수이다.
⑤ ㉣은 을의 연구에서 실험 집단과 통제 집단을 구분하기 위한 과정이다.

10 23학년도 6월 평가원 2번

다음 자료에 대한 설명 및 추론으로 옳은 것은? [3점]

　　연구자 갑은 타인의 존재와 개인의 과업 수행 간의 관계에 대해 연구하고자 하였다. 그는 자신의 연구에 사용할 변수들을 선정하기 위해 두 개의 선행 연구 A, B를 검토하였다.

　　A에서는 타인의 존재가 과업 수행에 긍정적 영향을 미칠 것이라는 가설을 검증하기 위해, 사이클 선수들을 무작위로 두 집단으로 구분하여, ㉠ 한 집단은 각자 따로 출발하게 하고 ㉡ 다른 집단은 여러 명이 함께 출발하게 하였다. 그 결과 함께 달린 집단이 따로 달린 집단보다 더 좋은 기록을 냈다. B에서는 과업과 관련한 개인의 기본 역량이 높은 집단에서는 타인의 존재가 과업 수행에 긍정적 영향을 미치고, 과업과 관련한 개인의 기본 역량이 낮은 집단에서는 타인의 존재가 과업 수행에 부정적 영향을 미칠 것이라는 가설을 검증하였다. 이 연구에서는 무작위로 선발한 당구 동호인을 당구 실력이 높은 집단과 낮은 집단으로 구분한 뒤, 각자 당구 게임을 수행하게 하고 그 점수를 측정하였다. 다음으로 각 집단을 관찰자들이 보는 앞에서 이전과 같은 방식으로 동일한 당구 게임을 수행하도록 하고, 그 점수를 측정하였다. 측정 결과 ㉢ 실력이 높은 집단의 게임 수행 점수는 높아진 반면, ㉣ 실력이 낮은 집단의 게임 수행 점수는 낮아졌다.

　　갑은 A, B를 통해 타인의 존재가 개인의 과업 수행에 유의미한 영향을 미친다는 사실을 확인하였다. 갑은 A에서는 타인을 경쟁자로, B에서는 관찰자로 설정한 점, 그리고 B에서 개인의 기본 역량이 과업 수행에 영향을 미친다는 점에 주목하였다. 이를 통해 타인의 존재가 ㉤ 개인의 과업 수행에 미치는 영향을 다각적으로 설명하려면 ㉥ 타인의 역할과 과업 수행을 위한 행위자의 기본 역량을 변수로 활용하는 ㉦ 연구가 필요하다는 결론에 이르렀다.

---

① 갑은 실험법을 사용하여 자료를 수집하였다.

② 갑이 검토한 연구는 방법론적 일원론을 전제로 하여 수행되었다.

③ A에서 ㉠은 실험 집단, ㉡은 통제 집단이다.

④ ㉢과 ㉣ 간의 차이로 인해 B의 가설은 수용되었을 것이다.

⑤ ㉦에서 ㉤은 독립 변수, ㉥은 종속 변수이다.

11 23학년도 9월 평가원 2번

[정답과 해설 30page]

밑줄 친 ㉠~㉦에 대한 옳은 설명만을 <보기>에서 있는 대로 고르시오. [3점]

> 갑은 반려견 양육 경험이 반려견을 양육하는 사람의 주관적 행복감에 미치는 영향을 파악하기 위해 ㉠ 가설을 설정하고 연구를 진행하였다. 갑은 반려견을 양육하고 있는 성인 500명을 대상으로 구조화된 질문지를 활용해 반려견을 키운 기간, 반려견과 같이 보내는 시간을 조사하고, ㉡ 우울감 정도, 생활 만족도는 5점 척도로 조사하였다. 갑은 수집한 ㉢ 자료를 통계 프로그램으로 분석하여 결론을 도출하였다.
>
> 한편, 을은 현대인이 반려견 양육에 부여하는 의미를 심층적으로 파악하고자 하였다. 이를 위해 을은 반려견 양육 경험이 없는 사람들을 ㉣ A 집단, 반려견 양육 경험이 있는 사람들을 ㉤ B 집단으로 각각 10명씩 구분하였다. A 집단에는 반려견을 키우지 않는 이유, 반려견 양육 의향 등에 대해, B 집단에는 ㉥ 반려견 양육 동기, 반려견에게 느끼는 감정 등에 대해 직접 물어보면서 연구 대상자의 답변을 녹취하였다. 을은 수집한 ㉦ 자료를 해석하여 결론을 도출하였다.

<보 기>

ㄱ. ㉠에서 독립 변수는 '반려견 양육 경험의 유무'이다.
ㄴ. ㉡은 ㉥과 달리 해당 연구에서 종속 변수에 대한 조작적 정의에 해당한다.
ㄷ. ㉢과 ㉦은 모두 해당 연구자가 언어적 상호 작용이 필수적인 자료 수집 방법을 활용해 얻은 1차 자료이다.
ㄹ. ㉣은 통제 집단, ㉤은 실험 집단이다.

12 23학년도 수능 2번

[정답과 해설 31page]

다음 자료에 대한 설명 및 추론으로 옳은 것은? [3점]

> 갑은 직장인의 업무 과부하와 직무 스트레스 간의 관계를 파악하기 위해 연구를 진행하였다. 갑은 ○○ 기업 직원 전체를 대상으로 ㉠ 업무량, ㉡ 업무 이해도, 직무 스트레스를 각각 5점 척도 문항으로 측정한 후, 이 자료를 분석하여 업무 과부하가 직무 스트레스를 높인다는 결론을 얻었다. 한편, 을은 직장인의 직무 스트레스와 상사의 정서적 지원 간의 관계를 알아보기 위해 다음과 같이 연구를 수행하였다. 우선 을은 갑의 연구를 통해 직무 스트레스가 업무량과 업무 이해도로부터 영향을 받는다는 사실을 확인하고, 과도한 업무량에서 비롯된 업무 과부하를 ㉢ 양적 과부하로, 낮은 업무 이해도에서 비롯된 업무 과부하를 ㉣ 질적 과부하로 구분하였다. 다음으로 △△ 기업 고충 상담실의 도움을 받아 △△ 기업 직원 중 양적 과부하로 인해 직무 스트레스를 경험하고 있는 직원 40명을 무작위로 뽑아 A 집단에 배치하고, 질적 과부하로 인해 직무 스트레스를 경험하고 있는 직원 40명을 무작위로 뽑아 B 집단에 배치하였다. 이어 A 집단을 무작위로 20명씩 A_1, A_2로 나누고, 같은 방식으로 B 집단을 B_1, B_2로 나눈 뒤, A_1과 B_1에만 직속 상사가 일정 기간 동안 격려와 신뢰를 표현하도록 했다. 이러한 연구 절차에 따라 수집된 사전·사후 검사 자료를 분석한 결과, 상사의 정서적 지원은 B 집단이 겪는 유형의 직무 스트레스를 낮추는 데는 효과가 있었지만, A 집단이 겪는 유형의 직무 스트레스를 낮추지는 못하는 것으로 나타났다.

① 갑의 연구에서 표본은 ○○ 기업 직원 전체이고, 을의 연구에서 모집단은 △△ 기업 직원 전체이다.
② 을의 연구에서 ㉢은 ㉠의 조작적 정의에, ㉣은 ㉡의 조작적 정의에 해당한다.
③ 을의 연구에서 직속 상사가 일정 기간 동안 격려와 신뢰를 표현한 것은 실험 처치에 해당한다.
④ 을의 사후 검사 결과에 따르면, B_1의 직무 스트레스 수치는 A_1의 직무 스트레스 수치보다 낮을 것이다.
⑤ 을의 연구 결과는 업무 과부하가 직무 스트레스에 영향을 준다는 갑의 연구 결과를 반박한다.

[정답과 해설 31page]

다음 자료에 대한 옳은 설명만을 〈보기〉에서 있는 대로 고르시오. [3점]

갑은 '소비 활동으로 느끼는 행복'이라는 ⊙ 연구 주제를 설정하였다. ⓒ 관련 연구를 검토한 뒤, 소득 수준에 따라 소비 활동으로 느끼는 행복감이 소비 활동 유형별로 어떻게 다른지 파악하기 위해 가설을 설정하였다. 아래는 가설 중 하나이다.

〈가설〉 소득 수준이 높은 집단이 소득 수준이 낮은 집단보다
⬚　　A　　⬚ 활동으로 느끼는 행복감이 높을 것이다.

갑은 ⓒ 가설 검증을 위해 성인 2,000명을 대상으로 ⓔ 설문 조사를 실시하였다. 소득 수준은 응답자의 월평균 소득을 기준으로 상위 50%를 ⓜ 소득 수준이 높은 집단, 나머지를 ⓗ 소득 수준이 낮은 집단으로 구분하였다. 소비 활동의 유형은 일상적 소비(생활용품 구입 등)와 문화적 소비(여가 활동비 지출 등)로 구분하였고, 각 유형별 소비 활동으로 느끼는 행복감은 5점 척도(점수가 클수록 행복감이 높음)로 측정하였다.

자료 분석 결과, 일상적 소비 활동으로 느끼는 행복감은 소득 수준이 높은 집단에서 2.6점, 소득 수준이 낮은 집단에서 3.6점으로 나타났다. 문화적 소비 활동으로 느끼는 행복감은 소득 수준이 높은 집단에서 3.6점, 소득 수준이 낮은 집단에서 2.0점으로 나타났다. 분석 결과는 통계적으로 유의미하였다.

〈보 기〉

ㄱ. ⊙ 단계는 ⓒ 단계와 달리 연구자의 가치 중립이 요구된다.
ㄴ. ⓒ은 2차 자료를, ⓔ은 1차 자료를 수집하기 위한 것이다.
ㄷ. ⓜ은 실험 집단, ⓗ은 통제 집단이다.
ㄹ. 〈가설〉은 A가 '일상적 소비'이면 기각되고, '문화적 소비'이면 수용된다.

[정답과 해설 32page]

다음 연구에 대한 설명으로 옳은 것은? [3점]

연구자 갑은 집단 간 경쟁이 자신이 속한 집단 구성원에 대한 긍정적 평가를 증가시킬 것이라고 예상하며 연구를 진행하였다. 갑은 서로 모르는 사이의 청소년을 연구 참여자로 모집한 후 무작위로 네 모둠으로 구분하였다. 모둠 A와 모둠 B는 숲 체험 활동을 하였고, 모둠 C는 모둠 A의, 모둠 D는 모둠 B의 활동을 관리하였다. 1일 차에 모둠 A와 모둠 B는 서로의 존재를 알지 못하는 상태에서 주어진 과업을 독립적으로 수행하였다. 갑은 2일 차에 모둠 A와 모둠 B에게 경쟁 모둠의 존재를 알리고, 과업을 먼저 해결하는 모둠에게만 별도의 상품을 제공한다고 공지하였다. 한편 모둠 C와 모둠 D는 자신이 관리하는 모둠 A와 모둠 B가 과업 수행 중 나눈 대화에 나타난 칭찬과 비난의 횟수를 관찰하여 일자별로 기록하였다. 갑이 ⊙ 모둠 C와 모둠 D가 관찰하며 기록한 자료를 분석한 결과, 모둠 A와 모둠 B 모두에서 1일 차 대비 2일 차에 소속 모둠원에 대한 ⓒ 칭찬 횟수는 증가하였고, ⓒ 비난 횟수는 감소하였다.

① 갑은 양적 연구 방법과 질적 연구 방법을 모두 활용하였다.
② 모둠 A와 B는 실험 집단이고, 모둠 C와 D는 통제 집단이다.
③ 1일 차와 2일 차 모두 독립 변수에 대한 처치가 이루어졌다.
④ ⊙은 갑의 연구에서 1차 자료에 해당한다.
⑤ ⓒ은 ⓒ과 달리 종속 변수에 대한 조작적 정의이다.

15 24학년도 수능 5번

다음 자료에 대한 설명으로 옳은 것은?

> 연구자 갑은 정부 정책 도입에 대한 여론 조사 연구에서 '정보 제공이 응답자의 ㉠ 응답 반응에 영향을 미칠 것이다.'라는 가설을 설정하였다. 이를 검증하기 위해 질문 방식을 정부 정책에 대한 정보 제시 없이 정부 정책 도입에 대한 동의 여부를 묻는 것(유형 A), 정부 정책에 대한 중립적인 정보를 제시한 후 정부 정책 도입에 대한 동의 여부를 묻는 것(유형 B), ㉡ 정부 정책에 대한 긍정적인 정보를 제시한 후 정부 정책 도입에 대한 동의 여부를 묻는 것(유형 C)으로 구분한 후, 다음과 같이 두 단계에 걸쳐 연구를 진행하였다.
>
> ◦ 1단계: 동일한 정부 정책 도입에 대해 비슷한 시기에 수행된 여론 조사 결과를 수집하였다. 자료 분석을 통해 여론 조사에서 ㉢ 정보 제공 여부가 응답자의 의사 결정에 영향을 미칠 수 있음을 확인하였다.
> ◦ 2단계: 1단계에서 확인한 결과를 경험적으로 검증하기 위해 성인 200명을 무작위로 선정한 후 실험을 실시하였다. 유형 A를 배부하여 ㉣ 정부 정책 도입에 대한 찬반 여부를 측정한 결과 응답자의 60%가 제안된 정책에 반대하였다. 반대한 사람을 40명씩 무작위로 세 집단으로 나눈 뒤, 첫째 집단에는 유형 A에, 둘째 집단에는 유형 B에, 셋째 집단에는 유형 C에 각각 응답하도록 하였다. 세 집단의 응답을 분석한 결과, 첫째 집단과 둘째 집단 간, 첫째 집단과 셋째 집단 간에는 제안된 정책에 반대하는 비율이 유의미하게 차이가 났지만, 둘째 집단과 셋째 집단 간에는 유의미한 차이가 없었다.

① 2단계에서 갑은 사전 검사를 실시하지 않았다.
② 유형 B에 응답한 사람들은 통제 집단, 유형 C에 응답한 사람들은 실험 집단이다.
③ ㉠은 ㉣에 대한 조작적 정의이다.
④ ㉡은 질문지 작성 시 특정 응답을 유도한 것이므로 갑의 연구 결과를 일반화할 수 없다.
⑤ 2단계에서 도출한 분석 결과는 ㉢을 지지한다.

16 25학년도 6월 평가원 5번

밑줄 친 ㉠~㉰에 대한 설명으로 옳은 것은? [3점]

> 연구자 갑은 ㉠ '온라인 게임 내 이용자들의 사회적 관계 형성에 대한 이해'를 연구 주제로 설정하였다. 우선 선행 연구를 통해 온라인 게임에서는 ㉡ 게임 캐릭터 레벨을 기준으로 게임 이용자들 간 서열이 형성된다는 것을 확인하였다. 이어 서열 형성 과정을 파악하기 위한 ㉢ 연구를 수행하였다. 갑은 온라인 게임에 접속하여 10개월 동안 게임 이용자로 활동하며 선행 연구 결과를 재확인하였지만, 게임 이용자들의 대면 모임에 함께 참여하면서 그들의 ㉣ 연령, 학력, 소득 등이 드러난 이후에는 기존에 형성되었던 온라인 게임 내 이용자 간 서열이 변화하는 모습을 관찰하였다. 이에 갑은 이 결과를 일반화하기 위해 ㉤ 추가 연구를 실시하였다. ㉥ 온라인 게임 이용자 1,000명을 무작위로 추출하여 ㉦ 설문 조사를 실시하고 분석한 결과 갑은 ㉧ 온라인 게임에만 참여한 사람들은 게임 캐릭터 레벨에 의존해서 서열을 형성한 반면, ㉨ 대면 모임에 참여한 사람들은 연령, 학력, 소득 등을 중심으로 서열이 형성되는 것을 확인하였다.

① ㉠ 단계와 ㉦ 단계 모두 연구자의 가치 중립이 요구된다.
② ㉤에서 ㉥은 표본 집단, ㉧은 모집단에 해당한다.
③ ㉤에서 ㉣은 독립 변수, ㉡은 종속 변수에 해당한다.
④ ㉨은 ㉢의 결과 중 대면 모임 이후 발견한 연구 결과를 지지한다.
⑤ ㉢과 ㉤은 모두 양적 연구이다.

밑줄 친 ㉠~㉣에 대한 옳은 설명만을 〈보기〉에서 있는 대로 고르시오. [3점]

갑은 A국 65세 이상 노인의 ㉠ 사회 관계망이 문화 소비에 미치는 영향을 파악하기 위해 문화 소비에 대한 ㉡ 가족 관계망, 지인 관계망, 단체 관계망의 영향을 연구하였다. 갑은 전국에서 ㉢ 65세 이상 노인 남녀 1,000명을 추출하여 설문 조사를 실시하였다. 문화 소비는 지난 1년간 공연과 전시를 관람한 횟수로, 가족 관계망은 평소 교류하는 가족과 친척의 수로, 지인 관계망은 가족과 친척 이외에 평소 교류하는 사람의 수로, 단체 관계망은 참여하는 단체의 수로 파악하였다. … (중략) … ㉣ 성별에 따른 분석 결과를 보면, 여성의 경우 문화 소비와 사회 관계망 사이에 모두 유의미한 정(+)의 관계가 나타났다. 남성의 경우 문화 소비와 단체 관계망 사이에 유의미한 정(+)의 관계가 나타났으나, 문화 소비와 가족 관계망, 문화 소비와 지인 관계망 사이에는 각각 유의미한 관계가 나타나지 않았다.

〈보 기〉

ㄱ. ㉡은 ㉠의 조작적 정의에 해당한다.

ㄴ. ㉢은 갑이 선정한 표본이다.

ㄷ. ㉣로 65세 이상 남성의 경우 평소 교류하는 가족과 친척의 수가 많을수록 공연과 전시를 관람한 횟수는 감소한다는 것을 확인할 수 있다.

다음 자료에 대한 설명으로 옳은 것은? [3점]

갑은 고등학생의 학업 성취도와 문해력 간의 관계를 파악하고자 하였다. 이를 위해 □□ 지역 고등학생 200명을 대상으로 질문지를 통해 학업 성취도와 ㉠ 문해력 수준을 측정하였다. 이 자료에서 문해력을 기준으로, 상위 100명(A 집단)과 하위 100명(B 집단)으로 구분하여 학업 성취도를 분석하였다. 그 결과 ㉡ B 집단의 학업 성취도가 A 집단의 학업 성취도보다 유의미하게 낮았다.

을은 ㉢ ○○ 독서 프로그램이 고등학생의 문해력 증진에 효과가 있을 것이라 생각하고 이를 알아보기 위해 다음과 같이 연구를 진행하였다. 그는 갑과 연구 대상자의 동의를 받아, 갑의 연구에서 문해력이 낮은 것으로 판명된 B 집단을 무작위로 50명씩 C 집단과 D 집단으로 나눈 후 C 집단에게만 4주간 ○○ 독서 프로그램을 적용하였다. 독서 프로그램 종료 시점에 갑이 활용한 측정 도구로 ㉣ 문해력 수준을 측정한 결과, C 집단의 문해력 수준은 유의미하게 높아졌으나 D 집단의 문해력 수준은 이전과 차이가 없었다. 이후 을은 D 집단에게만 ○○ 독서 프로그램을 4주간 적용하였다. 그 결과 D 집단의 문해력 수준이 높아져 최종적으로 ㉤ C 집단과 D 집단 간에는 문해력 수준이 유의미한 차이를 보이지 않았다.

① 갑의 연구에서 모집단은 □□ 지역 고등학생이다.
② ㉠은 을의 연구에서 사전 검사로 활용되었다.
③ ㉡은 문해력과 학업 성취도 간의 부(−)의 관계를 보여 준다.
④ ㉣은 을의 연구에서 실험 처치에 해당한다.
⑤ ㉤은 ㉢을 지지하는 근거로 사용할 수 없다.

01   20학년도 6월 평가원 12번

[정답과 해설 35page]

교사가 제시한 과제에 대해 옳게 검토한 학생을 고른 것은? [3점]

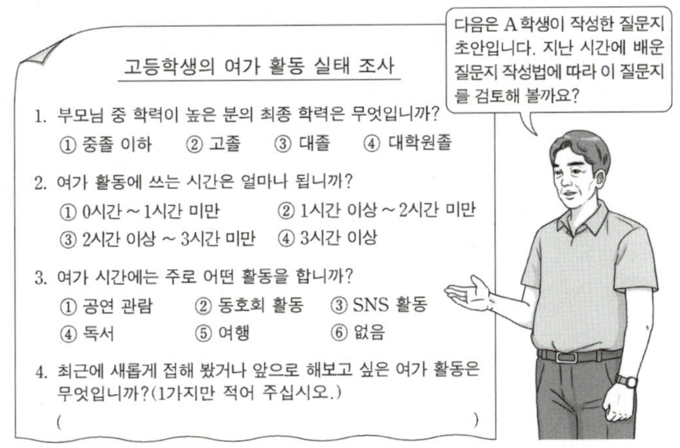

학생	문항	검토 내용
갑	1	특정 응답을 유도하고 있어요.
을	2	응답에 필요한 정보가 빠져 있어요.
병	3	선택지가 상호 배타적이에요.
정	1, 4	한 질문에서 두 가지 사항을 묻고 있어요.
무	2, 3	선택지가 포괄적이지 않아요.

① 갑   ② 을   ③ 병   ④ 정   ⑤ 무

02   20학년도 9월 평가원 5번

[정답과 해설 35page]

자료 수집 방법 A ~ C의 일반적인 특징에 대한 설명으로 옳은 것은? (단, A ~ C는 각각 면접법, 질문지법, 참여 관찰법 중 하나이다.)

모둠별 연구 주제	교사 의견
분단 비용과 통일 비용에 대한 고등학생의 성별 인식 차이	계량화가 용이한 방법인 A를 활용해 연구해 보세요.
고등학생이 생각하는 남북 통일의 의미	언어적 상호 작용이 필수적인 B를 활용하세요. 이때, 정서적 교감을 형성하는 것이 중요합니다.
고등학교 사회 수업에서 이루어지는 통일 교육의 실제	C를 활용하면 실제성이 높은 생생한 자료를 수집할 수 있습니다.

① A는 B에 비해 문맹자에게 사용하기에 유리하다.

② B는 A에 비해 자료 수집 과정에서 연구자의 주관이 개입될 가능성이 낮다.

③ B는 C에 비해 예상치 못한 상황을 통제하기가 곤란하다.

④ C는 A에 비해 일상을 심층적으로 파악하기에 용이하다.

⑤ B, C는 모두 양적 연구에서 주로 활용된다.

A ~D의 일반적 특징에 대한 설명으로 옳은 것은? (단, A ~D는 각각 면접법, 문헌 연구법, 질문지법, 참여 관찰법 중 하나이다.)

연구 사례	자료 수집 방법
갑은 소방관 스트레스 완화 방안에 대한 연구를 위해 상담 사례집 내용을 분석하여 스트레스 유형을 분류하고, 비구조화된 질문으로 소방관들과 심층 면담을 하여 그들의 스트레스 경험을 조사하였다.	A, C
을은 소방관 근무 만족도 연구에 필요한 설문 문항 개발을 위해 선행 연구를 검토하여 질문 내용을 구성하고, 30개의 구조화된 문항을 통해 소방관 500명을 대상으로 근무 만족도에 대해 조사하였다.	B, C
병은 소방관 안전 실태 연구를 위해 6개월간 소방관들과 함께 생활하며 그들이 겪는 위험 상황을 관찰하고, 정서적 교감이 형성된 소방관 15명과 깊은 대화를 통해 현장에서 느끼는 위험 요인에 대해 조사하였다.	A, D

① C는 A에 비해 시간과 장소의 제약이 크다.
② D는 B에 비해 수집된 자료를 통계적으로 처리하기가 용이하다.
③ A, D는 B에 비해 연구자의 가치가 개입될 가능성이 높다.
④ C는 B, D와 달리 조사 대상자와의 언어적 상호 작용이 필수적이다.
⑤ C, D는 A, B와 달리 질적 연구에만 사용 가능하다.

자료 수집 방법 A, B의 일반적 특징에 대한 설명으로 옳은 것은?

- 갑은 피아노 연주자로 활동하며 A를 활용하여 재즈 음악가에 대한 자료를 수집했다. 갑은 재즈 음악가들이 일하고 여가를 즐기는 다양한 상황에 직접 들어가 같이 생활하면서 그들의 문화에 대한 자료를 얻었다.
- 을은 B를 활용하여 노숙자에 대한 자료를 수집했다. 을은 그들로부터 노숙자의 문화를 발견하고 싶었기 때문에 그들을 자신의 연구실로 초대하였다. 을은 노숙자들에게 그들의 경험을 세세하게 묘사해 달라고 요청하였다.

① A는 대량의 구조화된 자료를 수집하는 데 용이하다.
② B는 주로 양적 연구에서 사용된다.
③ A는 B에 비해 인위적으로 통제된 상황에서 변수의 효과를 관찰하기에 용이하다.
④ B는 A와 달리 조사 대상자와의 언어적 상호 작용이 필수적이다.
⑤ A, B 모두 인과 관계의 파악을 통해 법칙을 발견하는 데 용이하다.

05 21학년도 수능 11번

자료 수집 방법 A~C의 일반적인 특징에 대한 설명으로 옳은 것은? (단, A~C는 각각 면접법, 실험법, 질문지법 중 하나이다.)

- 갑은 '운동에 따른 행복도 차이 연구'에 A를 활용하여, 무작위로 선정된 성인 200명을 대상으로 주당 운동 시간과 행복 수준을 묻는 문항에 답하게 하였다.
- 을은 '노년층의 인터넷 이용 양상 연구'에 B를 활용하여, 인터넷 동호회 활동을 하고 있는 노인들과의 대화를 통해 비구조화된 질문에 답하게 하였다.
- 병은 '음악 청취가 암기력에 미치는 영향 연구'에 C를 활용하여, 한 집단은 음악이 있는 상태에서, 다른 집단은 음악이 없는 상태에서 단어를 학습한 후 평가 문항에 답하게 하였다.

① A는 B에 비해 조사 대상자와의 정서적 교감을 중시한다.

② B는 A와 달리 언어를 매개로 한 상호 작용이 필수적이다.

③ C는 B와 달리 조사 대상자의 반응에 유연하게 대처할 수 있다.

④ B는 A, C와 달리 조사 대상자의 주관적 인식을 파악할 수 있다.

⑤ C는 A, B에 비해 자료 수집 상황에 대한 통제 수준이 높다.

06 22학년도 수능 8번

자료 수집 방법 A~C의 일반적인 특징에 대한 설명으로 옳은 것은? (단, A~C는 각각 문헌 연구법, 질문지법, 면접법 중 하나이다.) [3점]

연구자의 수행 내용	사용한 자료 수집 방법
• 연구 대상자의 협조를 얻기 위해 연구 대상자와 친밀한 관계를 형성하였다. • 연구 대상자의 언어적 응답뿐만 아니라 표정 등의 비언어적 단서에도 주목하였다.	A
• 동일한 연구 문제를 다룬 연구가 있는지 확인하였다. • 연구자 자신의 주장을 지지할 수 있는 기존 연구를 검토하였다.	B
• 하나의 문항에서 하나의 내용만 묻고 있는지 점검하였다. • 수집한 양적 자료 중에서 무응답이나 불성실한 응답이 있는지 확인하였다.	C

① A는 B에 비해 자료 수집 과정에서 시·공간적 제약이 작다.

② B는 C와 달리 연구 대상자와의 언어적 상호 작용이 필수적이다.

③ C는 A에 비해 연구자의 주관적 가치가 개입될 가능성이 낮다.

④ A는 B, C와 달리 수집된 자료의 통계 처리가 가능하다.

⑤ C는 A, B에 비해 대규모 집단을 대상으로 자료를 수집하기에 불리하다.

다음은 고등학생이 작성한 질문지 초안이다. 각 문항에 대한 검토 질문에 모두 옳게 응답한 학생은? [3점]

<배달 음식 이용 관련 설문 조사>

※ 배달 음식 이용 경험이 있는 사람만 응답해 주세요.

① 예전에 비해 배달 음식 주문 횟수는 어떻게 변했습니까?
　① 증가했다　　② 감소했다　　③ 변함없다

② 지난 한 달 동안 배달 음식 주문 시 주로 사용한 방법은 무엇입니까?
　① 모바일 배달 앱　　　　② 업체 홈페이지

③ 지난 한 달 동안 배달 음식을 주문한 횟수는 총 몇 회입니까?
　① 5회 이하　　② 10회 이하　　③ 15회 이하　　④ 15회 초과

④ 일회용품 사용 급증으로 인한 생활 쓰레기 문제가 심각합니다. 배달 음식 포장에 사용되는 일회용품 사용 제한에 찬성하십니까?
　① 찬성　　　　　　　② 반대

각 문항에 대한 검토 질문	갑	을	병	정	무
① 에서 질문의 의미가 명확한가?	×	○	×	○	×
② 에서 응답 가능한 선택지가 모두 제시되었는가?	×	×	×	○	×
③ 에서 응답 선택지에 중복된 내용이 있는가?	×	×	○	○	○
④ 에서 질문이 특정한 응답을 유도하고 있는가?	○	×	×	×	○

(○ : 예, × : 아니요)

① 갑　　　　② 을　　　　③ 병　　　　④ 정　　　　⑤ 무

08 23학년도 수능 6번

다음 자료의 (가)~(다)에 들어갈 내용으로 옳은 것은? [3점]

〈자료 1〉은 갑, 을의 연구 사례이고, 〈자료 2〉는 갑이 사용한 자료 수집 방법 A와 을이 사용한 자료 수집 방법 B의 일반적인 특징을 연결하여 A, B의 공통점 및 차이점을 나타낸 것이다.

〈자료 1〉
- 갑은 도심 재생 사업이 지역 공동체 복원에 미치는 영향을 파악하기 위해 최근에 도심 재생 사업을 추진한 ○○ 지역의 도심 재생 사업 위원회가 지역 주민 300명을 대상으로 실시한 설문 조사 자료집을 분석하였다. 설문 조사에 사용된 질문지에는 도심 재생 사업 효과의 평가 및 주민 만족도, 사업 후 이웃 간 협력과 신뢰 정도 등을 묻는 문항이 포함되어 있다.
- 을은 토론 학습 방식이 문화권에 따라 차이가 있는지 파악하기 위해 한국과 미국에서 학급당 학생 수가 동일한 중학교 학급을 각각 1개씩 선정하였다. 그리고 각 교실에서 나타나는 학생 간 토론과 관련한 다양한 대화 상황을 직접 관찰하고 토론 학습이 어떻게 이루어지는지를 자세히 기록하였다.

〈자료 2〉

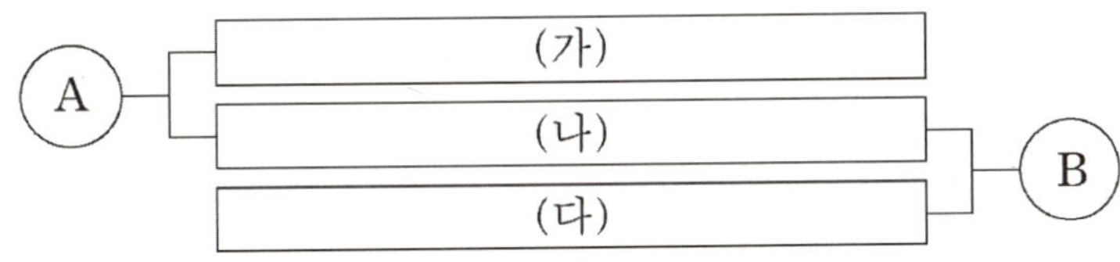

---

① (가) - 다수의 응답자를 대상으로 실시하는 데 적합하다.
② (가) - 기존 연구 동향이나 성과를 파악하는 데 적합하다.
③ (나) - 인과 관계 파악을 통한 법칙 발견에 유리하다.
④ (나) - 연구자와 연구 대상자 간 언어적 상호 작용이 필수적이다.
⑤ (다) - 인위적으로 통제된 상황에서 변수의 효과를 관찰하기 용이하다.

09 24학년도 6월 평가원 6번

자료 수집 방법 A, B의 일반적인 특징에 대한 설명으로 옳은 것은?

빈민 지역인 □□ 마을에서 '가난의 문화'가 만들어지는 과정을 고찰하기 위해 갑은 자료 수집 방법 A를, 을은 자료 수집 방법 B를 사용하여 공동 연구를 수행하였다.

갑은 전체 주민을 대상으로 계량화된 자료 수집을 위한 설문 조사를 실시하여 주민들의 생활과 삶에 대한 만족도 등을 파악하였다. 고령자가 많아 주민을 직접 만나는 방식으로 설문 조사를 진행하였다.

을은 □□ 마을 복지관을 4주 동안 매주 2회씩 방문하여 주민들과 신뢰 관계를 형성한 후, 마을에 오래 거주한 주민 10명을 복지관에서 따로 만나 그들의 삶을 듣고 기록하는 조사를 진행하였다.

---

① A는 B에 비해 자료 수집 과정에서 조사자가 융통성을 발휘하기 용이하다.
② A는 B와 달리 조사 대상자와의 언어적 상호 작용이 필수적이다.
③ B는 A에 비해 구조화된 자료를 수집하기 용이하다.
④ B는 A에 비해 수집된 자료의 통계 처리가 용이하다.
⑤ A와 B는 모두 조사 대상자의 주관적 인식을 파악할 수 있다.

자료 수집 방법 A ~ C의 일반적인 특징에 대한 설명으로 옳은 것은? [3점]

○ 갑은 진로 집중 학기제의 효과를 연구하기 위해 ○○고등학교 1학년 학생들의 학습 활동을 한 학기 동안 참관하며 관찰 일지를 작성하였다. 이후 해당 학교 학생과 교사를 대상으로 진로 집중 학기제의 효과에 대해 어떻게 인식하고 있는지 알아보기 위한 설문 조사를 진행하였다.

○ 을은 학생들의 교우 관계와 학교생활 만족도 간의 관계를 파악하기 위해 청소년 관련 연구 기관이 발행한 심층 면접 조사 결과를 분석하였다. 이후 □□지역 고등학생들을 대상으로 구조화된 문항에 응답하도록 하였다.

① A는 B와 달리 변인 간의 관계를 파악하는 연구에 주로 사용된다.
② B는 C와 달리 연구 대상자와의 언어적 상호 작용이 필수적이다.
③ C는 A에 비해 연구 대상자와의 정서적 교감 형성을 중시한다.
④ A는 B, C에 비해 다수를 대상으로 한 자료 수집에 유리하다.
⑤ C는 A, B와 달리 질적 자료의 수집에 주로 활용된다.

자료 수집 방법 A ~ D에 대한 설명으로 옳은 것은? (단, A ~ D는 각각 질문지법, 면접법, 참여 관찰법, 문헌 연구법 중 하나임.)

① A와 달리 B는 자료 수집 과정에서 구조화된 도구의 사용이 필수적이다.
② C에 비해 A는 자료 수집 과정에서 시·공간적 제약이 적다.
③ D와 달리 B는 연구자와 연구 대상자 간의 신뢰 관계 형성이 중요하다.
④ B와 C는 '연구 대상자의 주관적 인식을 파악할 수 있는가?'라는 질문으로 구분할 수 있다.
⑤ C와 D는 '연구자와 연구 대상자 간의 언어적 상호 작용이 필수적인가?'라는 질문으로 구분할 수 없다.

갑~병이 사용한 자료 수집 방법에 대한 설명으로 옳은 것은? [3점]

- 갑은 청소년이 휴대 전화에 부여하는 의미를 파악하기 위해 ○○ 고등학교 학생의 일상생활을 관찰한 연구 기관의 보고서를 분석함. 이후 휴대 전화 의존도가 높은 학생들에게 질문하여 사용 용도와 중독 증상 등에 대한 이야기를 깊이 있게 나누고 이 과정을 녹음함.

- 을은 팬덤 문화 연구를 위해 ☆☆ 야구단의 팬클럽에 가입하여 6개월간 회원들과 경기를 관람하며 그들의 대화와 응원 모습을 기록함. 이후 아이돌 팬클럽의 열성팬을 대상으로 그들만의 친밀한 관계를 형성한 경험을 직접 듣고 심층적인 자료를 얻음.

- 병은 대학생의 정치 성향과 정치 참여 연구를 위해 대학생 500명을 대상으로 구조화된 문항에 응답하도록 함. 또한 선거 관련 기관이 발간한 대학생 정치 성향 면접 조사 자료집을 분석하여 대학생의 정치 참여 과정을 연구함.

① 갑과 달리 을은 표준화된 도구로 대량의 자료를 획득하기 용이한 자료 수집 방법을 사용하였다.
② 병과 달리 갑은 인위적으로 통제된 상황에서 변수의 효과를 관찰하는 자료 수집 방법을 사용하였다.
③ 갑과 을 모두 현지에서 연구 대상자와 함께 생활하며 관심을 갖는 연구 현상을 관찰하는 자료 수집 방법을 사용하였다.
④ 갑과 병 모두 기존의 연구 결과물을 자신의 연구에 활용하는 자료 수집 방법을 사용하였다.
⑤ 을과 병 모두 연구 대상자와의 정서적 교감 형성을 중시하는 자료 수집 방법을 사용하였다.

01 21학년도 6월 평가원 2번

[정답과 해설 43page]

다음 사례에 나타난 갑의 연구 태도 및 연구 윤리 측면에 대한 평가로 가장 적절한 것은?

> 연구자 갑은 다문화 가정의 어려움을 이해하기 위해 심층 면접을 수행하였다. 갑은 연구에 협조하지 않던 다문화 가정 구성원들에게 연구의 취지를 설명하고, 개인 정보를 공개하지 않겠다는 확약을 한 후 면접을 허락받을 수 있었다. 갑은 사회적 약자의 권리 신장에 도움이 되지 않는다고 판단되는 답변은 제외하면서 면접 내용을 기록하였다. 갑은 이 자료를 통해 다문화 가정이 경험하는 어려움을 가족 내 요인과 가족 외 요인으로 구분하여 유형화하는 새로운 연구 결과를 제시하였다. 갑은 자신의 연구 대상이 일부 지역에 한정된다는 점에서 다른 맥락에서는 결론이 달라질 수 있다고 밝혔다.

① 연구 대상자의 익명성을 보장하지 않았다.
② 연구 대상자에게 연구 목적을 알리지 않았다.
③ 연구 자료 수집 과정에 주관적 가치를 개입시켰다.
④ 연구 결과에 대한 반증 가능성을 수용하지 않았다.
⑤ 연구 대상자에게 연구 참여에 대한 동의를 구하지 않았다.

02 21학년도 9월 평가원 4번

[정답과 해설 43page]

(가), (나)를 연구 윤리 측면에서 평가한 진술로 가장 적절한 것은? [3점]

> (가) 연구자 갑은 폭력물 시청이 정서에 미치는 영향을 알아보고자 하였다. 모집 공고를 읽고 지원한 실험 대상자를 두 집단으로 나누어 한 집단에는 자극적인 폭력물, 다른 집단에는 가족 드라마를 보여주었다. 이 과정에서 폭력물을 시청하던 일부가 스트레스를 호소하며 실험 중단을 요청하였으나, 갑은 이를 허락하지 않고 실험을 계속 진행하였다.
>
> (나) 연구자 을은 공공시설 낙서 행위에 대한 연구를 위해 몰래카메라를 활용하여 낙서 행위자의 행동을 기록·분석하였다. 추가 정보를 얻기 위해 낙서 행위자의 차량 번호를 기록하고 관계 기관을 통해 그들의 이름과 거주지 등을 추적하여 개인 정보를 수집하였다.

① (가)에서는 연구 과정에서 수집된 개인 정보를 동의 없이 연구에 활용하였다.
② (가)에서는 연구 과정에서 알게 된 연구 대상자의 비밀을 보호해야 하는 의무를 준수하지 않았다.
③ (나)에서는 연구 대상자에게 자발적 참여 기회가 주어지지 않았다.
④ (나)에서는 연구 결과의 공표가 연구자에게 미칠 악영향을 고려하여 연구 내용을 왜곡하였다.
⑤ (가), (나) 모두에서 연구자가 예측하지 못한 해로운 영향이 연구 과정에서 발생함을 인지하고도 연구를 즉시 중단하지 않았다.

다음 사례를 연구 윤리 측면에서 평가한 진술로 가장 적절한 것은?

> 청소년의 팬덤 활동에 부정적이었던 갑은 중학생의 팬덤 활동이 소비 행태에 미치는 영향을 연구하였다. 갑은 연구 대상 중학생과 그 보호자의 동의를 받고 질문지 조사를 실시하였다. 그 후 추가 조사에 대한 설명 없이 연구 대상 중 특정 학생들에게 심층 면접을 실시하여 자료를 수집하였다. 갑은 가설 검증을 위해 무성의하게 응답한 일부 자료를 제외하고 분석하였으며, 그 결과 가설이 수용되었다. 이후 갑은 방송에 출연하여 연구 결과를 설명하였다.

① 개인적 이해관계를 반영하여 자료를 선별하였다.
② 면접 과정에서 연구 대상의 익명성을 보장하지 않았다.
③ 자료 수집에 대한 충분한 정보를 연구 대상에게 제공하지 않았다.
④ 연구 대상에게 미칠 불이익을 고려하지 않고 연구 결과를 공표하였다.
⑤ 자료 분석 과정에서 사회에 미칠 부정적 영향을 고려하여 자료를 조작하였다.

갑, 을의 연구에 대한 설명으로 가장 적절한 것은?

갑은 '온라인 수업에 나타난 교사와 학생 간 상호 작용'을 주제로 연구를 수행하기 위해 수도권 소재 3개 초등학교의 교사와 학생들을 연구 대상자로 선정하였다. 갑은 수업 담당 교사의 동의를 얻어, 학생들이 눈치채지 못하도록 온라인 수업에 접속하여 수업 장면을 관찰하였다.	을은 '고등학생의 학생 자치활동 참여 경험과 시민 의식 간의 관계'를 주제로 연구를 수행하기 위해 ○○고등학교장의 추천을 받은 남녀 학생 300명을 대상으로 설문 조사를 하였다. 이후 을은 연구 대상자의 실명이 포함된 응답 자료를 유사 연구에 착수한 동료 학자에게 제공하였다.

① 갑은 수집된 자료를 임의로 조작하였다.
② 을은 연구 대상자의 개인 정보를 유출하였다.
③ 갑은 을과 달리 연구 자료를 연구 이외의 목적으로 사용하였다.
④ 을은 갑과 달리 연구 대상자의 사전 동의를 얻지 않고 자료를 수집하였다.
⑤ 갑과 을의 연구는 모두 표본의 대표성을 확보하였다.

밑줄 친 ㉠~㉣을 연구 윤리 측면에서 적절하게 평가한 것만을 〈보기〉에서 있는 대로 고르시오.

　　연구자 갑은 설문 조사 참여에 동의한 노인들을 대상으로 노인 문제에 관한 연구를 진행하였다. 갑은 조사에 앞서 ㉠ 연구 대상자가 응답 중단을 요청할 경우 즉각 조사가 중단된다고 설명하였다. 갑은 실제로 조사 진행 중 응답 중단을 요청하는 노인들에 대해 조사를 중단하고 ㉡ 해당 답변 자료를 폐기하였다. 노인들이 연구 목적을 알게 되면 연구에 영향을 미친다고 판단한 갑은 ㉢ 연구 결과를 발표한 후에도 연구 대상자에게 연구 목적을 알리지 않았다. 갑은 자신이 발표한 연구 논문에 관심을 가진 □□ 기업이 연구 자료를 요청하자, 연구비 지원을 받는 대가로 ㉣ 연구 대상자의 개인 정보를 삭제하고 나머지 모든 연구 자료를 제공하였다.

〈보 기〉

ㄱ. ㉠은 연구 대상자의 자발적 참여를 보장한 것이므로 연구 윤리에 위배되지 않는다.

ㄴ. ㉡은 연구 자료 조작이라고 볼 수 없으므로 연구 윤리에 위배되지 않는다.

ㄷ. ㉢은 연구 자료의 객관성을 보장하기 위한 것이므로 연구 윤리에 위배되지 않는다.

ㄹ. ㉣은 연구 대상자의 익명성을 보장한 것이므로 연구 윤리에 위배되지 않는다.

01 20학년도 6월 평가원 6번

[정답과 해설 46page]

밑줄 친 ㉠~㉦에 대한 설명으로 옳은 것은? [3점]

부부 소방관인 갑과 갑의 ㉠ <u>남편</u>은 큰 화재를 진압한 공로가 인정되어 정부로부터 ㉡ <u>표창</u>을 받았고, 여러 ㉢ <u>방송사</u>로부터 출연 요청도 받았다. 방송 출연을 원했던 갑의 남편과 달리 세간의 이목이 집중되는 것이 부담스러웠던 갑은 남편과 ㉣ <u>갈등</u>을 겪기도 했으나, ㉤ <u>막내딸</u>의 중재로 화해하고 결국 부부가 방송에 출연하였다. 현재 갑은 남편의 정년퇴직을 기념하기 위해 부부 동반 해외여행을 준비 중이고, 막내딸은 오랜 시간 준비해 온 ㉥ <u>소방공무원 채용</u> 면접 시험을 앞두고 있다. 갑은 자신의 응원을 기대하는 막내딸의 면접일과 해외여행 기간이 겹쳐 어떻게 해야 할지 ㉦ <u>고민</u> 중이다.

---

① ㉠과 ㉤은 모두 귀속 지위이다.
② ㉡은 ㉠으로서의 역할 행동에 대한 보상이다.
③ ㉢은 2차적 사회화 기관이자 공식적 사회화 기관이다.
④ ㉥은 ㉤의 예기 사회화에 해당한다.
⑤ ㉦은 ㉣과 달리 갑의 역할 갈등에 해당한다.

02 20학년도 9월 평가원 6번

[정답과 해설 46page]

밑줄 친 ㉠~㉦에 대한 설명으로 옳은 것은? [3점]

㉠ <u>영화배우</u> 갑은 극중 인물과의 동일시를 위해 극중 인물의 삶을 직접 체험하는 것으로 유명하다. 몸이 불편한 화가 역할을 위해 촬영 전부터 휠체어에서 생활하거나 북미 지역의 원주민 역할을 위해 ㉡ <u>직접 사냥한 고기만으로 식사를 하기도</u> 하였다. 한번은 영화 속 원수인 상대 배우에게 실제로 적대감을 드러내 동료에게 ㉢ <u>비난을 받기도</u> 하였다. ㉣ <u>배역</u>에 대한 지나친 몰입으로 촬영이 끝난 후에 극심한 ㉤ <u>정체성의 혼란</u>을 겪은 갑은 돌연 은퇴를 선언하였다. 그는 ㉥ <u>영화 제작사</u> 임원 자리 제안을 거절하고 화가가 되겠다며 ㉦ <u>예술 대학원</u>에 입학하였다.

---

① ㉠, ㉣은 모두 갑의 성취 지위이다.
② ㉡은 ㉠으로서 갑의 역할 행동이다.
③ ㉢은 갑의 역할에 대한 제재이다.
④ ㉤은 갑이 경험한 역할 갈등이다.
⑤ ㉥, ㉦은 모두 공식적 사회화 기관이다.

밑줄 친 ㉠~◎에 대한 설명으로 옳은 것은? [3점]

> 갑은 ㉠광고 회사 재직 중 세계 일주 여행을 결심하였다. 장기 휴가에 대해 상사에게 어떻게 말할지 ㉡고민하던 갑은 다니던 회사를 ㉢퇴직하기로 결정하였다. 갑은 자신의 퇴직에 대해 부모님과 ㉣갈등을 겪었으나 결국 여행을 떠났다. 여행 중 블로그에 올린 글과 사진을 모아 포토 에세이집을 출간한 갑은 ㉤출판 시장에서 좋은 반응을 얻으면서 큰 ㉥소득을 올렸다. 이를 계기로 마침내 갑은 ㉦청소년 시절부터 꿈꿔 왔던 ◎베스트셀러 작가가 되었다.

① ㉠은 2차적 사회화 기관이자 공식적 사회화 기관이다.
② ㉡은 ㉣과 달리 갑의 역할 갈등이다.
③ ㉢은 ㉥과 달리 갑의 역할 행동에 대한 제재이다.
④ ㉤은 ◎으로서의 갑의 역할 행동이다.
⑤ ㉦은 자연적으로 주어진 귀속 지위이다.

밑줄 친 ㉠~㉥에 대한 옳은 설명만을 〈보기〉에서 있는 대로 고르시오.

> ㉠프로 축구팀에서 선수로 활동했던 갑은 은퇴 직후 취미로 축구와 관련된 ㉡인터넷 개인 방송 운영자로 활동하였다. 구수한 입담과 직설 화법으로 ㉢큰 인기를 얻어 구독자 수가 100만 명을 돌파한 갑에게 여러 ㉣방송사로부터 예능 프로그램의 ㉤고정 출연자로 출연해 달라는 요청이 쇄도하였다. 이에 갑은 자신의 꿈이었던 축구 감독이 되기 위해 해외로 지도자 연수를 떠날지, 방송사의 제안을 받아들여 본격적으로 방송인의 길을 갈지 ㉥고민 중이다.

〈 보 기 〉

ㄱ. ㉠, ㉣은 모두 비공식적 사회화 기관이다.
ㄴ. ㉡은 ㉤과 달리 성취 지위이다.
ㄷ. ㉢은 ㉡으로서 갑의 역할 행동에 대한 보상이다.
ㄹ. ㉥은 갑의 역할 갈등에 해당한다.

05 21학년도 9월 평가원 18번

밑줄 친 ㉠~㉺에 대한 옳은 설명만을 〈보기〉에서 있는 대로 고르시오.

갑은 환경 문제를 접한 후 8세에 ㉠ 채식주의자가 되었고, 15세에 ㉡ 환경 운동가가 되었다. 갑은 ㉢ 비행기 대신 태양광 요트를 타고 대서양을 건너 UN 기후 행동 정상 회의에 참석하여 환경 문제 해결에 미온적인 세계 정상들을 비판하였다. 갑은 세계 정상들과 설전을 주고받을 만큼 ㉣ 갈등을 겪었지만, 지지자들로부터 '어른의 ㉤ 선생님', '지구의 가장 위대한 변호인'이라는 극찬을 받기도 했다. 이후 그는 학생 신분으로 2019년 ㉥ 노벨 평화상 후보에 올랐고, 타임지의 올해의 인물로 선정되었다.

〈보 기〉

ㄱ. ㉠, ㉤은 갑이 획득한 성취 지위이다.
ㄴ. ㉢은 ㉡으로서 갑의 역할 행동이다.
ㄷ. ㉣은 학생과 환경 운동가 사이에서 발생한 갑의 역할 갈등이다.
ㄹ. ㉥은 ㉡으로서 갑의 역할 행동에 대한 보상이다.

06 21학년도 수능 12번

다음 사례에 대한 옳은 분석만을 〈보기〉에서 있는 대로 고르시오. [3점]

- 갑은 대형 유통 업체에 취업하기 위해 회사를 알아보던 중, 영세한 식품 회사를 운영 중인 부모님이 함께 일하자고 간곡하게 요청하여 고민에 빠졌다. 결국 부모님의 회사에 입사하여 신입 사원 연수를 받았다. 그 후 회사 매출이 늘어나자 자신의 선택에 뿌듯해 하였다.
- 을은 자신이 원하던 연구소에 취업하여 만족감을 느끼고 있었다. 동물 보호 단체 회원이기도 한 을은 연구소로부터 동물 대상 실험을 시행하라는 요구를 받자 고민에 빠졌다. 결국 을은 실험을 거부하고 동물 실험 반대 운동을 주도하여 동물 보호 단체로부터 감사장을 받았다.

〈보 기〉

ㄱ. 갑은 귀속 지위와 성취 지위에 따른 역할 갈등을 경험하였다.
ㄴ. 을은 서로 다른 2차적 사회화 기관에서의 각 지위에 따른 역할 갈등을 경험하였다.
ㄷ. 갑은 을과 달리 공식적 사회화 기관에서 예기 사회화를 경험하였다.
ㄹ. 을은 갑과 달리 역할 행동에 대한 보상을 받았다.

07 22학년도 6월 평가원 13번

[정답과 해설 49page]

밑줄 친 ㉠~㉘에 대한 설명으로 옳은 것은? [3점]

> 미국으로 건너간 이주자 갑은 준비했던 사업에 실패한 후 가족의 생계유지를 위해 무슨 일을 해야 할지 ㉠고민하다 과일 농장에 취업하였다. 갑의 ㉡남편인 을 역시 가계에 보탬이 되고자 ㉢대형 할인점에서 ㉣직원으로 일하기 시작하였다. 한편, 아들 병은 ㉤미국 고등학교에 ㉥적응하지 못한 채 방황을 계속하였다. 결국 병은 다니던 학교를 그만두고 홈스쿨링(home schooling)을 하고 싶다고 하였다. 이런 모습을 지켜보던 갑과 을은 미국 학교에 병이 적응할 때까지 기다릴지, 홈스쿨링을 시킬지를 두고 ㉦갈등을 빚었다.

① ㉢은 2차적 사회화 기관이자 비공식적 사회화 기관이다.
② ㉤은 병의 내집단이자 준거 집단이다.
③ ㉥은 병의 역할 행동에 대한 제재이다.
④ ㉡은 ㉣과 달리 개인의 노력을 통해 후천적으로 획득한 지위이다.
⑤ ㉦은 ㉠과 달리 갑의 역할 갈등에 해당하지 않는다.

08 22학년도 9월 평가원 8번

[정답과 해설 49page]

밑줄 친 ㉠~㉤에 대한 설명으로 옳은 것은? [3점]

> ㉠고등학교 재학 중 공부에 관심이 없었던 갑은 아버지가 운영하던 ㉡전기회사에서 아르바이트를 했으나 회사 일에도 흥미를 느끼지 못했다. 고등학교 졸업 후 우연히 ㉢어릴 적 동네 친구들 중 하나인 을을 만나, 그가 입은 경찰 제복에 매료되어 경찰이 되기로 하였다. 경찰 공무원 시험에 합격한 갑은 경찰 양성을 목적으로 하는 ㉣경찰학교의 기본 교육 및 훈련 과정을 수료한 후 ㉤경찰청에 발령받아 근무하면서 행복하게 살아가고 있다.

① ㉠은 기초적인 사회화가 이루어지는 1차적 사회화 기관이다.
② ㉡은 체계적이고 전문적인 내용을 전수하기 위한 공식적 사회화 기관이다.
③ ㉢은 비공식적 사회화 기관이자 2차적 사회화 기관이다.
④ ㉣은 예기 사회화를 담당하는 사회화 기관이다.
⑤ ㉣과 ㉤은 사회화를 목적으로 설립되지는 않았으나 사회화 기능을 하는 기관이다.

09 22학년도 수능 6번

밑줄 친 ㉠~㉫에 대한 설명으로 옳은 것은?

> 급진적 ㉠이상주의자였던 아버지의 영향으로 사회 개혁에 관심이 컸던 갑은 경제적 이유로 소설가의 꿈을 접고 회사원이 된다. ㉡납품 업체가 제공하는 금품과 향응을 매번 거절한 그는 '혼자만 깨끗한 척한다.'며 ㉢빈정대는 동료와 갈등을 빚는다. 그는 고민 끝에 회사를 그만두고 신춘문예를 통해 ㉣소설가로 등단한다. 하지만 순수 문학의 힘에 한계를 느낀 그는 영화계에 입문하여, ㉤시나리오 작가와 조연출을 거쳐 늦은 나이에 영화감독으로 데뷔한다. ㉥분단의 아픔, 도시화와 산업화의 그늘, 소시민의 삶을 다룬 작품들로 평단의 호평과 권위주의 정권의 감시를 동시에 받은 그는 리얼리즘 계열 영화의 거장으로 존경받고 있다.

① ㉠은 갑의 아버지가 획득한 성취 지위이다.
② ㉡은 회사원으로서 갑의 역할 행동이다.
③ ㉢은 갑이 경험한 역할 갈등이다.
④ ㉣은 ㉤이 되기 위한 갑의 예기 사회화이다.
⑤ ㉥은 영화감독으로서 갑의 역할 행동에 따른 보상이다.

10 23학년도 6월 평가원 8번

밑줄 친 ㉠~㉭에 대한 설명으로 옳은 것은? [3점]

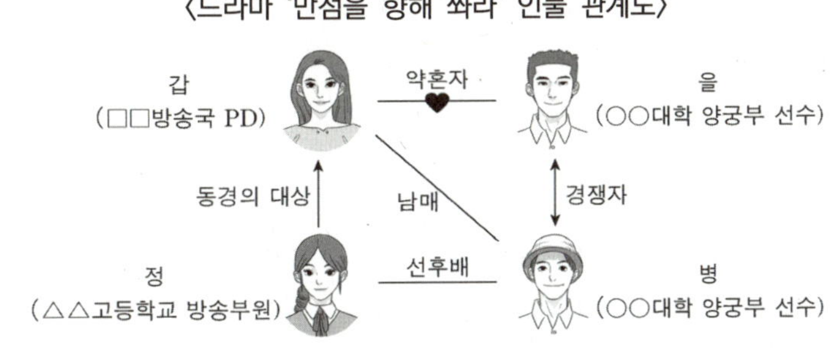

〈6화 줄거리〉 과연 갑의 선택은?

〈5화〉에서 갑이 만드는 방송 프로그램을 참관하게 해 달라고 떼쓰는 정을 말리느라 고생했던 갑. 오늘은 또 어떤 고민을 하게 될까? 국가대표 최종 선발전에서 병을 이긴 을은 ㉠국가대표팀 선발 일정 때문에 미뤄 두었던 웨딩 촬영을 하자고 하고, 병은 선발에서 ㉡탈락한 자신을 위로해 달라며 함께 가족 여행을 가자고 하는데, "하필이면 왜 같은 날 같은 시간인거야!" 어떻게 해야 할지 ㉢고민에 빠진 갑!
한편 스포츠 프로그램을 기획하고 있는 ㉣□□방송국에서는 갑에게 을이 프로그램에 ㉭출연할 수 있도록 섭외하라고 한다. 자신과 가까운 사람들이 방송에 노출되는 것을 꺼리는 갑은 고민에 빠지는데…

① ㉠은 공식적 사회화 기관이다.
② ㉢은 갑의 역할 갈등이다.
③ ㉣은 공식 조직이자 자발적 결사체이다.
④ ㉡은 병의 역할에 대한 제재, ㉭은 을의 역할에 대한 보상이다.
⑤ 정의 방송부 활동은 ㉣ 입사를 위한 재사회화이다.

밑줄 친 ㉠~㉆에 대한 설명으로 옳은 것은? [3점]

> ㉠ 청소년 시절, K-pop에 매료되었던 외국인 갑은 한국으로 유학을 결심하고 ㉡ ○○대학교 ㉢ 조선공학과에 입학하였다. 졸업 후 대기업인 ㉣ △△조선에 취직했지만, 어릴 적부터 동경하던 ㉤ 항공기 정비사가 되기 위해 ㉥ 2년 만에 자진 퇴사를 하였다. 이후 항공사에 입사한 갑은 ㉦ 항공기 정비 업무에 필요한 사내 교육 과정을 수료하고 항공기 정비 업무와 기술 교육을 맡고 있다.

① ㉢은 2차 집단이자 비공식 조직이다.
② ㉥은 갑의 역할 행동에 대한 제재이다.
③ ㉦은 1차적 사회화 기관을 통해 이루어진 사회화이다.
④ ㉠과 ㉤은 모두 성취 지위이다.
⑤ ㉡은 ㉣과 달리 공식적 사회화 기관이다.

밑줄 친 ㉠~㉆에 대한 설명으로 옳은 것은? [3점]

> 어렵게 공무원이 된 갑은 ㉠ 악성 민원인과 낮은 보수 때문에 이직해야 할지, 안정적인 직장 생활을 계속할지 ㉡ 고민하였다. 그러던 중 취미 생활을 담은 갑의 개인 방송 채널이 유명해지자 지자체 홍보팀으로 ㉢ 발령받았다. 갑은 더 나은 방송 제작을 위해 ㉣ 촬영과 편집 방법을 새롭게 공부하고 있다. 갑의 배우자인 한식 요리사 을은 ㉤ 전통 음식의 보존과 현대화가 중요하다는 신념으로 퓨전 한식당을 운영하고 있다. 1년 전부터 전통 음식을 알리는 방송에서 고정 출연자로 활동하고 있어 매주 ㉥ 요리 프로그램에 출연하기 위한 준비로 바쁘다. 갑이 육아에 지쳐 방송 출연을 반대하자 을은 방송을 계속해야 할지, 육아에 전념해야 할지 ㉦ 고민하고 있다.

① ㉠은 성취 지위이다.
② ㉢은 공무원으로서 갑의 역할 행동에 대한 보상이다.
③ ㉥은 한식 요리사로서 을의 역할 행동에 해당한다.
④ ㉡과 달리 ㉦은 역할 갈등이다.
⑤ ㉣은 갑의 재사회화, ㉥은 을의 예기 사회화에 해당한다.

01 16학년도 9월 평가원 5번

[정답과 해설 52page]

밑줄 친 ㉠~㉦에 대한 설명으로 옳은 것은? [3점]

○ 갑은 동료 교사들과 ㉠ 학교 내 ㉡ 연극 동아리 활동을 하면서 '햄릿' 공연을 준비하고 있다. ㉢ 주인공 햄릿 역할을 맡은 갑은 원작을 어떻게 해석해 연기를 해야 할지 ㉣ 고민에 빠졌다.

○ 을은 ㉤ △△김씨종친회 총무이다. 또한 평소 환경 문제에도 관심이 있어 ㉥ □□환경연대라는 환경 단체에서 상임 위원으로 선출되어 활동하고 있다. 그런데 이번 주말에 두 모임의 일정이 겹쳐 어떻게 해야 할지 ㉦ 고민에 빠졌다.

---

① ㉡은 갑의 내집단이면서 공동 사회이다.
② ㉢은 갑의 ㉡에서의 성취 지위이다.
③ ㉤은 혈연적 특성에 의해 선천적으로 부여된 지위이다.
④ ㉥은 ㉠과 같이 과업 지향적인 공식 조직이다.
⑤ ㉣은 갑의, ㉦은 을의 역할 갈등에 해당한다.

02 17학년도 6월 평가원 12번

[정답과 해설 52page]

사회 조직의 유형 A ~C에 대한 설명으로 옳은 것은? (단, A ~C는 각각 공식 조직, 비공식 조직, 자발적 결사체 중 하나이다.) [3점]

○ A는 공동의 목표를 가진 사람들의 자유의사에 따라 결성되며, B 혹은 C의 형태를 띨 수 있다.

○ B는 C를 기반으로 출현하여, C에 긍정적 혹은 부정적으로 작용하기도 한다.

○ C에 해당하는 사회 조직은 B에 속하지 않으나, B의 구성원은 C의 구성원이다.

① A는 1차 집단의 성격이 강하며, 2차 집단의 성격은 나타나지 않는다.
② B에서는 형식적·수단적인 인간관계가 지배적으로 나타난다.
③ B는 C에 비해 조직의 규모가 크고, 구성원이 이질적이다.
④ C는 A와 달리 구성원의 의지와 무관하게 자연 발생적으로 형성된 집단이다.
⑤ C는 B에 비해 구성원에 대한 공식적 통제의 정도가 강하다.

밑줄 친 ㉠~㉾과 같은 사회 집단과 사회 조직의 일반적 특징에 대한 설명으로 옳은 것은? [3점]

> 　갑은 ㉠법학 전문 대학원 학생이다. 평소 환경 문제에 관심이 많아서 ㉡○○ 시민 연대에서 활동하고 있다. 또한 주말마다 ○○ 시민 연대의 ㉢야구동호회를 통해 친목을 다지고 있다. 한편 갑의 남편 을은 자동차 회사에 재직하면서 ㉣노동조합 활동도 열심히 하고 있다. 주말에는 ㉤음악 학원에서 드럼을 배우며 스트레스를 해소하고 있다. 두 사람은 너무 바쁘지만 ㉥가족과 좀 더 많은 시간을 보낼 방법에 대해 고민 중이다.

① ㉠은 공동의 목표나 관심사를 가진 사람들의 자발적 참여로 결성된 집단이다.
② ㉥은 선택 의지에 의해 형성된 집단이다.
③ ㉠은 ㉣과 달리 특정 목적 달성을 위한 지위와 역할이 명확한 조직이다.
④ ㉡은 ㉣, ㉥과 달리 구성원 간 직접적 접촉을 통한 전인격적 관계에 기초한 집단이다.
⑤ ㉢은 ㉠, ㉤과 달리 공식 조직 내에서 구성원 간의 친밀한 인간관계에 바탕을 두고 형성된 조직이다.

사회 집단 및 조직의 유형 A~F에 대한 설명으로 옳은 것은?

> ・사회 집단은 사회 구성원의 결합 의지에 따라 A, B로 구분되고, 접촉 방식에 따라 C, D로 구분된다. 모든 C는 B에 해당하며, D에서의 인간관계는 전인격적이다.
> ・E는 목표가 명확하고 구조화된 상호 작용이 이루어지는 사회 조직이다. F는 E를 전제로만 존재하며, E의 효율성을 높이는 순기능이 있지만 파벌을 조성하는 역기능도 있다.

① A에서는 형식적・수단적 인간관계가 일반적이다.
② C에서는 비공식적 제재가 일반적이다.
③ B에 해당하는 모든 사회 집단은 E에도 해당한다.
④ 모든 자발적 결사체는 F에 해당한다.
⑤ A~F에 해당하는 집단은 모두 준거 집단이 될 수 있다.

05 21학년도 6월 평가원 4번

다음은 갑, 을이 자신이 속해 있던 사회 집단을 시기별로 각각 2개씩 작성한 것이다. 이에 대한 분석으로 옳은 것은? [3점]

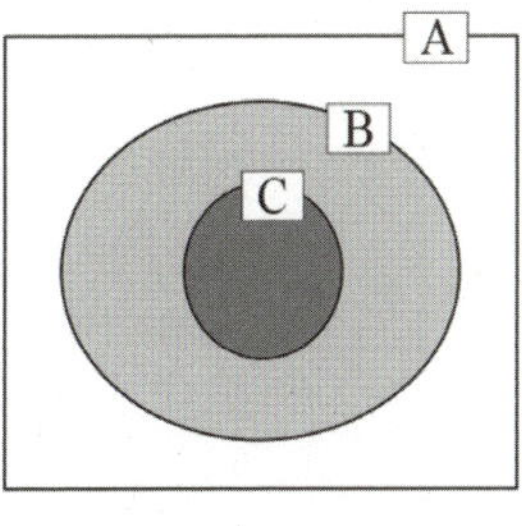

시기	소속 집단
A	㉠가족, ㉡유치원
B	학교, 게임 동호회
C	동창회, 대학교 학과 내 독서 소모임
D	회사, 출판인 협회

이름 : 갑

시기	소속 집단
A	가족, ㉢같은 아파트 내 또래 집단
B	미술 학원, 지역 청소년 봉사 단체
C	㉣정당, 대학교 총학생회장단
D	종친회, 환경 운동 단체

이름 : 을

① ㉠은 ㉣과 달리 구성원 간 간접적 접촉과 수단적 만남이 지배적인 집단이다.
② ㉡, ㉢은 모두 개인의 선택적 의지와 무관하게 자연 발생적으로 형성된 집단이다.
③ 갑이 작성한 내용 중 공식 조직의 개수는 B 시기가 D 시기보다 많다.
④ 갑, 을이 작성한 내용 중 C 시기에는 각각 1개의 비공식 조직이 들어 있다.
⑤ 갑, 을이 작성한 내용 중 D 시기에는 이익 사회의 개수가 각각 2개이며, 자발적 결사체의 개수는 을이 더 많다.

06 20년 7월 교육청 17번

다음 자료의 A ~ C에 대한 설명으로 옳은 것은?

A : 둘 이상의 사람이 소속감과 공동체 의식을 가지고 지속적인 상호 작용을 하는 모임

B : A이면서, 공통의 관심사나 목표를 가진 사람들이 자발적으로 결성한 집단

C : B이면서, 일정한 목적 달성을 위해 공식적 규범과 절차를 갖춘 경계가 뚜렷한 집단

① 회사는 C에 해당한다.
② 또래 집단은 B에 해당한다.
③ B를 제외한 A는 모두 선택 의지에 따라 형성된다.
④ C를 제외한 B는 가입과 탈퇴가 자유롭지 못하다.
⑤ 비공식 조직은 A 중에서 C를 제외한 B에 해당한다.

07 21학년도 수능 19번

[정답과 해설 55page]

다음 자료에 대한 옳은 설명만을 〈보기〉에서 있는 대로 고르시오. (단, A~D는 각각 공동 사회, 이익 사회, 공식 조직, 자발적 결사체 중 하나이다.)

∘ 과제 : 갑의 일상에 나타난 밑줄 친 사회 집단 및 사회 조직을 A, B, C, D에 맞게 분류하시오.

〈갑의 일상〉

> 갑은 평일에는 직장의 ㉠ <u>노동조합</u> 모임이나 ㉡ <u>사내 탁구 동호회</u>에서, 주말에는 ㉢ <u>가족</u> 행사가 없으면 주로 ㉣ <u>대학교</u> 졸업 후 참여했던 ㉤ <u>조기 축구회</u>나 유기견 관련 ㉥ <u>시민 단체</u>에서 활동한다.

〈분류 결과〉

A	㉠, ㉣, ㉥
B	㉠, ㉡, ㉣, ㉤, ㉥
C	(가)
D	㉢

∘ 평가 : 사회 집단 및 사회 조직을 모두 맞게 분류하였음.

〈보 기〉

ㄱ. ㉠~㉥ 중 비공식 조직의 개수는 2개이다.
ㄴ. (가)는 '㉠, ㉡, ㉤, ㉥'이다.
ㄷ. A는 공식 조직, B는 이익 사회이다.
ㄹ. C는 D와 달리 집단의 결합 자체가 집단 형성의 목적이다.

---

08 22학년도 6월 평가원 7번

[정답과 해설 55page]

그림은 사회 집단 및 사회 조직의 유형 A, B와 자발적 결사체의 포함 관계를 나타낸 것이다. 이에 대한 설명으로 옳은 것은? (단, A와 B는 각각 비공식 조직, 이익 사회 중 하나이다.)

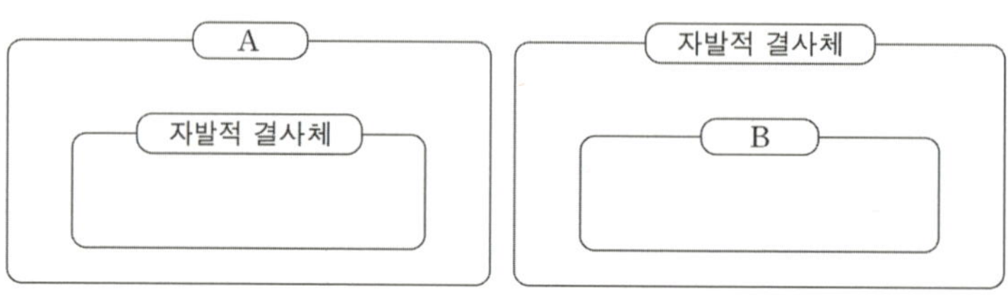

① A는 비공식적 제재가 지배적이다.
② B는 형식적, 수단적 인간관계가 지배적이다.
③ A는 자발적 결사체와 달리 가입과 탈퇴가 자유롭다.
④ A는 B와 달리 선택 의지에 의해 인위적으로 형성된 집단이다.
⑤ A의 사례로는 학교를, B의 사례로는 사내 동호회를 들 수 있다.

(가)에 들어갈 내용으로 옳은 것은? (단, A ~ D는 각각 가족, 노동조합, 사내 동호회, 회사 중 하나이다.)

> 교사 : A와 C는 자발적 결사체에, A와 D는 공식 조직에 해당합니다. A, B, C, D를 사회 집단 및 사회 조직의 특징을 고려하여 분류하거나 설명해 보세요.
>
> 학생 : ［　　　　　　　　　　　　　　　　　(가)　　　　　　　　　　　　　　　　　　］

① A는 전인격적 인간관계가 주로 이루어지는 집단에 해당합니다.
② B는 가입과 탈퇴가 비교적 자유로운 집단에 해당합니다.
③ B는 C와 달리 공식 규범을 통해 구성원을 통제하는 집단에 해당합니다.
④ C, D는 모두 뚜렷한 목적을 가진 과업지향적인 집단에 해당합니다.
⑤ A, C, D는 이익 사회에, B는 공동 사회에 해당합니다.

그림에서 갑~병이 속해 있는 사회 집단 및 사회 조직에 대한 진술로 옳은 것은? [3점]

① 갑은 공동 사회와 이익 사회 모두에 속해 있다.
② 을은 공식 조직과 비공식 조직 모두에 속해 있다.
③ 병은 1차 집단과 비공식 조직 모두에 속해 있다.
④ 갑은 을과 달리 자발적 결사체에 속해 있다.
⑤ 을은 갑, 병과 달리 2차 집단에 속해 있다.

다음 자료에 대한 옳은 설명만을 〈보기〉에서 있는 대로 고르시오. [3점]

> 웹(Web) 소설 다음 회 예고
>
> A 회사 회계 팀 직원 갑은 오늘도 회사 복지 팀으로부터 호출을 받았다. 회사는 사원들의 사내 동호회 결성과 참여를 장려하고 있는데, 갑은 회사 생활을 하면서 다른 직원들과의 갈등으로 마음고생을 한 경험이 있어 모든 사내 동호회 가입을 거부하고 있기 때문이다.
>
> A 회사 복지 팀 팀장 을은 회사 내 같은 노동조합에서 활동하고 있는 갑 때문에 신경이 쓰인다. 을은 갑의 사정을 알면서도 사내 동호회 가입을 권유하는 것은 동료 직원으로서 해서는 안 된다고 생각한다. 하지만 직원들의 사내 동호회 참여율을 높이라는 경영진의 지시가 있어 갑에게 자신이 활동 중인 회사 내 사진 동호회라도 가입하라고 해야 할지 고민이다.

─── 〈보 기〉 ───

ㄱ. 갑의 역할 갈등과 을의 역할 갈등이 나타나 있다.
ㄴ. 갑과 을이 모두 소속된 자발적 결사체 1개가 나타나 있다.
ㄷ. 갑과 을이 모두 소속된 공식적 사회화 기관이 나타나 있다.
ㄹ. 갑이 소속된 공식 조직과 을이 소속된 비공식 조직이 나타나 있다.

다음 자료에 대한 설명으로 옳은 것은?

> 제○○호   □□ 시립 도서관 소식지(○○월)
>
> 지난주 토요일 우리 도서관에서는 여러 분야의 외부 강사를 초빙하여 청소년 진로 직업 체험 캠프를 실시하였다.

A 고등학교 학생
갑의 소감문

환경 보호를 위해 같은 시민 단체에 함께 가입하여 활동하고 있는 같은 학교 친구 을과 만나, 광고 회사 직원 병의 강의에 참여하였다. 평소 나의 관심 분야는 아니었지만 광고 영상을 직접 편집해 보니 생각보다 흥미로웠다.

B 고등학교 학생
정의 소감문

같은 테니스 동호회 회원인 을의 추천으로 캠프에 참여했다. 지역 드론 조종사 협회 회장을 맡고 있는 무의 강의를 들으며 드론을 작동해 보니 재미있었다. 이 분야에 관심이 생겨 관련 직업을 더 찾아봐야겠다고 생각했다.

① 을이 속해 있는 비공식적 사회화 기관은 3개이다.
② 갑과 을이 함께 속해 있는 공식 조직은 1개이다.
③ 갑과 달리 병은 2차적 사회화 기관에 속해 있다.
④ 을과 정이 함께 속해 있는 비공식 조직이 나타나 있다.
⑤ 갑~무 중 병을 제외한 4명은 자발적 결사체에 속해 있다.

13 24학년도 9월 평가원 7번

다음 자료에 대한 설명으로 옳은 것은? [3점]

취업 특강 개설을 위한 재학생 대상 사전 조사

(A 대학교 취업 상담 센터)

↳갑 : 취업 상담 센터가 주관하는 취업 특강을 교내 독서 모임에서 함께 활동하고 있는 을과 들었음. 이번에는 총동창회의 주최로 ○○기업에서 진행하는 취업 특강에 참여할 예정임. □□시민 단체에서 활동하고 있는 병이 추천해 준 자격증 취득을 위한 특강 개설 여부가 궁금함.

↳을 : □□시민 단체에서 함께 활동하고 있는 후배와 여름 방학에 △△방송사가 주관하는 직업 체험 활동에 참가할 예정이라 취업 특강 참석이 어려움. 언론인이 되고 싶어 하는 학생들을 위해 방송인 협회의 특강 개최를 취업 상담 센터에 건의하고 싶음.

↳병 : 고등학교 선배가 운영하는 대안 학교에서 수업 보조 강사로 함께 활동하고 있는 갑이 ○○기업에서 진행하는 취업 특강에 같이 가자고 함. 졸업 후 대학원 진학도 고민 중이라 참석 여부를 고심하고 있음.

① 갑이 작성한 내용에 나타난 공식 조직의 개수는 을이 작성한 내용에 나타난 2차적 사회화 기관의 개수보다 많다.

② 을이 작성한 내용에 나타난 자발적 결사체의 개수는 을이 속해 있는 자발적 결사체의 개수와 같다.

③ 병이 속해 있는 공식적 사회화 기관의 개수는 갑이 속해 있는 공식적 사회화 기관의 개수보다 많다.

④ 갑과 병이 함께 속해 있는 2차 집단의 개수는 병이 속해 있는 비공식적 사회화 기관의 개수보다 적다.

⑤ 갑과 을이 함께 속해 있는 비공식 조직은 없지만 을과 병이 함께 속해 있는 이익 사회는 있다.

[정답과 해설 59page]

다음 자료에 대한 설명으로 옳은 것은?

예능 프로그램 〈인연 만들기〉 대본

[장면 1] (내레이션) : 이번 회는 연하남, 연상녀와 결혼하고 싶은 사람들의 특집입니다. 먼저 자기소개를 들어볼까요?

[장면 2] 갑 : □□ 기업에서 프로그래머로 근무 중입니다. 대학교 때는 경영학을 공부했으나, 진로에 대한 고민 끝에 선택한 현재 직업에 매우 만족하고 있습니다. 바다낚시 동호회에서 함께 활동하고 있는 을과 낚시를 자주 다닙니다.

[장면 3] 을 : 여행을 좋아하여 △△ 은행 사내 여행 동아리에서 활동한 적이 있습니다. 해외 여행 관련 회사 창업을 고민하던 중에 고등학교 총동창회에서 함께 활동하고 있는 병의 조언에 따라 은행을 그만두고, 대학원에 진학하여 관광 경영에 관한 공부를 다시 하고 있습니다.

[장면 4] 병 : ○○ 방송국의 프로듀서로 일하면서 영화감독이 되기 위해 시나리오를 구상 중입니다. 대학교를 졸업한 후 을과 함께 △△ 은행에서 주최한 모의 주식 투자 대회에서 입상한 적이 있습니다. 주말에는 동물 보호 단체 회원으로 봉사 활동을 합니다.

① [장면 1]에 적혀 있는 내용에는 성취 지위가, [장면 3]에 적혀 있는 내용에는 비공식 조직이 있다.

② [장면 2]에 적혀 있는 이익 사회의 개수는 [장면 4]에 적혀 있는 비공식적 사회화 기관의 개수보다 적다.

③ 갑은 을과 달리 역할 갈등이 해소되어 준거 집단과 소속 집단이 일치한다.

④ 을이 속해 있는 자발적 결사체의 개수는 병이 속해 있는 2차 집단의 개수보다 적다.

⑤ 대본에는 갑의 재사회화와 을, 병의 예기 사회화 내용이 적혀 있다.

다음 자료에 대한 설명으로 옳은 것은?

갑은 ⊙ ○○대학교 외식조리학과를 졸업하고 열심히 노력한 끝에 국내 최고 ⓒ 호텔의 수석 요리사이자 ⓒ 요리사 협회의 임원으로 활동하고 있다. 그가 만드는 고가의 코스 요리는 음식의 예술화를 표방하고 엄격한 식사 예절을 요구하여 시간에 여유가 있는 ⓔ 상류층을 대상으로 한다. 이 식당에는 저명인사들의 사교 모임으로 알려진 ⓜ △△클럽 구성원들이 종종 방문한다. 어릴 때부터 상류층의 문화를 동경했던 갑은 자신이 속한 조직에서 좋은 대우를 받음에도 자신이 원하는 △△클럽에 들어갈 수 없다는 점에서 현재 상태에 대한 불만을 가지고 있다. 이에 갑은 △△클럽 회원들이 많이 거주하는 지역으로 이사할 것인지 ⓗ 고민하고 있다. 하지만 현실적인 어려움에 좌절감을 느낀 갑은 △△클럽 회원들이 좋아하는 코스 요리를 조리하여 맛보며 자신의 마음을 달래곤 한다.

① ⊙, ⓒ은 모두 비공식적 사회화 기관이다.
② ⓒ과 달리 ⓜ은 자발적 결사체에 해당한다.
③ ⓔ은 갑의 외집단이다.
④ ⓗ은 갑의 역할 갈등에 해당한다.
⑤ 갑은 소속 집단과 준거 집단의 불일치를 경험하고 있다.

밑줄 친 ⊙~ⓜ에 대한 설명으로 옳은 것은? [3점]

낯선 국가를 여행하다가 차별을 당하면, 그곳에서 만난 같은 언어를 사용하는 사람은 다 내 편 같다는 생각이 듭니다. 평소 느끼지 못했던 이러한 ⊙ 집단의식이 형성되면 집단 내부 결속이 강화되면서 ⓒ 특정 집단을 적대시하거나 차별하기도 합니다. 한편, 집단의식은 구성원의 결합 의지에 따라 영향을 받기도 하지만 개인들이 ⓒ 사회적 관계를 만들어가는 방식으로부터도 영향을 받습니다. 일반적으로 친밀한 접촉을 통해 유지되는 ⓔ 집단의 구성원은 서로의 삶에 깊이 관여하고 사회적 관계가 지속적인 편입니다. 하지만 수단적 접촉을 통해 유지되는 ⓜ 집단의 구성원은 사회적 관계가 형식적이고 일시적인 편입니다.

① ⊙은 소속 집단과 준거 집단이 불일치할 때 강화된다.
② ⓒ이 발생하는 원인은 외집단에 대한 동질감 때문이다.
③ ⓒ은 1차 집단과 2차 집단을 구분하는 기준이다.
④ ⓔ의 사례로 이익 집단, 시민 단체를 들 수 있다.
⑤ ⓜ은 주로 인간관계 자체를 목적으로 한다.

다음 자료에 대한 옳은 설명만을 〈보기〉에서 있는 대로 고르시오.

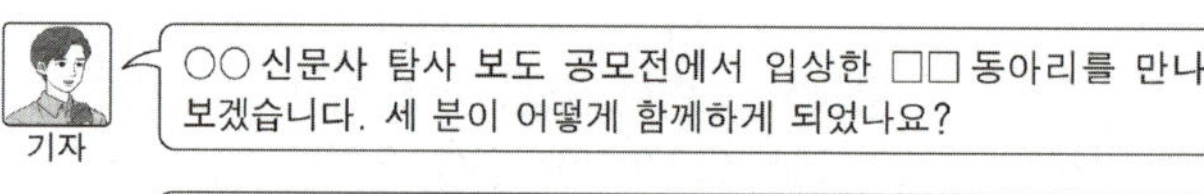

─────── 〈보 기〉 ───────

ㄱ. 갑과 병 모두 비공식 조직에 속해 있다.

ㄴ. 을과 병이 속한 2차적 사회화 기관은 각각 1개이다.

ㄷ. 자료 전체에 적혀 있는 사회 집단에서 자발적 결사체가 아니면서 비공식적 사회화 기관인 것은 2개이다.

18 23학년도 6월 평가원 17번

[정답과 해설 62page]

다음 자료에 대한 설명으로 옳은 것은? (단, A, B는 각각 관료제, 탈관료제 중 하나임.) [3점]

> 　　수평적 의사 결정 방식의 확대, 탄력적인 조직 운영 등을 특징으로 하는 A는 환경 변화에 더 유연하게 대응할 수 있다는 점에서 B와 구분된다. B는 구성원의 권한과 책임을 분명히 하고 세분화된 업무 수행을 강조함으로써 대규모 조직을 효율적으로 운영할 수 있다는 평가를 받는다. 반면, 예상 밖의 문제가 발생했을 때에도 기존 조직의 틀 내에서 새로운 부서를 추가하는 식으로 문제를 해결하려 한다는 비판을 받는다. 한 사회학자는 B의 이러한 특징을 ㉠ 카멜리펀트(Camelephant)라고 표현하였는데, 이는 낙타와 코끼리를 합친 것처럼 느리고 둔하여 변화에 적절히 대응하지 못한다는 점을 지적한 것이다.

① A는 인간 소외 문제를 해결하기 위해 산업화 초기에 등장하였다.
② B는 목적 전치 현상을 해결하기에 용이하다.
③ A는 B에 비해 조직 구성원의 재량권 및 자율성이 낮다.
④ B는 A에 비해 연공서열에 따른 보상 체계를 중시한다.
⑤ ㉠의 문제는 조직 구성원의 위계적 서열을 강화함으로써 해결된다.

19 23학년도 9월 평가원 11번

[정답과 해설 62page]

A, B의 일반적인 특징에 대한 설명으로 옳은 것은? (단, A, B는 각각 관료제, 탈관료제 중 하나임.)

> ○ A는 단순 반복적 업무 수행으로 인해 저하되는 구성원의 자율성을 높이기 위한 방안으로 제시되었다. 급변하는 사회에 대응하기 위해 경직된 조직을 유연하게 운영하는 원리를 적용한 것이다.
> ○ B는 정부의 행정 조직 운영에서 자의성을 줄일 수 있는 방안으로 제시되었다. 공동의 문제를 해결하기 위해 대규모의 조직을 합리적으로 운영하는 원리를 적용한 것이다.

① A는 B에 비해 과업 수행 절차의 예측 가능성이 높다.
② A는 B와 달리 공식적 규약과 절차에 의해 구성원을 통제한다.
③ B는 A에 비해 업무의 표준화와 세분화를 중시한다.
④ B는 A와 달리 상향식 의사 결정 방식이 지배적이다.
⑤ A는 연공서열에 따른 보상을, B는 성과에 따른 보상을 중시한다.

A, B의 일반적인 특징에 대한 설명으로 옳은 것은? (단, A, B는 각각 관료제, 탈관료제 중 하나임.) [3점]

> A에서 조직이 최고의 목적을 위한 최적의 수단을 취할 때, 개인은 그 목적을 향해 객관적으로, 적확하게, 영혼 없이 업무를 수행한다. 그 과정에서 개인은 조직이라는 기계의 작은 톱니가 되어 경직된 업무 시스템에 파묻히고 창의성과 자율성을 발휘하기 어려워진다. 이에 따라 조직이 환경 변화에 유연하게 대응하지 못하게 되고 결국 효율성이 떨어지는 문제가 나타나, 이를 개선하기 위해 B가 등장하였다.

① A는 B에 비해 과업 수행 절차의 예측 가능성이 높다.
② A는 B에 비해 업무 담당자에게 주어진 재량권이 크다.
③ B는 A에 비해 연공서열에 따른 보상 체계를 중시한다.
④ B는 A에 비해 업무 체계의 전문화와 세분화 정도가 높다.
⑤ A는 상향식 의사 결정 방식이, B는 하향식 의사 결정 방식이 지배적이다.

A, B의 일반적인 특징에 대한 설명으로 옳은 것은? (단, A, B는 각각 관료제, 탈관료제 중 하나임.)

> □□ 기업은 의사 결정 권한이 분산되어 있고 업무의 범위와 분담 체계를 개별 담당 부서에서 자율적으로 결정한다. □□ 기업의 조직 운영 방식은 A의 사례이다. ○○ 기업의 의사 결정은 관리자 중심으로 이루어지며 모든 부서는 표준화된 규약과 절차에 따라 업무를 수행한다. ○○ 기업의 조직 운영 방식은 B의 사례이다.

① A는 B에 비해 외부 환경 변화에 유연하게 대처하기 용이하다.
② A는 B와 달리 공식적 규범에 의한 통제가 이루어진다.
③ B는 A에 비해 구성원이 창의성을 발휘하기 용이하다.
④ B는 A와 달리 업무 수행의 효율성을 추구한다.
⑤ A는 연공서열에 따른 보상을, B는 성과에 따른 보상을 중시한다.

A, B의 일반적인 특징에 대한 옳은 설명만을 〈보기〉에서 있는 대로 고르시오. (단, A, B는 각각 관료제, 탈관료제 중 하나임.)

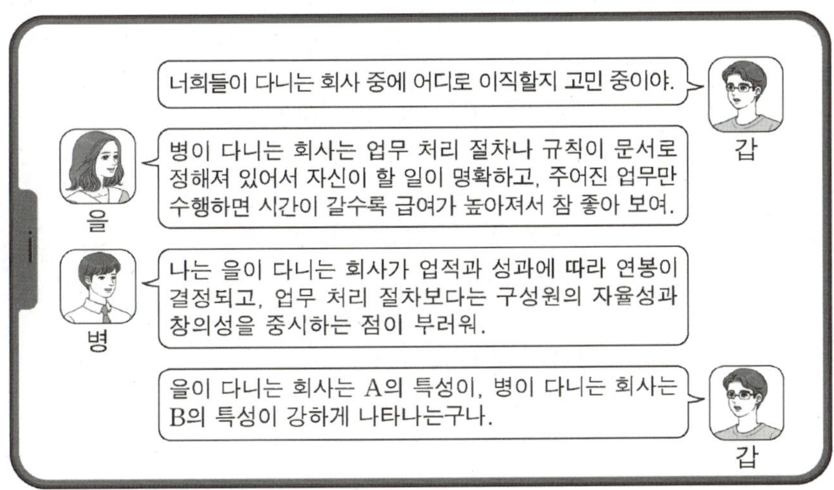

〈보 기〉

ㄱ. A는 B에 비해 업무 수행의 안정성을 확보하기가 용이하다.
ㄴ. A는 B에 비해 외부 환경 변화에 대한 유연한 대처가 용이하다.
ㄷ. B는 A에 비해 목적 전치 현상이 나타날 가능성이 낮다.
ㄹ. A는 의사 결정의 분권화, B는 업무 수행의 분업화가 강조된다.

A, B의 일반적인 특징에 대한 설명으로 옳은 것은? (단, A, B는 각각 관료제, 탈관료제 중 하나임.) [3점]

○○버거 회사는 명확한 위계 구조 속에서 직급별 권한과 책임을 세분화하고 메뉴, 조리법 등을 표준화하여 관리하는 A로 운영하였다. 최근 이윤이 급감하자 ○○버거 회사는 어떤 직원의 제안이든 창의적인 메뉴라면 수용하고 수평적인 의사 결정 구조를 채택하는 등 B를 도입하여 회사의 이윤 증대를 꾀하고 있다.

① A는 B에 비해 업무 수행 과정의 예측 가능성이 높다.
② A는 B와 달리 외부 환경 변화에 대한 유연한 대처가 용이하다.
③ B는 A에 비해 목적 전치 현상이 나타날 가능성이 높다.
④ B는 A와 달리 효율적인 목표 달성이 조직 운영의 핵심이다.
⑤ A는 능력에 따른 보상을, B는 경력에 따른 보상을 중시한다.

A, B의 일반적인 특징에 대한 설명으로 옳은 것은? (단, A, B는 각각 관료제, 탈관료제 중 하나임.)

> ○○기업이 세계적인 기업으로 성장한 배경에는 기존과 다른 조직 운영 원리인 A가 큰 영향을 미쳤다. 특히 A에 따른 생산 관리 시스템은 전체 공정을 수많은 미세한 단위로 구분하여 각 부분들의 전문성을 확보하는 데 기여하였다. 이러한 개별 부분들은 상층 부서로 그리고 다시 최상층 부서로 통합 관리되면서 조직의 효율성을 극대화하였다. 이것은 의사 결정 권한의 분산, 유연한 조직 운영 등을 특징으로 하는 B의 모습과는 차이가 있다.

① A에 비해 B는 목적 전치 현상이 나타날 가능성이 높다.
② A와 달리 B는 목표의 효율적 달성이 조직 운영의 핵심이다.
③ B에 비해 A는 업무 수행 과정의 예측 가능성이 높다.
④ B와 달리 A는 공식적 규약과 절차에 의해 구성원을 통제한다.
⑤ A, B 모두 연공서열에 따른 보상보다 성과에 따른 보상을 중시한다.

다음 자료에 대한 설명으로 옳은 것은? (단, A, B는 각각 관료제, 탈관료제 중 하나임.) [3점]

> ㉠ □□ 기업은 조직 운영 방식 A가 ㉡ 기존 부서의 업무를 지나치게 분화하고 부서 간 벽을 공고히 한다고 보았다. 정해진 업무만 수행하여 자신이 마치 기계 부속과 같다고 느낀 구성원들은 더욱 수동적으로 업무에 임했다. 이에 □□ 기업은 조직 운영 방식 B를 적용하여 부서 간 벽을 허물고 사원이 협업하는 과정에서 창의성을 발휘할 수 있도록 과제 해결에 특화된 ㉢ 새로운 부서를 한시적으로 조직했다. 동시에 □□ 기업은 사원들의 소외감과 스트레스를 해소하는 데 도움이 될 수 있도록 ㉣ 사내 친목 소모임 활성화를 지원하려 한다.

① ㉠은 과업 지향적인 사회 집단이고, ㉣은 결합 자체가 목적인 사회 집단이다.
② ㉡, ㉢과 달리 ㉣은 비공식적 사회화 기관에 해당한다.
③ A는 규칙과 절차에 따른 업무 처리로 자의적 의사 결정을 방지할 수 있다.
④ B는 전문성을 기준으로 구성원을 선발하고 연공서열에 따른 보상 체계를 중시한다.
⑤ A는 상향식 의사 결정 방식이, B는 하향식 의사 결정 방식이 지배적이다.

A, B의 일반적인 특징에 대한 설명으로 옳은 것은? (단, A, B는 각각 관료제와 탈관료제 중 하나임.)

> 도서 출판 과정에는 편집, 디자인, 인쇄 등 여러 공정이 있다. ○○ 출판 회사는 수평적으로 분권화된 조직을 통해 구성원들이 함께 결정을 내려 출판 공정을 관리하고 도서를 출간한다. □□ 출판 회사는 세부적으로 분업화된 조직을 통해 해당 분야의 담당자들이 정해진 서열과 절차에 따라 각 공정을 진행하여 도서를 출간한다. ○○ 출판 회사는 A의 운영 원리가, □□ 출판 회사는 B의 운영 원리가 강조된다.

① A에 비해 B는 조직 구성원의 업무 재량권 및 자율성이 낮다.
② A에 비해 B는 외부 환경 변화에 대한 유연한 대처가 용이하다.
③ B에 비해 A는 업무의 표준화와 세분화가 강조된다.
④ B에 비해 A는 목적 전치 현상이 나타날 가능성이 높다.
⑤ A는 경력에 따른 보상을, B는 성과에 따른 보상을 중시한다.

01 16학년도 9월 평가원 9번

[정답과 해설 67page]

다음은 개인과 사회를 바라보는 관점에 대한 글이다. A에 들어갈 적절한 진술만을 〈보기〉에서 있는 대로 고르시오.

> 사회에 대해 어떤 사람들은 '본능', '의지', '모방 성향', '이기심과 합리적 선택'과 같은 구성원의 개인적인 특성을 기반으로 분석한다. 이런 관점은 사회 구조가 개인의 특성과 행동을 집합한 결과라는 점을 전제한다. 그런데 이는 개인의 특성과 행동을 규정하는 근원적인 규범이 존재함을 무시하는 것이다. 이 점에서 "___A___"라는 주장에는 동의할 수 없다.

〈보 기〉

ㄱ. 사회적 사실은 개인적 행위로 환원될 수 없다.
ㄴ. 개인의 능동성이 사회의 구속성보다 우선한다.
ㄷ. 사회 규범은 개인들이 옳다고 믿기에 존재한다.
ㄹ. 개인은 집단 전체와의 관련 속에서만 존재 의미를 지닌다.

02 21학년도 6월 평가원 19번

[정답과 해설 67page]

개인과 사회의 관계를 바라보는 갑, 을의 관점에 대한 설명으로 옳은 것은?

① 갑의 관점은 개인의 발전이 곧 사회의 발전이라고 본다.
② 갑의 관점은 개인이 사회에 의해 구조화된 행동을 한다고 본다.
③ 을의 관점은 사회가 개인의 외부에 존재하는 실체라고 본다.
④ 을의 관점은 개인의 능동성보다 사회 규범의 구속성을 중시한다.
⑤ 갑, 을의 관점은 모두 사회 문제 해결을 위해 개인의 의식 개선보다 사회의 제도 개혁을 강조한다.

다음 자료에 대한 옳은 설명만을 〈보기〉에서 있는 대로 고르시오. [3점]

교사 : 개인과 사회의 관계를 바라보는 관점은 A와 B가 있습니다. 이에 대해 발표해 보세요. 갑 : A는 사람들의 자율적·능동적 노력으로 사회 변화를 이루어 가는 현상을 설명하는 데 유용합니다. 을 : ____________________________ (가) ____________________________ 병 : B는 개인의 의지를 초월하여 개인의 행위를 구속하는 사회 구조의 영향력을 강조합니다. 교사 : 모두 옳게 발표했네요.

〈보 기〉

ㄱ. A는 사회 구조에 대한 개인의 불가항력성을 인정한다.
ㄴ. A는 사회 문제의 원인을 사회 구조나 제도보다 개개인의 의식이나 행위에서 찾는다.
ㄷ. B는 사회 전체의 이익을 명분으로 개인의 희생을 정당화하는 전체주의로 변질될 우려가 있다.
ㄹ. (가)에는 'B는 사회가 개인으로 환원될 수 없는 고유한 성격을 지니고 있다고 봅니다.'가 들어갈 수 없다.

개인과 사회의 관계를 바라보는 갑, 을의 관점에 대한 설명으로 옳은 것은? [3점]

① 갑의 관점은 사회의 특성이 개인의 특성으로 환원되지 않는다고 본다.
② 을의 관점은 개인이 사회에 의해 구조화된 행동을 한다고 본다.
③ 갑의 관점은 을의 관점과 달리 개인이 사회 속에서만 존재 의미를 가질 수 있다고 본다.
④ 을의 관점은 갑의 관점과 달리 사회 현상이 개인의 자율적인 의지에 의해 만들어진다고 본다.
⑤ 갑, 을의 관점은 모두 개인의 자율성이 사회 규범의 구속성보다 우선한다고 본다.

개인과 사회의 관계를 바라보는 갑, 을의 관점에 대한 설명으로 옳은 것은?

① 갑의 관점은 개인이 사회 속에서만 존재의 의미를 갖는다고 본다.
② 을의 관점은 사회 문제의 해결책으로 제도의 개혁보다 개인의 의식 개선을 강조한다.
③ 갑의 관점은 을의 관점과 달리 사회의 특성이 개인의 특성으로 환원될 수 없다고 본다.
④ 을의 관점은 갑의 관점과 달리 사회가 개인의 외부에 실재한다고 본다.
⑤ 갑의 관점은 개인에 대한 사회의 구속성을, 을의 관점은 사회에 대한 개인의 자율성을 강조한다.

다음 글에서 도출할 수 있는 개인과 사회의 관계를 바라보는 관점에 대한 옳은 설명만을 〈보기〉에서 있는 대로 고르시오.

> 비밀결사는 비밀을 공유하는 사람들이 다른 집단으로부터 자신들을 보호하기 위해 만드는 사회 형태이다. 비밀결사는 구성원 각각이 비밀을 발설하고 싶은 욕구에 대한 자기 통제와 상대방 역시 비밀을 발설하지 않을 것이라는 믿음을 기반으로 유지된다. 비밀은 언제든 외부로 새어 나갈 가능성이 높기에 비밀 공유를 조건으로 유지되는 상호 작용은 불안정하다. 이 때문에 비밀결사 구성원들은 비밀이 더 잘 지켜질 수 있도록 조직 구성원 간의 행위 지침을 만들며, 비밀을 다루는 권한의 정도에 따라 체계적인 위계를 세우기도 한다. 하지만 비밀 폭로 행위가 이루어지면 비밀결사는 급격히 해체된다.

〈 보 기 〉

ㄱ. 개인은 사회 속에서만 존재 의미를 가진다고 본다.
ㄴ. 사회는 개인의 외부에서 독자적으로 작동한다고 본다.
ㄷ. 사회의 속성을 개인의 속성으로 환원할 수 있다고 본다.
ㄹ. 사회 문제의 원인을 사회 제도나 구조보다는 개인의 의식이나 행동에서 찾는다.

07 22학년도 수능 12번

개인과 사회의 관계를 바라보는 필자의 관점에 대한 옳은 설명만을 〈보기〉에서 있는 대로 고르시오.

> 분업의 원인이 경제적 효용을 추구하는 인간의 선택이라고 주장하는 이들이 있다. 그러나 분업이라는 제도를 통해 얻게 되는 개인의 효용은 제도가 형성된 다음에야 비로소 존재하므로 제도 형성의 원인이 될 수 없다. 분업은 인구 규모와 인구 밀도의 증대에서 기인한다. 인구 증가와 집중으로 인해 경쟁이 격화되면 개인의 생존은 위협받게 된다. 분업은 사회 구성원 간 상호 의존성을 강화해 개인에게 가해지는 생존 압력을 평화적으로 해결하여 무질서와 사회 해체를 방지하는 사회 진화의 산물이다.

〈보 기〉

ㄱ. 사회는 개인에 외재하며 독자적으로 작동한다고 본다.
ㄴ. 사회의 구속력이 개인의 자유 의지보다 우위에 있다고 본다.
ㄷ. 사회는 개인의 이익을 실현해 주는 수단에 불과하다고 본다.
ㄹ. 사회는 개인의 행위 지향과 그에 따른 결과를 통해서만 발전할 수 있다고 본다.

08 23학년도 6월 평가원 13번

개인과 사회의 관계를 바라보는 관점 (가), (나)에 대한 옳은 설명만을 〈보기〉에서 있는 대로 고르시오.

> (가) 사회는 그 자체로 고유한 성격을 가진다. 개인은 사회가 요구하는 행동 방식에 순응하면서 사회적 존재가 된다.
> (나) 개인은 자율적 존재이다. 사회는 다양한 개인의 행동 방식이 반영된 결과물일 뿐이다.

〈보 기〉

ㄱ. (가)는 사회는 개인의 총합에 불과하다고 본다.
ㄴ. (가)는 사회는 구성원들에게 외재성을 갖는다고 본다.
ㄷ. (나)는 개인의 속성은 사회의 속성이 반영된 결과라고 본다.
ㄹ. (나)는 사회 규범은 개인들이 옳다고 믿기에 존재한다고 본다.

09 23학년도 9월 평가원 7번

[정답과 해설 71page]

다음 글에 나타난 개인과 사회의 관계를 바라보는 관점에 대한 옳은 설명만을 〈보기〉에서 있는 대로 고르시오.

[3점]

> 한 사회의 개인들은 활발하게 상호 작용을 한다. 상호 작용의 상당 부분은 언어적 상징을 기반으로 이루어진다. 언어적 상징을 통한 상호 작용은 이미 부여된 규칙에 따라 이루어지며, 이러한 규칙은 일종의 무의식적 문화 체계로 작동한다. 결국 인간은 언어적 상징이라는 감옥에 갇힌 죄수인 셈이다.

─── 〈보 기〉 ───

ㄱ. 개인은 사회에 의해 구조화된 행동을 한다고 본다.
ㄴ. 사회는 개인의 외부에서 독자적으로 작동한다고 본다.
ㄷ. 개인의 자율적 의지에 의해 사회 현상이 형성된다고 본다.
ㄹ. 사회는 개인의 이익 실현을 위한 수단에 불과하다고 본다.

10 23학년도 수능 8번

[정답과 해설 71page]

다음 글에서 개인과 사회의 관계를 바라보는 필자의 관점에 대한 옳은 설명만을 〈보기〉에서 있는 대로 고르시오.

> 개인은 그 자신이 목적이며 다른 어떤 것도 그에게는 아무 의미가 없다. 다만 개인은 자신의 욕구 충족을 위해 타인을 필요로 한다. 타인도 같은 이유로 다른 이가 필요하다. 이처럼 이기적인 개인 간 상호 작용의 결과로 사회가 형성되지만, 개인의 욕구가 충족되지 않을 때 그 사회는 해체된다.

─── 〈보 기〉 ───

ㄱ. 사회의 속성은 개인의 속성에 의해 결정된다고 본다.
ㄴ. 사회 규범은 개인들이 옳다고 믿기에 존재한다고 본다.
ㄷ. 사회가 개인의 외부에 존재하는 독립적인 실체라고 본다.
ㄹ. 사회 규범의 구속력이 개인의 자율성보다 우선한다고 본다.

11 24학년도 6월 평가원 7번

[정답과 해설 72page]

다음 글에 나타난 개인과 사회의 관계를 바라보는 관점에 대한 옳은 설명만을 〈보기〉에서 있는 대로 고르시오.

[3점]

사회는 개인의 주관적인 의식 세계를 초월하여 개인의 외부에 객관적으로 존재한다. 또한 사회는 그 자체 논리에 따른 질서와 구조를 가지며 이를 통하여 개인의 행동에 영향을 미친다.

〈보 기〉

ㄱ. 개인이 주체적이고 능동적인 존재임을 강조한다.
ㄴ. 사회 구조에 대한 개인의 불가항력성을 강조한다.
ㄷ. 사회의 속성은 개인의 속성에 의해 결정된다고 본다.
ㄹ. 사회 문제의 발생 원인을 개인의 의식보다 사회 제도와 구조에서 찾는다.

12 24학년도 9월 평가원 18번

[정답과 해설 72page]

다음 글에 나타난 개인과 사회의 관계를 바라보는 관점에 대한 옳은 설명만을 〈보기〉에서 있는 대로 고르시오.

사회학의 지적 관심은 사회적 사실에 있다. 사회적 사실은 단순히 개인적 사실을 모아 놓은 것과는 근본적으로 다른 성격을 지닌 고유한 대상이다. 법, 관습, 종교 생활, 화폐 체계와 같은 사회적 사실은 개인적 사실만을 통해서는 발견될 수 없다.

〈보 기〉

ㄱ. 사회를 개인의 외부에 존재하는 독자적인 실체로 본다.
ㄴ. 사회는 개인의 이익을 실현하기 위한 수단이라고 본다.
ㄷ. 사회의 특성이 개인의 특성으로 환원될 수 없다고 본다.
ㄹ. 사회는 개인의 자율적인 의지에 의해 만들어진다고 본다.

13 24학년도 수능 2번

[정답과 해설 73page]

다음 글에서 개인과 사회의 관계를 바라보는 필자의 관점에 대한 옳은 설명만을 〈보기〉에서 있는 대로 고르시오.

돈 자체가 가치를 지닌다는 믿음과 돈이 삶의 궁극적 목표라는 인식이 있다. 하지만 돈의 가치는 인간의 욕구에서 기인하는 심리적 사실에 불과하다. 돈은 인간이 그것을 갈망할 때 비로소 가치를 부여받는다. 또한 돈은 사회적 결사의 매개체일 뿐이다. 사람은 돈을 매개로 아름다운 사회를 만들 수도, 차별과 위선이 만연한 사회를 만들 수도 있다. 결국 돈의 가치는 상대적, 수단적인 것이다. 돈은 '더 나은 삶'에 도달하기 위한 다리에 불과하며, 인간은 다리에서 살아갈 수 없다.

〈보 기〉

ㄱ. 사회의 속성을 개인의 속성으로 환원할 수 있다고 본다.
ㄴ. 사회는 개인의 이익을 실현해 주는 도구에 불과하다고 본다.
ㄷ. 사회는 개인의 외부에 존재하는 독자적인 실체라고 본다.
ㄹ. 사회의 구속력이 개인의 자유 의지보다 우위에 있다고 본다.

14 25학년도 6월 평가원 7번

[정답과 해설 73page]

다음 글에서 도출할 수 있는 개인과 사회의 관계를 바라보는 필자의 관점에 대한 옳은 설명만을 〈보기〉에서 있는 대로 고르시오. [3점]

개인들은 한데 모이고 공동으로 행동한다. 하지만 사회는 공동 행동만으로 실현되지 않는다. 사회가 스스로를 실현하는 방법 중 하나는 종교적 상징을 세우는 것이다. 종교적 상징은 구성원들의 집합적 감정을 이끌어 내고, 이러한 감정은 개인들로 하여금 사회를 유지하게 하는 행동에 참여하게 만든다.

〈보 기〉

ㄱ. 사회가 개인의 총합에 불과하다고 본다.
ㄴ. 사회가 개인의 외부에 존재하는 실체라고 본다.
ㄷ. 개인이 사회에 의해 구조화된 행동을 한다고 본다.
ㄹ. 사회 규범은 개인들이 옳다고 믿기에 존재한다고 본다.

15 25학년도 9월 평가원 2번

[정답과 해설 74page]

다음 글에서 개인과 사회의 관계를 바라보는 필자의 관점에 대한 옳은 설명만을 〈보기〉에서 있는 대로 고르시오.

> 어떤 사람이 자신의 자연적 자유를 포기하고 사회의 구속을 받아들일 유일한 방도는 공동체에 속하지 않는 자들로부터 재산을 지키고 좀 더 많은 안전과 평화를 확보하기 위해 공동체를 결성하기로 합의하는 것뿐입니다.

─── 〈보 기〉 ───

ㄱ. 개인은 사회 속에서만 존재의 의미를 가진다고 본다.
ㄴ. 개인이 옳다고 믿기에 사회 규범이 존재한다고 본다.
ㄷ. 사회는 개인의 외부에서 독자적으로 작동한다고 본다.
ㄹ. 사회의 속성을 개인의 속성으로 환원할 수 있다고 본다.

16 25학년도 수능 12번

[정답과 해설 74page]

다음 글에서 개인과 사회의 관계를 바라보는 필자의 관점에 대한 옳은 설명만을 〈보기〉에서 있는 대로 고르시오.

> 계산적 심성은 개인들이 일상에서 결과를 예측하고 최선의 수단을 선택하여 합목적적으로 행동하도록 한다. 국가 관료제에 기반을 둔 행정과 로마법에 기초한 법률은 서구인들로 하여금 합목적적으로 행동하도록 하였다. 이렇게 서구 사회의 행정과 법률에 의해 만들어진 계산적 심성은 근대적 경제 성장을 이끌었다.

─── 〈보 기〉 ───

ㄱ. 사회에 의해 개인은 구조화된 행동을 한다고 본다.
ㄴ. 사회의 속성은 개인의 속성에 의해 결정된다고 본다.
ㄷ. 사회는 개인 외부에 존재하는 독립적인 실체라고 본다.
ㄹ. 사회는 개인 이익을 실현해 주는 도구일 뿐이라고 본다.

01 21학년도 6월 평가원 9번

[정답과 해설 75page]

(가)~(다)에 들어갈 내용으로 옳은 것은? [3점]

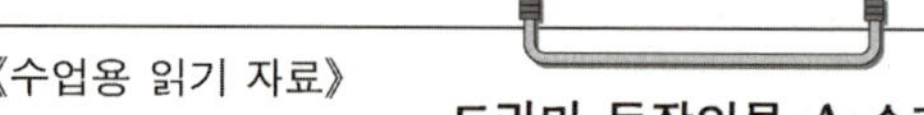

《수업용 읽기 자료》

- 드라마 등장인물 A 소개 -

A는 선배들과 두루 잘 지내는 편이었다. 중학생 때는 비행을 저지르는 선배들과도 친하게 지내며 다른 학생들에게 짓궂게 장난치기도 했다. 하지만 A는 어느 순간 친구들이 자신을 그런 선배들과 동일시하고 자신의 행동 하나하나를 비행과 연결하여 생각한다는 것을 알게 되었다. 이런 친구들의 생각을 바꿀 수 없었던 A는 평범한 학교 생활에서 벗어나 나쁜 행동을 하는 것을 자연스럽게 여기게 되는데….

교사 : 이 자료에 나타난 A의 사례를 일탈 이론을 활용하여 설명해 보세요.

갑 : A의 일탈은 차별 교제 이론으로 설명할 수 있습니다. 선배들과의 관계에서 알 수 있듯이 A의 일탈은 (가) 에서 비롯되었기 때문입니다.

을 : 저는 갑과 다른 이론을 적용하여 A의 일탈을 설명해 보겠습니다. 친구들이 A에게 어떻게 영향을 주었는지 살펴보세요. 그렇다면 A의 일탈 요인이 (나) 라는 것을 알 수 있습니다.

교사 : 갑, 을 모두 잘 설명했어요. A의 일탈이 (다) 에서 비롯되었다고 생각하는 점은 두 학생 모두 동일하군요.

① (가) - A의 행동에 대한 차별적 제재
② (나) - 문화적 목표와 제도적 수단의 괴리
③ (나) - 급격한 사회 변동으로 인한 규범의 부재
④ (다) - 일탈에 우호적인 가치관의 학습
⑤ (다) - 타인들과의 지속적인 상호 작용

02 21학년도 9월 평가원 14번

다음 자료에 대한 옳은 설명만을 〈보기〉에서 있는 대로 고르시오. [3점]

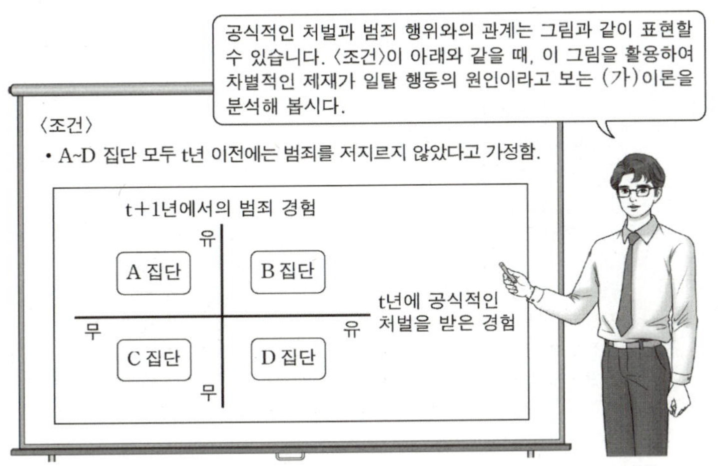

─── 〈보 기〉 ───

ㄱ. (가) 이론에 따르면 B 집단은 2차적 일탈자로 볼 수 있다.

ㄴ. D 집단은 (가) 이론을 반박하는 사례이다.

ㄷ. (가) 이론에 따르면 A 집단은 B 집단과 달리 일탈자의 역할을 내면화한 집단이다.

ㄹ. (가) 이론은 일탈자와 C 집단과의 접촉 빈도를 늘리는 것을 일탈 문제의 해결 방안으로 본다.

다음 자료에 제시된 일탈 이론 (가)~(다)에 대한 설명으로 옳은 것은? (단, (가)~(다)는 각각 낙인 이론, 머튼의 아노미 이론, 차별 교제 이론 중 하나이다.)

〈수업용 읽을거리〉

　중학생이었던 A와 B는 가벼운 장난을 하다 친구를 다치게 한 일로 문제라는 소리를 들었다. 이로 인해 A는 스스로도 문제라고 생각하게 되었고, 고등학교를 다닐 때 폭력 사건 가해자로 경찰서에 들락거렸다. 한편 고등학교에 입학한 B는 경제적 성공을 중요하게 여기는 사회적 분위기 속에서 고액 연봉을 받는 프로 운동선수가 되어 가족을 부양하겠다는 결심을 한 뒤 운동에 매진하였다. 그런데 기록 향상을 위해 금지된 약물까지 복용하다 적발되어 프로구단 입단 기회가 박탈되면서 경제적으로 더욱 어려워졌다. 고등학교 졸업 후 범죄 조직에 가입한 A는 B에게 범죄 행위를 도와 달라고 요청하기 위해 우연을 가장하여 접촉하였다. 결국 돈이 필요했던 B는 A의 제안을 수락하여 범죄를 저질렀다.

교사 : A, B의 사례에 일탈 이론을 적용해 보세요.
갑 : A의 중학교 시기부터 고등학교 시기에 걸쳐 나타난 일탈 행동에 주목하면 A의 일탈 행동에는 (가)를 적용해야 합니다.
을 : B의 고등학교 입학 후의 일탈 행동에 주목하면 B의 일탈 행동에는 (나)를 적용해야 합니다.
병 : B가 A와 접촉하여 일탈 행동을 학습한다는 점에 주목하면 B의 일탈 행동에는 (다)를 적용해야 합니다.
교사 : A, B의 일탈 행동에 (가), (나)는 적절하게 적용되었습니다. 하지만 B는 (다)를 적용하여 설명할 수 있는 일탈 행동을 하지 않았습니다.

① (가)는 일탈 집단 대신 정상적인 집단과의 교류가 일탈 행동을 억제한다고 본다.
② (나)는 일탈 행동이 문화적 목표와 제도적 수단 간의 괴리에서 비롯된다고 본다.
③ (다)는 일탈 행동 자체보다 일탈 행동에 대한 사회적 반응을 중시한다.
④ (가), (나)는 모두 일탈 행동이 발생하는 과정에서 나타나는 상호 작용에 주목한다.
⑤ (나)는 (가), (다)와 달리 일탈 행동을 규정하는 객관적 기준이 존재한다고 본다.

04 22학년도 6월 평가원 4번

그림은 일탈 이론 (가), (나)를 적용하여 청소년을 특성별로 분류한 것이다. 이에 대한 설명으로 옳은 것은? [3점]

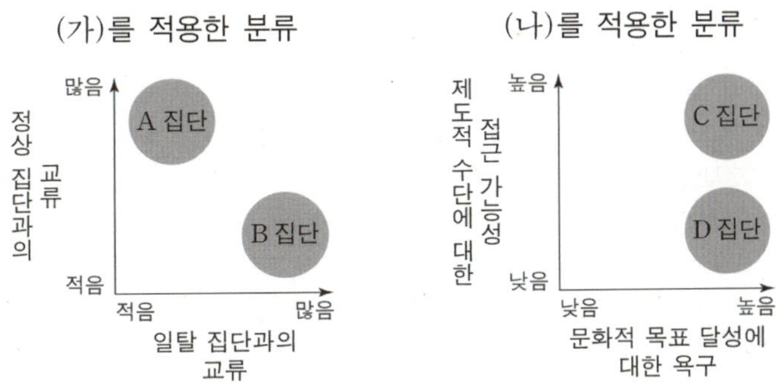

① (가)에 따르면, B 집단보다 A 집단에 속한 청소년이 일탈 행동을 할 가능성이 높다.
② (나)에 따르면, C 집단보다 D 집단에 속한 청소년이 일탈 행동을 할 가능성이 높다.
③ (가)는 (나)와 달리 일탈 행동의 대책으로 사회 규범의 통제력 강화를 중시한다.
④ (나)는 (가)와 달리 일탈 행동을 규정하는 객관적인 기준이 없다고 본다.
⑤ (가), (나)는 모두 일탈 행동의 원인으로 타인과의 상호 작용을 중시한다.

05 22학년도 수능 2번

일탈 이론 A, B에 대한 설명으로 옳은 것은? (단, A, B는 각각 낙인 이론, 차별 교제 이론 중 하나이다.) [3점]

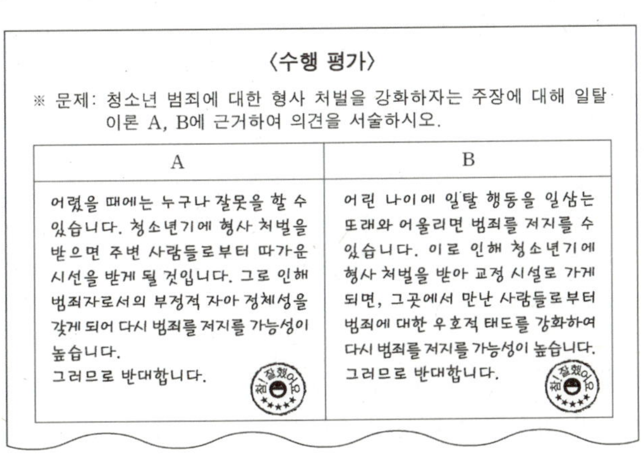

<수행 평가>

※ 문제: 청소년 범죄에 대한 형사 처벌을 강화하자는 주장에 대해 일탈 이론 A, B에 근거하여 의견을 서술하시오.

A	B
어렸을 때에는 누구나 잘못을 할 수 있습니다. 청소년기에 형사 처벌을 받으면 주변 사람들로부터 따가운 시선을 받게 될 것입니다. 그로 인해 범죄자로서의 부정적 자아 정체성을 갖게 되어 다시 범죄를 저지를 가능성이 높습니다. 그러므로 반대합니다.	어린 나이에 일탈 행동을 일삼는 또래와 어울리면 범죄를 저지를 수 있습니다. 이로 인해 청소년기에 형사 처벌을 받아 교정 시설로 가게 되면, 그곳에서 만난 사람들로부터 범죄에 대한 우호적 태도를 강화하여 다시 범죄를 저지를 가능성이 높습니다. 그러므로 반대합니다.

① A는 일탈이 행위의 속성에 의해서가 아니라 그에 대한 사회적 반응에 의해 규정된다고 본다.
② B는 일탈 행동의 원인을 차별적인 제재에서 찾는다.
③ A는 B와 달리 타인과의 상호 작용을 통해 일탈 행동이 학습된다고 본다.
④ B는 A와 달리 2차적 일탈 행동의 발생 과정에 초점을 맞춘다.
⑤ A는 정상 집단과의 교류 촉진을, B는 일탈 행동에 대한 신중한 규정을 일탈 행동에 대한 대책으로 강조한다.

일탈 이론 A~C에 대한 설명으로 옳은 것은? (단, A~C는 각각 머튼의 아노미 이론, 차별 교제 이론, 낙인 이론 중 하나임.)

> A : 청소년이 그와 친밀한 비행 청소년 집단과 자주, 오래 어울리다 보면 그들로부터 범행 기술은 물론 법 위반에 대한 호의적인 가치나 태도 등을 비판 없이 받아들이고 결국에는 범죄를 저지르게 된다.
> B : 청소년이 사소한 비행을 저질렀을 때 주위 사람들이 그에게 비행 청소년이라는 꼬리표를 붙이기도 한다. 이 경우 그 청소년은 스스로 부정적 정체성을 형성하게 되고 본격적으로 비행 활동에 가담하게 된다.
> C : 경제적으로 열악한 청소년도 커다란 포부를 갖도록 사회화되지만 그와 같은 열망을 충족할 수 있는 교육과 취업의 기회는 상대적으로 적다. 이로 인해, 물질적 성공을 이룰 수만 있다면 그들은 불법적인 수단이라도 사용하게 된다.

① A는 사람들이 일탈 성향을 타고나는 것이 아니라 일탈 행동을 사회적으로 학습하여 일탈자가 되는 것이라고 본다.
② B는 일탈 행동을 예방하기 위해서는 일탈자와의 접촉을 차단하는 방법이 최선이라고 본다.
③ C는 하층 계층보다 중상층 계층의 범죄를 설명하기에 용이하다.
④ A는 B와 달리 일탈 행동에 따른 부정적 평판이 개인에 따라서 차별적으로 부여된다고 본다.
⑤ C는 B와 달리 일탈자에 대한 사회적 제재가 오히려 일탈 행동을 유발한다고 본다.

일탈 이론 (가)~(다)에 대한 설명으로 옳은 것은? (단, (가)~(다)는 각각 뒤르켐의 아노미 이론, 차별 교제 이론, 낙인 이론 중 하나임.) [3점]

> (가) 사람마다 사회 규범을 내면화하는 과정은 일률적이지 않아 일탈에 대한 반응도 상이하다. 특히 일탈을 정당화하는 태도를 가진 사람들과 지속적으로 어울리면, 일탈에 대한 우호적 태도를 내면화하여 일탈자가 될 수 있다.
> (나) 사회 변동이 빠르게 진행되면서 전통 규범은 붕괴된다. 이를 대체할 수 있는 규범이 없는 상황에서 사람들은 삶의 목적과 방향을 상실하여 일탈을 할 가능성이 높아진다.
> (다) 일탈이 사회적 통제를 야기하는 것이 아니라 사회적 통제가 일탈을 야기한다. 일탈은 행위 자체가 아닌 행위자를 둘러싼 사회적 반응과 인식에 의해 결정된다.

① (가)는 타인과의 상호 작용을 통해 일탈이 학습된다고 본다.
② (나)는 일탈자의 부정적 자아가 형성되는 과정에 주목한다.
③ (다)는 일탈에 대한 대책으로 새로운 사회 규범의 정립을 제시한다.
④ (가)는 (나)와 달리 차별적 제재를 일탈의 원인으로 본다.
⑤ (다)는 (가)와 달리 일탈에 대한 대책으로 정상 집단과의 교류 촉진을 제시한다.

08 23학년도 수능 7번

[정답과 해설 79page]

다음 자료에 대한 설명으로 옳은 것은? (단, A~C는 각각 머튼의 아노미 이론, 차별 교제 이론, 낙인 이론 중 하나임.) [3점]

〈일탈 행동 사례〉

경제적으로 성공하기 위해 좋은 대학을 가고자 했던 갑은 집안 사정으로 고등학교를 중퇴하였다. 자신의 꿈을 이루기 어려워지자 좌절감에 빠진 갑은 학교를 중퇴한 친구들을 모아 일확천금을 노리며 온라인 불법 도박으로 청소년기를 보냈다. 성인이 된 갑은 중범죄를 저질러 교도소에 수감되었고, 출소 후 교도소 직업 훈련 과정에서 취득한 기술로 취업하려 했으나 범죄 이력 때문에 번번이 거절당했다. 이에 갑은 자신이 어차피 범죄자이고, 범죄라는 굴레에 얽매인 삶으로부터 벗어날 수 없다고 여겨 범죄 조직에 가담하였다.

물질적 성공에 대한 욕구가 컸던 을은 대학에서 좋은 학점을 얻기 위해 부정한 방법도 서슴지 않았다. 이렇게 대학을 졸업한 후, 한 회사에 취업한 을은 승진을 통해 더 많은 돈을 벌고자 했다. 그러나 업무 능력 부족을 이유로 매번 승진 인사에서 탈락하자, 을은 더 이상 이 회사에서는 승진 기회가 없음을 알고 체념하였다. 그러던 중 회사 기밀을 넘기면 거액을 주겠다는 경쟁 회사 측의 제의에 응해 회사 기밀을 훔쳤다.

〈교사의 해설〉

제시된 사례에서 청소년 시기 갑의 일탈 행동은 A를 통해 설명할 수 있습니다. 교도소 출소 후 갑의 일탈 행동은 C가 아니라 B를 통해 설명할 수 있습니다. 을의 취업 후 일탈 행동을 설명하는 데는 A, B, C 중 [㉠] 이 적합합니다.

---

① ㉠은 A이다.

② B는 일탈 행동을 학습하지 않은 사람은 일탈 행동을 할 수 없다고 본다.

③ C는 일탈 행동에 대한 대책으로 문화적 목표를 달성할 수 있는 제도화된 기회의 확대를 중시한다.

④ A는 B와 달리 타인과의 상호 작용이 일탈 행동에 미치는 영향에 주목한다.

⑤ A는 B, C와 달리 1차적 일탈에 대한 원인 규명보다 1차적 일탈이 2차적 일탈로 이어지는 과정에 주목한다.

09 24학년도 6월 평가원 14번

[정답과 해설 80page]

일탈 이론 A ~ C에 대한 설명으로 옳은 것은? (단, A ~ C는 각각 머튼의 아노미 이론, 차별 교제 이론, 낙인 이론 중 하나임.)

> A : 폐가의 유리창을 깨고 지붕을 오르는 행위는 아이들에게 일종의 놀이에 불과하나, 지역 주민들은 그런 행위를 하는 아이들을 점차 구제 불능이라고 규정하게 된다. 이런 사회적 평가를 내면화하여 아이들은 점점 더 심각한 비행으로 나아가게 된다.
>
> B : 법을 어기는 사람과 지키는 사람의 차이는 타고난 소질보다는 그들이 배워 온 내용에 있다. 범죄가 적은 지역에서 성장하는 사람은 법 위반에 대한 비우호적 태도를, 범죄가 많은 슬럼 지역에서 성장하는 사람은 법 위반에 대한 우호적 태도를 더 많이 배울 것이다.
>
> C : 물질적 성공에 대한 문화적 강조는 '가능하다면 정당한 방법으로, 필요하다면 잘못된 방법으로라도' 그 목표를 추구하라는 압력으로 작용한다. 따라서 성공 목표에 대한 지나친 강조는 규칙에 대한 감정적 지지를 훼손하고 제도적 규제의 효과적인 작용을 방해한다.

① A는 일탈에 대한 대책으로 낙인의 신중한 적용을 강조한다.

② B는 차별적인 사회적 제재를 일탈 행동의 원인으로 본다.

③ C는 일탈 행동을 규정하는 객관적 기준이 존재하지 않는다고 본다.

④ A는 B와 달리 개인이 타인과의 상호 작용을 통해 일탈자가 되어 가는 과정에 주목한다.

⑤ B는 C와 달리 범죄 예방을 위해 소외 계층에게 더 나은 취업 기회를 제공하는 정책을 뒷받침한다.

10 24학년도 9월 평가원 9번

[정답과 해설 81page]

일탈 이론 A ~ C에 대한 설명으로 옳은 것은? (단, A ~ C는 각각 머튼의 아노미 이론, 차별 교제 이론, 낙인 이론 중 하나임.)

> 일탈 이론 A, B, C의 사례로 일탈을 저지른 갑, 을, 병의 진술을 살펴보았다. 각각의 진술에 나타난 가장 두드러진 특징은 다음과 같다. 갑은 문화적 목표를 이루기 위한 합법적 수단이 부족했던 적이 한번도 없었다. 을은 일탈자들과 어울리거나 그들의 행동을 따라 하려고 했던 적이 한번도 없었다. 병은 여러 사회 규범을 위반했음에도 비난이나 제재를 받았던 적이 한번도 없었다. 이러한 특징을 바탕으로 갑, 을, 병에게 서로 다른 일탈 이론을 적용해 보면 갑의 일탈은 A나 B, 을의 일탈은 B나 C, 병의 일탈은 A나 C로 설명하는 것이 타당하다.

① A는 일탈에 대한 대책으로 제도화된 기회의 확대를 중시한다.

② B는 타인과의 상호 작용을 통한 일탈의 학습 과정에 주목한다.

③ C는 정상 집단과의 교류를 일탈의 해결 방안으로 제시한다.

④ B는 A, C와 달리 일탈을 규정하는 객관적 기준이 없다고 본다.

⑤ C는 A, B와 달리 일탈에 대한 대책으로 사회 규범의 통제력 강화를 강조한다.

다음 자료에 대한 설명으로 옳은 것은?

> 사회자 : 뒤르켐의 아노미 이론, 머튼의 아노미 이론, 차별 교제 이론, 낙인 이론 중 하나를 선택하여 최근 우리 사회에서 나타나는 범죄 현상을 설명해 주십시오.
> 갑 : 급속한 사회 변동으로 경제적 성취와 개인주의라는 새로운 가치가 나타나고 있습니다. 이로 인해 과거에 작동했던 전통적 규범과 새롭게 등장한 가치가 혼재되면서 삶의 기준을 상실한 사람들의 범죄가 늘어나고 있습니다.
> 을 : 성공에 필요한 합법적 기회가 있는 사람들마저도 범죄를 저지릅니다. 이들은 비합법적 수단으로 큰돈을 번 사람들과 빈번하게 교류하며 그들의 방식과 태도를 습득함으로써 범죄를 저지르고 있습니다.
> 병 : 청소년 시기에 전과자가 된 사람들은 충분한 교육을 받지 못합니다. 이로 인해 경제적 성공을 위한 경쟁이 치열한 사회에서 물질적 성공에 필요한 기회가 제한되어 범죄를 저지르고 있습니다.

① 갑의 관점은 을의 관점과 달리 정상 집단과의 교류를 일탈 행동의 해결 방안으로 제시한다.

② 을의 관점은 병의 관점과 달리 차별적인 사회적 제재를 일탈 행동의 원인으로 본다.

③ 병의 관점은 갑의 관점과 달리 문화적 목표와 제도화된 수단의 괴리를 일탈 행동의 원인으로 본다.

④ 갑, 을의 관점은 병의 관점과 달리 사회 구조적 관점에서 일탈 행동을 설명한다.

⑤ 을, 병의 관점은 갑의 관점과 달리 개인이 타인과의 상호 작용을 통해 일탈자가 되어가는 과정에 주목한다.

일탈 이론 A에 대한 설명으로 옳은 것은?

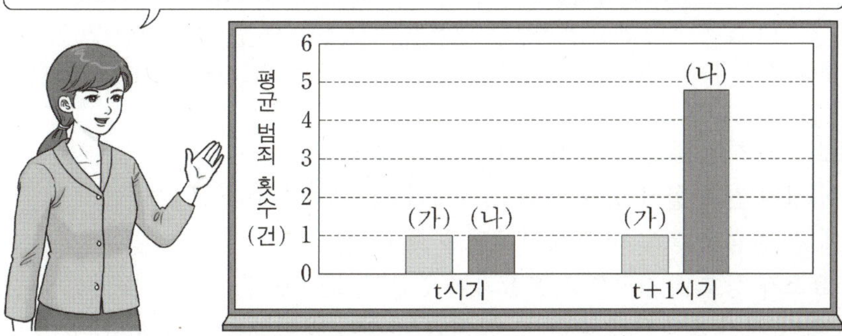

① 일탈이 개인의 타고난 특성에 의해 발생한다고 본다.

② 사회 규범의 통제력 강화를 일탈의 해결 방안으로 본다.

③ 일탈자에 대한 낙인이 후속 일탈의 핵심적인 요인이라고 본다.

④ 문화적 목표와 제도적 수단 간 괴리로 인해 일탈이 발생한다고 본다.

⑤ 상호 작용을 통해 범죄에 대한 우호적 가치관을 학습하여 일탈이 발생한다고 본다.

01 21학년도 6월 평가원 16번　　　　　　　　　　　　　　　　　　[정답과 해설 83page]

밑줄 친 ㉠~㉫에 대한 옳은 설명만을 〈보기〉에서 있는 대로 고르시오. [3점]

> 갑국에서는 쉬지 않고 열심히 일하는 것을 중요시하던 시절이 있었다. ㉠ 직장에 회식이 있으면 집에 늦게 들어가는 것을 누구나 당연하게 여기곤 했다. 그러나 최근에는 ㉡ 평생 직장 개념이 사라지면서 직장 내 인간관계 양상과 ㉢ 조직 문화가 달라지고 있다. 일과 삶의 균형을 중시하고 개인의 행복을 추구하는 사람들이 늘어나게 되었다. ㉣ 이러한 사회적 분위기가 여행, 레저 등 다양한 영역에 영향을 미쳐 관련 산업이 성장하고 ㉤ 여가 문화가 활성화되고 있다.

〈보 기〉

ㄱ. ㉠은 문화를 통해 구성원의 행동 양식을 예측할 수 있음을 보여 준다.
ㄴ. ㉡은 문화가 고정된 것이 아니라 변화하는 것임을 보여 준다.
ㄷ. ㉣은 문화의 각 부분이 독립적으로 존재하지 않음을 보여 준다.
ㄹ. ㉢의 '문화'는 ㉤의 '문화'와 달리 좁은 의미의 문화이다.

02 21학년도 9월 평가원 8번　　　　　　　　　　　　　　　　　　[정답과 해설 83page]

밑줄 친 ㉠~㉣에 부각된 문화의 속성에 대한 설명으로 옳지 <u>않은</u> 것은? [3점]

> 최근 복고 문화가 인기를 끌며 '뉴트로'라는 신조어가 생겨났다. 뉴트로는 1020 세대에는 신선함을, 3040 세대에는 ㉠ 새로운 향수를 불러일으키는 현상이다. 대체로 복고 문화는 경기가 좋지 않을 때 ㉡ '그땐 그랬는데'라고 과거를 아름답게 회상하며 유행한다. 하지만 젊은 층의 복고 문화는 ㉢ 경험해 보지 못한 옛 문화에 현대적인 감각을 입혀 새롭게 받아들이는 현상으로 나타나고 있다. ㉣ SNS의 확산이 가져온 뉴트로 열풍은 패션, 예술은 물론 상권에도 영향을 주고 있다.

① ㉠은 한 문화 요소의 변화가 다른 문화 요소에 변화를 가져옴을 보여 준다.
② ㉡은 문화가 사회 성원 간 원활한 상호 작용의 토대가 됨을 보여 준다.
③ ㉢은 문화가 세대 간 전승을 통해 더욱 풍부해짐을 보여 준다.
④ ㉣은 문화의 각 요소가 상호 유기적으로 결합되어 있음을 보여 준다.
⑤ ㉢, ㉣은 모두 문화가 시간의 흐름에 따라 그 형태와 내용이 변화함을 보여 준다.

[정답과 해설 84page]

다음 두 사례에서 공통적으로 부각된 문화의 속성에 대한 진술로 가장 적절한 것은?

> • A 사회에서는 가족 중 누군가가 사망하면 남은 가족 모두가 흰색 옷을 입고 추모하는 것이 일반적이다.
> • B 부족민 일부가 착용한 조개 목걸이와 팔찌는 관광객에게 평범한 장신구로 보이지만, 해당 부족민에게는 사회적 위세를 과시하는 상징물로 여겨진다.

① 고정되어 있지 않고 지속적으로 변화한다.
② 문화 요소들이 관련을 맺으며 하나의 체계를 형성한다.
③ 구성원 간에 사고와 행동의 동질성을 형성하게 해 준다.
④ 새로운 삶의 방식들이 더해지면서 문화 요소가 풍부해진다.
⑤ 한 문화 요소의 변화가 다른 요소의 연쇄적 변화를 가져온다.

04 22학년도 6월 평가원 8번

[정답과 해설 84page]

밑줄 친 ㉠~㉫에 대한 설명으로 옳은 것은?

> 코로나 19의 확산으로 ㉠ 사회적 거리 두기가 장기화되면서 ㉡ '홈코노미(homeconomy)' 문화가 빠른 속도로 확산되고 있다. 이제 집은 단순한 주거공간이 아니라 재택 근무, 온라인 쇼핑을 비롯한 각종 경제 활동을 하고 ㉢ 문화 생활을 즐기는 공간으로 인식되고 있다. 이와 같이 ㉣ 집을 중심으로 다양한 활동이 이루어지면서 관련 산업들이 급성장하고 있다. 특히 ㉤ 동영상 전송 기술의 발달과 콘텐츠의 다양화로 인해 콘텐츠 서비스 이용자 수도 폭발적으로 증가하고 있다. 그 결과 ㉥ 많은 이용자가 한꺼번에 접속하면서 서비스 이용에 장애가 발생하기도 한다.
>
> * 홈코노미 : 집(home)과 경제(economy)가 합쳐져서 만들어진 신조어이다.

① ㉠에는 문화의 축적성이 부각되어 있다.
② ㉡과 ㉢에서의 '문화'는 모두 좁은 의미로 사용되었다.
③ ㉣은 문화의 총체성으로 설명할 수 있다.
④ ㉤은 비물질문화에 해당한다.
⑤ ㉥은 문화 지체 현상에 해당한다.

밑줄 친 ㉠~㉣에 부각된 문화의 속성에 대한 옳은 설명만을 〈보기〉에서 있는 대로 고르시오.

적에 맞서 전투를 수행하는 기사들의 삶이 찬미되었던 중세 사회에서 ㉠ 강탈, 격투, 사냥 등은 친숙한 일상 문화였다. 공격성과 가학성을 즐기는 기사들의 욕구는 자유롭게 발산되었다. ㉡ 폭력성을 발산하는 기사들의 문화를 아이들이 일상적으로 접하면서 따라 했다. 반대로 후대의 사회, 특히 궁정에서는 ㉢ 자신의 감정을 감추지 못하는 사람을 문명화되지 않은 패배자로 취급하는 문화가 나타났다. ㉣ 물리적 폭력 수단이 중앙 권력에 집중되자, 일상에서는 폭력을 삼가고 예의와 교양을 중시하는 문화가 확산되었다.

〈보 기〉

ㄱ. ㉠은 문화가 사회 구성원의 행동을 예측 가능하게 하는 것임을 보여 준다.
ㄴ. ㉣은 문화가 여러 요소들이 상호 유기적으로 연관되어 나타나는 현상임을 보여 준다.
ㄷ. ㉡은 ㉢과 달리 문화가 시간이 흐르면서 형태나 내용이 변화함을 보여 준다.
ㄹ. ㉢은 ㉣과 달리 문화가 상징체계를 통해 전승되면서 보다 풍부하게 축적됨을 보여 준다.

(가)와 달리 (나)에만 부각되는 문화의 속성에 대한 진술로 옳은 것은? [3점]

(가) 사람의 몸과 정신이 연결되어 있다는 믿음을 가졌던 전통 사회에서는 질병의 원인을 누군가의 원한이나 주술이라고 생각했기 때문에 아픈 사람을 굿으로 치료하려고 하였다. 반면, 질병의 원인을 과학에 근거하여 바이러스나 세균에서 찾는 오늘날에는 누구나 아픈 경우에 병원에 가서 치료하려고 한다.

(나) 판소리는 북장단에 맞춰 소리, 아니리, 발림을 섞은 전통 민속악이다. 최근에 판소리는 소리꾼의 소리에 베이스, 드럼, 댄스를 더해 남녀노소가 쉽게 즐기는 퓨전 음악으로 재탄생했다. 판소리의 이야기가 갖는 서사성은 유지하면서도 중독성 강한 리듬과 흥겨운 춤이 더해져 판소리와 랩의 경계를 넘나드는 새로운 장르로 발전하고 있다.

---

① 문화는 상징을 통해 후천적으로 학습된다.
② 문화는 세대를 전승하며 더욱 풍부해진다.
③ 문화는 유기적으로 연결된 총체로서 존재한다.
④ 문화는 시간이 흐르면서 그 형태나 내용이 변화된다.
⑤ 문화는 구성원들의 사고와 행동에 동질성을 갖게 한다.

07 23학년도 6월 평가원 16번

다음 두 사례에 공통적으로 부각되어 있는 문화의 속성에 대한 옳은 진술만을 〈보기〉에서 있는 대로 고르시오.

- 갑국 사람들은 □□ 빵을 번영과 풍요의 상징으로 여겨 이 빵을 만드는 방법을 대대로 전수하고 있다. 갑국에서는 □□ 빵을 칼로 자르는 행위가 불운을 가져온다고 믿으며, 이 빵을 버리거나 던지는 행위도 금기시된다.
- 을국 사람들은 평소 절제를 중시하여 식사조차도 즐거운 행위가 아닌 생명 유지를 위한 행위 정도로 여긴다. 그래서 을국에서는 먹고 싶은 것을 참거나 때때로 단식하는 것을 자랑스럽게 생각한다.

〈보 기〉

ㄱ. 문화는 시간이 흐르면서 지속적으로 변화한다.
ㄴ. 문화는 세대 간 전승을 통해 점차 복잡하고 풍부해진다.
ㄷ. 문화는 한 사회 구성원 간 원활한 상호 작용의 토대가 된다.
ㄹ. 문화는 특정 상황에서 상대방의 행동 방식을 예측하게 한다.

---

08 23학년도 9월 평가원 16번

밑줄 친 ㉠~㉫에 대한 설명으로 옳은 것은? [3점]

최근 젊은 세대를 중심으로 ㉠ 짠테크 문화가 유행처럼 번지고 있다. 이는 ㉡ 과시적 소비를 추구했던 지난 몇 년 전과는 반대의 현상이다. 짠테크 열풍으로 물건을 빌리거나 나누는 사람들이 늘어나면서, ㉢ 온라인 중개 플랫폼 기술을 활용해 관련 서비스를 제공하는 기업이 급성장하고 있다. 한편 ㉣ SNS를 통해 짠테크 방법에 대한 ㉤ 부정확한 정보가 무차별적으로 유포되어 피해를 입는 경우가 간혹 발생하고 있어, 피해 방지를 위해 관련 ㉥ 법률의 정비가 필요하다.

* 짠테크 : 인색하다는 뜻의 '짜다'와 자산 관리의 기법을 일컫는 '재테크'의 합성어로 적은 돈까지 알뜰하게 관리하는 것을 의미함.

---

① ㉠에서 '문화'는 좁은 의미로 사용되었다.
② ㉡에는 문화의 축적성이 부각되어 있다.
③ ㉣은 정보 생산자와 정보 소비자 간 구분이 명확한 매체이다.
④ ㉤은 대중문화의 확산으로 문화의 획일화가 심화되었음을 보여주는 사례이다.
⑤ ㉥은 ㉢과 달리 비물질문화에 해당한다.

밑줄 친 ㉠~㉤에 대한 설명으로 옳은 것은?

배트 플립(bat flip)은 야구 경기에서 타자가 홈런을 친 후 ㉠야구 방망이를 던지는 동작으로 자신의 타격을 과시하거나 기쁨을 표현하는 것이다. ㉡배트 플립이 한국 야구에서는 일종의 볼거리로 여겨지지만, 미국 야구에서는 홈런 맞은 투수를 자극하는 행위로 간주되어 금기시된다. 몇 년 전 미국 언론을 통해 한국의 다양한 배트 플립 영상이 소개되어 ㉢한국의 독특한 야구 문화가 화제가 되었다. ㉣미국 야구에 익숙한 사람이라면 한국의 배트 플립 문화가 놀랍고 신기할 수밖에 없었다. 그런데 요즘 미국에서도 배트 플립을 하는 선수가 늘어나면서 이에 대한 여러 반응이 나오고 있다. ㉤배트 플립을 부정적으로 보는 사람이 여전히 많지만, 자기 표현에 익숙한 젊은 세대 중 일부는 우호적인 반응을 보이기도 한다.

① ㉠은 비물질문화에 해당한다.
② ㉡에는 문화의 총체성이 부각되어 있다.
③ ㉢에서 '문화'는 넓은 의미로 사용되었다.
④ ㉣에는 문화의 변동성이 부각되어 있다.
⑤ ㉤은 문화 지체의 사례에 해당한다.

밑줄 친 ㉠~㉤에 대한 설명으로 옳은 것은? [3점]

갑국에서는 ㉠종교가 계층별 생활 양식을 비롯한 사회생활 전반에 영향을 크게 미친다. 예컨대 사회적으로 높은 위치에 있는 사람들은 종교 교리의 영향을 받아 육식을 멀리한다. 그래서 갑국 사람들은 이들처럼 고상하게 보이려고 ㉡직장 등에서 여러 사람과 함께 식사할 때는 채식을 당연시한다. 그런데 최근 갑국에서 ㉢스마트폰과 배달 애플리케이션 사용이 일상화되면서, 고기가 들어간 도시락 판매가 크게 증가하였다. 이는 ㉣육식 문화에 대한 부정적인 시각이 여전한 상황에서 ㉤타인의 눈치를 보지 않고 육류를 먹으려고 도시락을 주문하는 사람들이 증가하여 나타난 현상이다.

① ㉠에는 문화의 변동성이 부각되어 있다.
② ㉡에는 문화의 공유성이 부각되어 있다.
③ ㉢은 비물질문화에 해당한다.
④ ㉣에서 '문화'는 좁은 의미의 문화이다.
⑤ ㉤은 문화 지체의 사례로 볼 수 있다.

11 24학년도 9월 평가원 6번

다음 자료에 대한 설명으로 옳은 것은?

학생	문화의 속성	해당 속성이 부각된 사례
갑	㉠	외국인 유학생이 한국의 젓가락 사용법을 익혀 일상생활에서 사용하고 있다.
을	㉡	A 지역의 모든 사람들은 특정 기간에 신들이 임무를 교대한다고 믿기 때문에 그 기간을 신성하게 여기는 마음을 가지고 있다.
병	변동성	(가)
정	축적성	(나)
무	전체성	(다)

위 표 위에 안내문: ○ 학생별로 서로 다르게 한 가지씩 배정받은 각 문화의 속성이 부각되는 사례를 작성하세요.

① ㉠은 문화가 세대 간 전승을 통해 더욱 복잡하고 풍부해지는 것임을 의미한다.

② ㉡은 문화가 여러 요소들이 상호 유기적으로 연관되어 나타나는 것임을 의미한다.

③ (가)에는 '내비게이션 등장 이후 운전할 때 종이 지도로 길을 찾는 사람들은 거의 사라졌다.'가 들어갈 수 있다.

④ (나)에는 '예전에는 혈액형으로 성향을 파악했지만, 요즘은 성격 검사 결과를 통해 성향을 파악하는 것을 즐긴다.' 가 들어갈 수 있다.

⑤ (다)에는 '팬클럽마다 좋아하는 연예인을 상징하는 색깔을 정하고 그 색깔을 응원에 활용한다.'가 들어갈 수 있다.

다음 자료에 대한 설명으로 옳은 것은? [3점]

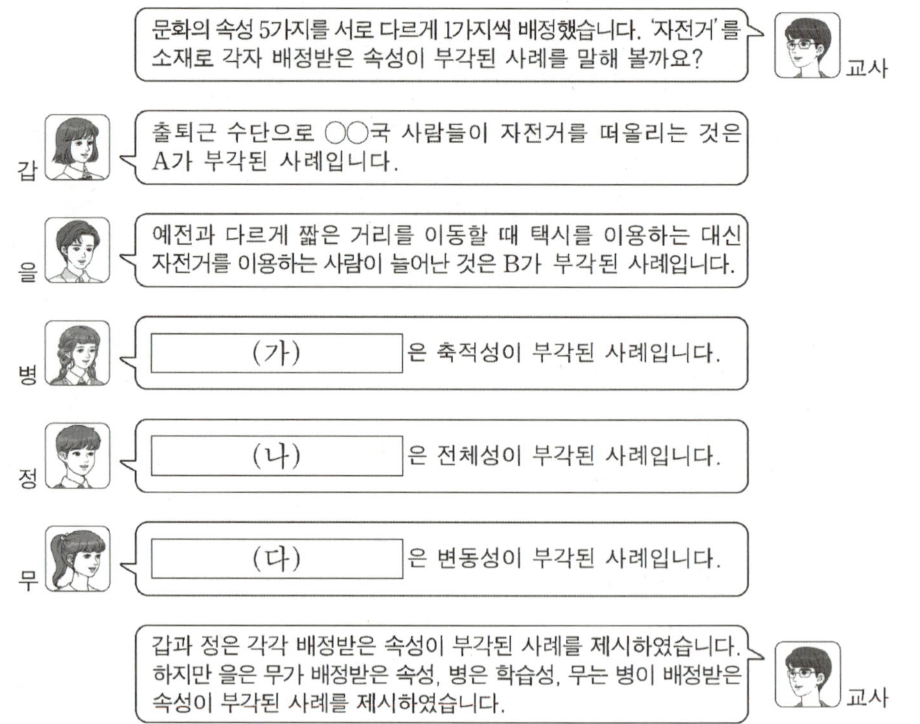

① A는 문화가 시간이 지남에 따라 변화하는 것을 의미한다.
② B는 사회 구성원이 문화를 후천적으로 습득하는 것을 의미한다.
③ (가)에는 '어릴 적 자전거 타는 방법을 부모에게 배워 능숙하게 자전거를 탈 수 있게 된 것'이 들어갈 수 없다.
④ (나)에는 '기존의 자전거에 변속기가 추가되고 충격 흡수 장치가 더해지는 것'이 들어갈 수 있다.
⑤ (다)에는 '자전거 이용자가 늘어나자 기업이 자전거를 이용하는 공유 경제 상품을 개발하고, 정부가 전용 도로를 건설하는 것'이 들어갈 수 있다.

13 25학년도 6월 평가원 4번

[정답과 해설 89page]

다음 자료에 대한 설명으로 옳은 것은?

> 교사 : 문화의 속성 A의 사례에 대해 조사한 내용을 발표해 보세요.
>
> 갑 : ○○국에서는 자신의 공간을 자아의 연장이라고 생각하여 개인 사무실의 문을 닫거나 공용 사무실에 가림막을 세워 자신의 공간을 확보하려고 합니다. 이런 것들이 ○○국 사람들 간에는 전혀 이상하게 여겨지지 않는다는 점에서 A가 부각되어 있습니다.
>
> 을 : △△국 사람들이 같은 종교 사상을 통해 원활하게 상호 작용하고 있다는 점 역시 A를 잘 보여줍니다. 이 종교 사상은 고대 토템 신앙에 근대 이후 절대적 신의 관념 및 구원의 개념 등이 결합하여 오늘날의 모습을 갖추게 되었습니다. △△국 사람들은 이러한 과정을 함께 겪어 오면서 서로를 이해할 수 있는 공동의 감정을 갖게 되었습니다.
>
> 교사 : 갑, 을 모두 잘 발표했습니다. 확실히 두 국가의 사례 모두 문화는 ＿＿＿＿＿ (가) ＿＿＿＿＿ 을 보여준다는 점에서 A를 확인할 수 있습니다. 그리고 여기에 더해 을이 발표한 △△국 사례는 문화가 세대 간 전승을 통해 누적된다는 B도 잘 보여 줍니다.

① A는 공유성이다.

② A는 문화가 후천적으로 학습됨을 의미한다.

③ B는 문화가 구성원들의 사고와 행동에 동질성을 갖게 한다는 것을 의미한다.

④ (가)에는 '각 부분이 유기적으로 결합된 하나의 전체임'이 들어갈 수 있다.

⑤ (가)에는 '시간이 흐르면서 그 형태나 내용이 변화됨'이 들어갈 수 있다.

14 25학년도 9월 평가원 14번

[정답과 해설 90page]

다음 자료에 대한 설명으로 옳은 것은? (단, A ~ D는 각각 공유성, 변동성, 축적성, 학습성 중 하나임.) [3점]

> 교사 : 지난 시간에는 문화의 속성 A, B에 대한 발표가 있었습니다. 이번 시간에는 문화의 속성 중 나머지 3가지를 학생별로 서로 다르게 한 가지씩 선택하여 해당 속성이 부각된 사례를 발표해 봅시다.
>
> 갑 : 과거에는 공중전화가 길거리에 많았지만 요즘은 찾아보기 어렵게 된 것은 전체성으로 설명할 수 있습니다.
>
> 을 : 과거와 현재의 국어사전을 비교했을 때 원래 단어에 새로운 의미가 추가되어 더욱 풍부해진 것을 보면 C를 확인할 수 있습니다. 특정 세대가 원래 단어에 새로운 의미를 부여하여 그들끼리 사용하는 것은 지난 시간 무가 발표한 B로도 설명이 가능합니다.
>
> 병 : 일본인의 감정 절제는 어린 시절부터 이루어지는 지속적인 훈육의 결과라는 점은 D를 통해 설명할 수 있는 사례입니다.
>
> 교사 : 을과 병은 해당 속성에 대한 사례 조사를 잘했습니다. 갑이 발표한 사례는 정이 발표했던 A가 부각된 사례이므로, 다음 시간에 자신이 선택한 속성이 잘 부각되는 사례로 다시 발표해 봅시다.

① 문화가 한 사회 구성원이 공통적으로 가지고 있는 생활 양식임을 의미하는 속성은 A가 아닌 B이다.

② 문화가 경험과 상징을 통해 후천적으로 학습됨을 의미하는 속성은 D가 아닌 C이다.

③ 갑이 선택한 문화의 속성은 시간의 흐름에 따라 기존 문화 요소가 사라지거나 변화함을 의미한다.

④ 정이 발표한 문화의 속성은 문화가 세대를 전승하며 더욱 풍부해짐을 의미한다.

⑤ 무가 발표한 문화의 속성은 문화의 각 요소들이 상호 유기적으로 연결되어 있음을 의미한다.

다음 자료에 대한 설명으로 옳은 것은? (단, A~E는 각각 공유성, 변동성, 전체성, 축적성, 학습성 중 하나임.)

[3점]

> 교사 : 문화의 속성 5가지를 모둠별로 서로 다르게 한 가지씩 배정하였습니다. 각 모둠은 배정받은 속성이 부각된 사례를 웹툰 문화에서 찾아 발표해 봅시다.
> 〈1 모둠〉 부모가 자녀에게 스마트폰을 활용하여 웹툰 앱을 이용하는 방법을 배우는 것은 A가 부각된 사례입니다.
> 〈2 모둠〉 부모 세대에서 웹툰을 만화라고 부르고 만화가 보고 싶을 때 만화방을 떠올리는 것은 B가 부각된 사례입니다.
> 〈3 모둠〉 만화책을 보는 사람이 줄어들고 태블릿 PC로 웹툰을 보는 사람이 늘어난 것은 C가 부각된 사례입니다.
> 〈4 모둠〉 부모 세대에서 눈으로만 즐기던 만화에 음성 지원, 배경 음악 재생 기능 등이 추가된 현재의 웹툰은 D가 부각된 사례입니다.
> 학생 : 선생님, 〈2 모둠〉의 발표 사례는 D가 부각된 것이 아닐까요?
> 교사 : 〈2 모둠〉의 사례는 D로도 설명이 가능하지만, 부모 세대에서 만화방을 떠올린다고 했기 때문에 B가 부각된 것이 맞습니다. 〈3 모둠〉과 〈4 모둠〉은 발표한 사례가 서로 바뀌어야 각 모둠에 배정된 속성이 부각됩니다. 〈1 모둠〉은 〈5 모둠〉에 배정된 속성이 부각된 사례를 발표했어요. A를 배정받은 〈1 모둠〉과 E를 배정받은 〈5 모둠〉은 다음 시간에 발표합시다.

① 문화가 한 사회 구성원의 공통된 생활 양식이라는 것을 의미하는 속성은 B가 아니라 A이다.
② 문화가 세대 간 전승되며 더욱 발전되고 풍부해지는 것을 의미하는 속성은 C가 아니라 D이다.
③ 〈1 모둠〉에 배정된 속성은 문화의 각 요소들이 상호 유기적으로 연결되어 영향을 주고받는 것을 의미한다.
④ 〈2 모둠〉에 배정된 속성은 공유성, 〈5 모둠〉에 배정된 속성은 전체성이다.
⑤ 문화가 상징을 통해 후천적으로 학습된다는 것을 의미하는 속성은 〈3 모둠〉이 아니라 〈4 모둠〉에 배정되었다.

01 21학년도 9월 평가원 17번

[정답과 해설 92page]

갑~병의 문화 이해 태도에 대한 설명으로 옳은 것은?

> 교사 : ○○족의 △△ 축제에 대해 자신의 의견을 이야기해 봅시다.
>
> 갑 : 과도하게 증가한 돼지 개체 수가 ○○족의 생존 기반이 되는 경작지를 위협하기 때문에 돼지를 대규모로 도축하는 것입니다. 이 축제는 부족의 생존에 필요한 적정한 규모의 경작지를 확보하기 위한 그들만의 방법이라고 생각합니다.
>
> 을 : ○○족이 축제를 위해 돼지 전체 개체 수의 4분의 3을 도축하는 것은 야만적입니다. 또한 그 고기를 먹기 위해 요리하는 과정도 우리나라의 위생 관념에 비춰 봤을 때 불결하다고 생각합니다.
>
> 병 : ○○족의 축제가 고단백질을 얻기 위한 그들만의 방법임을 인정해야 합니다. 하지만 그 축제가 대다수 사람들이 소중하게 생각하는 생명 존중의 가치를 훼손하지 않는지 생각해 봐야 합니다.

① 갑의 태도는 문화를 이해가 아닌 평가의 대상으로 본다.
② 을의 태도는 문화의 다양성 보존에 기여한다.
③ 병의 태도는 극단적 문화 상대주의의 입장을 대변하고 있다.
④ 갑, 병의 태도는 을의 태도와 달리 문화를 해당 사회의 맥락에서 바라보고 있다.
⑤ 을, 병의 태도는 갑의 태도와 달리 타문화에 대한 긍정적 인식에서 비롯된다.

02 21학년도 수능 4번

[정답과 해설 92page]

갑, 을의 문화 이해 태도에 대한 설명으로 옳은 것은?

> • 갑은 외국에서 유학을 온 일부 학생들이 종교 의례에 참석하기 위해 특정 요일의 수업에 결석하는 모습을 보고, 자국의 생활 양식에 비해 뒤떨어진 문화라고 생각하였다.
>
> • 이주민인 신입 사원이 자신이 속한 문화권에서는 술을 마시거나 접촉하는 것을 금기시한다며 술 판매 업무를 할 수 없다고 하자, 관리자 을은 그 금기가 해당 문화권에서 매우 중요한 것임을 인정하여 다른 업무를 배정하였다.

① 갑의 태도는 자문화 정체성을 상실할 우려가 있다는 비판을 받는다.
② 을의 태도는 국수주의로 변질될 수 있다는 비판을 받는다.
③ 갑의 태도는 을의 태도와 달리 각 사회의 문화가 동등한 가치를 지닌다고 본다.
④ 을의 태도는 갑의 태도와 달리 문화의 다양성 확보에 유리하다.
⑤ 갑, 을의 태도는 모두 특정 사회의 문화를 기준으로 타문화를 평가할 수 있다고 본다.

문화 이해 태도 A ~ C에 대한 설명으로 옳은 것은? (단, A ~ C는 각각 문화 사대주의, 문화 상대주의, 자문화 중심주의 중 하나이다.)

- **A** 는 자기 문화의 우수성을 지나치게 강조하여 다른 문화를 부정적으로 여기고 낮게 평가하는 태도이다.
- **B** 는 다른 문화의 우수성을 내세워 자기 문화의 가치를 부정적으로 여기고 낮게 평가하는 태도이다.
- **C** 는 해당 사회의 맥락에서 각 문화가 가지는 고유한 의미를 이해하고 존중하려는 태도이다.

① A는 국수주의로, B는 문화 제국주의로 나아갈 수 있다는 비판을 받는다.
② 타문화와의 공존에 대해 A는 부정적인 태도를, C는 긍정적인 태도를 보인다.
③ A, B는 자기 문화의 정체성 유지에, C는 문화 간 갈등 예방에 기여한다는 평가를 받는다.
④ '문화 다양성 보존에 기여하는가?'라는 질문으로 A, B를 C와 구분할 수 없다.
⑤ '문화 간에 우열이 존재한다고 보는가?'라는 질문으로 A를 B, C와 구분할 수 있다.

다음 자료에 대한 설명으로 옳은 것은? [3점]

[학습 자료]
　　문화 이해 태도 A~C는 각각 문화 사대주의, 문화 상대주의, 자문화 중심주의 중 하나이다. "문화를 평가의 대상으로 보는가?"라는 질문으로 A, B는 C와 구분되고, "자문화의 정체성을 상실할 우려가 있는가?"라는 질문으로 B, C는 A와 구분된다.

소몰이 축제 소개

　　800년의 전통을 이어온, 일명 '거리의 투우'라고 불리는 이 축제에서는 날카로운 뿔을 가진 거구의 황소와 빨간 스카프를 두른 수천 명의 사람들이 함께 달리는 모습을 볼 수 있습니다. …(중략)…

갑: 역시 우리 나라 소몰이 축제는 세계인이 봐야 할 최고의 문화예요. 역사가 짧은 다른 나라에서는 감히 흉내도 못 낼걸요.

을: 맞아요. 매년 외국 여행 때 이 축제를 경험했는데 웅장한 규모와 분위기가 진짜 최고예요. 반면 우리 나라 축제는 정말 부끄러워요.

병: 하지만 황소가 처참하게 죽잖아요. 이게 무슨 축제입니까? 동물의 생명을 보호하기 위해서는 폐지해야 해요.

① 갑의 문화 이해 태도는 A에 해당한다.
② 을의 문화 이해 태도는 B에 해당한다.
③ 병의 문화 이해 태도는 C에 해당한다.
④ B는 A, C와 달리 국수주의로 나아갈 수 있다는 비판을 받는다.
⑤ C는 해당 사회의 맥락에서 문화를 존중하고, A, B는 인류 보편 가치를 기준으로 문화를 평가한다.

05 23학년도 6월 평가원 5번

문화 이해의 태도 A~C에 대한 설명으로 옳은 것은? (단, A~C는 각각 자문화 중심주의, 문화 사대주의, 문화 상대주의 중 하나임.)

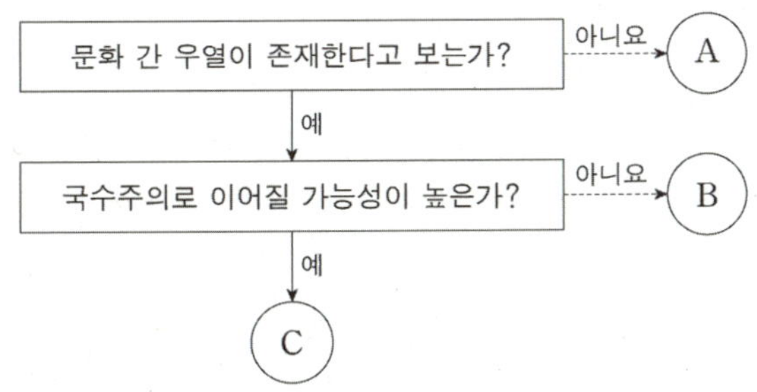

① A는 각 사회의 문화를 해당 사회의 맥락에서 바라본다.
② B는 자문화를 다른 사회에 이식하는 것을 당연시한다.
③ C는 모든 문화가 동등한 가치를 지닌다고 본다.
④ A는 B와 달리 특정 사회의 문화를 기준으로 타문화를 평가할 수 있다고 본다.
⑤ '문화 다양성 보존에 기여하는가?'라는 질문으로 A와 C를 구분할 수 없다.

06 23학년도 9월 평가원 17번

그림의 A~C에 대한 설명으로 옳은 것은? (단, A~C는 각각 자문화 중심주의, 문화 사대주의, 문화 상대주의 중 하나임.)

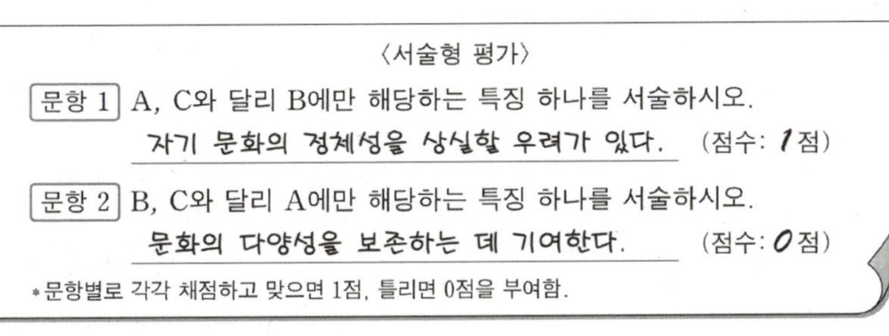

① A는 타문화를 수용하는 데 적극적이다.
② B는 국수주의로 변질될 수 있다는 비판을 받는다.
③ A는 C와 달리 특정 문화를 기준으로 타문화를 평가한다.
④ A는 B, C와 달리 타문화에 대한 긍정적 인식에서 비롯된다.
⑤ C는 A, B에 비해 타문화와 문화적 마찰을 일으킬 가능성이 높다.

밑줄 친 ㉠과 같은 문화 이해 태도에 부합하는 진술만을 〈보기〉에서 있는 대로 고르시오. [3점]

○○족 문화를 연구하러 현지 조사를 떠난 A는 우연히 마을 장로들과 셰익스피어의 「햄릿」에 대하여 대화를 나누게 된다. 「햄릿」은 아버지의 갑작스러운 죽음 이후, 아버지 대신 왕이 된 삼촌과 어머니의 결혼에 괴로워하던 햄릿이 아버지를 죽인 삼촌에게 복수하는 이야기이다. 그런데 형이 죽으면 동생이 형수와 결혼하는 것을 당연시하고, 아버지의 복수를 아들이 직접 하는 것도 금지하는 ○○족 사회에서 햄릿의 행동은 전혀 다르게 해석되었다. 그들과의 대화를 통해 A는 보편적으로 통용될 것이라 믿었던 「햄릿」에 대한 해석도 특정 문화의 관점에서 만들어진 것에 불과하다는 것을 알게 되었다. 이를 통해 타 문화를 이해하기 위해서는 그 사회의 문화가 형성되는 상황이나 맥락을 고려하는 ㉠ 문화 이해 태도가 중요하다는 사실을 깨닫게 되었다.

〈보 기〉

ㄱ. 이웃 나라에서 체면을 중시하는 문화가 왜 지배적인지 그 사회 내부의 논리와 체계 속에서 이해할 필요가 있어.

ㄴ. 음식을 손으로 집어 먹는 우리 문화는 열등해. 서구 사회처럼 포크와 나이프를 사용하는 세련된 문화를 받아들여야 해.

ㄷ. 시신을 화장하는 우리의 장례 문화와 비교할 때, 시신을 새나 다른 동물의 먹이로 들판에 방치하는 △△부족의 관습은 너무 야만적이야.

갑~병의 문화 이해 태도에 대한 설명으로 옳은 것은?

① 갑의 태도는 선진 문물 수용에 소극적이라는 비판을 받는다.
② 을의 태도는 문화 제국주의로 변질될 수 있다는 비판을 받는다.
③ 병의 태도는 특정 문화를 기준으로 타 문화를 평가한다는 비판을 받는다.
④ 갑의 태도는 을의 태도와 달리 타 문화와의 마찰을 일으킬 수 있다는 비판을 받는다.
⑤ 을의 태도는 병의 태도와 달리 자기 문화의 정체성을 상실할 수 있다는 비판을 받는다.

09 24학년도 수능 16번

갑~병의 문화 이해 태도에 대한 설명으로 옳은 것은?

① 갑의 태도는 선진 문물 수용에 적극적이지 않다는 비판을 받는다.
② 을의 태도는 자국의 문화 정체성을 약화한다는 비판을 받는다.
③ 병의 태도는 문화 제국주의로 나아갈 수 있다는 비판을 받는다.
④ 갑, 을의 태도는 모두 문화의 다양성을 저해할 수 있다는 비판을 받는다.
⑤ 을, 병의 태도는 모두 특정 문화를 기준으로 문화 간 우열을 가린다는 비판을 받는다.

10 25학년도 9월 평가원 11번

(가)에 들어갈 수 있는 내용으로 가장 적절한 것은?

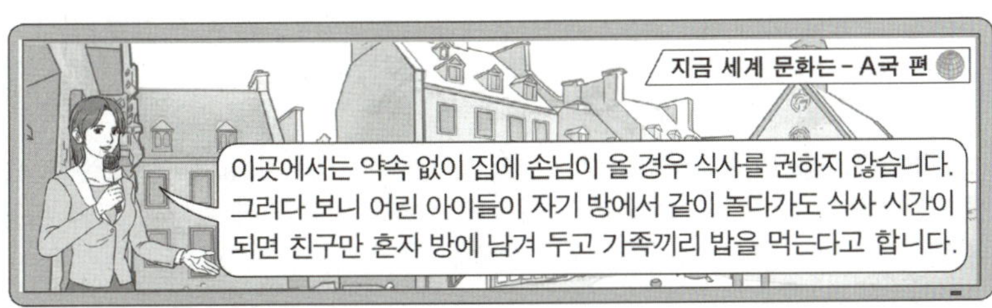

갑 : A국의 식사 문화는 손님에 대한 예의가 없는 것 같아.

을 : A국에서는 자기 가족끼리만 식사를 하는 것이 오랜 전통이야. 이런 문화가 우리와 달라서 이상하게 보일 수 있지만 틀렸다고 생각하면 안 돼. 서로 다른 문화를 제대로 이해하려면 각 사회 문화를 ⎿ (가) ⏌

① 비교하며 평가하는 대상으로 여겨야 해.
② 인류의 보편적 가치를 기준으로 평가해야 해.
③ 동경심을 가지고 받아들이려는 태도를 취해야 해.
④ 타문화보다 자문화가 우수하다는 태도로 판단해야 해.
⑤ 그 사회의 특수한 환경과 사회적 맥락에서 바라봐야 해.

다음 자료에 대한 설명으로 옳은 것은?

> ㉠ 대부분의 사회에는 고인(故人)을 떠나보낼 때 치르는 의례가 존재하며, 세계 각지에는 다양한 ㉡ 장례 문화가 있다. ○○족은 깊은 산이나 들녘에 서 있는 ㉢ 나무 위에 시신을 두는 방식으로 장례를 치른다. 어떤 사람들은 이런 방식을 ㉣ 자신의 문화를 기준으로 비인간적이고 기이한 관습이라 폄하한다. 하지만 ○○족의 장례 문화는, 조상의 정령이 후손을 외부의 위험으로부터 보호해 준다는 ㉤ 종교적 믿음의 결과물이다. 이처럼 해당 사회의 맥락에서 각 문화가 갖는 고유한 의미를 파악하려면 ⎡ (가) ⎤ 하는 태도를 지녀야 한다.

① ㉠은 문화의 특수성을 나타낸다.
② ㉡에서 '문화'는 좁은 의미의 문화이다.
③ ㉢은 비물질문화에, ㉤은 물질문화에 해당한다.
④ ㉣과 같은 태도는 국수주의로 변질될 수 있다는 비판을 받는다.
⑤ (가)에는 '자기 문화를 낮추고 타 문화의 우수성을 동경'이 적절하다.

갑, 을이 가진 문화 이해의 관점에 대한 옳은 설명만을 〈보기〉에서 있는 대로 고르시오.

> ○ 여가 문화를 연구하던 갑은 A국과 B국의 프로야구 응원 문화를 조사했다. 조사 과정에서 A국이 개인적으로 응원을 하는 반면, B국은 치어 리더를 중심으로 관중이 집단적으로 응원을 하는 특징이 있다는 점에 주목했다.
> ○ 장례 문화를 연구하던 을은 시신을 바로 땅에 묻지 않고 풀 같은 것으로 덮는 임시 무덤인 초분(草墳)을 조사했다. 조사 과정에서 초분이 자연 환경적 원인 및 민간 신앙과 어떻게 관련되어 있는지에 주목했다.

―――――― 〈보 기〉 ――――――

ㄱ. 갑의 관점은 서로 다른 문화 간의 공통점과 차이점을 파악하고자 한다.
ㄴ. 을의 관점은 다양한 문화 요소를 전체적인 맥락에서 이해하고자 한다.
ㄷ. 갑의 관점은 을의 관점과 달리 모든 문화는 고유한 가치를 지닌다고 본다.
ㄹ. 을의 관점은 갑의 관점과 달리 자문화를 객관적으로 인식하는 데 효과적이다.

13 17학년도 9월 평가원 14번

갑과 을이 가진 문화 이해의 관점에 대한 옳은 설명만을 〈보기〉에서 있는 대로 고르시오.

- 갑은 경제적 측면에 치우친 주택에 대한 연구 경향을 비판하며, 주택의 문화적 의미에 대해 연구하였다. 그 결과 갑은 주택이 경제적 의미뿐만 아니라 사회적 성향, 자연 조건, 자원의 영향과 밀접하게 관련되어 있다는 사실을 규명하였다.
- 을은 남태평양의 여러 섬에서 나타나는 선물 문화를 연구한 결과, 선물의 형태가 각 지역의 특성에 따라 다양하지만 선물을 주고받는 것은 어느 사회에서나 사회를 유지하는 데 중요한 기능을 한다는 결론을 내렸다.

〈보 기〉

ㄱ. 갑의 관점은 문화가 부분이 아닌 전체로서의 의미를 갖는다고 본다.
ㄴ. 을의 관점은 여러 문화를 비교하면서 공유되는 보편성을 파악한다.
ㄷ. 갑의 관점은 을의 관점과 달리 자문화를 객관적으로 파악해야 한다고 본다.
ㄹ. 을의 관점은 갑의 관점과 달리 모든 문화는 고유한 가치를 지닌다고 본다.

---

14 19학년도 수능 10번

(가), (나)에 나타난 문화 이해의 관점에 대한 옳은 설명만을 〈보기〉에서 있는 대로 고르시오. [3점]

- (가) 벌레를 섭취하는 ○○족의 음식 문화가 그들의 자연 환경, 관습, 정치 제도 등 다양한 문화 요소들과 어떤 관련을 맺고 있는지 전체적으로 연구하였다.
- (나) 벌레를 섭취하는 ○○족의 음식 문화를 해당 사회의 문화적 전통과 사회적 맥락 속에서 연구하여 부족한 단백질 보충이라는 그 사회 나름의 합리적 근거를 찾아내었다.

〈보 기〉

ㄱ. (가)의 관점은 문화에 대한 편협하고 왜곡된 이해를 방지하는 데 기여한다.
ㄴ. (나)의 관점은 해당 문화를 향유하는 사회 구성원의 입장에서 문화의 의미를 파악하는 데 초점을 둔다.
ㄷ. (나)의 관점은 (가)의 관점과 달리 문화를 평가의 대상으로 인식한다.
ㄹ. (가), (나)의 관점은 모두 문화 간 비교를 통해 자기 문화를 객관적으로 이해하는 데 유용하다.

---

01 20학년도 9월 평가원 14번

[정답과 해설 99page]

다음 자료에 대한 설명으로 옳은 것은? [3점]

> (가) 청소년들이 자신들만의 ㉠은어와 속어를 사용하는 이면에는 기성세대에 대한 저항감이 숨어 있다. 기성세대가 만들어 놓은 ㉡문화적 환경에 대해 거부하고 또래 간 유대감을 강화하기 위한 도구로 청소년들은 은어와 속어를 사용한다.
>
> (나) 청소년들은 ㉢정보 통신 기술의 발전으로 형성된 정보 사회에 기성세대보다 빠르게 적응한다. 사이버 공간 속 청소년의 언어는 ㉣또래만의 문화적 특징이 반영된 것이어서 기성세대의 언어와는 차이가 있다. 이러한 ㉤청소년의 언어 문화는 청소년이 성장하면서 자연스럽게 기성세대의 언어 문화가 된다.

① ㉠, ㉢은 모두 비물질 문화에 해당한다.
② ㉡의 '문화'는 ㉤의 '문화'와 달리 좁은 의미로 사용되었다.
③ ㉣이 강화되면 ㉤은 기존의 주류 문화에 동화된다.
④ (가)에는 (나)와 달리 하위 문화의 반문화적 성격이 부각되어 있다.
⑤ (가), (나)에는 모두 하위 문화가 전체 문화로 대체되는 과정이 나타나 있다.

02 20학년도 수능 9번

[정답과 해설 99page]

다음 자료에 대한 설명으로 옳은 것은? (단, A ~ C는 각각 전체 문화, 하위문화, 반문화 중 하나이다.)

> • 처음에 인터넷 개인 방송은 A였다. 영상 제작 및 ㉠편집 기술을 가진 일부 사람들을 중심으로 인터넷 개인 방송이 운영되었다. 그때는 편리한 제작 도구가 보급되기 전이어서 인터넷 개인 방송을 누구나 쉽게 운영하기가 어려웠다.
>
> • 인터넷 개인 방송이 지상파 방송 프로그램을 능가하는 큰 관심과 화제성을 보이며 ㉡대중문화를 주도하고 있다. 대다수 사회 구성원이 즐기고 있는 지금의 인터넷 개인 방송은 B이다.
>
> • ㉢인터넷 개인 방송 제작 기술은 빠르게 발전하고 있지만 혐오 표현 남발, 가짜 뉴스 유포 등을 규제할 법 제도는 미비한 상태이다. 이렇게 기존 질서를 거부하며 사회적 물의를 빚는 인터넷 개인 방송은 C에 해당한다.

① ㉠은 인간의 지적 욕구를 충족해 주는 비물질문화에 해당한다.
② ㉡에서의 '문화'는 좁은 의미로서의 문화이다.
③ ㉢은 비물질문화의 변동 속도를 물질문화의 변동 속도가 따라가지 못해 발생한 사례에 해당한다.
④ B는 C와 달리 전체 사회의 규범을 부정하고 지배적인 가치와 대립하는 문화이다.
⑤ A, C는 모두 기존 문화에 다양성과 역동성을 제공할 수 있다.

다음 자료의 A, B에 대한 옳은 설명만을 〈보기〉에서 있는 대로 고르시오. (단, A, B는 각각 하위문화, 반문화 중 하나이다.)

주간 ◇◇ 문화	○○○○년 ○○월 ○○일

노래하는 음유 시인, 노벨 문학상까지

1960~70년대 미국의 대중음악계에서 로큰롤, 재즈, 블루스 등은 세대, 인종, 계층에 따라 각기 향유하는 A의 성격을 띠었다. 이때 포크 기타를 들고 등장한 밥 딜런(Bob Dylan)은 반전 및 인권 운동에 앞장서며 당시 사회 체제에 저항하는 음악을 만들었고, 이는 B의 성격을 보였다. 특히 사회 비판적 메시지를 시적으로 표현한 그의 노랫말은 문학적 가치를 인정받았으며, 마침내 그는 노벨 문학상 수상자로 선정되는 영예를 얻었다.

〈보 기〉

ㄱ. 주류 문화는 모든 A의 총합으로 구성된다.
ㄴ. 특정 지역 주민이 공유하는 사투리는 A의 사례에 해당한다.
ㄷ. A는 B와 달리 전체 사회에 문화 다양성을 제공한다.
ㄹ. 모든 B는 A에 해당한다.

사례 (가), (나)에 대한 설명으로 옳은 것은? [3점]

(가) 갑국에서는 노동자 계급 출신의 청소년들을 중심으로 기성세대에 도전하는 문화가 생겨났다. 이들은 보수적인 계급 문화가 지배하는 기존 질서를 거부하는 의미로, 조용한 카페에서 시끄러운 록 음악을 틀거나 화려하게 치장한 스쿠터를 무리 지어 몰고 다니는 등 그들만의 문화를 향유했다.

(나) 을국에서는 청년 세대의 문화적 정체성을 대변하는 '청년 문화'가 유행했다. 통기타와 청바지로 표상되는 이 문화에 청년들이 열광했던 것은 기성세대와 구별되는 감성과 의식, 소비 성향으로 자신들의 정체성을 표현하고자 했기 때문이다.

① (가)는 사회가 복잡해질수록 일부 구성원이 공유하는 문화가 주류 문화에 수렴되는 경향을 보여 준다.
② (나)는 특정 집단의 문화가 기존의 주류 문화를 대체하는 현상을 보여 준다.
③ (가)는 (나)와 달리 주류 문화에 대항하는 성격을 가진 문화를 보여 준다.
④ (나)는 (가)와 달리 일부 구성원이 공유하는 생활 양식이 문화 다양성을 증진시키고 있음을 보여 준다.
⑤ (가), (나)는 모두 특정 집단의 문화가 전체 사회의 통합에 기여함을 보여 준다.

자료에 대한 설명으로 옳은 것은? (단, A ~ C는 각각 반문화, 주류 문화, 하위문화 중 하나이다.) [3점]

표는 갑국에 존재하는 세 가지 문화가 갑국에서 A~C 중 무엇에 해당하는지 나타낸 것이다.

구분	A	B	C
◇◇ 문화	×	○	×
□□ 문화	○	×	○
☆☆ 문화	×	×	○

* ○ : 해당함, × : 해당하지 않음.

① '☆☆ 문화'는 갑국에서 반문화가 아닌 하위문화이다.
② '□□ 문화'를 향유하는 사람은 '◇◇ 문화'를 향유하지 않는다.
③ 모든 A의 총합은 C이다.
④ B는 A와 달리 사회 발전의 계기를 제공할 수 있다.
⑤ C는 B와 달리 사회 통합을 강화하는 데 기여한다.

다음 대화에 대한 설명으로 옳은 것은? (단, A ~ C는 각각 주류 문화, 하위문화, 반문화 중 하나이다.)

교사 : 지난 시간에 배운 A, B, C에 대해 발표해 볼까요?
갑 : 1960년대 미국의 히피 문화는 A이자 C의 사례에 해당합니다.
을 : 모든 A는 C에 해당하지만 모든 C가 A에 해당하는 것은 아닙니다.
병 : ______________________ (가)
교사 : 갑, 을, 병 모두 옳게 발표하였습니다.

① 타 지역에서도 즐기는 특정 지역의 음식은 A의 사례에 해당한다.
② A는 B와 달리 한 사회 구성원 대부분이 공유하는 문화이다.
③ B는 C와 달리 전체 사회의 문화적 다양성 증진에 기여한다.
④ B는 A와 C의 총합으로 구성된다.
⑤ (가)에는 'C는 사회 변화에 따라 B가 되기도 합니다.'가 들어갈 수 있다.

하위문화 유형 (가), (나)의 일반적인 특징에 대한 옳은 설명만을 〈보기〉에서 있는 대로 고르시오. [3점]

유형	사례
(가)	갑국의 음식 문화는 주식인 밥에 다양한 반찬을 곁들여 먹는 것을 기본 형태로 한다. 하지만 기후와 지형 등에 따라 산물이 다르기 때문에 지역별로 즐겨 먹는 반찬이 다르다. 북쪽 지역은 간이 약하고 담백한 반찬이, 남쪽 지역은 간이 강하고 자극적인 반찬이 주를 이룬다.
(나)	을국에서는 종교적 전통을 중시하여 경찰이 일상의 풍속까지 세세하게 단속할 정도로 사람들의 자유를 제한하였다. 이러한 정부의 강력한 통제에 불만을 가진 일부 집단에서는 저항의 표시로 남성들은 관습적으로 길러 온 수염을 짧게 잘랐고, 여성들은 긴 치마 대신 짧은 반바지를 입고 다녔다.

〈보 기〉

ㄱ. (가)는 주류 집단에 의해 일탈로 규정된다.
ㄴ. (나)는 사회 혼란을 초래하는 역기능도 있지만 기존 주류 문화가 지닌 문제를 드러내 주는 순기능도 있다.
ㄷ. (가)를 규정하는 기준은 (나)와 달리 시대와 장소에 따라 달라진다.
ㄹ. (가)와 (나)는 모두 문화적 다양성을 높이는 데 기여한다.

하위문화의 사례 (가), (나)에 대한 설명으로 옳은 것은?

(가) 한국의 아이돌 가수에 열광하여 K-팝을 즐기던 갑국의 많은 청소년이 한국 문화를 일상에서도 즐기고 있다. 이들은 한국어를 사용하며 한국 드라마도 시청하고 한국 음식을 직접 요리하는 등 한국 문화를 자신들만의 문화 코드로 공유하면서 남들과 구별되는 삶을 추구하고 있다.

(나) 자본주의 소비문화에 저항하면서 생태 거주지를 만들어 사는 이들이 있다. 이들은 친환경적으로 농작물을 길러 자족 생활을 하며, 폐기물을 양산하는 공산품을 소비하지 않고 쓰레기를 만들지 않는 삶을 실천한다. 이러한 삶의 방식은 현대인의 소비문화에 성찰적 질문을 던지고 있다.

① (가)에서는 하위문화가 주류 문화로 대체되는 양상이 나타난다.
② (나)에서는 세대 문화와 지역 문화의 양상이 함께 나타난다.
③ (가)에서는 (나)와 달리 하위문화가 문화 다양성에 기여하는 양상이 나타난다.
④ (나)에서는 (가)와 달리 해당 문화를 향유하는 구성원들이 기존 질서나 가치를 거부하는 양상이 나타난다.
⑤ (가), (나) 모두에서는 물질 문화의 변동 속도를 비물질 문화의 변동 속도가 따라가지 못하는 양상이 나타난다.

하위문화의 사례 (가), (나)에 대한 설명으로 옳은 것은? [3점]

> (가) 갑국의 A 집단은 현대 문명에 대한 저항의 표시로 자동차 대신 마차를 이용하거나 걸어 다닌다. 이들은 주류 사회의 가치를 전수하는 학교에 자녀를 보내지 않으며 자신들만의 신념에 따른 전통을 고수한다.
>
> (나) 을국의 젊은층에서는 중고 거래 플랫폼이 상용화되었다. 이들에게 플랫폼을 통한 중고 거래는 단순히 물건을 사고파는 것을 넘어 환경, 지역 사회와의 유대감 등 다양한 가치를 추구하는 행위로, 기성세대와 구별되는 새로운 행동 양식으로 자리 잡았다.

① (가)에서는 문화가 지나치게 상품화되는 경향이 나타난다.
② (가)에서는 하위문화가 기존의 주류 문화로 대체되는 과정이 나타난다.
③ (나)에서는 세대 문화가 전체 사회의 문화를 다양하게 하는 양상이 나타난다.
④ (나)에서는 주류 문화를 거부하며 새로운 가치를 추구하는 양상이 나타난다.
⑤ (가), (나)에서는 모두 비물질 문화의 변동 속도를 물질 문화의 변동 속도가 따라가지 못하는 현상이 나타난다.

A ~ C에 대한 설명으로 옳은 것은? (단, A ~ C는 각각 주류 문화, 하위문화, 반문화 중 하나임.)

> 'A는 한 사회의 구성원 대다수가 공유하는 문화이다.'라는 진술은 거짓이다. '한 사회에서 특정 지역의 문화는 C에 해당한다.'라는 진술은 참이다. 'A와 C의 총합으로 B를 설명할 수 없다.'라는 진술은 참이다.

① 모든 A 는 C에 해당한다.
② B는 한 사회 내에서 A와 양립할 수 없다.
③ C는 A와 달리 주류 집단에게 일탈로 규정되기도 한다.
④ B는 C와 달리 사회 변화에 따라 A 가 되기도 한다.
⑤ A 는 B, C와 달리 사회 전체의 동질성을 높이는 데 기여한다.

[정답과 해설 104page]

다음 글에서 파악할 수 있는 내용으로 가장 적절한 것은?

요즘 한글 자모를 모양이 비슷해 보이는 다른 자모로 바꾸어 표현하는 언어유희를 볼 수 있다. 'ㄸ'과 'ㅣ'를 합쳐 'ㅁ'를 만들어 '명작'을 '띵작'으로 표기하는 것이 그 예다. 온라인에서 이러한 신조어를 만들거나 사용하는 것이 젊은 세대 사이에서 하나의 놀이 문화로 자리 잡았고, 그들의 소통을 위한 매개로 활용되면서 서로 간의 친밀감을 높이고 있다. 하지만 신조어를 잘 모르는 대다수의 기성세대는 말의 의미를 이해하지 못해 혼란스러워 하기도 한다. 이로 인해 세대 간 소통 단절을 불러올 수 있다는 우려가 제기된다.

① 하위문화가 주류 문화를 대체한다.
② 세대 간 문화의 이질성이 약화된다.
③ 대중 매체가 고급문화의 대중화를 견인한다.
④ 특정 세대가 새로운 가치를 추구하며 주류 문화에 저항한다.
⑤ 특정 하위문화가 해당 문화를 향유하는 구성원들의 유대감 형성에 기여한다.

[정답과 해설 104page]

다음 자료에 대한 옳은 설명만을 〈보기〉에서 있는 대로 고르시오.

1945년 이후 침략국이자 패전국인 독일이 취한 태도는 망각이었다. 독일 사회는 전쟁 희생자를 애도하기 위한 공적 의례를 하지 않았다. 전쟁의 상처가 생생하게 남아있는 사회에서 사람들은 과거에 대해 침묵으로 일관했다. 1950년대에도 지속된 ㉠'침묵의 연합'이라는 사회 전반적인 풍토에 균열이 생긴 결정적 계기는 전후 세대의 등장이었다. 특히 1960년대 후반부터 일어난 학생 봉기는 전쟁 희생자로 자신들을 포장해 온 부모 세대를 맹렬히 비난하면서 전쟁에 대한 죄의식의 부재를 공적 논쟁의 장으로 끌어냈다. 전쟁의 기억과 책임 문제를 둘러싼 세대 간 갈등은 투쟁의 양상을 띠며 심화되었다. 당시 젊은 세대가 공유했던 ㉡'집합적 죄의식'은 1970년대에 접어들면서 공적 의례의 중심 서사가 되고 대중문화의 소재로 빈번히 사용되는 등 독일 사회의 지배적인 기억 문화가 되어 갔다.

〈보 기〉

ㄱ. 1950년대 독일 사회에서 ㉠은 하위문화이다.
ㄴ. 1960년대 후반 독일 사회에서 ㉡은 반문화의 성격을 띤다.
ㄷ. ㉡은 ㉠과 달리 독일 사회의 지역 문화이다.
ㄹ. 지배적인 가치에 도전하는 문화가 주류 문화로 변화한 사례가 나타난다.

A~C에 대한 설명으로 옳은 것은? (단, A~C는 각각 주류 문화, 하위문화, 반문화 중 하나임.)

> 유일신을 숭배하는 □□교를 오랜 기간 국교(國敎)로 유지하고 있는 갑국에 조상신을 숭배하는 ○○교가 유입되었다. 갑국에서 ○○교는 처음에는 일부 집단만이 공유한 A였다. 그런데 ○○교 신자들이 갑국의 B인 □□교가 숭배하는 유일신을 부정하면서 ○○교는 C의 성격을 가지게 되었다.

① A는 B와 달리 시대에 따라 상대적으로 규정된다.
② B는 C와 달리 문화 다양성 증가에 기여한다.
③ C는 A, B와 한 사회에서 공존할 수 없다.
④ A, B는 C와 달리 해당 문화를 향유하는 구성원의 정체성 강화에 기여한다.
⑤ C는 A에 해당하지만, A가 B에 해당하는 것은 아니다.

다음 두 사례에서 공통적으로 도출할 수 있는 내용으로 가장 적절한 것은?

> • 갑국의 빈민가 출신 젊은이들은 주류 사회의 가치관에 상충하는 요소들을 의식적으로 드러내는 새로운 장르의 음악을 만들어 냈다. 그런데 해당 장르가 음악 산업의 주류로 자리 잡으면서 본연의 색채를 잃었다는 평가를 받고 있다.
> • 을국의 일부 젊은이들은 사회 전반에 퍼진 삶의 방식이 지나치게 경쟁적이고, 이기적이며, 물질 중심적이라고 비판하며 그들만의 새로운 삶의 양식을 만들어 나갔다. 이들은 물질 소유를 최소화하고 인간으로서 정신적 성장을 중시하는 삶의 양식을 추구하였다.

① 반문화는 전체 사회에서 주류 문화가 된다.
② 하위문화와 반문화는 모두 세대 간 갈등의 원인이 된다.
③ 주류 문화에 대항하는 구성원에 의해 반문화가 형성된다.
④ 주류 문화와 하위문화는 모두 사회의 안정과 통합에 기여한다.
⑤ 반문화는 주류 문화로 변화하는 과정에서 정체성이 상실된다.

15 25학년도 6월 평가원 8번

다음 자료에 대한 설명으로 옳은 것은? (단, A ~ C는 각각 주류 문화, 하위문화, 반문화 중 하나임.)

19세기 중반부터 20세기 중반까지 다수의 유럽계 이민자들이 갑국의 ○○지역으로 이주해 왔다. 이들은 주로 ○○지역의 부두 주변에 정착하여 빈민촌을 이루고 살았다. 당시 이민자들이 고된 노동을 잊고 고향을 그리워하며 뒷골목에서 추던 ㉠ 춤은 시간이 흐르면서 대중화되었고 이것은 오늘날 갑국 국민들 누구나 즐기는 ㉡ 춤으로 발전하였다.

① A는 전체 사회의 문화적 다양성을 높이는 데 기여한다.
② B는 A와 C의 총합으로 구성된다.
③ A와 달리 B는 해당 문화를 향유하는 구성원들의 유대감 형성에 기여한다.
④ B와 달리 A는 한 사회의 지배적인 문화에 저항하거나 대립하는 문화이다.
⑤ ㉠에서 ㉡으로의 변화는 주류 문화가 하위문화로 변한 사례이다.

16 25학년도 수능 6번

밑줄 친 ㉠~㉤에 대한 설명으로 옳은 것은? [3점]

갑국에서는 손을 씻으면 영혼이 오염되어 목숨이 위험해진다는 ㉠ 전통적 믿음 때문에 손을 잘 씻지 않는 관습이 있었다. 이로 인해 많은 사람이 감염병으로 목숨을 잃었다. 한 의사가 손 씻기로 건강을 유지하고 생명을 지킬 수 있다는 사실을 알리면서 갑국의 A 지역에서는 ㉡ 손을 잘 씻는 문화가 형성되었다. ㉢ 이러한 문화가 조금씩 퍼져 나가자 대다수 갑국 사람들은 자신들의 믿음을 해친다는 이유로 A 지역 사람을 비난하며 ㉣ 자신들의 문화를 지키기 위해 저항하였다. 갑국에서 감염병이 유행했을 때, A 지역 사망률은 다른 지역에 비해 현저히 낮았다. 손 씻는 간단한 행위로 질병을 예방할 수 있다는 사실을 깨닫자 갑국에서는 ㉤ 손을 잘 씻어 위생 관리를 철저히 하는 생활 습관이 보편화되었다.

① ㉠은 지배 세력에 반발하여 사회 통합이 이루어진 사례이다.
② ㉡은 주류 문화가 하위문화로 변한 사례이다.
③ ㉢은 문화 변동이 빠르게 진행되어 나타난 문화 지체 사례이다.
④ ㉣은 지역 문화가 주류 문화에 대항한 반문화 사례이다.
⑤ ㉤은 하위문화가 주류 문화로 변한 사례이다.

17 25학년도 6월 평가원 6번

(가)에 들어갈 수 있는 내용으로 가장 적절한 것은?

① 계층 간 문화적 차이를 줄이기
② 지나치게 상업적인 성격을 띠기
③ 개인의 독창성과 개성을 약화시키기
④ 선정적이고 폭력적인 내용을 담고 있기
⑤ 사회 문제에 대한 대중의 관심을 다른 곳으로 돌리기

18 25학년도 9월 평가원 16번

다음 두 사례에서 공통적으로 도출할 수 있는 대중문화의 기능으로 가장 적절한 것은?

> - 의료 지식, 법률 지식과 같이 오랜 기간 숙련을 통해 얻는 전문 지식은 소수의 특권이었다. 하지만 의무 교육의 확산과 TV, 인터넷을 통한 정보 공유로 대다수 사람이 응급 상황이나 법적 분쟁에 어느 정도 대처할 수 있게 되었다.
> - 과거에 골프는 상류층이 즐기는 스포츠라는 인식이 강했다. 하지만 산업화로 인해 대중의 경제적 수준이 높아지고, 스포츠 미디어의 활성화로 인해 골프가 대중에게 친숙해지면서 예전보다 많은 사람이 골프를 즐기게 되었다.

① 오락 및 여가의 기회를 제공하여 삶의 질을 높인다.
② 고급문화를 대중화하여 평균적인 문화 수준을 높인다.
③ 성숙한 시민 의식을 제고하여 사회의 다원화에 기여한다.
④ 소수에게 집중된 권력을 견제하여 민주주의를 발전시킨다.
⑤ 대중을 수동적인 문화 소비자에서 주체적 생산자로 만든다.

19 25학년도 수능 7번

다음 글에서 필자가 강조하는 현대 사회의 대중이 가져야 할 자세로 가장 적절한 것은?

> 급변하는 세상에서 사람들은 무한히 제공되는 정보를 모두 살펴볼 여유가 없다. 그로 인해 사회 이슈를 직관적으로 이해할 수 있게 가공한 콘텐츠들이 인기를 얻는다. 사람들은 가공된 콘텐츠를 소비할 때 자신이 정보를 찾고 스스로 생각해 판단한다고 느낀다. 하지만 해당 콘텐츠에는 제작자의 편향된 시각이 반영되어 있어 정보를 받아들이는 대중은 제작자의 시각에 동화된다. 이처럼 사유를 외주화하는 사람들이 많아지면 비슷한 생각을 가진 사람들이 폐쇄적 집단에 머물며 다른 생각을 가진 사람들을 배척하는 상황이 발생한다. 이는 다원화된 민주 사회의 형성을 어렵게 만든다. 디지털 기술이 정보의 소비 선택성과 생산 주체성을 높여 줄 수는 있지만 그 자체가 지성적인 대중을 만드는 것은 아니다. 개인은 지성적 사유의 주체가 되어야 한다.

① 정보 기기에 대한 과도한 의존을 경계한다.
② 정보를 비판적으로 분석하고 평가하는 능력을 함양한다.
③ 문화의 질적 저하 방지를 위해 지나친 상업성을 경계한다.
④ 문화의 다양성 제고를 위해 콘텐츠 생산에 적극적으로 참여한다.
⑤ 표현의 자유를 이유로 타인의 권리를 침해하지 않도록 유의한다.

01 17학년도 6월 평가원 10번

[정답과 해설 108page]

다음 자료에 대한 옳은 분석만을 〈보기〉에서 있는 대로 고르시오. [3점]

　　다음은 문화 변동의 요인을 (가)~(다)로 구분하고, 이를 통해 갑국과 을국의 문화 변동 사례를 분석한 자료이다. 갑국과 을국은 상호 교류 이외에 다른 제3의 국가와는 교류를 하지 않았다. 단, (가)~(다)는 각각 발명, 직접 전파, 자극 전파 중 하나이다.

〈문화 변동의 요인〉

구분	(가)	(나)	(다)
문화 변동의 외재적 요인인가?	아니요	예	예
타 문화로부터 아이디어를 얻어 새로운 문화 요소가 만들어졌는가?	아니요	예	아니요

〈갑국과 을국의 문화 변동〉

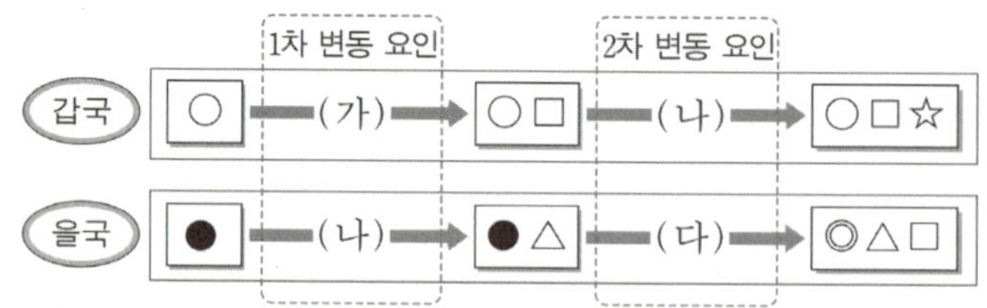

* ○, ●, □, △, ☆은 서로 다른 문화 요소를 의미함.
** ◎는 ○와 ●가 결합하여 나타난 제3의 문화 요소임.

── 〈보 기〉 ──

ㄱ. (가)는 발명, (나)는 직접 전파이다.
ㄴ. 을국에서는 (다)로 인한 문화 융합이 나타났다.
ㄷ. 갑국에서 창조된 문화 요소가 을국으로 전달되었다.
ㄹ. 을국은 1차, 2차 변동에서 모두 갑국의 영향을 받았다.

02 18학년도 6월 평가원 4번

자료를 통해 문화 변동 사례를 분석한 것으로 옳은 것은? (단, A~C는 각각 간접 전파, 자극 전파, 직접 전파 중 하나이고, (가)~(다)는 각각 문화 공존, 문화 동화, 문화 융합 중 하나이다.) [3점]

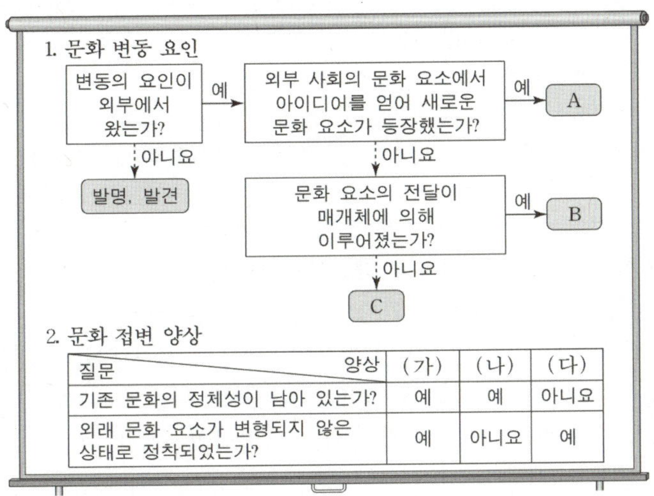

2. 문화 접변 양상

질문 \ 양상	(가)	(나)	(다)
기존 문화의 정체성이 남아 있는가?	예	예	아니요
외래 문화 요소가 변형되지 않은 상태로 정착되었는가?	예	아니요	예

① 다른 나라의 종교 교리와 체계를 응용하여 만든 신흥 종교가 기존 종교를 대체한 사례는 A에 의한 (가)에 해당한다.

② 새로운 정보 통신 기술을 개발하여 자국의 첨단 매체 발달에 기여한 사례는 B에 의한 (나)에 해당한다.

③ 케이팝(K-pop)의 인기로 외국인이 한국어를 배우러 한국에 와서 정착하는 사례는 B에 의한 (다)에 해당한다.

④ 자국을 식민 지배한 나라의 언어와 자국의 전통 언어를 공용어로 사용하는 사례는 C에 의한 (가)에 해당한다.

⑤ 이웃 나라의 특정 음료가 교역을 통해 들어와 자국민이 즐겨 마시는 음료 중 하나가 된 사례는 C에 의한 (나)에 해당한다.

다음 두 사례에 대한 공통적인 설명으로 가장 적절한 것은?

- 요즘 스마트 기기에 저장된 생체 정보, 신용 카드 정보 등을 통해 온·오프라인 상거래에서 간편 결제 서비스를 이용하는 사람들이 증가하고 있다. 그런데 간소화된 지불 절차를 악용하여 불필요한 결제를 유도하는 등 다른 사람에게 금전적 피해를 입히는 신종 범죄도 발생하고 있다.
- 최근 '먹방', '신제품 리뷰' 등 다양하고 유용한 정보를 제공하여 수익을 창출하는 1인 방송이 늘어나고 있다. 그런데 누구나 쉽게 제작하여 경제적 이익을 얻을 수 있다는 점을 악용하여 선정적이고 폭력적인 콘텐츠가 그대로 방송되는 부작용도 발생하고 있다.

① 물질문화의 발명으로 인해 세대 간 갈등이 증가하였음을 보여준다.
② 지배적인 문화의 질적 저하로 인해 반문화가 확산되었음을 보여준다.
③ 문화 요소 간 변동 속도의 차이로 인해 병리적인 현상이 나타났음을 보여준다.
④ 대중문화의 확산으로 인해 문화의 상업화와 획일화가 심화되었음을 보여준다.
⑤ 정보 통신 기술의 발달로 인해 하위문화가 전체 문화로 변화되었음을 보여준다.

표는 문화 접변의 결과 A, B를 비교한 것이다. 이에 대한 설명으로 옳은 것은? [3점]

구분	A	B
의미	(가)	한 사회의 문화가 다른 사회의 문화로 흡수되어 정체성을 상실하는 현상
사례	온돌을 사용하던 우리나라의 난방 방식과 서양식 주거 문화의 실용적 요소가 접목되어 바닥 난방식 아파트가 만들어짐	(나)

① A는 B와 달리 외래 문화의 유입에도 기존 문화의 정체성이 유지된다.
② A와 B의 구분 기준은 '외래 문화의 강제적 이식 여부'이다.
③ A, B 모두 외래 문화가 변형되지 않은 상태로 남아 있다.
④ (가)에는 '서로 다른 문화가 한 문화 체계 안에서 나란히 존재하는 현상'이 들어갈 수 있다.
⑤ (나)에는 '우리나라에 고추가 유입되어 백김치 대신 빨간 김치가 보편화됨'이 들어갈 수 있다.

(가), (나)에 나타난 문화 변동에 대한 분석으로 가장 적절한 것은?

> (가) '크루아상(croissant)'은 원래 오스트리아에서 먹기 시작한 빵이다. 이슬람 국가인 오스만 제국의 공격을 막아 낸 오스트리아인들이 적국에게 모욕감을 주려고 이슬람 상징인 초승달 모양의 빵을 만들어 먹은 데서 유래했다고 한다. 이후 프랑스 왕세자와 혼인한 오스트리아의 공주 마리 앙투아네트가 자국의 제빵사를 데려오면서 이 빵이 프랑스에 널리 전해졌다.
>
> (나) 베트남 음식인 '바인 미(bánh mì)'는 프랑스의 식민지 시절에 전래된 프랑스 빵 바게트에서 유래하였다. 처음 베트남인들은 바게트를 고급 음식으로 여겨 연유에 찍어 먹었다. 이것이 이후에 '바인 미'로 불리게 되었고, 바게트에 베트남 고유의 음식으로 속을 채워 먹기 시작하면서 지금과 같은 새로운 형태의 대중적인 먹거리로 변화하였다.

① (가)에는 문화 동화의 사례가 나타나 있다.
② (나)에는 문화 융합의 사례가 나타나 있다.
③ (가)에는 (나)와 달리 간접 전파의 사례가 나타나 있다.
④ (나)에는 (가)와 달리 자극 전파의 사례가 나타나 있다.
⑤ (가), (나)에는 모두 강제적 문화 접변의 사례가 나타나 있다.

(가), (나)에 나타난 문화 변동에 대한 분석으로 가장 적절한 것은?

> (가) 일본에서 '완탕'으로 불리는, 만둣국의 일종인 '완당'은 일본에서 조리법을 배운 요리사에 의해 우리나라에 전해져 인기를 얻고 있다. 일본식 완탕은 닭고기를 사용하여 육수를 내지만, 완당은 우리나라 사람들의 입맛에 맞게 국수처럼 멸치와 다시마로 육수를 내고 피가 일본식보다 훨씬 얇은 것이 특징이다.
>
> (나) 영국에서 일본으로 전래된 카레 가루는 인도의 '카리'가 기원이다. 식민지 인도를 통치했던 총독 일행이 영국으로 가져간 카리가 영국인의 입맛에 맞게 변형되어 일본에 전래되었다. 카레가 일본에서 인기를 얻으면서 카레 우동, 가츠 카레(카레 돈가스) 등 다양한 음식이 등장하였고, 기존의 우동, 돈가스와 함께 큰 사랑을 받고 있다.

① (가)에는 간접 전파로 인한 문화 변동의 사례가 나타나 있다.
② (나)에는 강제적 문화 접변의 사례가 나타나 있다.
③ (가)에는 (나)와 달리 문화 공존의 사례가 나타나 있다.
④ (나)에는 (가)와 달리 문화 동화의 사례가 나타나 있다.
⑤ (가), (나)에는 모두 문화 융합의 사례가 나타나 있다.

07 21학년도 수능 16번

[정답과 해설 112page]

A~C국에서 나타난 문화 변동에 대한 설명으로 옳은 것은? [3점]

- 식사 도구로 수저를 사용하던 A 국에서는 나이프와 포크를 사용하는 이웃 나라 사람들과 교류하면서 나이프와 포크도 식사 도구로 사용하였다.
- B 국의 군인들은 야외 훈련 중 철제 투구를 이용하여 음식을 끓여 먹었던 경험에서 아이디어를 얻어 새로운 형태의 냄비를 만들어 조리 도구로 사용하였다.
- C 국 사람들은 자신들을 식민 통치하였던 외국인들이 즐겨 먹던 통조림 고기를 자국의 전통 요리에 접목하여 만든 새로운 음식을 즐기게 되었다.

① A 국에서는 문화 병존이, B, C 국에서는 문화 융합이 나타났다.
② A, C 국에서는 직접 전파가, B 국에서는 자극 전파가 나타났다.
③ A, B 국에서는 자발적 문화 접변이, C 국에서는 강제적 문화 접변이 나타났다.
④ A, B 국은 C 국과 달리 문화 변동 과정에서 자기 문화의 정체성을 유지하였다.
⑤ A, C 국에서는 B 국과 달리 외래 문화와의 접촉으로 새로운 문화 요소가 나타났다.

08 22학년도 6월 평가원 6번

[정답과 해설 113page]

다음 자료에 대한 분석으로 옳은 것은? [3점]

표는 갑국과 을국에서 발생한 문화 변동을 나타낸 것이다. 1차 문화 변동 시기에는 내재적 변동만, 2차 문화 변동 시기에는 갑국과 을국 간 문화 접변만 있었다. (가)~(라)는 각각 발견, 발명, 직접 전파, 자극 전파 중 하나이며, (가)와 (다)는 각각 새로운 문화 요소를 창조하는 요인이다.

〈갑국과 을국의 문화 변동〉

구분	변동 전 문화 요소	1차 문화 변동		2차 문화 변동	
		변동 요인	추가된 문화 요소	변동 요인	추가된 문화 요소
갑국	a	(가)	c	(다)	e
을국	b	(나)	d	(라)	a, c

 * a~e는 서로 다른 문화 요소를 의미하며, 이외에 다른 문화 요소는 존재하지 않는다.
 ** 제시된 문화 변동 이외에 다른 문화 변동은 없었으며, 문화 요소의 소멸도 없었다.

① (가)는 발견, (다)는 자극 전파이다.
② (나)는 (라)와 달리 을국의 문화 요소를 다양하게 하는 요인이다.
③ 2차 문화 변동 결과, 을국에서는 문화 병존이 나타났다.
④ 을국은 매개체를 통해 갑국의 문화 요소를 전달받았다.
⑤ 2차 문화 변동 결과, 갑국과 을국에 공통으로 존재하는 문화 요소는 3개이다.

다음 사례에 나타난 문화 변동에 대한 설명으로 옳은 것은? [3점]

> • 갑국 사람들은 A 국의 요리사 이야기를 다룬 영화를 보고, 영화에서 그 요리사가 만든 방법 그대로 A 국의 전통 옥수수빵을 따라 만들어 일상에서 즐기게 되었다.
> • 을국 사람들은 무역을 하면서 만난 B 국 사람들이 B 국의 전통에 따라 음식을 만들 때 앞치마를 두르는 것에 아이디어를 얻어, 냅킨 등 청결 유지를 위한 다양한 용품을 만들어 사용하면서 독특한 식사 문화를 갖게 되었다.
> • 병국 사람들은 이웃 주민인 C 국 이민자들이 C 국의 전통적 농기구인 호미를 들여와 사용하는 것을 보고, 온라인 유통망을 통해 호미를 구매하여 정원을 가꾸는 데 적극적으로 사용하게 되었다.

① 갑국에서는 발명으로 인한 문화 변동이 발생하였다.
② 을국에서는 매개체를 통해 타문화의 문화 요소가 전파되었다.
③ 병국에서는 서로 다른 문화의 구성원 간 접촉을 통해 문화 요소가 전파되었다.
④ 갑국에서는 내재적 요인, 을국과 병국에서는 외재적 요인에 의한 문화 변동이 발생하였다.
⑤ 갑국에서는 직접 전파, 을국에서는 자극 전파, 병국에서는 간접 전파가 나타났다.

A ~ C 국에 나타난 문화 변동에 대한 설명으로 옳은 것은?

> A 국은 전쟁에 필요한 군량을 보관하기 위해 조리한 음식을 뜨거운 물로 살균한 유리병에 넣은 병조림을 만들었다. 전쟁 중에 B 국은 A 국의 병조림에서 아이디어를 얻어 철제 통조림을 개발하였다. 한편 B 국에서 유학하고 돌아온 C 국의 한 발명가가 철제 통조림 뚜껑을 안전하게 분리하는 따개를 개발하였다. 훗날 C 국의 기업이 통조림 뚜껑을 쉽게 열 수 있는 원터치 캔을 개발하고 A 국과 B 국 현지 공장에서 상품을 생산하여 판매하였다. 이후, 세 나라 모두 원터치 캔을 일상적으로 사용하였다.

① A 국에서는 직접 전파에 의한 문화 변동이 나타났다.
② B 국에서는 강제적 문화 접변이 나타났다.
③ C 국에서는 간접 전파에 의한 문화 변동이 나타났다.
④ A 국에서는 B, C 국과 달리 내재적 요인에 의한 문화 변동이 나타났다.
⑤ A, B 국에서는 C 국과 달리 자극 전파가 나타났다.

그림은 문화 변동의 요인을 분류한 것이다. A~D에 대한 설명으로 옳은 것은? (단, A~D는 각각 발명, 발견, 직접 전파, 자극 전파 중 하나임.) [3점]

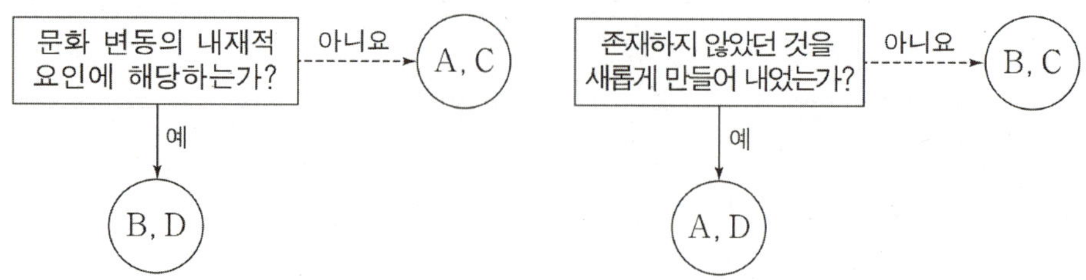

① 난민으로 유입된 타국 사람들의 고유한 놀이를 자국 국민들이 배워 즐기게 된 사례는 A에 해당한다.
② 자국의 전통 음료에 전통 식재료를 가미하여 새로운 음료를 만든 사례는 B에 해당한다.
③ 외국에서 유행하는 새로운 춤이 인터넷을 통해 자국으로 확산된 사례는 C에 해당한다.
④ D로 나타난 문화 요소가 C로 인해 타국에서 B를 발생시키면, 이는 A에 해당한다.
⑤ A~D는 모두 한 사회에 새로운 문화 요소를 추가하는 요인으로 작용한다.

(가), (나)에 나타난 문화 변동에 대한 설명으로 옳은 것은? [3점]

(가) 대중교통 요금 지불 시 현금만 이용하던 갑국은 을국이 개발한 전자 교통 카드 시스템을 배우고자 을국의 기술자들을 초빙하였다. 갑국은 이들을 통해 을국의 시스템을 도입하였다. 이후 갑국에서는 전자 교통 카드도 대중교통 요금 지불 수단으로 널리 사용되고 있다.

(나) 병국이 정국을 지배하게 되면서 정국에서는 병국 언어 대신 정국 언어를 쓰자는 민족주의 운동이 일어났다. 이에 병국은 공권력을 동원하여 관공서는 물론 일상에서도 병국 언어만 쓰도록 강제하였고, 그 결과 정국에서 정국 사람들은 병국 언어만 쓰게 되었다.

① (가)에서는 직접 전파에 의한 문화 병존이 나타났다.
② (나)에서는 강제적 문화 접변에 따른 문화 융합이 나타났다.
③ (가)에서는 (나)에서와 달리 외재적 요인에 의한 문화 변동이 나타났다.
④ (나)에서는 (가)에서와 달리 사회 구성원이 새로운 문화를 공유하게 되었다.
⑤ (가)와 (나)에서는 모두 자문화의 정체성이 상실되었다.

13 24학년도 6월 평가원 19번

다음 자료에 대한 설명으로 옳은 것은? [3점]

<문화 변동 사례>

(가) A국을 대표하는 ○○음악은 전통적으로 내려오던 멜로디와 악기에서 출발하였다. 이후 이민자에 의해 들어 온 다양한 음악과 악기를 받아들여 고유한 요소와 외래적 요소가 함께 어우러진 독특한 음악으로 재탄생한 것이 오늘날의 ○○음악이다.

(나) □□족은 B국의 지배를 받게 되면서 거주지가 재배치되었고, 심지어 아이들은 B국 사람들의 가정에 입양되어 B국의 언어와 복식을 따라야만 했다. 이로 인해 □□족의 고유한 문화는 소멸되었다.

교사 : 문화 변동 사례를 읽고 탐구한 내용을 발표해 보세요.

갑 : (가)와 (나)는 모두 외재적 요인에 의한 문화 변동의 사례로 볼 수 있습니다.

을 : (나)에서는 (가)와 달리 기존의 문화와 외래문화가 결합하여 새로운 문화가 나타났습니다.

병 :   ○

교사 : 세 사람 중 두 사람만 옳게 발표했네요.

① (가)의 문화 변동 요인은 자극 전파이다.

② (가)에서는 (나)와 달리 자문화의 정체성이 상실되었다.

③ (나)에서는 (가)와 달리 문화 다양성이 증대되었다.

④ (나)에서는 (가)와 달리 강제적 문화 접변이 나타났다.

⑤ ㉠에는 '(나)의 문화 변동 요인은 간접 전파입니다.'가 들어갈 수 있다.

다음 사례에 나타난 문화 변동에 대한 설명으로 옳은 것은? [3점]

> A국 영화인들은 영화 산업이 발달한 B국 영화인에게 영화 제작 기법 및 특수 효과 기술을 배워 왔다. 그 후 A국에서 자국의 전통적 정서와 B국의 특수 효과 기술이 섞인 새로운 영화 장르가 탄생했다. 한편, B국 어업인들이 조업 활동 중 C국 어업인이 끓여 준 라면을 먹게 되면서 B국에 C국 라면이 처음 전해졌다. 이후 B국 요리사가 C국 라면에 자국의 전통 소스를 가미해 국물이 없는 비빔 라면을 개발하였다. B국의 비빔 라면 조리 방식은 인터넷을 통해 C국 젊은이들에게까지 확산되었다.

① A국에서는 B국과 달리 문화 융합이 나타났다.
② B국에서는 A국과 달리 문화 접변이 나타났다.
③ B국에서는 C국과 달리 문화 공존이 나타났다.
④ A국에서는 직접 전파, B국에서는 간접 전파가 나타났다.
⑤ A국~C국에서는 모두 물질 문화의 전파가 나타났다.

다음 자료에 대한 설명으로 옳은 것은? [3점]

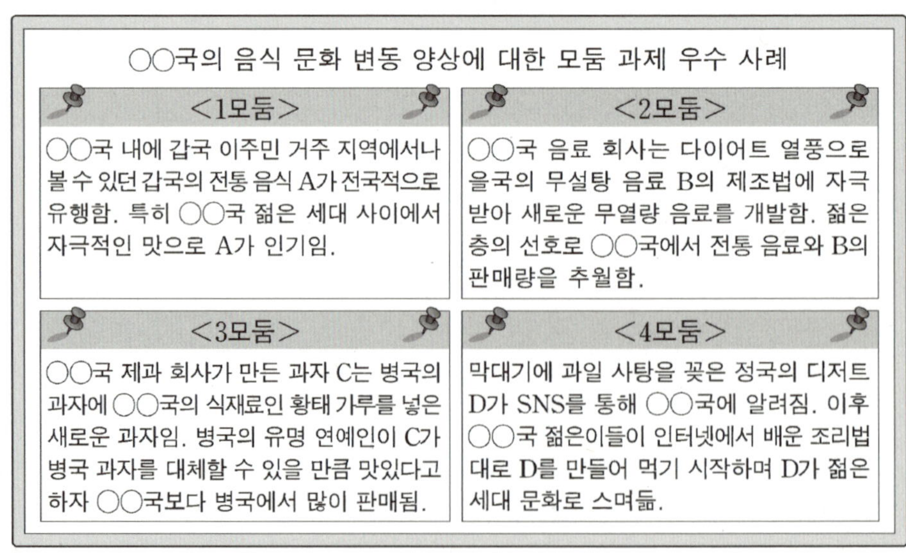

① 1모둠과 2모둠이 작성한 내용에 모두 문화 공존이 나타난다.
② 3모둠과 4모둠이 작성한 내용에 모두 문화 융합이 나타난다.
③ 1모둠이 작성한 내용에 발명이, 2모둠이 작성한 내용에 직접 전파가 나타난다.
④ 3모둠이 작성한 내용에 문화 동화가, 4모둠이 작성한 내용에 간접 전파가 나타난다.
⑤ 1모둠과 2모둠이 작성한 내용에 모두 자극 전파가, 3모둠과 4모둠이 작성한 내용에 모두 자발적 문화 접변이 나타난다.

16 25학년도 6월 평가원 12번

밑줄 친 ㉠~㉫에 대한 설명으로 옳은 것은? [3점]

> 마테차는 세계인이 즐겨 마시는 음료이다. 과거 남미의 과라니족은 인근 밀림에서 자생하는 ㉠마테잎을 채집하여 ㉡즙 형태의 차로 마시는 방법을 개발하였다. 식민 시기 이래 남미 남부 지역에 ㉢새로운 종교를 들여온 선교사를 비롯한 유럽인들은 ㉣과라니족의 종교와 문화가 유럽에 비해 뒤떨어진 것이라는 생각에 마테잎을 '악마의 풀'이라고 부르며 천시하였다. 하지만 이후 ㉤마테잎의 효능이 알려지자 마테차를 안 마시던 유럽인들도 마시기 시작하면서 남미 남부 지역을 중심으로 재배지가 확산되었다. 오늘날 일부 학자는 이 지역 ㉫여러 나라의 마테차 문화에 나타나는 유사성과 차이점을 분석하여 문화의 보편성과 특수성을 이해하는 연구를 수행하고 있다.

① ㉠은 발명, ㉡은 발견에 해당한다.
② ㉢은 간접 전파에 해당한다.
③ ㉣은 유럽인들의 문화 상대주의적 태도를 보여 준다.
④ ㉤은 강제적 문화 접변에 해당한다.
⑤ ㉫에는 문화를 바라보는 비교론적 관점이 나타난다.

17 25학년도 9월 평가원 18번

(가), (나)에 대한 설명으로 옳은 것은?

> (가) 갑국에는 400여 종의 지역 전통주가 있었다. 갑국을 지배하게 된 을국은 막대한 이익을 창출하고자 갑국의 전통주 제조를 금지하는 법을 제정하고 자국의 재료를 들여와 직접 술을 제조하여 판매하였다. 을국으로부터 독립한 현재까지도 갑국의 전통주는 문헌에만 존재하고 있다.
>
> (나) 병국 근로자들은 추운 날씨에 밖에서 일할 때 몸을 따뜻하게 해주는 용도로 전통주를 즐겨 마셨다. 병국으로 대거 귀화한 정국의 근로자들이 최근 이 전통주에 자신들이 정국에서 들여온 약재를 섞어 마시기 시작했고, 효능이 알려지자 병국의 주류 회사가 이 술을 '○○ 약주'라는 이름으로 특허를 내 상품을 판매했다.

① (가)에서는 강제적 문화 접변의 결과로 문화 융합이 나타났다.
② (나)에서는 발명에 의한 문화 변동이 나타났다.
③ (가)와 달리 (나)에서는 자극 전파에 의한 문화 변동이 나타났다.
④ (나)와 달리 (가)에서는 문화의 정체성이 상실되는 문화 변동이 나타나지 않았다.
⑤ (가)와 (나)에서는 모두 직접 전파에 의한 문화 변동이 나타났다.

다음 자료에 대한 설명으로 옳은 것은?

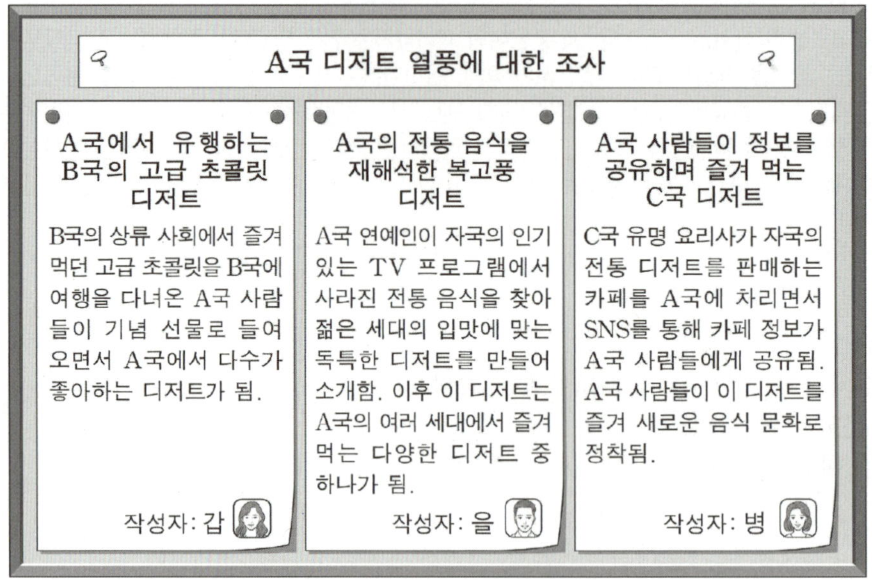

① 갑이 작성한 내용에는 문화 동화가 나타난다.
② 을이 작성한 내용에는 자발적 문화 접변이 나타난다.
③ 병이 작성한 내용에는 직접 전파가 나타난다.
④ 갑과 달리 을, 병이 작성한 내용에는 문화 공존이 나타난다.
⑤ 갑, 을과 달리 병이 작성한 내용에는 문화 융합이 나타난다.

01 14학년도 6월 평가원 13번

[정답과 해설 121page]

(가), (나)는 사회 계층화 현상을 보는 두 관점이다. 이에 대한 옳은 설명만을 〈보기〉에서 있는 대로 고르시오.
[3점]

질문 항목	답변	
	(가)	(나)
차등적인 보상이 사회 유지를 위해 필요하다고 보는가?	아니요	예
사회적 희소 가치의 배분이 불공정하다고 보는가?	예	아니요
A	예	아니요

〈보 기〉

ㄱ. A에 들어갈 질문으로 '직업의 중요성이 사회 전체의 필요에 의해서 결정된다고 보는가?'가 적절하다.
ㄴ. (가)는 (나)와 달리 사회 계층화 현상을 불가피한 것으로 본다.
ㄷ. (가)는 (나)와 달리 사회가 기득권층의 지배를 바탕으로 유지된다고 본다.
ㄹ. (나)는 (가)와 달리 사회 계층화 현상의 긍정적 기능을 강조한다.

02 15학년도 6월 평가원 11번

[정답과 해설 121page]

사회 불평등 현상을 보는 관점 A, B에 대한 설명으로 옳은 것은? [3점]

구분	관점 A	관점 B
사회 불평등 현상의 발생 원인은 무엇인가?	사회적 역할의 중요도에 따른 보상의 차등 분배	(가)
희소가치의 배분 방식은 어떻게 결정되는가?	(나)	권력 유지를 위한 기득권 집단의 결정

① A는 사회 불평등 현상이 지배와 피지배 관계에서 비롯된다고 본다.
② B는 사회 불평등 현상을 불가피한 것으로 본다.
③ A는 B와 달리 개인의 성취동기가 지위 변동에 미치는 영향력을 간과한다는 한계가 있다.
④ (가)에는 '개인의 능력 차이에 따른 보상의 차등 분배'가 적절하다.
⑤ (나)에는 '사회의 효율적 운영을 위한 사회 구성원의 합의'가 적절하다.

03 21학년도 9월 평가원 11번
[정답과 해설 122page]

다음 글에 나타난 사회 불평등 현상을 보는 관점에 대한 옳은 설명만을 〈보기〉에서 있는 대로 고르시오.

> 개인의 소득은 개인의 생산성에 의해 결정되고 그 생산성은 기술의 숙련 여부에 의해 결정된다. 기술의 숙련은 교육이나 훈련과 같이 사람들이 자신의 인적 자본에 얼마나 많은 투자를 하였는지에 따라 결정된다. 기술의 숙련과 같이 사회가 요구하는 능력을 갖추는 데 게을리한 사람들이나, 구성원들에게 이러한 능력을 갖추도록 동기를 부여하지 못하는 사회는 실업 및 빈곤 문제에 직면하게 될 것이다.

〈보 기〉

ㄱ. 개인의 가정 배경이 사회 불평등에 미치는 영향력을 중시한다.
ㄴ. 직업 유형 간 사회적 중요도의 우위를 객관적으로 평가하기 어렵다는 지적을 받는다.
ㄷ. 사회 불평등 현상이 개인의 성취동기를 감소시킬 수 있음을 간과한다는 비판을 받는다.
ㄹ. 사회적으로 사용 가능한 자원이 제한되어 있기 때문에 사회 불평등 현상이 존재한다는 사실을 간과한다.

04 25학년도 6월 평가원 18번
[정답과 해설 122page]

다음 글에서 도출할 수 있는 사회 불평등 현상을 바라보는 필자의 관점에 대한 옳은 설명만을 〈보기〉에서 있는 대로 고르시오. [3점]

> 임금 노동자들은 많이 일하면서도 최소한의 임금을 받는다. 하지만 이것은 최저 임금이 아닌 평균 임금이라고 규정되고, 부당한 임금 구조는 은폐된다. 이러한 구조를 유지하기 위해 자본가들은 국가를 통해 법을 제정하고 교육을 관리한다. 이 과정에서 사람들은 사회가 질서 정연하게 유지되고, 각자의 기능과 역할에 따라 부가 공정하게 분배된다고 믿게 된다.

〈보 기〉

ㄱ. 사회 불평등을 부당하고 해결해야 할 현상으로 본다.
ㄴ. 균등 분배가 인재의 적재적소 배치에 어려움을 야기한다고 본다.
ㄷ. 사회 제도를 지배와 피지배 관계의 재생산을 위한 수단으로 본다.
ㄹ. 사회적 희소가치의 배분 기준이 사회적으로 합의된 것이라고 본다.

05 18학년도 6월 평가원 17번

[정답과 해설 123page]

다음은 사회 불평등 현상을 설명하는 이론이다. 이에 대한 옳은 설명만을 〈보기〉에서 있는 대로 고르시오.

> 생산 수단의 '소유'와 '소유의 결여'가 계급의 위치를 결정하는 기본적 요인임을 인정한다. 하지만 노동 시장에서 능력의 차이를 초래하는 소유의 종류나 기술, 신용, 자격 등도 계급 분화에 영향을 준다. 또한 개인이 다른 사람으로부터 받는 존경이나 개인이 누리는 명예, 위신에 의한 지위 집단 등도 사회 불평등 현상의 또 다른 차원으로 작동한다.

〈보 기〉

ㄱ. 중간 계급의 존재를 부정한다.
ㄴ. 경제적 위치에 따른 집단 내 연대 의식을 강조한다.
ㄷ. 사회 불평등에서 위계를 결정하는 기준이 다원적이다.
ㄹ. 사회 불평등 현상을 연속선 상에 서열화된 것으로 본다.

06 18학년도 수능 6번

[정답과 해설 123page]

밑줄 친 'A이론'에 대한 옳은 설명만을 〈보기〉에서 있는 대로 고르시오.

> 사회 불평등 현상을 설명하는 A이론은 생산 수단의 소유 여부와 더불어 소득이나 부의 크기도 계급을 결정하는 요인으로 본다. 그러나 소득이나 부의 크기는 계급 관계의 산물일 뿐, 계급을 구분하는 요인은 아니다. 또한 A이론에서 사회 불평등을 구성하는 요인으로 보는 지위나 파당도 기본적으로 계급 관계에 의해 규정될 뿐이며, 그 자체로는 독자적인 기원을 가지지 못한다.

〈보 기〉

ㄱ. 지위 불일치 가능성을 인정한다.
ㄴ. 다차원적 측면에서 사회 불평등 현상을 파악한다.
ㄷ. 동일 집단 구성원 간의 강한 연대 의식을 강조한다.
ㄹ. 사회 불평등 현상을 불연속적으로 구분되어 있는 상태로 본다.

다음은 사회 불평등 현상을 설명하는 이론 A, B에 따라 갑~정을 분류한 것이다. 이에 대한 옳은 분석만을 〈보기〉에서 있는 대로 고르시오.

〈A에 따른 구분〉

구분 기준	자본가	노동자
생산 수단	갑, 을	병, 정

〈B에 따른 구분〉

구분	상층	중층	하층
재산	을	갑	병, 정
위신	을	갑, 병, 정	—
권력	을	갑, 병	정

〈보 기〉

ㄱ. A는 B와 달리 사회 불평등 현상을 불연속적으로 구분되어 있는 상태로 본다.

ㄴ. A, B는 모두 경제적 요소를 사회 불평등의 요인으로 본다.

ㄷ. 갑은 정과 달리 지위 불일치 현상을 설명하기에 적절한 사례이다.

ㄹ. 갑과 병은 계급의식을 공유하고, 을과 정 간에는 적대감이 존재한다.

다음은 사회 불평등 현상을 설명하는 이론 A, B를 기준으로 갑~무를 조사한 자료이다. 이에 대한 분석으로 옳은 것은? (단, A, B는 각각 계급 이론, 계층 이론 중 하나이다.) [3점]

〈A에 따른 조사 자료〉

구분	갑	을	병	정	무
생산 수단 소유 여부	미소유	미소유	소유	미소유	소유

〈B에 따른 조사 자료〉

구분	갑	을	병	정	무
재산 정도	상	하	상	중	상
위신 정도	중	하	상	하	하
권력 정도	상	하	상	하	상

① 계급 이론에 따르면 을, 정은 서로 다른 계급으로 구분된다.

② 계층 이론에 따르면 을, 병 간 권력 정도의 차이는 재산 정도의 차이에 의해 결정된다.

③ 갑, 병, 무는 공통의 계급적 연대 의식을 공유한다.

④ 계층적 위치에서 사회적 측면과 정치적 측면 간 지위 불일치가 나타나는 사람은 2명이다.

⑤ B는 A와 달리 사회 불평등 현상을 이분법적으로 파악한다.

01 22학년도 6월 평가원 19번

[정답과 해설 125page]

다음 자료의 A~D에 대한 설명으로 옳은 것은?

인권 다큐멘터리 영화제 주요 작품 소개

A : 갑국에서 대다수의 어린 여자 아이들이 단지 여자라는 이유만으로 취학을 하지 못하는 실상을 추적한 작품

B : 을국 정부에게 고용 안정과 처우 개선을 요구하는 비정규직 노동자들의 목소리를 담은 작품

C : 병국의 지배 세력에게 억압과 착취를 당하는 병국 내 소수 민족의 아픔을 표현한 작품

D : 정국에서 새로운 정보 기기를 잘 다루지 못하는 노인들이 겪고 있는 여러 가지 어려움을 취재한 작품

① A는 B와 달리 인간의 선천적 요인으로 인한 차별을 다룬 작품이다.

② B는 C와 달리 구성원 수의 많고 적음에 따라 규정되는 사회적 소수자를 다룬 작품이다.

③ C는 D와 달리 연령대에 따라 처우가 달라지는 차별을 다룬 작품이다.

④ D는 A와 달리 적극적 우대 조치로 인해 역차별을 받는 집단을 다룬 작품이다.

⑤ A와 C는 사회적 소수자에 대한 차별 사례를, B와 D는 해당 사회 주류 집단에 대한 우대 사례를 다룬 작품이다.

02 22학년도 9월 평가원 17번

[정답과 해설 125page]

다음 글의 필자가 강조하는 사회적 소수자에 대한 차별의 발생 원인으로 가장 적절한 것은? [3점]

> 사람들 중에는 종교, 문화, 관습, 외양 등에서 주류 집단과 차이를 보이는 이들이 있다. 이들에 대해 다름을 인정하지 않으면서, 이들을 사회 질서를 위협하는 존재로 여겨 배척하고 사회적으로 차별하기도 한다. 하지만 다른 것은 틀린 것이 아니며, 차이는 차별의 근거가 될 수 없다. 다름의 경계를 만들어 경계 안의 '우리'가 경계 바깥의 '그들'을 배척하고 차별한다면, 사회적 갈등만 발생시켜 사회 발전에는 전혀 도움이 되지 않는다.

① 사회적 소수자가 수적으로 열세이기 때문이다.

② 사회적 소수자를 규정하는 기준이 시대와 장소에 따라 달라지기 때문이다.

③ 주류 집단이 사회적 소수자를 문제가 있는 집단이라고 규정하는 태도 때문이다.

④ 사회적 소수자는 주류 집단에 비해 경제적 자원 획득에 불리한 위치에 있기 때문이다.

⑤ 사회적 소수자 스스로가 주류 집단과 구별되는 신체적 또는 문화적 특징을 가졌다고 인식하기 때문이다.

사회적 소수자와 관련한 현상 A ~ E에 대한 설명으로 옳은 것은?

A : 갑국에서 인구 비중이 90%를 넘는 흑인은 경제, 사회, 정치 등 대부분의 영역에서 종속적인 위치에 처해 있다.

B : 노인은 일반적으로 노동 생산성이 낮을 것이라는 편견으로 인해 고용상의 차별을 받기도 한다.

C : 소수 민족 구성원이기만 한 사람보다 소수 민족 구성원이면서 장애가 있는 사람이 사회적 차별을 더 많이 받기도 한다.

D : 최근에는 비정규직 노동자, 이주 노동자, 북한 이탈 주민 등 다양한 유형의 사회적 소수자가 등장하고 있다.

E : 을국에서 을국 국교를 믿는 사람이 병국에서는 그 종교를 믿는다는 이유로 사회적 소수자가 되기도 한다.

---

① A는 사회적 소수자가 권력의 열세가 아닌 수적 열세라는 특성에 의해 규정된다는 점을 보여준다.

② B는 사회적 소수자에 대한 우대 정책이 역차별을 낳을 수 있음을 보여준다.

③ C는 한 개인이 여러 사회적 소수자 집단에 중첩되어 속할 수 있음을 보여준다.

④ D는 사회적 소수자가 후천적인 요인보다 생득적인 요인으로 결정됨을 보여준다.

⑤ E는 사회적 소수자에 대한 규정이 가변적이지 않고 고정적임을 보여준다.

사회적 소수자 A ~ E에 대한 설명으로 옳은 것은?

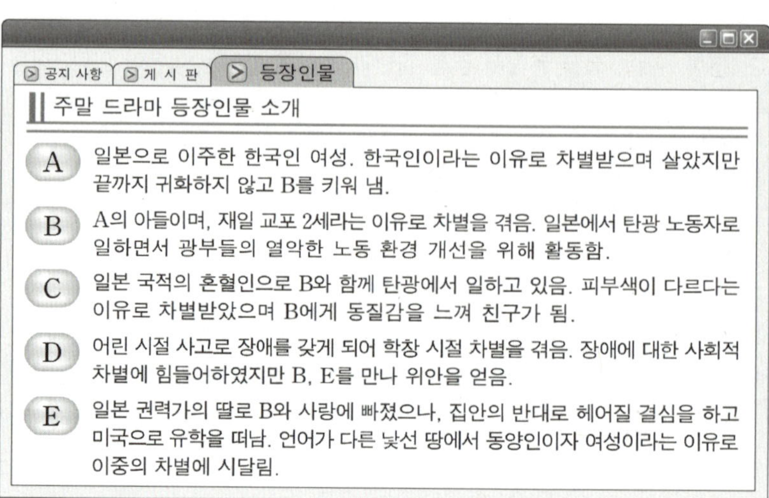

주말 드라마 등장인물 소개

A : 일본으로 이주한 한국인 여성. 한국인이라는 이유로 차별받으며 살았지만 끝까지 귀화하지 않고 B를 키워 냄.

B : A의 아들이며, 재일 교포 2세라는 이유로 차별을 겪음. 일본에서 탄광 노동자로 일하면서 광부들의 열악한 노동 환경 개선을 위해 활동함.

C : 일본 국적의 혼혈인으로 B와 함께 탄광에서 일하고 있음. 피부색이 다르다는 이유로 차별받았으며 B에게 동질감을 느껴 친구가 됨.

D : 어린 시절 사고로 장애를 갖게 되어 학창 시절 차별을 겪음. 장애에 대한 사회적 차별에 힘들어하였지만 B, E를 만나 위안을 얻음.

E : 일본 권력가의 딸로 B와 사랑에 빠졌으나, 집안의 반대로 헤어질 결심을 하고 미국으로 유학을 떠남. 언어가 다른 낯선 땅에서 동양인이자 여성이라는 이유로 이중의 차별에 시달림.

① A는 B와 달리 역차별을 받았다.

② B는 C와 달리 수적인 열세로 인해 차별을 받았다.

③ C는 D와 달리 선천적 요인으로 인해 차별을 받았다.

④ D는 E와 달리 주류 집단과 구별되는 문화적 차이로 인해 차별을 받았다.

⑤ E는 A와 달리 국적이 주류 집단과 다르다는 이유로 차별을 받았다.

다음 자료의 A ~ E에 대한 설명으로 옳은 것은? [3점]

> A는 전쟁을 피해 홀로 이주해 온 어머니 B와 어린 시절 사고로 시각 장애인이 된 아버지 C 사이에서 태어났다. B는 여성이라는 이유로 취업이 힘들었고 C도 장애인이라는 이유로 차별을 받았다. 그런데 시각 장애인만 안마사가 될 수 있도록 한 제도가 도입되어 C는 안마사로 일하게 되었다. 같은 시기 안마사가 되고 싶어 했던 비장애인 D가 이 제도에 대해 국가 기관에 문제를 제기하면서 시각 장애인에 대한 사회적 관심이 높아졌다. 이를 지켜보던 A는 시각 장애인을 대변하는 법조인이 되어야겠다고 다짐했다. 이후 A는 법을 공부하러 갑국에 유학을 갔고 그곳에서 외국인이자 여성이라는 이유로 부당한 대우를 받게 되자, 난민 여성으로 차별받았던 B의 아픔을 이해하게 되었다. A는 유학 생활을 마치고 귀국하여 법률 회사에 입사하였다. 그리고 장애인 의무 고용 제도의 요건을 충족하여 입사한 E와 함께 사회적 소수자 인권 보호를 위한 법 개정을 위해 노력하고 있다.

① A는 B와 달리 한 개인이 여러 사회적 소수자 집단에 중첩되어 속할 수 있음을 보여 주는 사례이다.
② B는 C와 달리 후천적 요인으로 인해 차별을 받았다.
③ D는 E와 달리 주류 집단이 아니라는 이유로 차별을 받았다.
④ A와 D는 사회적 소수자에 대한 차별을 제도적으로 해결하고자 하였다.
⑤ C와 E는 사회적 소수자의 불리한 위치를 개선하기 위한 정책의 적용을 받았다.

다음 두 사례에서 공통적으로 도출할 수 있는 결론으로 가장 적절한 것은?

> ◦ 갑국에서 외국인 근로자는 전체 인구의 약 10%에 해당한다. 이들을 대상으로 일상생활에서 차별받은 경험 여부를 조사했더니 대다수가 갑국 사회에서 차별받은 경험이 있다고 응답했다. 또한 내국인의 경우처럼 남성보다 여성이 더 심한 차별을 받는 것으로 나타났다.
> ◦ 을국은 A 민족과 B 민족으로 구성되어 있는데, B 민족이 전체 인구의 70% 정도임에도 정치·경제의 대부분을 장악한 A 민족으로부터 차별을 받는다. 한편 을국에서는 종교에 따른 차별도 존재하는데, B 민족의 경우 국교가 아닌 타 종교를 믿는 사람들은 더 심한 차별을 받고 있다.

① 수적으로 열세이기 때문에 사회적 소수자가 된다.
② 사회적 소수자에 대한 우대 정책이 역차별을 낳을 수 있다.
③ 한 개인이 여러 사회적 소수자 집단에 중첩되어 속할 수 있다.
④ 사회적 소수자를 규정하는 기준은 가변적이지 않고 고정적이다.
⑤ 사회적 소수자는 선천적 요인이 아닌 후천적 요인에 의해 결정된다.

[정답과 해설 128page]

사회적 소수자 A, B에 대한 설명으로 옳은 것은? [3점]

> - 갑국에 사는 노인 A는 취업 시장에서 불이익을 받거나 카페 등 특정한 장소에서 입장에 제한을 받는 등 나이가 많다는 이유로 차별받았다.
> - 강제 이주로 3대째 을국에서 살고 있는 이주민의 3세 B는 을국 사람들과 구분되는 민족적, 인종적 특성으로 인해 을국에서 차별받았다.

① A는 B와 달리 권력의 열세로 인해 차별받았다.
② A는 B와 달리 여러 사회적 소수자 집단에 중첩되어 속해 있다.
③ B는 A와 달리 고정 관념으로 인해 차별의 대상이 되었다.
④ B는 A와 달리 식별 가능성으로 인해 차별의 대상이 되었다.
⑤ A와 B는 모두 귀속적 특성으로 인해 차별받았다.

[정답과 해설 128page]

다음 자료에 대한 설명으로 옳은 것은? [3점]

□□신문	○○○○년 ○○월 ○○일

갑국의 '이민자 통합 프로그램' 이대로 좋은가?

며칠 전 갑국에서는 야외 공연장을 가득 메운 사람들 사이에서 이민자들의 외모와 음식 문화를 비하하는 노래가 울려 퍼졌다. 갑국 내 극소수에 불과해 오랜 기간 취업과 임금 등에서 차별받아 온 ㉠ 이민자들은 이에 강하게 반발했고 양측의 충돌로 인해 유혈 사태가 발생하게 되었다. 특히 이를 해결하는 과정에서 경찰이 ㉡ 이민자가 아닌 갑국 사람들은 조사하지 않고 이민자들에 대해서만 강압 수사를 벌이면서 문제는 더욱 심각해졌다. 이러한 일련의 사건들로 인해 그동안 갑국 정부가 추진해 왔던 '이민자 통합 프로그램'의 효과가 의문시되고 있다.

① ㉠은 사회적 소수자로서의 정체성을 갖고 있다.
② ㉠에 비해 ㉡은 정치권력의 열세에 놓여 있다.
③ ㉡에 비해 ㉠은 경제적 자원 획득에서 유리한 위치에 있다.
④ 제도적 차원의 노력을 통해 차별을 해소한 사례를 보여 준다.
⑤ 한 사회 내에서 수적으로 우세하더라도 사회적 소수자가 될 수 있음을 보여 준다.

다음 자료에 대한 옳은 설명만을 〈보기〉에서 있는 대로 고르시오. [3점]

A국으로 이주한 갑은 □□ 보건소 주임으로 근무하면서 여성이라는 이유로 근로 조건에서 차별을 당하자 승진을 통해 이를 극복하려고 지방 관리직 시험에 응시하려 했다. 보건소 부소장은 규정상 A국 국적이 없으면 관리직이 될 수 없다는 이유로 접수를 거부했다. 이에 갑은 □□시를 상대로 수험 자격이 있음을 확인해 달라는 소송을 제기했다. 1심 법원은 A국 국적을 가진 사람이 공권력을 행사하는 관리직이 되는 게 원칙이므로 외국인의 관리직 취임이 불가능하다고 판단했다. 하지만 2심 법원은 □□시의 처분이 헌법이 보장한 직업 선택의 자유를 제한하고 차별 금지를 위반했다는 점에서 위법이라고 판단했다. □□시는 2심 판결에 불복하여 현재 상고심을 준비 중이다. 이에 A국 ㉠ 시민 사회를 중심으로 2심 판결을 지지하며 □□시의 판결 불복을 규탄하는 집회가 전국 각지에서 일어났다.

―――――――――――〈 보 기 〉―――――――――――

ㄱ. 갑은 적극적 우대 조치로 인해 역차별을 받는 집단에 속해 있다.
ㄴ. 갑은 여러 사회적 소수자 집단에 속해 다양한 차별을 받았다.
ㄷ. 2심 판결은 사회적 소수자의 불리한 위치를 제도적으로 개선하자는 주장의 근거가 될 수 있다.
ㄹ. ㉠은 사회적 소수자에게 A국 국민과 동등한 권리를 부여해서는 안 된다고 인식하고 있다.

다음 자료에 대한 설명으로 옳은 것은? [3점]

□□ 국은 소수이지만 지배층을 이루는 A족과 다수이지만 지배를 받는 B족으로 구성되어 있었다. A족 출신 직업 군인인 갑은 ㉠ 자신에게 주어진 업무 처리를 위해 철저히 준비하여 조직에서 우수한 성과를 내었다. 빠른 진급을 하며 승승장구하던 갑은 훈련 도중 불의의 사고로 장애 판정을 받아 더 이상 군 생활을 할 수 없었다. 이후 다른 직종에 취업하려 했으나 장애인에 대한 사회적 편견으로 인해 늘 거절당했다. 갑이 생활의 어려움을 겪던 중 □□ 국에서 대다수를 이루는 B족이 권력을 장악하게 되었다. B족은 권력의 정통성을 확보하기 위해 A족에게 인종 차별 정책을 시행하였다. 인종 차별까지 겪은 갑은 ㉡ □□ 국에서 생활을 계속해야 할지 차별이 없는 다른 나라로 이주해야 할지 고민하였다.

① ㉠은 갑의 예기 사회화이다.
② ㉡은 갑의 역할 갈등이다.
③ 갑은 생득적 요인과 후천적 요인에 따른 차별을 모두 경험하였다.
④ A족과 달리 B족은 수적인 열세로 인해 차별을 받았다.
⑤ B족과 달리 A족은 사회적 소수자 우대 정책으로 역차별을 받았다.

11 19학년도 6월 평가원 7번

[정답과 해설 130page]

다음 자료에 대한 설명으로 옳은 것은? (단, A, B는 각각 상대적 빈곤과 절대적 빈곤 중 하나이다.)

> A는 인간이 최소한의 생활을 유지하기 어려운 상태로서, 주로 자원이나 소득이 부족한 상태를 의미한다. 우리나라에서는 A를 측정하기 위한 기준선으로 ☐(가)☐ 을/를 활용한다. B는 개인이 다른 사람에 비해 자원이나 소득이 결핍되어 사회 구성원 다수가 누리는 생활을 영위하지 못하는 상태를 의미한다. 우리나라에서는 B를 측정하기 위한 기준선으로 ☐(나)☐ 을/를 활용한다.

① B는 개인이 빈곤 상태에 있다고 주관적으로 인식하는 개념이다.
② B의 기준을 적용하면 기본적인 의식주가 충족된 가구라도 빈곤 가구에 포함될 수 있다.
③ A는 B와 달리 소득의 불평등 정도를 측정하는 데 활용된다.
④ A에 따른 빈곤율과 B에 따른 빈곤율의 합이 그 나라 전체의 빈곤율이다.
⑤ (가)는 중위 소득의 50%, (나)는 최저 생계비이다.

12 19학년도 9월 평가원 7번

[정답과 해설 130page]

그림은 질문에 따라 빈곤의 유형을 구분한 것이다. 이에 대한 옳은 설명만을 〈보기〉에서 있는 대로 고르시오. (단, A, B는 각각 절대적 빈곤, 상대적 빈곤 중 하나이다.) [3점]

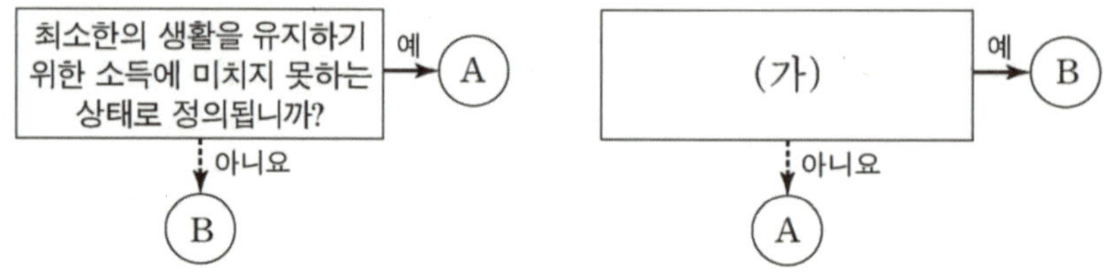

─── 〈보 기〉 ───

ㄱ. A는 소득 수준이 높은 국가에서는 나타나지 않는다.
ㄴ. B는 해당 사회의 소득 분포를 고려하여 파악한다.
ㄷ. 우리나라에서는 A, B 모두 객관화된 기준에 따라 분류한다.
ㄹ. (가)에는 '실제 소득 규모와 상관없이 개인이 체감하는 빈곤 상태를 의미합니까?'가 적절하다.

13 20학년도 6월 평가원 18번

[정답과 해설 131page]

빈곤 유형 A, B에 대한 설명으로 옳은 것은? (단, A, B는 각각 상대적 빈곤과 절대적 빈곤 중 하나이다.)

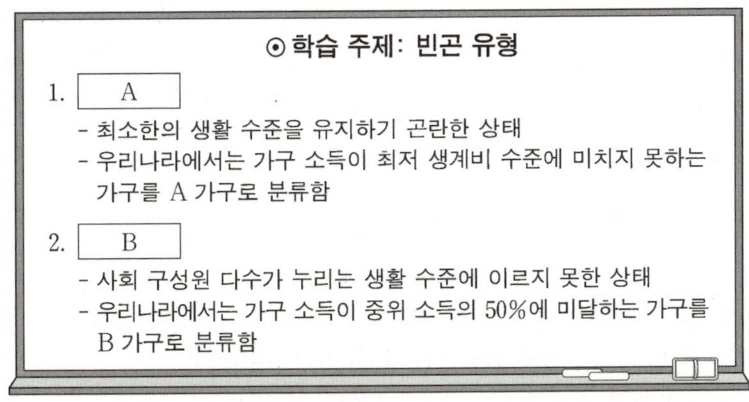

① B는 상대적 박탈감과 동일한 의미로 사용된다.
② A, B에 해당하는 가구는 모두 객관화된 기준에 의해 분류된다.
③ B에 해당하는 가구는 A 가구에는 해당하지 않는다.
④ A에 따른 빈곤율과 B에 따른 빈곤율을 더하면 전체 빈곤율이 된다.
⑤ 우리나라에서 최저 생계비가 중위 소득의 50%에 미치지 못할 경우 B에 해당하는 가구는 모두 A 가구에 포함된다.

14 20년 3월 교육청 6번

[정답과 해설 131page]

다음 자료에 대한 설명으로 옳은 것은? (단, 갑국에서 모든 가구의 구성원 수는 같다.) [3점]

갑국에서는 소득이 최저 생계비에 미치지 못하는 가구를 ㉠ 절대적 빈곤 가구, 중위 소득의 50%에 미치지 못하는 가구를 ㉡ 상대적 빈곤 가구로 규정한다. 2019년에 갑국에서 가구 소득을 조사한 결과 상대적 빈곤 가구에는 해당하지만 절대적 빈곤 가구에는 해당하지 않는 가구가 전체 가구 중 15%, 상대적 빈곤 가구 중 50%로 나타났다.

① ㉠은 ㉡과 달리 판단 기준이 국가에 따라 다를 수 있다.
② ㉡은 ㉠과 달리 주관적으로 느끼는 빈곤이다.
③ 2019년 갑국에서 최저 생계비보다 중위 소득의 50% 금액이 작다.
④ 2019년 갑국에서 전체 가구 중 상대적 빈곤 가구의 비율은 35%이다.
⑤ 2019년 갑국에서 두 유형의 빈곤 가구 중 절대적 빈곤 가구에만 해당하는 가구는 없다.

[정답과 해설 132page]

15 21학년도 6월 평가원 14번

표는 질문에 따라 빈곤의 유형 A, B를 구분한 것이다. 이에 대한 설명으로 옳은 것은? (단, A, B는 각각 절대적 빈곤, 상대적 빈곤 중 하나이다.) [3점]

질문　　　　　　　　　　　　　　　　　　　　　　　　　　　　　　　　　　유형	A	B
인간의 기본적 욕구 충족 및 최소한의 생활 유지에 필요한 자원이 결핍된 상태라고 정의되는가?	아니요	예
(가)	예	아니요

① 우리나라에서는 A에 해당하는 가구를 객관화된 기준에 따라 규정한다.
② B 가구는 소득 수준이 높은 국가에서는 나타나지 않는다.
③ B에 해당하는 모든 가구는 항상 A 가구에 포함된다.
④ 전체 빈곤율은 A에 따른 빈곤율과 B에 따른 빈곤율을 합한 것이다.
⑤ (가)에는 '상대적 박탈감 발생의 원인이 되는가?'가 들어갈 수 있다.

16 22학년도 6월 평가원 17번

[정답과 해설 132page]

빈곤 유형 (가), (나)에 대한 옳은 설명만을 〈보기〉에서 있는 대로 고르시오. (단, (가)와 (나)는 각각 절대적 빈곤, 상대적 빈곤 중 하나이다.)

> (가) 생존 및 생계 유지에 필수적인 자원이나 자원을 확보하는 데 필요한 소득이 부족한 상태
> (나) 한 사회에서 구성원들이 일반적으로 누리는 생활 수준에 필요한 소득이 부족한 상태

〈보 기〉

ㄱ. (가)를 판단하기 위해 우리나라에서는 최저 임금액을 기준선으로 활용한다.
ㄴ. (가)에 속하지 않는 가구도 (나)에 속할 수 있다.
ㄷ. (나)는 (가)와 달리 상대적 박탈감의 원인이 된다.
ㄹ. (가)와 (나) 모두 우리나라에서는 객관화된 기준에 의해 분류된다.

그림은 빈곤의 유형 A, B를 구분한 것이다. 이에 대한 설명으로 옳은 것은? (단, A, B는 각각 상대적 빈곤, 절대적 빈곤 중 하나이다.) [3점]

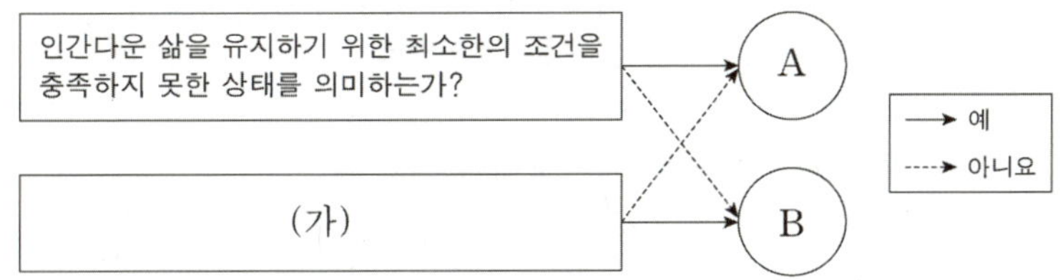

① A를 판단하는 기준선은 시대와 사회에 상관없이 동일하다.
② B는 해당 사회 전체 가구의 소득 분포를 고려하여 결정된다.
③ A는 B와 달리 사회 구성원 간 상대적 박탈감을 유발한다.
④ B에 해당하는 가구는 모두 A에도 해당한다.
⑤ (가)에는 '소득 수준이 높은 국가에서는 나타나지 않는가?'가 들어갈 수 있다.

빈곤 유형 A, B에 대한 설명으로 옳은 것은? (단, A, B는 각각 절대적 빈곤, 상대적 빈곤 중 하나이다.)

　　　A는 인간으로서 신체적인 능률을 유지하기 위해 필요한 최소한의 필수품을 획득하기에는 소득이 불충분한 상태를 의미한다. 그러나 이것은 사회 구성원 다수가 누리는 인간으로서의 욕구를 고려하지 못하는 한계가 있다. 이에 사회 구성원의 전반적인 생활 수준을 고려한 B가 도입되었다.

① A는 B와 달리 상대적 박탈감을 유발한다.
② B는 A와 달리 중위 소득이 높은 국가에서는 나타나지 않는다.
③ A에 따른 빈곤율과 B에 따른 빈곤율을 더하면 전체 빈곤율이 된다.
④ 우리나라에서는 B와 달리 A를 파악할 때, 사회 구성원의 소득 분포 상태를 고려한다.
⑤ 우리나라에서는 A, B에 해당하는 가구를 선정할 때, 모두 객관화된 기준을 적용한다.

19 23학년도 6월 평가원 6번

빈곤의 유형 A, B에 대한 설명으로 옳은 것은? (단, A, B는 각각 절대적 빈곤, 상대적 빈곤 중 하나임.) [3점]

> A는 다른 사람들보다 자원이나 소득이 적어 한 사회의 평균적인 생활 수준에 미치지 못하는 상태를, B는 사람들의 최저 생활에 필요한 최소한의 자원이나 소득이 결핍된 상태를 의미한다.

① A는 실제 소득과 상관없이 개인이 체감하는 빈곤 상태를 말한다.
② B에 따른 빈곤선은 최저 생계 유지에 필요한 자원의 수준이 시대와 장소에 상관없이 동일하다는 전제 하에 결정된다.
③ B는 A와 달리 소득 수준이 낮은 사회에서 나타난다.
④ A에 따른 빈곤선은 B에 따른 빈곤선과 달리 객관적 기준에 따라 정한다.
⑤ A에 따른 빈곤선을 적용하면 B에 해당하지 않는 가구도 빈곤 가구에 포함될 수 있다.

20 23학년도 9월 평가원 9번

다음 자료에 대한 설명으로 옳은 것은? (단, A, B는 각각 절대적 빈곤, 상대적 빈곤 중 하나임.)

> 자료는 빈곤의 유형 A, B를 구분한 것이다. 〈자료 1〉은 A, B의 의미를 나타낸 것이고, 〈자료 2〉는 A, B의 특징을 연결하여 공통점과 차이점을 나타낸 것이다.
>
> 〈자료 1〉
> ◦ A : ㉠
> ◦ B : 한 사회에서 구성원들이 일반적으로 누리는 생활 수준에 필요한 소득이 부족한 상태
>
> 〈자료 2〉
>
> A — (가) / (나) / (다) — B

① A에 속하지 않는 가구는 B에 속할 수 없다.
② ㉠에는 '개인이 주관적으로 빈곤하다고 인식하는 상태'가 들어갈 수 있다.
③ (가)에는 '소득 수준이 높은 국가에서도 나타날 수 있다.'가 들어갈 수 있다.
④ (나)에는 '우리나라에서는 객관화된 기준에 의해 규정된다.'가 들어갈 수 있다.
⑤ (다)에는 '상대적 박탈감을 유발할 수 있다.'가 들어갈 수 있다.

21 23학년도 수능 9번

빈곤의 유형 A, B에 대한 설명으로 옳은 것은? (단, A, B는 각각 절대적 빈곤, 상대적 빈곤 중 하나임.)

> • 우리나라에서 1인 가구의 중위 소득은 월 약 194만 4천 원(2022년 기준)이고, 우리나라에서는 이 금액의 50%인 월 약 97만 2천 원을 기준으로 1인 가구의 A 여부를 판단한다.
> • 세계은행은 세계에서 경제적으로 가장 낙후된 지역을 기준으로 생존에 필요한 최소한의 식량 구입비를 1인당 하루 2.15달러로 정하고 있다(2022년 9월 기준). 이는 B를 판단하는 기준선으로 활용된다.

① A는 각자의 소득 수준이 다른 사람에 비해 충분하지 않다고 느끼는 상태를 의미한다.
② B는 사회 구성원의 소득 분포 상태를 고려하지 않는 개념이라는 평가를 받는다.
③ B를 판단하는 기준선은 A를 판단하는 기준선과 달리 시간과 장소에 관계없이 보편적으로 적용된다.
④ 저개발 국가에서는 A가, 선진국에서는 B가 나타나지 않는다.
⑤ 한 국가에서 A에 따른 빈곤율과 B에 따른 빈곤율을 더하면 전체 빈곤율이 된다.

22 24학년도 9월 평가원 5번

다음 자료에 대한 옳은 설명만을 〈보기〉에서 있는 대로 고르시오. [3점]

> [서술형 평가] 다음 글에 제시된 빈곤의 유형 A에 대한 옳은 설명을 4가지 쓰시오.
>
> 　　일반적으로 빈곤은 인간의 기본적 욕구와 관련된 물질적 결핍이 만성적으로 지속되는 경제적 상태를 의미한다. 설령 인간으로서 최소 생활 유지에 필요한 자원이나 소득이 확보된 상태라 해도 사회의 전반적 소득 수준과 비교하여 소득 수준이 낮은 상태 역시 빈곤으로 분류된다. 이런 유형의 빈곤을 A라 한다.

[학생의 답안과 교사의 채점 결과]

답안	채점 결과
우리나라에서는 객관화된 기준을 적용하여 파악한다.	㉠
(가)	O
(나)	X
소득 수준이 높은 국가에서는 나타나지 않는다.	㉡

(O : 맞음, X : 틀림)

〈보 기〉

ㄱ. ㉠과 ㉡에 해당하는 채점 결과는 동일하다.
ㄴ. (가)에는 '우리나라에서는 최저 생계비를 기준으로 빈곤선이 결정된다.'가 들어갈 수 있다.
ㄷ. (나)에는 '개인이 주관적으로 빈곤하다고 인식하는 상태를 의미한다.'가 들어갈 수 있다.

빈곤의 유형 A, B에 대한 설명으로 옳은 것은? (단, A, B는 각각 절대적 빈곤, 상대적 빈곤 중 하나임.)

　　소설 ○○○는 1970년대를 배경으로 하여 최소한의 생계 유지를 하지 못하는 A 가구의 삶을 그리고 있다. 소설의 주인공은 생필품조차 구매할 수 없는 저임금을 받고 고된 노동을 한다. 2020년대를 배경으로 한 드라마 □□□는 A에서는 벗어났지만 사회 구성원 다수가 누리는 생활 수준을 충족하지 못하는 B 가구의 삶을 그리고 있다. 드라마 속 주인공은 부자들의 모습에 상대적 박탈감을 느낀다.

---

① A는 상대적 박탈감이라는 사회 문제를 유발하지 않는다.

② 우리나라에서 가구 소득이 중위 소득에 미치지 못하는 가구는 모두 B 가구이다.

③ A는 B와 달리 사회 구성원의 소득 분포에 따라 상대적으로 규정된다.

④ B는 A와 달리 경제 성장을 통해 해결할 수 있다.

⑤ 상대적 빈곤선이 절대적 빈곤선보다 높으면 A에 해당하는 모든 가구는 B에 해당한다.

01 21학년도 6월 평가원 18번
[정답과 해설 137page]

사회 변동을 설명하는 이론 A, B에 대한 옳은 설명만을 〈보기〉에서 있는 대로 고르시오. (단, A, B는 각각 진화론, 순환론 중 하나이다.)

> A를 지지하는 학자들은 "선진국의 오늘의 모습은 개발도상국의 내일의 모습이다."라며 사회 변동을 하나의 목표로 향하는 진보와 발전으로 설명한다. 이에 대해 B를 지지하는 학자들은 사회 변동이 늘 발전을 의미하는 것은 아니며, 모든 사회 변동이 반드시 같은 방향으로 진행되는 것은 아니라는 점을 지적한다.

〈보 기〉

ㄱ. A는 사회 변동이 주기적으로 동일한 과정을 반복한다고 본다.
ㄴ. A는 사회가 이전보다 복잡하고 분화된 모습으로 변동한다고 본다.
ㄷ. B는 사회 변동을 서구 중심적 사고에 바탕을 두어 설명한다.
ㄹ. B는 미래 사회의 변동 방향을 예측하기 어려워 역동적 대응이 곤란하다는 비판을 받는다.

02 21학년도 수능 17번
[정답과 해설 137page]

사회 변동 이론 (가), (나)에 대한 설명으로 옳은 것은? [3점]

> (가) 생물 유기체와 마찬가지로 사회는 단순한 상태에서 복잡하고 분화된 상태로 변동한다. 즉, 사회도 야만, 미개, 문명 이라는 일정한 단계를 거친다.
> (나) 각 문화는 유기체의 일생처럼 생성, 성장, 쇠퇴, 소멸이라는 일정한 변화 과정을 거친다. 자연이 봄, 여름, 가을, 겨울의 과정을 거치는 것처럼 인간의 역사 또한 무르익을 대로 무르익으면 몰락, 사멸에 이른다.

① (가)는 제국주의를 정당화하는 수단으로 악용될 우려가 있다는 비판을 받는다.
② (나)는 사회 변동에 대한 역동적 대응이 용이하다는 평가를 받는다.
③ (가)는 (나)와 달리 사회 변동에 대응하는 인간의 노력을 과소평가한다는 비판을 받는다.
④ (나)는 (가)와 달리 사회 변동에 일정한 방향이 있다고 본다.
⑤ (가), (나)는 모두 사회 변동을 사회 발전으로 인식한다.

표는 질문을 통해 사회 변동 이론 A, B를 구분한 것이다. 이에 대한 설명으로 옳은 것은? (단, A와 B는 각각 진화론, 순환론 중 하나이다.)

질문	A	B
사회가 퇴보할 수 있다고 보는가?	예	아니요
(가)	예	예
(나)	아니요	예

① A는 단기적 사회 변동보다는 장기적 사회 변동을 설명하는 데 유용하다.
② B는 사회 변동의 방향이 사회마다 다르다고 본다.
③ A는 B와 달리 사회가 단순한 형태에서 복잡한 형태로 변화한다고 본다.
④ (가)에는 '사회 변동에 작용하는 인간의 자율성을 강조하는가?'가 들어갈 수 있다.
⑤ (나)에는 '사회가 주기적으로 동일한 과정을 반복하며 변동한다고 보는가?'가 들어갈 수 있다.

사회 변동 이론 (가), (나)에 대한 설명으로 옳은 것은? (단, (가), (나)는 각각 진화론, 순환론 중 하나이다.)

[3점]

> (가) 문명은 인간처럼 생애 주기가 있어서 발생과 성장 단계를 거쳐 쇠락하고 몰락하는 일련의 과정을 겪게 된다. 문명의 생애 주기에서 나타나는 몰락 징후로는 전쟁과 변란, 가치 갈등 등이 있다.
> (나) 사회는 항상 미분화 상태에서 분화된 상태로, 단순한 단계에서 복잡한 단계로 변동한다. 사회는 살아 있는 유기체처럼 구조적으로든 기능적으로든 늘 분화되면서 그 복잡성이 증대된다.

① (가)는 모든 사회가 같은 방향으로 변동한다고 본다.
② (나)는 사회가 주기적으로 동일한 과정을 반복하며 변동한다고 본다.
③ (가)는 (나)와 달리 사회 변동에 작용하는 인간의 자율성을 강조한다.
④ (나)는 (가)와 달리 서구 중심적인 사고라는 비판을 받는다.
⑤ (가)는 단기적인 사회 변동을, (나)는 장기적인 사회 변동을 설명하는 데 유용하다.

사회 변동 이론 (가), (나)에 대한 옳은 설명만을 〈보기〉에서 있는 대로 고르시오. (단, (가), (나)는 각각 진화론, 순환론 중 하나임.)

(가) 인류의 역사는 발생, 성장, 정체, 해체의 과정을 거친다. 인류 문명의 발전에서 엘리트가 주도하는 혁신은 중요한 의미를 가지며, 대중이 이를 따르지 않을 경우 사회는 분열하고 문명은 쇠퇴한다. 역사는 문명의 흥망성쇠를 거듭하며 전개된다.

(나) 인류의 역사는 생산 방식의 발전을 통해 사회의 궁극적 이상에 다가가는 과정이다. 낡은 생산 방식은 새로운 생산 방식으로 대체되고, 이러한 전환은 점진적인 시대 발전을 이끌며 역사를 구성한다. 역사는 생산 방식의 진보와 문명의 발전이 누적된 결과이다.

〈보 기〉

ㄱ. (가)는 미래의 사회 변동에 대한 역동적 대응이 곤란하다는 비판을 받는다.
ㄴ. (나)는 사회가 미분화된 상태에서 분화된 상태로 변동한다고 본다.
ㄷ. (가)는 (나)와 달리 사회 변동이 일정한 방향을 갖는다고 본다.
ㄹ. (나)는 (가)와 달리 사회 변동이 동일한 과정을 주기적으로 반복한다고 본다.

사회 변동 이론 (가), (나)에 대한 설명으로 옳은 것은? (단, (가), (나)는 각각 진화론, 순환론 중 하나임.)

(가) 거대한 재난으로 사회 전반이 파멸되면 인구가 급감하지만, 살아남은 이들이 아이를 낳으며 사회적 재생이 시작된다. 그러나 또다시 일어나는 재난은 또 다른 파국을 야기한다.

(나) 생태계에서 개체들이 생존을 위해 환경에 적응하듯, 인간 사회도 생존을 위해 보다 고도화된 방향으로 나아간다. 결국 사회는 단계적 성장을 통해 이전보다 나은 형태로 변화한다.

---

① (가)는 서구 중심의 사고라는 비판을 받는다.
② (나)는 사회 변동을 사회 발전과 동일시한다.
③ (가)는 (나)와 달리 미래의 사회 변동에 대한 역동적 대응이 용이하다.
④ (나)는 (가)와 달리 운명론적 관점에서 사회 변동을 설명한다.
⑤ (가)는 단기적 사회 변동을, (나)는 장기적 사회 변동을 설명하기에 유용하다.

[정답과 해설 140page]

다음 글에서 사회 변동의 방향을 보는 필자의 관점에 대한 옳은 설명만을 〈보기〉에서 있는 대로 고르시오. [3점]

> 인간은 자신이 획득한 지식을 다른 사람에게 전달하고 후손에게 유산으로 물려준다. 한 세대에서 축적된 지식이 다음 세대로 이어지면서 기존 지식을 기초로 여러 갈래의 신생 분야가 등장한다. 이처럼 사회에서는 과거로부터 전해진 지식과 새로 탄생한 지식이 연속적으로 결합한다. 이러한 양상은 정치, 경제, 예술 등 사회 모든 분야에서 나타난다. 인류의 미약한 첫 발걸음부터 문명의 이상에 이르기까지 인간의 역사는 지식의 생산, 전달, 결합 과정을 통해 끊임없이 나아가며 확장한다.

〈보 기〉

ㄱ. 사회 변동을 동일한 과정의 주기적 반복으로 설명한다.
ㄴ. 제국주의를 정당화하는 수단이 될 수 있다는 비판을 받는다.
ㄷ. 사회 변동이 언제나 진보를 의미하는 것은 아니라고 본다.
ㄹ. 사회가 미분화된 상태에서 분화된 상태로 변동한다고 본다.

[정답과 해설 140page]

다음 글에 나타난 사회 변동의 방향을 보는 필자의 관점에 대한 옳은 설명만을 〈보기〉에서 있는 대로 고르시오. [3점]

> 야만 시대에서 문명 시대로의 전개 과정은 다음과 같다. 초기 야만 시대에는 별다른 지식이나 기술이 없었다. 중기 야만 시대는 불의 발견, 후기 야만 시대는 활과 창의 발명 및 수렵 경제를 특징으로 한다. 야만과 미개 시대의 경계선은 토기의 발명이다. 초기 미개 시대에는 토기 사용으로 식량 저장과 재산 축적이 이루어졌다. 중기 미개 시대에는 가축 사육 및 관개 농업이 나타났다. 후기 미개 시대는 철광석의 제련을 특징으로 하며, 문자의 발명과 더불어 마침내 문명 시대로 나아갔다.

〈보 기〉

ㄱ. 운명론적 시각에서 사회 변동을 설명한다.
ㄴ. 사회 변동을 동일한 과정의 주기적 반복으로 설명한다.
ㄷ. 사회는 미분화된 상태에서 분화된 상태로 변동한다고 본다.
ㄹ. 사회의 변동이 항상 진보와 발전을 의미하는 것은 아니라는 비판을 받는다.

사회 변동 이론 (가), (나)에 대한 설명으로 옳은 것은? (단, (가), (나)는 각각 순환론, 진화론 중 하나임.) [3점]

> (가) 인간의 성장처럼 사회도 성장해 나간다. 하지만 인간이 성장을 멈추고 노화가 진행되듯, 사회도 일정한 한계점을 지나면 성장의 그래프는 꺾이기 마련이다. 다만 이미 사라져 버린 사회들의 경험을 참고하여 해체에 이르기까지의 생존 기간을 늘릴 수 있을 뿐이다.
>
> (나) 사회는 본질적으로 과거의 유산을 토대로 하여 더 나은 상태로 나아간다. 인간은 기존의 지식을 바탕으로 새로운 아이디어와 기술을 창출해 혁신을 이어 가고 있기 때문이다. 이러한 과정에서 사회는 항상 성장의 발걸음을 이어 왔으며 앞으로도 그럴 것이다.

① (가)는 미래의 사회 변동에 대한 역동적 대응이 곤란하다는 비판을 받는다.

② (나)는 사회 변동이 항상 발전을 의미하는 것은 아니라고 본다.

③ (가)는 (나)와 달리 서구 사회가 가장 진보한 사회임을 전제한다.

④ (나)는 (가)와 달리 사회가 주기적으로 동일한 과정을 반복하며 변동한다고 본다.

⑤ (가)는 단기적 사회 변동을, (나)는 장기적 사회 변동을 설명하기에 적합하다.

사회 변동 이론 (가), (나)에 대한 설명으로 옳은 것은? (단, (가), (나)는 각각 진화론, 순환론 중 하나임.)

> (가) 자연 현상에 빗대어 사회 변동을 설명하면 그 방향을 쉽게 이해할 수 있다. 태양 주위로 지구와 달이 돌면서 낮과 밤, 밀물과 썰물, 계절이 번갈아 가며 나타나듯 사회는 변동한다.
>
> (나) 자연 현상에 빗대어 사회 변동을 설명하면 그 방향을 쉽게 이해할 수 있다. 모든 생명체가 적자생존의 상황에서 살아남기 위한 경쟁을 통해 더 나은 방향으로 변화하듯 사회는 변동한다.

① (가)는 장기적인 사회 변동의 과정을 설명하기 어렵다.

② (나)는 단선적인 사회 변동의 과정을 설명하기 어렵다.

③ (가)는 (나)에 비해 사회 변동 방향을 예측하여 대응하기 어렵다.

④ (나)는 (가)와 달리 과거에 비해 진보한 사회를 설명하기 어렵다.

⑤ (가)는 서구 중심적 사고라는, (나)는 숙명론적 사고라는 비판을 피하기 어렵다.

11 25학년도 9월 평가원 12번

[정답과 해설 142page]

다음 글에서 사회 변동의 방향을 바라보는 필자의 관점에 대한 옳은 설명만을 〈보기〉에서 있는 대로 고르시오.

> 명(明)조의 시작은 고요한 겨울날 같았다. 왕조의 전반기는 질서와 안정 그 자체였다. 왕조의 겨울은 얼마 후 시끌벅적한 봄에 자리를 내주고 말았다. 소박한 농경 사회의 안정성은 투기적 상업에 자리를 빼앗겼다. 여름에 접어들면서 빈부 격차가 심해지고 농경 사회의 토대는 무너져 내렸다. 가을에는 은의 유입과 상품 경제의 발달로 부자 대 빈자, 상인 대 농민, 이윤 대 도덕이 대립하면서 참혹함이 더욱 심해졌다. 하지만 새로운 왕조는 질서를 회복하며 안정을 향해 나아갔다.

〈보 기〉

ㄱ. 사회의 퇴보나 멸망을 설명하기 어렵다.
ㄴ. 단기적 사회 변동 과정을 설명하기 힘들다.
ㄷ. 제국주의를 정당화하는 수단으로 악용될 수 있다.
ㄹ. 미래의 사회 변동에 대한 역동적인 대응이 어렵다.

12 25학년도 수능 18번

[정답과 해설 142page]

다음 글에서 사회 변동의 방향을 바라보는 필자의 관점에 대한 옳은 설명만을 〈보기〉에서 있는 대로 고르시오.

> 인간이 찾아낸 과학적 지식은 자연이 가하는 제약으로 만들어진 원시적인 미신과 선입견, 오류를 극복하는 과정에서 축적되고 정해진 하나의 방향을 향해 진전하며 확장한다. 문명의 전개도 근대 과학의 이러한 과정과 유사하다.

〈보 기〉

ㄱ. 서구 중심적 사고라는 비판을 피하기 어렵다.
ㄴ. 사회 변동 방향을 예측하여 대응하기 어렵다.
ㄷ. 지속적으로 발전하는 사회를 설명하기 용이하다.
ㄹ. 인류 문명의 흥망성쇠 역사를 설명하기 용이하다.

01 21학년도 6월 평가원 17번　　　　　　　　　　　[정답과 해설 143page]

밑줄 친 ㉠, ㉡에 대한 설명으로 가장 적절한 것은? [3점]

> - 정부는 국민의 헌법 개정 요구를 무시했고, 대학생을 고문하여 죽음에 이르게 한 사건까지 은폐하려 했다. 이에 민주 헌법쟁취 국민운동본부를 중심으로 독재 정권에 반대하는 ㉠6월 민주 항쟁이 일어났다. 결국 정부는 대통령 직선제 요구를 수용하였고, 헌법이 개정되었다.
> - 국내 외환 보유고가 바닥나자 사회 일각에서 개인이 보유한 금을 모아 국가 부채를 갚자는 주장이 제기되었다. 이에 방송사와 금융 기관이 협조하고 다수 국민들이 참여하는 ㉡금 모으기 운동이 일어났다. 이렇게 모인 금은 외환 위기를 극복하는 데 도움이 되었다.

① ㉠은 일시적이고 즉흥적인 감정에 따른 다수의 행동이다.

② ㉡은 경제적 약자들이 자신의 권리 보장을 요구하는 운동이다.

③ ㉠은 ㉡과 달리 기존 사회 질서를 유지하려는 다수의 행동이다.

④ ㉡은 ㉠과 달리 사회의 근본적 모순을 드러내고 권력 구조를 변화시킨 운동이다.

⑤ ㉠, ㉡은 모두 뚜렷한 목표와 체계적 활동 계획을 바탕으로 한 다수의 행동이다.

02 21학년도 9월 평가원 9번　　　　　　　　　　　[정답과 해설 143page]

(가), (나)에 나타난 사회 운동에 대한 설명으로 가장 적절한 것은?

> (가) 1955년 한 흑인 여성이 백인 승객에게 자리를 양보하지 않아서 체포되었다. 시내버스에서의 인종 분리를 규정한 몽고메리시의 법을 위반했다는 죄목이었다. 흑인들은 이에 반발하여 집단 파업과 버스 승차 거부 운동을 벌였다. 이듬해 인종 분리법이 위헌이라는 판결이 났고 흑인들의 버스 승차 거부도 끝이 났다.
>
> (나) 2010년 당시 대통령의 장기 집권과 경제 실정으로 시민들의 불만이 높았던 튀니지에서, 경찰의 노점 단속에 항의하던 한 청년의 죽음이 시민들의 반정부 운동을 촉발하였다. 정부의 강경 진압은 시민들을 분노케 하여 전국적 규모의 반정부 시위로 확대되었고, 마침내 대통령이 물러났다.

① (가)에는 사회적 소수자의 권리 보장을 목적으로 하는 사회 운동이 나타난다.

② (나)에는 과거의 사회 질서로 돌아가려는 사회 운동이 나타난다.

③ (가)에는 (나)와 달리 계급 철폐를 목적으로 하는 혁명적 사회 운동이 나타난다.

④ (나)에는 (가)와 달리 뚜렷한 목표를 가지고 지속적으로 이루어진 사회 운동이 나타난다.

⑤ (가), (나)에는 모두 당시 사회의 정권을 교체한 사회 운동이 나타난다.

(가)~(다)에 대한 설명으로 가장 적절한 것은? [3점]

> (가) ◇◇ 환경 보호 단체 회원들은 해양 오염물을 줄이기 위해 매달 배를 타고 바다로 나가서 플라스틱 쓰레기 수거 작업 및 해양 생태 보호 캠페인 활동을 하였다.
>
> (나) △△ 프로 구단이 감독 인사를 단행했다는 소식을 경기 중에 들은 일부 열혈 관중들이 불합리한 인사 결정 방식에 항의하며 경기 직후에 돌발적으로 시위를 벌였다.
>
> (다) ○○ 단체는 왕정과 신분 제도를 폐지하고 선거를 통해 민주 정부를 수립하고자 대다수 국민의 지지를 바탕으로 지속적으로 시위를 전개하였다.

① (가)에는 사회 구조 전체를 근본적으로 바꾸고자 하는 사회 운동이 나타난다.
② (나)에는 일부 집단의 이익을 추구하는 사회 운동이 나타난다.
③ (다)에는 급격한 사회 변화에 대항하기 위한 사회 운동이 나타난다.
④ (가), (다)에는 (나)와 달리 체계적인 조직을 바탕으로 집단의 이념을 실현하려는 사회 운동이 나타난다.
⑤ (나), (다)에는 (가)와 달리 사회의 불합리한 제도를 개선하고자 하는 사회 운동이 나타난다.

교사가 제시한 사례 A~D에 대한 학생들의 옳은 설명만을 〈보기〉에서 있는 대로 고르시오. [3점]

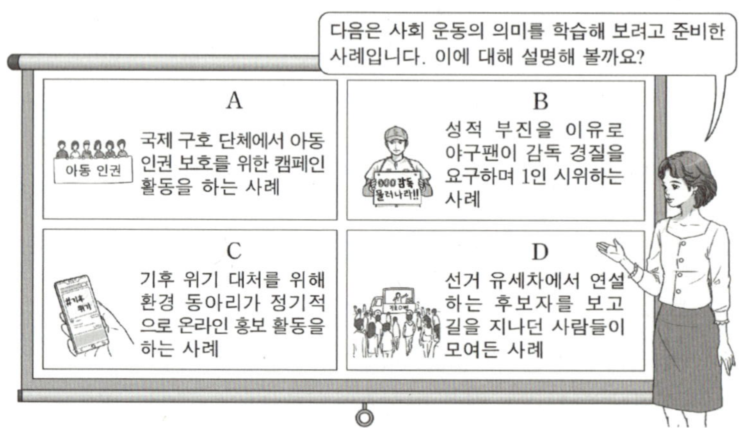

〈보 기〉

ㄱ. A는 특정 집단의 이익만을 추구하였다는 점에서 사회 운동으로 볼 수 없습니다.
ㄴ. B는 사회 변화를 위해 계획적으로 진행하였다는 점에서 사회 운동으로 볼 수 있습니다.
ㄷ. C는 뚜렷한 목표를 가지고 구체적인 활동을 지속적으로 수행하였다는 점에서 사회 운동으로 볼 수 있습니다.
ㄹ. D는 조직적이지 않은 군중이 일시적으로 모였다는 점에서 사회 운동으로 볼 수 없습니다.

[정답과 해설 144page]

밑줄 친 ㉠, ㉡에 대한 설명으로 가장 적절한 것은?

- 1970년대부터 본격화된 도로 중심의 사회 기반 시설 구축과 개인 차량 증가로 인해 다양한 교통 문제가 발생하고 보행자를 위한 공간이 잠식되었다. 이에 시민들은 보행권 확보와 보행 환경 개선을 목표로 ㉠ 사회 운동을 전개하기 시작했다. 시민 단체들은 보행권 신장을 위한 걷기 대회 개최, 어린이 통학로 안전 상태 조사 등을 실시하였고, 그 노력의 결실로서 스쿨존이 법제화되고 보행자를 위한 조례가 제정되었다.
- 대중 소비가 시작되던 20세기 초, 조잡한 제품들이 양산되어 피해를 입는 소비자가 많아지자 선진국을 중심으로 좋은 물건 고르는 방법을 안내하는 캠페인이 나타났다. 이러한 움직임은 이후 대중 소비가 본격화된 시기에 독점 기업의 횡포로부터 소비자를 보호하고 소비자 주권을 실현하기 위한 ㉡ 사회 운동으로 발전하였다. 세계적으로 대중 소비가 확산한 1960년대 이후 이 운동은 세계 여러 나라로 널리 퍼졌다.

① ㉠은 사회 구조 전체를 근본적으로 바꾸고자 하는 사회 운동이다.
② ㉡은 지배 집단이 기존 사회 질서를 유지하고자 하는 사회 운동이다.
③ ㉠은 ㉡과 달리 경제적 평등을 추구하는 사회 운동이다.
④ ㉡은 ㉠과 달리 산업화로 인한 문제에 대응하는 사회 운동이다.
⑤ ㉠과 ㉡은 시민의 권리 보장을 목표로 하는 사회 운동이다.

[정답과 해설 145page]

밑줄 친 ㉠, ㉡에 대한 설명으로 가장 적절한 것은? [3점]

- 1920년대의 ㉠ 계몽 운동은 서울의 학생과 청년 지식인, 문화 단체 및 동경 유학생들에 의해서 시작되었다. 학생들은 야학을 개설하여 문맹 퇴치 운동을 벌였고, 농촌 발전을 위한 여러 활동을 전개하였다. 이러한 민중 계몽 운동은 이후 민족 독립운동에 기여하였다.
- 1960년대 후반 생태 보호 운동에서 출발한 미국의 '환경 수호단'은 환경보호법 제정 및 친환경 정책 촉구 등 일련의 ㉡ 환경 운동을 추진해 왔다. 2000년대 초에 정부가 이산화탄소 배출 및 디젤에 대한 규제를 완화하려 하자 환경 수호단의 수많은 회원은 엄청난 양의 항의 이메일과 팩스를 백악관과 환경청에 보내 정부 정책을 강하게 비판하였다.

① ㉠은 일반 시민이 아닌 국가가 주도한 사회 운동이다.
② ㉡은 산업화 과정에서 나타난 문제를 개선하기 위한 사회 운동이다.
③ ㉠은 ㉡과 달리 사회 변화에 저항하고 과거 질서로 회귀하려는 사회 운동이다.
④ ㉡은 ㉠과 달리 특정 집단 구성원의 삶의 질 향상을 목표로 하는 사회 운동이다.
⑤ ㉠과 ㉡은 모두 사회 체제의 전면적인 변혁을 추구하는 사회 운동이다.

07 24학년도 9월 평가원 14번

[정답과 해설 145page]

(가)~(라)에 대한 옳은 설명만을 〈보기〉에서 있는 대로 고르시오.

> (가) □□ 환경 단체는 탄소 중립 실현을 위해 대중교통 이용하기, 플라스틱 사용 줄이기, 불필요한 이메일 삭제하기 등 다양한 캠페인 활동을 꾸준히 하고 있다.
>
> (나) 국민 가수로 칭송받던 인기 연예인이 음주 운전 차량에 치여 사망하자, 추모를 위해 사고 현장에 모인 사람들이 헌화와 함께 음주 운전 처벌 강화를 요구하는 메모를 남겼다.
>
> (다) 오랜 전통에 따라 여성 운전 금지법이 시행되고 있던 △△국에서 시민 운동가 출신의 대통령 후보가 여성 권리 신장을 위해 이 법을 폐지하겠다는 선거 공약을 내세웠다.
>
> (라) ○○ 노동조합은 정부의 연금 개시 연령 상향 정책에 대해 퇴직 후 연금 수령 시작 시기가 늦어져 경제적 어려움을 겪을 수 있다며 반대하는 서명을 받고 있다.

〈보 기〉

ㄱ. (가)는 뚜렷한 목표와 방법을 제시하고 지속적으로 활동을 수행하였다는 점에서 사회 운동이라 볼 수 있다.

ㄴ. (나)는 조직적이지 않은 군중이 일시적으로 모인 것이라는 점에서 사회 운동이라 볼 수 없다.

ㄷ. (다)는 기존 사회의 부조리를 해소하고 개혁을 추구하였다는 점에서 사회 운동이라 볼 수 있다.

ㄹ. (라)는 특정 집단의 이익만을 추구한다는 점에서 사회 운동이라 볼 수 없다.

08 24학년도 수능 18번

[정답과 해설 146page]

밑줄 친 ㉠, ㉡에 대한 설명으로 가장 적절한 것은? [3점]

> • A국에서는 이전 세대의 경제 성장 과정에서 배출된 온실 가스로 인해 기후 위기의 피해가 심각하다. 이에 기후 위기 해결을 위해 청년 중심의 시민 단체가 환경 정책 마련을 요구하고 온라인 캠페인 활동을 하는 등 ㉠ 사회 운동을 전개하고 있다.
>
> • B국의 한 노숙인은 행색이 초라하다는 이유로 건강권 관련 정책 토론회 출입을 제지당했다. 이 사건으로 노숙인 인권 보장을 요구하는 인권 단체의 시위가 벌어졌다. 이후 노숙인의 생계 지원법 마련을 요구하는 ㉡ 사회 운동이 지속적으로 확산되었다.

① ㉠은 세대 간 통합을 추구하는 체계적인 사회 운동이다.

② ㉡은 사회 체제 내에서 특정 사회 문제의 개선을 요구하는 사회 운동이다.

③ ㉠은 ㉡과 달리 사회적 약자의 권리 보장을 목적으로 하는 사회 운동이다.

④ ㉡은 ㉠과 달리 비대면 방식을 활용하는 사회 운동이다.

⑤ ㉠과 ㉡은 모두 변화를 거부하고 과거 질서로 되돌아가려는 사회 운동이다.

09 25학년도 6월 평가원 17번

그림에 대한 설명으로 옳은 것은? (단, A, B는 각각 진화론, 순환론 중 하나임.)

① ⓒ은 사회 변화에 저항하고 과거 질서로 회귀하려는 사회 운동이다.

② B는 사회 변동이 주기적으로 동일한 과정을 반복한다고 본다.

③ 갑은 사회적 시민권이 자유적 시민권의 획득 단계를 거쳐야만 보장될 수 있다고 본다.

④ 갑은 A의 관점에서 ⊙을, B의 관점에서 ⓒ을 해석하고 있다.

⑤ (가)에는 '모든 사회 변동이 항상 진보를 의미하지는 않는다'가 들어갈 수 있다.

10 25학년도 9월 평가원 13번

밑줄 친 ⊙~㉣에 대한 옳은 설명만을 〈보기〉에서 있는 대로 고르시오. [3점]

1960년대 미국 사회에서 베트남 전쟁 반대에 가장 적극적인 목소리를 낸 단체는 ○○ 연합이었다. 그들의 운동을 이끈 감정은 주류 사회에 대한 반감과 도덕적 분노였다. 전쟁을 반대하는 ⊙ 평화 운동 집회에서는 형제애와 연대의 언어가 넘쳐흘렀다. 하지만 동료 여성들을 대하는 남성들의 차별적 태도는 미국 사회의 전반적인 분위기와 다르지 않았다. 회의에서 이들은 여성의 발언권을 제약했고 여성이 논의를 주도하려 할 때면 종종 야유를 퍼부었다. 남성들은 주류 사회에 반기를 들었지만, ⓒ 남성 우위 문화에는 놀라울 만큼 순응했다. 여성들 역시 초기에는 이러한 차별을 그다지 의식하지 않았지만 시간이 흐르자 소수 여성을 중심으로 차별에 대한 문제 제기가 이루어졌다. 이 목소리는 결국 거대한 물결로 이어져, ⓒ 반전 운동을 넘어 미국 사회에 심오한 영향을 미친 ㉣ 여성 운동으로 발전했다.

〈보 기〉

ㄱ. ⊙은 반문화가 아닌 하위문화이다.

ㄴ. ⓒ은 다수의 사회 구성원이 전반적으로 공유하는 문화이다.

ㄷ. ⓒ은 현재의 사회 질서를 유지하고자 하는 사회 운동이다.

ㄹ. ㉣은 불평등한 사회 구조를 개혁하기 위한 사회 운동이다.

11 25학년도 수능 8번

밑줄 친 ㉠~㉤에 대한 설명으로 옳은 것은? [3점]

> 1970년대에 □□ 국제 시민 단체는 분유를 만드는 ○○ 다국적 기업에 대한 ㉠불매 운동을 전개하였다. ㉡저개발국에 분유를 무료로 나누어 주는 ○○ 다국적 기업의 공격적 마케팅으로 저개발국의 영아 사망률이 급격히 증가하였기 때문이다. 위생적인 환경이 갖추어지지 않은 저개발국에서 세균에 오염된 물과 젖병으로 인해 설사와 열병이 발생해 많은 아기가 사망하였다. ○○ 다국적 기업에 선의의 의도가 있었을지라도, 무분별한 시장 확대가 ㉢저개발국의 영아 건강을 심각하게 위협하는 결과를 초래한 것이다. 이로 인해 ○○ 다국적 기업이 영아 사망에 대해 책임을 져야 한다며 □□ 국제 시민 단체가 전 세계의 소비자들과 ㉣집단행동을 시작했다. 이를 계기로 여러 국제 시민 단체는 다국적 기업의 윤리적 책임을 요구하고, 나아가 환경 문제, 자원 문제와 같은 ㉤전 지구적 수준의 문제를 해결하기 위한 활동을 지속적으로 전개하고 있다.

① ㉠은 급격한 사회 변동에 저항하기 위해 펼치는 사회 운동이다.
② ㉡은 식량 자원 확보를 위한 국가 간 경쟁이 초래한 문제이다.
③ ㉢은 ○○ 다국적 기업의 이윤 추구를 정당화하는 근거가 된다.
④ ㉣은 사회 체제의 전면적인 변혁을 추구하는 사회 운동이다.
⑤ ㉤은 세계 시민 의식을 바탕으로 하는 조직적인 사회 운동이다.

01 21학년도 6월 평가원 13번

[정답과 해설 148page]

그림 (가), (나)를 통해 공통적으로 추론할 수 있는 정보 사회의 문제점으로 가장 적절한 것은?

(가)

(나)

① 정보의 접근 및 이용에서의 격차가 발생하고 있다.
② 디지털 기술이 세대 간 문화 격차를 확대시키고 있다.
③ 정보 기기 중독에 따른 사회적 부작용이 증가하고 있다.
④ 자동화 기기 도입의 증가에 따라 일자리가 줄어들고 있다.
⑤ 비대면적 사회관계가 확산되면서 인간 소외가 심화되고 있다.

02 21학년도 9월 평가원 10번

[정답과 해설 148page]

다음은 정보화에 대한 어느 필자의 주장이다. (가)에 들어갈 내용으로 가장 적절한 것은? [3점]

> 농업, 제조업, 서비스업의 자동화로 수백만 명의 노동자들이 노동 시장에 남겨질 것이다. 이들이 재훈련되어 정보 사회의 노동 사회에서 원하는 일자리를 찾게 될 것이라는 생각은 헛된 꿈에 불과하다. 정보 통신 기술이 대량의 노동력을 대체하는 사회에서는 이런 변화에 적응한 소수만이 양질의 일자리를 찾을 수 있다. 나머지는 저임금을 받고 단순 정보 서비스업에 종사하거나 일자리를 잃게 될 것이다. 그러므로 정보화로 인해 ______(가)______

① 노동 시장의 구조 변동이 나타나 서비스업 일자리는 소멸될 것이다.
② 노동의 시·공간적 제약이 축소되어 장시간 노동이 늘어날 것이다.
③ 비대면 노동 환경이 확대되어 인간 소외 현상이 심화될 것이다.
④ 노동 환경이 열악한 재택 근무가 확대되어 업무 효율성이 떨어질 것이다.
⑤ 산업 구조가 지식 및 정보 중심으로 재편되어 경제적 격차가 심화될 것이다.

[정답과 해설 149page]

(가), (나) 사례에 나타난 정보 사회의 문제에 대한 설명으로 가장 적절한 것은?

(가) 갑은 유명인의 1인 방송 채널에서 과장된 사용 후기를 우연히 보고 해당 제품을 구매하였으나, 품질이 방송 내용과 달라서 당황하였다.

(나) 을은 절찬리에 상영 중인 영화가 불법으로 유통되는 것을 알고, 이를 다운로드하여 친구들과 공유하였다.

---

① (가)는 정보 기기에 대한 과도한 의존 양상에 해당한다.
② (가)는 비판적 정보 수집·분석 능력 함양의 필요성을 보여 준다.
③ (나)는 타인의 개인 정보를 유출한 양상에 해당한다.
④ (나)는 정보 격차 해소를 위한 환경 구축의 필요성을 보여 준다.
⑤ (가), (나)는 모두 익명성을 바탕으로 한 거짓 정보의 유포로 인해 발생한 것이다.

[정답과 해설 149page]

다음은 A, B의 일반적인 특징을 비교한 것이다. 이에 대한 설명으로 옳은 것은? (단, A와 B는 각각 산업 사회, 정보 사회 중 하나이다.)

· A는 B에 비해 의사 결정의 분권화 정도가 높다.
· A는 B에 비해 [(가)   ] 이/가 크다.
· B는 A에 비해 [(나)   ] 이/가 빠르다.

---

① A는 B에 비해 비대면 접촉의 비중이 낮다.
② B는 A에 비해 쌍방향 매체의 정보 전달 비중이 낮다.
③ A는 소품종 대량 생산 체제, B는 다품종 소량 생산 체제가 지배적이다.
④ (가)에는 '물리적 거리가 사회적 관계 형성에 미치는 제약'이 들어갈 수 있다.
⑤ (나)에는 '정보의 확산 속도'가 들어갈 수 있다.

  [정답과 해설 150page]

그림은 질문을 통해 A, B를 구분한 것이다. 이에 대한 설명으로 옳은 것은? (단, A, B는 각각 산업 사회, 정보 사회 중 하나이다.)

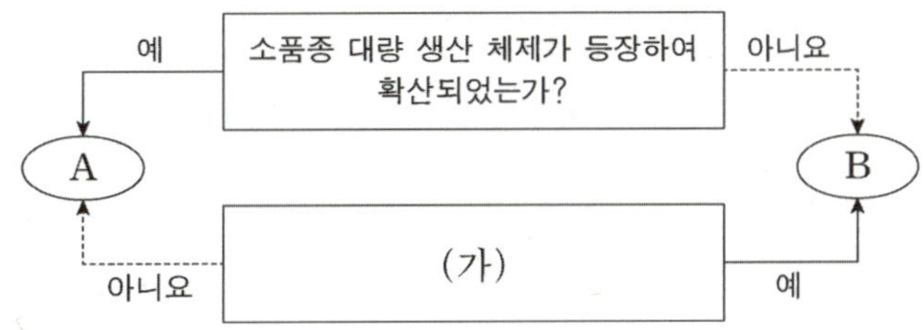

① A는 B보다 사회의 다원화 정도가 낮다.
② A는 B보다 가정과 일터의 분리 정도가 낮다.
③ B는 A보다 비대면 접촉 정도가 낮다.
④ B는 A보다 의사 결정의 분권화 정도가 낮다.
⑤ (가)에는 '정보 생산자와 소비자의 경계가 명확한가?'가 들어갈 수 있다.

  [정답과 해설 150page]

다음 자료에 대한 옳은 설명만을 〈보기〉에서 있는 대로 고르시오. (단, A, B는 각각 산업 사회, 정보 사회 중 하나이다.)

　개인들은 A에 비해 B에서 취향의 자유를 더 많이 누린다. B의 개인들은 자신의 독특한 욕구를 A에 비해 훨씬 더 다양한 방식으로 실현한다.

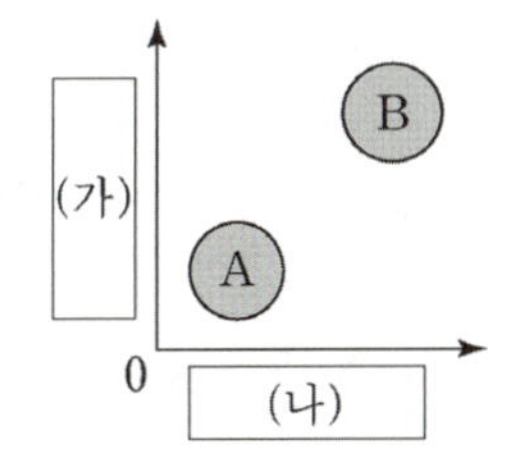

* 0에서 멀수록 그 비중이나 정도가 높거나 큼.

〈보 기〉

ㄱ. A는 B에 비해 물리적 거리가 사회적 관계 형성을 제약하는 정도가 크다.
ㄴ. B는 A에 비해 쌍방향 매체의 정보 전달 비중이 낮다.
ㄷ. (가)에는 '의사 결정의 분권화 정도'가, (나)에는 '비대면 접촉의 비중'이 들어갈 수 있다.
ㄹ. (가)에는 '정보 생산자와 소비자 간 구분의 명확성 정도'가, (나)에는 '가정과 일터의 분리 정도'가 들어갈 수 있다.

A, B의 일반적인 특징에 대한 설명으로 옳은 것은? (단, A, B는 각각 산업 사회, 정보 사회 중 하나임.)

[3점]

> 　지식이 부가 가치를 창출하는 중요한 원천인 A에서는 가정에서도 고도화된 통신 기술이 널리 활용된다. 이를 통해 재택근무가 활성화되면서 가정은 생산과 노동의 중심이 되기도 한다. 반면, 주로 자본과 노동을 통해 부가 가치를 창출하는 B에서 가정은 직장과 공간적으로 분리된다. 직장은 생산과 노동의 공간, 가정은 휴식 공간으로 기능한다.

① A는 B에 비해 직업의 동질성 정도가 높다.
② A는 B에 비해 정보 확산의 시공간적 제약이 적다.
③ A는 B에 비해 사이버 범죄가 발생할 가능성이 낮다.
④ B는 A에 비해 다품종 소량 생산 방식의 비중이 높다.
⑤ B는 A에 비해 쌍방향 매체를 통한 정보 전달의 비중이 높다.

그림은 A, B의 일반적인 특징을 비교한 것이다. 이에 대한 설명으로 옳은 것은? (단, A, B는 각각 산업 사회, 정보 사회 중 하나임.)

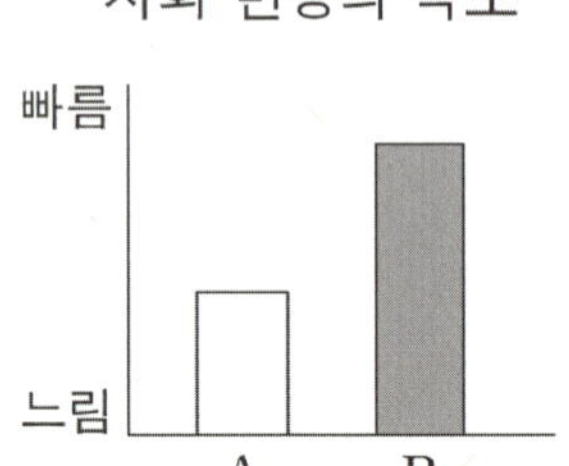

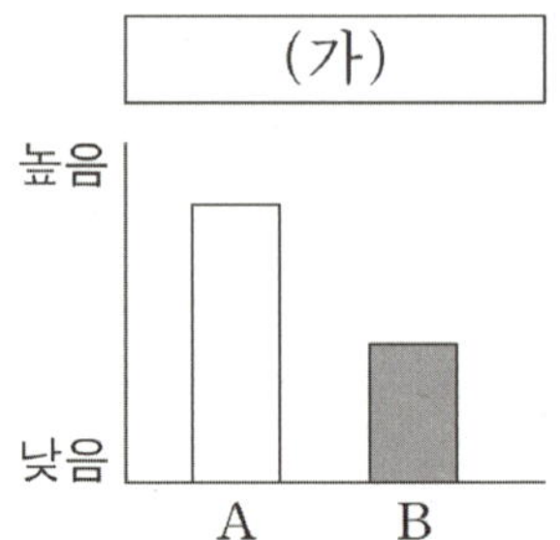

① A는 B에 비해 전자 상거래의 비중이 작다.
② B는 A에 비해 의사 결정의 분권화 정도가 낮다.
③ A는 다품종 소량 생산, B는 소품종 대량 생산이 지배적이다.
④ A는 지식과 정보, B는 자본과 노동이 부가 가치의 주요 원천이다.
⑤ (가)에는 '정보의 생산자와 소비자 간 구분의 명확성 정도'가 들어갈 수 없다.

09 **24학년도 9월 평가원 16번** [정답과 해설 152page]

다음 글에서 도출할 수 있는 정보 사회의 문제점으로 가장 적절한 것은? [3점]

> 인터넷에 대한 의존도가 높아지면서 일상의 변화가 일어나고 있다. 온라인을 통해 금융 업무나 음식 주문과 같은 일을 비대면으로 간편하게 처리하는 사람이 늘고 있는 반면, 온라인을 활용한 삶의 편의성으로부터 소외된 사람도 있다. 정보 사회에서 사회 구성원은 정보 통신 기기의 구매 능력 정도, 유용하고 신뢰할 수 있는 고급 정보에 대한 비용 지불 능력 정도, 소프트웨어 기술 습득 능력 정도, 정보 서비스의 활용 능력 정도 등에 따라 디지털 환경에 빠르게 적응하는 사람과 뒤처지는 사람으로 구분된다. 정보가 부가 가치 창출의 원천인 정보 사회에서 이러한 현상은 심각한 사회 문제로 대두되고 있다.

① 정보 생산자의 신뢰성 문제가 나타나고 있다.
② 정보화 과정에서 문화 지체 현상이 나타나고 있다.
③ 비대면 관계의 증가로 인한 인간 소외 현상이 나타나고 있다.
④ 정보 격차로 인한 새로운 사회 불평등 현상이 나타나고 있다.
⑤ 정보 통신 기기의 과다 사용으로 인한 병리 현상이 나타나고 있다.

10 **25학년도 6월 평가원 13번** [정답과 해설 152page]

(가), (나)에 들어갈 수 있는 내용으로 가장 적절한 것은? [3점]

> 갑 : 정보화 시대에는 사회 불평등이 줄어들 것입니다. 오늘날 더 많은 사람들이 컴퓨터와 네트워크를 통해 지식과 정보에 손쉽게 접근하고 있습니다. 이처럼 정보에 대한 보편적 접근권이 확대되면 교육이나 문화에서의 격차는 더욱 줄어들게 될 것입니다. 즉, 정보 기술은 [(가)   ]
>
> 을 : 지식과 정보가 중시되는 사회에서 사회 불평등은 심화될 것입니다. 정보 부국과 정보 빈국이라는 말이 존재하듯이 오늘날 국제적 상황에서 정보 격차는 더욱 심해졌습니다. 이는 국내적 상황에서도 다르지 않습니다. 즉, 보편적 접근권이 강조되고 있음에도 정보 기술은 [(나)   ] 왜냐하면 한 국가 내에서 정보를 실질적으로 활용하여 부를 재생산할 수 있는 능력은 서열화된 사회 구조적 위치에 따라 다르게 분포되어 있기 때문입니다.

① (가) : 저작권 침해 문제를 야기할 수 있습니다.
② (가) : 검증되지 않은 정보를 확산시킬 수 있습니다.
③ (나) : 상대적 빈곤을 줄이는 데 도움을 줄 수 있습니다.
④ (나) : 정보 부국 중심의 국제 질서를 강화할 수 있습니다.
⑤ (나) : 계층에 따른 기존의 소득 격차를 늘릴 수 있습니다.

다음 글에서 필자가 강조하는 세계화의 문제점으로 가장 적절한 것은?

> 아프리카에 바이러스 감염이 빈발하게 된 것은 병원체나 숙주의 문제가 아니었다. 다국적 기업들의 플랜테이션 농장 건설이 더욱 확대되어 완충지 역할을 하던 산림이 파괴되면서 야생 동물의 바이러스가 곧장 인간을 숙주로 삼게 되었다는 것이 핵심이다. 하지만 더 심각한 것은 바이러스 감염이 국지적 현상에 그치지 않고 전 지구적 비상사태를 초래했다는 점이다. 바이러스를 더 멀리 신속하게 실어 나르는 데 결정적인 기여를 한 것은 늘어난 대륙 간 항공망과 이로 인한 국가 간 교류의 증대였다. 바이러스의 이슬비는 그런 식으로 떨어져 내린다.

① 국제 분업으로 국가 간 빈부 격차가 심화된다.
② 무분별한 개발로 인해 생물종의 다양성이 감소한다.
③ 국가 간 교류 증대로 개별 국가의 자율성이 약화된다.
④ 자원 확보를 위한 경쟁으로 인해 국가 간 갈등이 심화된다.
⑤ 자본의 이윤 추구로 인한 지역 문제가 전 세계로 확산된다.

(가)에 들어갈 수 있는 내용으로 가장 적절한 것은?

> 『수행 평가 보고서 내용 요약』
>
> ○○모둠
>
> ∘ 조사 자료
> 1) 전쟁터에서 방치된 채 죽어가는 부상자를 구호하고 희생자를 최소화하기 위한 국제 조약의 필요성을 주장하며 유럽 각국 지도자들을 설득하여 국제기구를 설립한 A
> 2) 알래스카 지역의 회색 고래 등 지구적 차원의 멸종 위기 동물 보호를 위해 여러 국가와 기업, 지역 주민들의 합의를 이끌어 내고 환경 보존과 생명 존중을 실천한 환경 단체 B
>
> ∘ 조사 자료 1)과 2)를 통해 공통적으로 도출한 결론
> 전 지구적 수준의 문제를 해결하기 위해서는 [　　(가)　　] 이 중요하다.
> --
> [교사 평가란] 적절한 사례를 조사하여 결론을 잘 도출했습니다.

① 자원을 둘러싼 국가 간 분쟁을 줄이는 것
② 전쟁으로 인한 인명과 재산 피해를 막는 것
③ 과학 기술 발전의 성과를 전 세계와 공유하는 것
④ 세계 시민 의식을 함양하여 환경 문제에 관심을 갖는 것
⑤ 특정 지역이나 국가를 초월하여 국제 협력을 강화하는 것

Part

02

문제 풀이법 파트

01 구분 유형

구분 유형의 key point는 **소거법**이다.

구분 유형은 3~4가지의 것들을 2~3 문장으로 구분하여 각각의 이름이 무엇인지 알아야 문제를 풀 수 있도록 설계된다. **구분 유형 문제를 푸는 가장 빠르고 간단한 방법**은 '**구분할 수 없다.' 문장부터 먼저 보는 것**이다. A와 B를 구분할 수 없다는 것은 A와 B가 공통된 특징을 가지고 있다는 것과 같은 표현이다. 이 '**구분할 수 없다.'가 포함된 문장에서 언급되지 않은 나머지 하나를 소거**해야 문제를 수월하게 풀 수 있다. '구분할 수 없다.'가 포함된 문장이 아닌 다른 문장부터 먼저 보게 되면 풀이 과정이 복잡해진다.

19년 4월 교육청 13번 변형

다음 A~C의 일탈 이론을 각각 구해보자. (단, A~C는 각각 낙인 이론, 아노미 이론, 차별 교제 이론 중 하나이다.)

- '일탈 행동을 규정하는 객관적인 기준이 존재한다고 보는가?'라는 질문을 통해 A와 C를 구분할 수 있다.
- '타인과의 상호 작용 과정을 중심으로 일탈 행동을 설명하는가?'라는 질문을 통해서는 B와 C를 구분할 수 없다.

풀이 속도 비교를 위해 '구분할 수 있다.'가 있는 첫 번째 문장부터 차례대로 보는 풀이와 '구분할 수 없다.'가 있는 문장부터 보는 풀이의 두 가지 풀이를 보여주도록 하겠다.

1. '구분할 수 있다.'가 있는 첫 번째 문장부터 차례대로 보는 풀이

우선 첫 번째 문장부터 보도록 하자. **'일탈 행동을 규정하는 객관적인 기준이 존재한다고 보는가?'라는 질문에 '예'라고 답할 일탈 이론은 아노미 이론과 차별 교제 이론이고, '아니요'라고 답할 일탈 이론은 낙인 이론이 유일하다.** 해당 문장을 통해 A와 C를 구분할 수 있다고 했으므로, 낙인 이론은 A나 C 중 하나이고, B는 아노미 이론이나 차별 교제 이론 중 하나이다.

두 번째 문장을 보자. '타인과의 상호 작용 과정을 중심으로 일탈 행동을 설명하는가?'라는 질문에 '예'라고 답할 일탈 이론은 낙인 이론과 차별 교제 이론이고, '아니요'라고 답할 일탈 이론은 아노미 이론이 유일하다. 해당 문장을 통해 B와 C를 구분할 수 없다고 했으므로, B와 C는 각각 낙인 이론과 차별 교제 이론 중 하나이고 A는 아노미 이론이다.

첫 번째 문장에서 도출된 결론과 두 번째 문장에서 도출된 결론을 결합하면 A는 아노미 이론이므로 B는 아노미 이론이 아닌 차별 교제 이론이 되고, 나머지 C는 낙인 이론이 된다.

2. '구분할 수 없다.'가 있는 문장부터 보는 풀이

'구분할 수 없다.'가 있는 두 번째 문장부터 먼저 보자. '타인과의 상호 작용 과정을 중심으로 일탈 행동을 설명하는가?'라는 질문에 '예'라고 답할 일탈 이론은 낙인 이론과 차별 교제 이론이고, **'아니요'라고 답할 일탈 이론은 아노미 이론이 유일하다.** 해당 문장을 통해 B와 C를 구분할 수 없다고 했으므로, B와 C는 각각 낙인 이론과 차별 교제 이론 중 하나이고 A**는 아노미 이론이다.**

다음으로 '구분할 수 있다.'가 있는 첫 번째 문장을 보자. '일탈 행동을 규정하는 객관적인 기준이 존재한다고 보는가?'라는 질문에 A인 아노미 이론은 '예'라고 답하므로 해당 문장으로 A와 C를 구분하기 위해서는 C가 해당 문장에 '아니요'라고 답해야 한다. **따라서 C는 낙인 이론, B는 차별 교제 이론이다.** 두 개의 문장으로 세 가지를 분류하는 것은 두 풀이의 차이가 크지는 않지만, 세 개 이상의 문장으로 네 가지 이상을 분류하는 것은 저자의 풀이 방식이 훨씬 수월하다.

'구분할 수 없다.'가 있는 문장부터 보지 않고 문제를 푼다고 하더라도 필연적으로 '구분할 수 없다.'가 있는 문장을 보고 난 뒤, 다시 처음에 봤던 문장을 보아야 한다.

자료는 문화 접변 양상 A ~ C를 질문에 따라 분류한 것이다. 이에 대한 옳은 설명만을 〈보기〉에서 있는 대로 고르시오. (단, 질문 (가)~(다)에 대해 각각 '예'와 '아니요' 중 같은 답을 할 수 있는 유형들을 한 묶음으로 처리한다.) [3점]

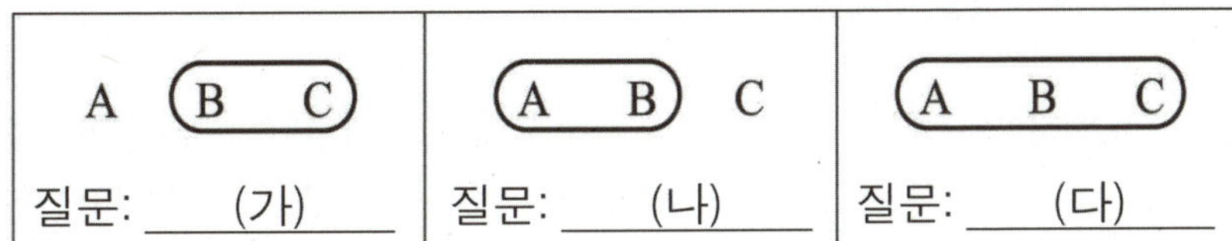

문화 접변 양상 A ~ C는 각각 문화 동화, 문화 병존, 문화 융합 중 하나이다. 이 중 A의 사례로는 '서양의 의복 문화가 접목된 현대의 개량 한복', B의 사례로는 '우리나라에 전통 종교와 외래 종교가 각각 자리잡은 것'을 들 수 있다.

─────── 〈보 기〉 ───────

ㄱ. (가)에는 "제3의 문화 요소가 나타나는가?"가 적절하다.

ㄴ. (나)에는 "자문화의 정체성을 상실하는가?"가 적절하다.

ㄷ. (다)에는 "문화의 다양성 보존에 유리한가?"가 적절하다.

ㄹ. C의 사례로 '케이팝(K-POP)이 동남아시아 국가에서 음악 차트 1위를 차지한 것'을 들 수 있다.

- 해당 문제는 구분 유형에 속한 다른 문제들과 형식은 다르지만, 풀이 방법에 유사한 점이 있어 수록했다.
'같은 답을 할 수 있는 유형들을 한 묶음으로 처리한다.'라는 단서를 통해 문화 접변 양상들을 구분하여
접근한다면 수월하게 해결할 수 있을 것이다.

서양의 의복 문화가 접목된 현대의 개량 한복은 문화 융합의 사례이므로 A는 문화 융합이다.
우리나라에 전통 종교와 외래 종교가 각각 자리 잡은 것은 문화 병존의 사례이므로 B는 문화 병존이
다. 따라서 C는 문화 동화이다.

- (가)에는 문화 병존(B), 문화 동화(C)를 문화 융합(A)과 구분할 수 있는 질문이 들어가야 한다.
(나)에는 문화 융합(A), 문화 병존(B)을 문화 동화(C)와 구분할 수 있는 질문이 들어가야 한다.
(다)에는 문화 융합(A), 문화 병존(B), 문화 동화(C) 모두 같은 대답을 할 질문이 들어가야 한다.

〈선지 분석〉

ㄱ. 문화 접변 양상 중 제3의 문화 요소가 나타나는 것은 문화 융합(A)뿐이다.
따라서 해당 질문은 (가)에 들어갈 수 있다.

ㄴ. 문화 접변 양상 중 자문화의 정체성을 상실하는 것은 문화 동화(C)뿐이다.
따라서 해당 질문은 (나)에 들어갈 수 있다.

ㄷ. 문화 접변 양상 중 문화의 다양성 보존에 유리한 것은 문화 융합(A)과 문화 병존(B)뿐이다.
따라서 해당 질문은 (다)에 들어갈 수 없다.

ㄹ. 케이팝(K-POP)이 동남아시아 국가에서 음악 차트 1위를 차지한 것은 문화 동화(C)의 사례가
아니다.

01 19학년도 수능 4번 [정답과 해설 156page]

다음 자료에 대한 설명으로 옳은 것은? (단, A ~ C는 각각 기능론, 갈등론, 상징적 상호 작용론 중 하나이다.) [3점]

- '개인의 행동은 특정 집단의 가치가 반영된 사회 규범에 의해 강제되는 것이라고 보는가?'라는 질문으로 A와 B를 구분할 수 있다.
- '개인의 행동이 개인 외부에서 독립적으로 작동하는 강제력에 의해 규제된다고 보는가?'라는 질문으로는 A와 C를 구분할 수 없다.

① A는 사회의 각 부분이 상호 의존적인 관계라고 본다.
② B는 사회의 안정보다 변동을 중시한다.
③ C는 사회가 유기체와 유사한 특성을 지니고 있다고 본다.
④ A, B는 C와 달리 사회 제도의 영향력을 중시한다.
⑤ A는 B, C와 달리 개인의 행동은 상황에 대한 주관적 해석에 기초하여 이루어진다고 본다.

02 21학년도 9월 평가원 13번 [정답과 해설 157page]

사회 집단 및 사회 조직 A ~ D에 대한 설명으로 옳은 것은? (단, A ~ D는 각각 가족, 사내 동호회, 시민 단체, 학교 중 하나이다.)

- '공통의 관심과 목표에 따라 자발적으로 결성하였는가?'라는 질문에 따라 B, D는 A, C와 구분된다.
- '선택 의지에 따라 형성하였는가?'라는 질문으로는 A, C, D를 구분할 수 없다.
- '명시적 규약과 체계화된 업무 수행 방식을 갖추었는가?'라는 질문에 따라 A, D는 B, C와 구분된다.

① C는 공식적 사회화 기관이다.
② A는 2차 집단, B는 1차 집단이다.
③ D는 A에 비해 가입과 탈퇴가 자유롭다.
④ D는 B, C와 달리 구성원에 대한 비공식적 통제가 일반적이다.
⑤ A, D는 이익 사회, B, C는 공동 사회이다.

[정답과 해설 158page]

03 19년 3월 교육청 7번

다음 자료에 대한 옳은 설명을 〈보기〉에서 있는 대로 고르시오. (단, A~C는 각각 문화 사대주의, 문화 상대주의, 자문화 중심주의 중 하나이다.) [3점]

- '문화 간에 우열이 존재한다고 보는가?'는 A와 B를 구분할 수 없는 질문이다.
- '자기 문화의 정체성을 상실할 우려가 큰가?'는 A와 C를 구분할 수 있는 질문이다.
-          (가)   는 B와 C를 구분할 수 있는 질문이다.

〈보 기〉

ㄱ. A에 비해 C는 문화의 다양성 보존에 유리하다.
ㄴ. B에 비해 A는 타 문화 수용에 적극적이다.
ㄷ. B와 달리 C는 문화 제국주의를 정당화하는 태도이다.
ㄹ. (가)에 '맹목적으로 자기 문화의 가치를 낮게 평가하는가?'가 들어갈 수 있다.

04 24학년도 9월 평가원 10번

[정답과 해설 159page]

다음 자료에 대한 설명으로 옳은 것은? [3점]

       (가)   는 자료 수집 방법 A, B, C의 공통점과 차이점을 알아보기 위한 질문이다.   (가)   에 대한 '예', '아니요'의 응답을 통해 A와 B를 구분할 수 있지만, B와 C를 구분할 수 없다. 단, A~C는 각각 질문지법, 면접법, 참여 관찰법 중 하나이다.

① A가 질문지법이라면, (가)에는 '주로 질적 자료를 수집할 때 활용합니까?'가 들어갈 수 없다.
② A가 면접법이라면, (가)에는 '언어나 문자로 의사소통할 수 없는 대상으로부터 자료 수집이 가능합니까?'가 들어갈 수 있다.
③ C가 참여 관찰법이라면, (가)에는 '자료 수집 과정에서 연구 대상자의 응답이 필수적입니까?'가 들어갈 수 없다.
④ C가 질문지법이라면, (가)에는 '자료 수집 과정에서 표준화·구조화된 도구의 사용이 필수적입니까?'가 들어갈 수 있다.
⑤ (가)에 '문맹자에게 사용하기 어렵습니까?'가 들어간다면, B는 주로 방법론적 일원론을 전제로 한 연구에 활용된다.

02 개방형 문제 유형

개방형 문제란 문제에 주어진 단서로는 표나 그림에 있는 관점, 이론 등을 모두 적을 수 없는 문제 유형을 의미하며, 이는 선지의 조건에 따라 표나 그림에 있는 관점, 이론 등이 정해지게 된다.

▌개방형 문제 풀 때 팁

1. **타임어택이 심한 사회·문화 과목의 특성상** 이미 들어갈 이론/관점이 정해진 것은 종이에 적어두고, **선지의 조건에 따라 답이 갈리는 것은 눈으로 풀 수 있도록 연습**하도록 하자. (일명 '눈풀이')
   - 부분 확정형의 경우

   〈예시〉 20학년도 6월 평가원 7번 변형

그림은 일탈 이론 A~C를 구분한 것이다.
(단, A~C는 각각 낙인 이론, 뒤르켐의
아노미 이론, 차별 교제 이론 중 하나이다.)
[3점]

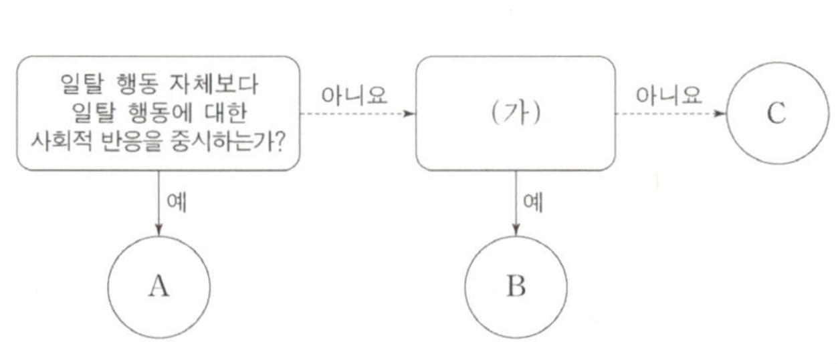

⇒ 일탈 행동 자체보다 일탈 행동에 대한 사회적 반응을 중시하는 일탈 이론은 낙인 이론이므로 주어진 질문에 '예'라고 답한 A는 낙인 이론이다. 따라서 이에 대한 정보를 간단하게 표시하는 것이 좋다. (가)에 들어갈 질문에 따라 B와 C에 들어갈 이론이 달라지므로, 이에 대한 선지는 '눈풀이'로 처리하도록 하자.

2. **상황 판단을 꼼꼼히 해야 한다. 질문에 '예'라고 답할 것이 무엇인지, '아니요'라고 답할 것이 무엇인지 확실하게 판단하도록 하자. (주로 표 유형의 경우)**

   〈예시〉 17학년도 9월 평가원 11번 변형

표는 일탈 이론 A~C를 질문에 따라 구분한 것이다. 표를 보고 다음의 옳고 그름을 판단하시오.
(단, A~C는 각각 낙인 이론, 아노미 이론, 차별 교제 이론 중 하나이다.) [3점]

이론＼질문	(가)	(나)	(다)
A	예	아니요	아니요
B	아니요	아니요	예
C	아니요	예	아니요

· A가 아노미 이론, B가 차별 교제 이론이라면, "타인들과의 상호 작용이 일탈 발생 과정에 미치는 영향을 중시하는가?"는 (다)에 적절하다. (×)

⇒ A가 아노미 이론, B가 차별 교제 이론이라면, C는 낙인 이론이다. (다)에는 차별 교제 이론만이 '예'라고 답할 질문이 들어가야 하는데, 차별 교제 이론과 낙인 이론 둘 다 타인들과의 상호 작용이 일탈 발생 과정에 미치는 영향을 중시하므로 해당 질문은 (다)에 들어갈 수 없다.

⇒ 해당 선지의 옳고 그름을 판단할 때, 아노미 이론이 해당 질문에 '아니요'라고 답하고, 차별 교제 이론이 '예'라고 답한다고 해도 낙인 이론도 고려해야 한다는 점을 잊어서는 안 된다.

3. 개방형 선지는 3가지의 논리적 과정에 따라 분석하도록 하자. (눈풀이 가능하도록 연습하기)

3가지의 논리적 과정은 주로 ① 조건에 나오는 질문이나 문장에 해당하는 관점/이론이 무엇인지 파악하기 → ② 뒤에 나오는 질문이나 문장에 어떤 관점/이론이 들어가야 하는지 파악하기 → ③ 전체적인 상황 파악하기(선지의 내용이 들어갈 수 있는지 없는지 구분하기)와 같은 방식으로 이루어진다.

〈예시〉 20학년도 6월 평가원 7번 변형

그림은 일탈 이론 A~C를 구분한 것이다. 이에 대한 설명으로 옳은 것은? (단, A~C는 각각 낙인 이론, 뒤르켐의 아노미 이론, 차별 교제 이론 중 하나이다.) [3점]

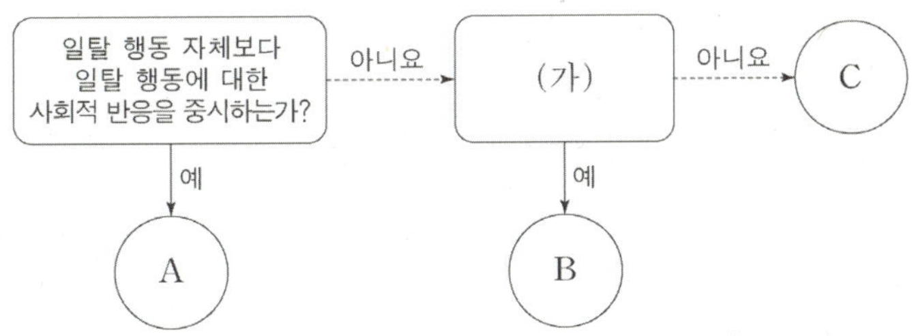

① B가 새로운 가치관의 확립으로 일탈 행동을 줄일 수 있다고 본다면, (가)에는 '일탈 행동을 규정하는 객관적 기준이 존재한다고 보는가?'가 들어갈 수 있다.
② (가)가 '일탈 행동에 우호적인 집단과의 교류 차단을 일탈 행동에 대한 해결 방안으로 보는가?'라면, C는 일탈자로서의 자아 정체성 형성이 반복적인 일탈 행동의 원인이라고 본다.
③ (가)가 '급격한 사회 변동이 일탈 행동을 야기한다고 보는가?'라면, A, C 모두 타인과의 상호 작용이 일탈 행동의 발생 과정에 미치는 영향을 중시한다.

일탈 행동 자체보다 일탈 행동에 대한 사회적 반응을 중시하는 일탈 이론은 낙인 이론이므로 주어진 질문에 '예'라고 답한 A는 낙인 이론이다. → **표시해 두기**

〈선지 분석〉

① 새로운 가치관의 확립으로 일탈 행동을 줄일 수 있다고 보는 일탈 이론은 뒤르켐의 아노미 이론이다. → B가 뒤르켐의 아노미 이론이라면 (가)에는 뒤르켐의 아노미 이론이 '예', 차별 교제 이론이 '아니요'라고 답할 질문이 들어가야 한다. → 뒤르켐의 아노미 이론과 차별 교제 이론 모두 일탈 행동을 규정하는 객관적 기준이 존재한다고 보므로 해당 질문은 (가)에 들어갈 수 없다.

② 일탈 행동에 우호적인 집단과의 교류 차단을 일탈 행동에 대한 해결 방안으로 보는 일탈 이론은 차별 교제 이론이다. → 해당 질문이 (가)에 들어간다면, 해당 질문에 '예'라고 답할 차별 교제 이론은 B이고, '아니요'라고 답할 뒤르켐의 아노미 이론은 C이다. → 일탈자로서의 자아 정체성 형성이 반복적인 일탈 행동의 원인이라고 보는 일탈 이론은 낙인 이론이므로 틀린 선지이다.

③ 급격한 사회 변동이 일탈 행동을 야기한다고 보는 일탈 이론은 뒤르켐의 아노미 이론이다. → 해당 질문이 (가)에 들어간다면, 해당 질문에 '예'라고 답할 뒤르켐의 아노미 이론은 B이고, '아니요'라고 답할 차별 교제 이론은 C이다. → 낙인 이론과 차별 교제 이론 모두 타인과의 상호 작용이 일탈 행동의 발생 과정에 미치는 영향을 중시하므로 옳은 선지이다.

그림은 질문에 따라 사회·문화 현상을 보는 관점 A~C를 구분한 것이다. 이에 대한 설명으로 옳은 것은? (단, A~C는 각각 기능론, 갈등론, 상징적 상호 작용론 중 하나이다.) [3점]

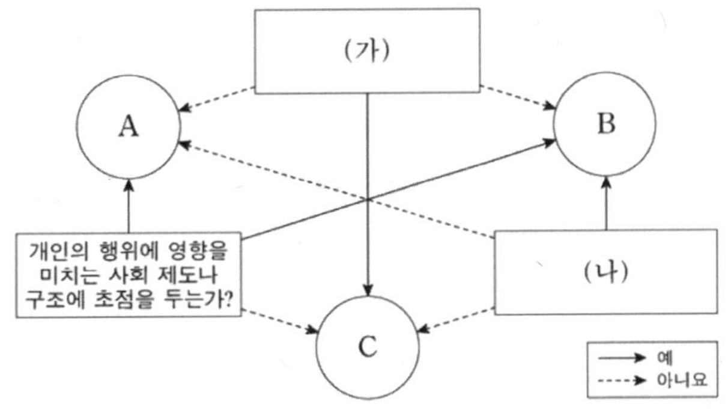

① (가)에는 '인간을 사물이나 행위에 주관적인 의미를 부여하는 주체로 보는가?'가 들어갈 수 없다.

② A가 갈등론이라면, (가)에는 '사회는 스스로 균형을 유지하는 속성을 지닌다고 보는가?'가 들어갈 수 있다.

③ B가 기능론이라면, (나)에는 '사회적 희소가치를 둘러싼 집단 간 대립 관계에 주목하는가?'가 들어갈 수 있다.

④ C는 A, B와 달리 행위자의 능동적, 자율적 측면을 간과한다.

⑤ (나)가 '사회에는 어느 시점에나 구조적 모순이 내재되어 있다고 보는가?'라면, A는 기득권층의 이익을 대변하는 논리로 이용될 우려가 있다는 비판을 받는다.

(1) '개인의 행위에 영향을 미치는 사회 제도나 구조에 초점을 두는가?'라는 질문에 유일하게 '아니요'라고 답할 C는 상징적 상호 작용론이다.

(2) (가)에는 C에 해당하는 상징적 상호 작용론만이 '예'라고 답할 질문이 들어가야 하고, (나)에는 B에 해당하는 이론이 '예', A에 해당하는 이론과 상징적 상호 작용론이 '아니요'라고 답할 질문이 들어가야 한다.

〈선지 분석〉

① 상징적 상호 작용론은 인간을 사물이나 행위에 주관적인 의미를 부여하는 주체로 보므로 해당 질문은 (가)에 들어갈 수 있다.

② A가 어떤 관점이든 상관없이, (가)에는 상징적 상호 작용론만이 '예'라고 답할 질문이 들어가야 한다. 사회가 스스로 균형을 유지하는 속성을 지닌다고 보는 관점은 기능론이므로 해당 질문은 (가)에 들어갈 수 없다.

③ B가 기능론이라면, (나)에는 기능론만이 '예'라고 답할 질문이 들어가야 한다. 사회적 희소가치를 둘러싼 집단 간 대립 관계에 주목하는 관점은 갈등론이므로 해당 질문은 (나)에 들어갈 수 없다.

④ 미시적 관점에 해당하는 상징적 상호 작용론(C)은 행위자의 능동적, 자율적 측면을 강조한다.

⑤ 사회에는 어느 시점에나 구조적 모순이 내재되어 있다고 보는 관점은 갈등론이다.
따라서, 해당 질문이 (나)에 들어가면 B는 갈등론이고, A는 기능론이다.
기능론은 기득권층의 이익을 대변하는 논리로 이용될 우려가 있다는 비판을 받는다.

그림은 사회 집단 또는 사회 조직 A, B를 질문 (가), (나)에 따라 구분한 것이다. 이에 대한 설명으로 옳은 것은? [3점]

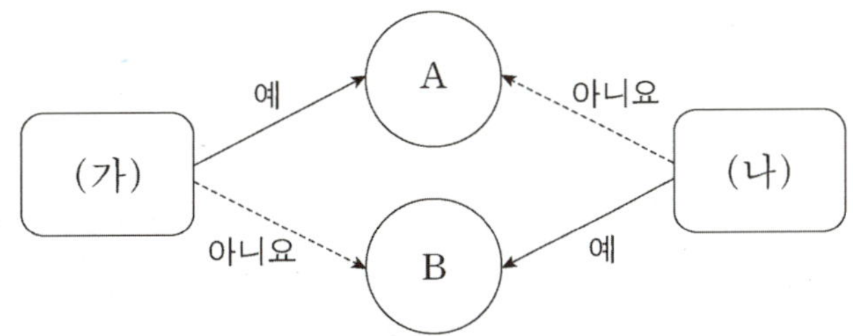

① (가)가 '구성원의 선택적 의지에 따라 형성된 집단인가?'라면, A에는 가족이, B에는 종친회가 들어갈 수 있다.

② (나)가 '형식적·수단적 인간 관계가 지배적으로 나타나는가?'라면, A에는 회사가, B에는 또래 집단이 들어갈 수 있다.

③ A가 시민 단체라면, (가)에는 '구성원의 지위와 책임이 명확하게 규정되어 있는 집단인가?', (나)에는 '구성원의 의지와 무관하게 자연 발생적으로 형성된 집단인가?'가 들어갈 수 있다.

④ B가 회사 내 동호회라면, (가)에는 '공통의 이해관계와 관심을 가진 사람들이 자발적으로 만든 집단인가?', (나)에는 '공식 조직 내에서 구성원 간의 친밀한 관계를 바탕으로 형성된 조직인가?'가 들어갈 수 있다.

⑤ A가 기업의 노동 조합이고 B가 대학 총동창회라면, (가)에는 '주로 공식적 규범을 통해 구성원을 통제하는가?', (나)에는 '구성원들의 직접적인 접촉을 통한 전인격적 관계에 기초한 집단인가?'가 들어갈 수 있다.

(가)에는 사회 조직 A가 '예', B가 '아니요'라고 답할 질문이, (나)에는 사회 조직 B가 '예', A가 '아니요'라고 답할 질문이 들어가야 한다.

〈선지 분석〉

① 구성원의 선택적 의지에 따라 형성된 집단은 이익 사회이다. 따라서 해당 질문이 (가)에 들어가면 A에는 이익 사회, B에는 공동 사회에 해당하는 내용이 들어가야 한다. 가족은 공동 사회, 종친회는 이익 사회의 사례이므로 해당 질문이 (가)에 들어가면 A에는 가족이, B에는 종친회가 들어갈 수 없다.

② 형식적·수단적 인간 관계가 지배적으로 나타나는 집단은 2차 집단이다. 따라서 해당 질문이 (나)에 들어가면 A에는 1차 집단, B에는 2차 집단에 해당하는 내용이 들어가야 한다. 회사는 2차 집단, 또래 집단은 1차 집단의 사례이므로 해당 질문이 (나)에 들어가면 A에는 회사, B에는 또래 집단이 들어갈 수 없다.

③ 시민 단체는 구성원의 지위와 책임이 명확하게 규정된 공식 조직이므로, A가 시민 단체라면 첫 번째 질문은 (가)에 들어갈 수 있다. 시민 단체는 구성원의 의지와 무관하게 자연 발생적으로 형성된 공동 사회가 아니라 구성원들의 선택 의지에 의해 인위적으로 형성된 이익 사회이므로, A가 시민 단체라면 두 번째 질문은 (나)에 들어갈 수 있다.

④ B가 회사 내 동호회라면, (가)에는 회사 내 동호회가 '아니요'라고 답할 질문이, (나)에는 회사 내 동호회가 '예'라고 답할 질문이 들어가야 한다. 회사 내 동호회는 공통의 이해관계와 관심을 가진 사람들이 자발적으로 만든 자발적 결사체이므로 B가 회사 내 동호회라면, 첫 번째 질문은 (가)에 들어갈 수 없다. 회사 내 동호회는 공식 조직 내에서 구성원 간의 친밀한 관계를 바탕으로 형성된 비공식 조직이므로 B가 회사 내 동호회라면, 두 번째 질문은 (나)에 들어갈 수 있다.

⑤ A가 기업의 노동 조합이고 B가 대학 총동창회라면, (가)에는 기업의 노동 조합이 '예', 대학 총동창회가 '아니요'라고 답할 질문이, (나)에는 기업의 노동 조합이 '아니요', 대학 총동창회가 '예'라고 답할 질문이 들어가야 한다. 기업의 노동 조합과 대학 총동창회는 모두 주로 공식적 규범을 통해 구성원을 통제하는 공식 조직이므로 A가 기업의 노동 조합이고 B가 대학 총동창회라면 첫 번째 질문은 (가)에 들어갈 수 없다. 기업의 노동 조합과 대학 총동창회 모두 구성원들의 직접적인 접촉을 통한 전인격적 관계에 기초한 1차 집단은 아니므로 두 번째 질문은 (나)에 들어갈 수 없다.

다음은 자료 수집 방법 A~D를 분류한 것이다. 이에 대한 설명으로 옳은 것은? (단, A~D는 각각 면접법, 실험법, 질문지법, 참여 관찰법 중 하나이다.) [3점]

구분		주로 계량화된 자료를 수집하는 데 활용되는가?	
		예	아니요
(가)	예	A	B
	아니요	C	D

① (가)는 '인위적으로 통제된 상황에서 변수의 효과를 관찰하는 방법인가?'가 적절하다.
② (가)가 '언어적 상호 작용에 의한 자료 수집이 필수적인가?'라면 A는 질문지법, D는 참여 관찰법이다.
③ (가)가 '자료 수집 시 연구 대상자의 응답이 필수 요건인가?'라면 B는 면접법, C는 질문지법이다.
④ A가 질문지법이라면 (가)는 '다수를 대상으로 한 자료 수집에 주로 사용되는가?'가 적절하다.
⑤ B가 참여 관찰법이라면 (가)는 '연구자가 현상이 실제로 발생한 현지에 가서 연구해야 하는가?'가 적절하다.

주로 계량화된 자료를 수집하는 데 활용되는 자료 수집 방법은 실험법과 질문지법이므로 주어진 질문에 '예'라고 답한 A와 C는 각각 실험법과 질문지법 중 하나이고, '아니요'라고 답한 B와 D는 각각 면접법과 참여 관찰법 중 하나이다.

〈선지 분석〉

① 인위적으로 통제된 상황에서 변수의 효과를 관찰하는 방법은 실험법뿐이므로 실험법이 A라고 하더라도 면접법과 참여 관찰법 모두 해당 질문에 '아니요'라고 답해야 하므로 해당 질문은 (가)에 들어갈 수 없다.

② 언어적 상호 작용에 의한 자료 수집이 필수적인 방법은 면접법과 질문지법이므로 해당 질문이 (가)에 들어가면 A와 D 중 해당 질문에 '예'라고 답한 A는 질문지법, '아니요'라고 답한 D는 참여 관찰법이다.

③ 자료 수집 시 연구 대상자의 응답이 필수적인 자료 수집 방법은 면접법과 질문지법이므로 해당 질문이 (가)에 들어가면 B와 C 중 해당 질문에 '예'라고 답한 B는 면접법, '아니요'라고 답한 C는 실험법이다.

④ A가 질문지법이라면, (가)에는 질문지법이 '예', 실험법이 '아니요'라고 답하고, 면접법이나 참여 관찰법 중 하나는 '예', 하나는 '아니요'라고 답할 질문이 들어가야 한다. 다수를 대상으로 한 자료 수집에 주로 사용되는 자료 수집 방법은 질문지법뿐이므로 해당 질문은 (가)에 들어갈 수 없다.

⑤ B가 참여 관찰법이라면, (가)에는 참여 관찰법이 '예', 면접법이 '아니요'라고 답하고, 실험법과 질문지법 중 하나는 '예', 하나는 '아니요'라고 답할 질문이 들어가야 한다. 연구자가 현상이 실제로 발생한 현지에 가서 연구해야 하는 자료 수집 방법은 참여 관찰법뿐이므로 해당 질문은 (가)에 들어갈 수 없다.

표는 일탈 이론 A~C를 질문에 따라 구분한 것이다. 이에 대한 옳은 설명만을 〈보기〉에서 있는 대로 고르시오. (단, A~C는 각각 낙인 이론, 아노미 이론, 차별 교제 이론 중 하나이다.) [3점]

이론＼질문	(가)	(나)	(다)
A	예	아니요	아니요
B	아니요	아니요	예
C	아니요	예	아니요

〈보 기〉

ㄱ. A가 아노미 이론, B가 차별 교제 이론이라면, "타인들과의 상호 작용이 일탈 발생 과정에 미치는 영향을 중시하는가?"는 (다)에 적절하다.

ㄴ. B가 낙인 이론, C가 아노미 이론이라면, "일탈자와의 접촉 차단을 일탈에 대한 대책으로 보는가?"는 (가)에 적절하다.

ㄷ. (가)가 "사회 규범의 통제력 회복을 일탈에 대한 대책으로 보는가?"라면, "일탈의 원인으로 구조적인 요인을 강조하는가?"는 (나)에 적절하다.

ㄹ. (가)가 "일탈 행동에 대한 부정적 반응을 일탈의 원인으로 보는가?"이고, (다)가 "문화적 목표에 도달할 기회 제공을 일탈에 대한 대책으로 보는가?"라면, C는 차별 교제 이론이다.

(가)에는 A만 '예'라고 답할 질문이, (나)에는 C만 '예'라고 답할 질문이, (다)에는 B만 '예'라고 답할 질문이 들어가야 한다.

〈선지 분석〉

ㄱ. A가 아노미 이론, B가 차별 교제 이론이라면 C는 낙인 이론이다. 타인들과의 상호 작용이 일탈 발생 과정에 미치는 영향을 중시하는 일탈 이론은 차별 교제 이론과 낙인 이론이므로 해당 질문은 B만 '예'라고 답할 질문이 들어가야 하는 (다)에 들어갈 수 없다.

ㄴ. B가 낙인 이론, C가 아노미 이론이라면 A는 차별 교제 이론이다. 일탈자와의 접촉 차단을 일탈에 대한 대책으로 보는 일탈 이론은 차별 교제 이론뿐이므로 해당 질문은 A만 '예'라고 답할 질문이 들어가야 하는 (가)에 들어갈 수 있다.

ㄷ. 사회 규범의 통제력 회복을 일탈에 대한 대책으로 보는 일탈 이론은 아노미 이론이므로 첫 번째 질문이 (가)에 들어가면 A는 아노미 이론이다. 아노미 이론은 일탈의 원인으로 구조적인 요인을 강조하므로 두 번째 질문은 A가 '아니요'라고 답할 질문이 들어가야 하는 (나)에 들어갈 수 없다.

ㄹ. 일탈 행동에 대한 부정적 반응을 일탈의 원인으로 보는 일탈 이론은 낙인 이론이므로 첫 번째 질문이 (가)에 들어가면 A는 낙인 이론이다. 문화적 목표에 도달할 기회 제공을 일탈에 대한 대책으로 보는 일탈 이론은 아노미 이론이므로 두 번째 질문이 (다)에 들어가면 B는 아노미 이론이다. 따라서 이 경우에 C는 차별 교제 이론이다.

01 19학년도 수능 15번

[정답과 해설 160page]

그림은 우리나라 사회 보장 제도 A ~ C를 구분한 것이다. 이에 대한 설명으로 옳은 것은? (단, A ~ C는 각각 공공 부조, 사회 보험, 사회 서비스 중 하나이다.) [3점]

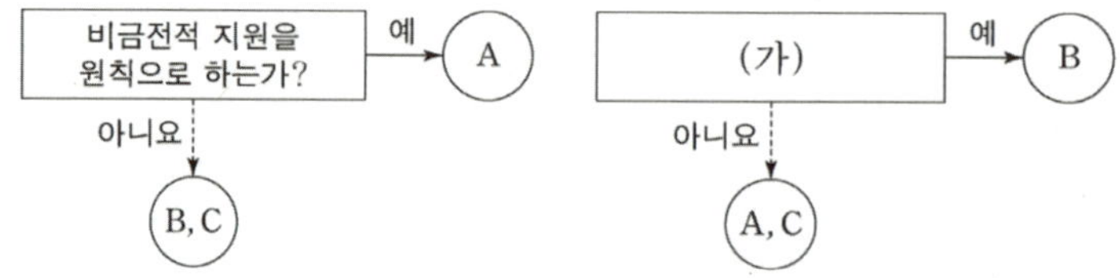

① A는 B, C와 달리 사전 예방적 성격이 강하다.
② B보다 C가 대상자의 범위가 넓다면, B는 A에 비해 소득 재분배 효과가 작다.
③ C가 사회 보험이면, (가)에는 '강제 가입을 원칙으로 하는가?'가 적절하다.
④ (가)가 '국가와 지방 자치 단체가 비용을 모두 부담하는가?'라면, A와 C의 대상자는 중복될 수 없다.
⑤ (가)가 '상호 부조의 원리를 기반으로 하는가?'라면, C는 생활 유지 능력이 없거나 생활이 어려운 사람을 대상으로 한다.

02 20학년도 9월 평가원 12번

[정답과 해설 161page]

그림은 사회·문화 현상을 바라보는 관점 A ~ C를 구분한 것이다. 이에 대한 설명으로 옳은 것은? (단, A ~ C는 각각 기능론, 갈등론, 상징적 상호 작용론 중 하나이다.) [3점]

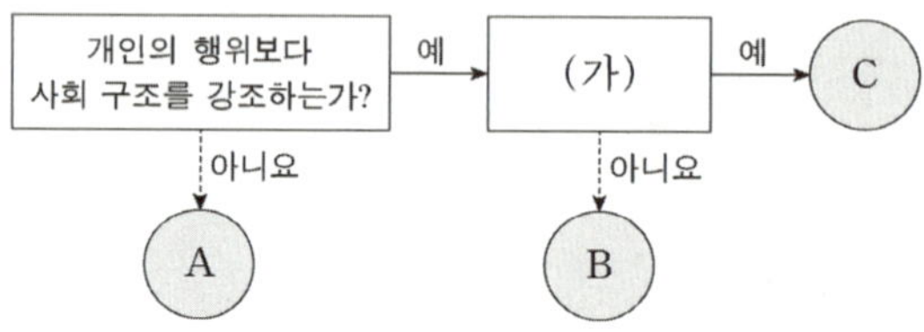

① A는 사회의 각 부분이 상호 의존적으로 연관되어 있다고 본다.
② (가)가 '사회적으로 공유된 가치와 합의를 중요시하는가?'라면, B는 C와 달리 인간을 자율성을 지닌 능동적 존재로 본다.
③ (가)가 '사회 구조를 지배와 피지배의 관계로 설명하는가?'라면, C는 B와 달리 집단 간의 대립을 균형 회복을 위한 일시적 과정으로 본다.
④ B가 사회 제도를 지배 집단의 이익을 위한 것으로 보는 관점이라면, (가)에는 '사회를 유기체와 같은 존재로 인식하는가?'가 들어갈 수 있다.
⑤ C가 사회는 스스로 균형을 유지하려는 속성을 지닌다고 보는 관점이라면, (가)에는 '사회적 갈등을 필연적 현상으로 이해하는가?'가 들어갈 수 있다.

03 23학년도 6월 평가원 10번

[정답과 해설 162page]

다음 자료에 대한 설명으로 옳은 것은? (단, A ~ C는 각각 문화 동화, 문화 병존, 문화 융합 중 하나임.) [3점]

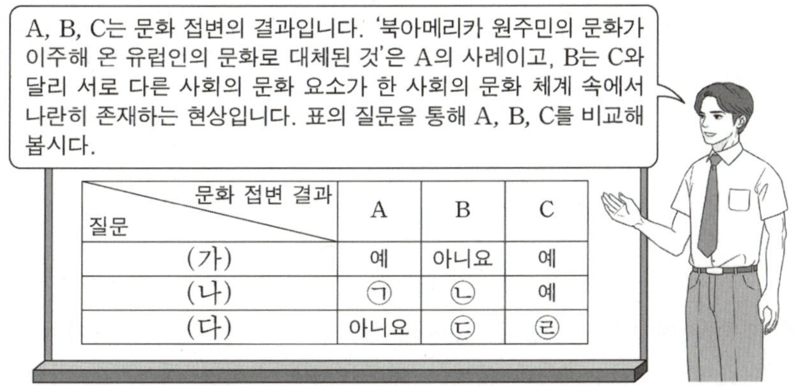

질문 ＼ 문화 접변 결과	A	B	C
(가)	예	아니요	예
(나)	㉠	㉡	예
(다)	아니요	㉢	㉣

① C의 사례로는 '우리나라에서 양력설과 음력설을 모두 지내는 것'을 들 수 있다.

② A는 B, C와 달리 강제적 문화 접변에 의해 나타난다.

③ (가)에는 '자문화의 정체성 상실을 야기하는가?'가 들어갈 수 있다.

④ (나)에 '외재적 요인에 의해 나타난 문화 변동인가?'가 들어간다면, ㉠은 '예', ㉡은 '아니요'이다.

⑤ (다)에 '새로운 문화 요소가 만들어졌는가?'가 들어간다면, ㉢은 '아니요', ㉣은 '예'이다.

04 18학년도 6월 평가원 19번

[정답과 해설 162page]

그림은 우리나라 사회 보장 제도 A ~ C를 구분한 것이다. 이에 대한 분석으로 옳은 것은? (단, A ~ C는 각각 공공 부조, 사회 보험, 사회 서비스 중 하나이다.) [3점]

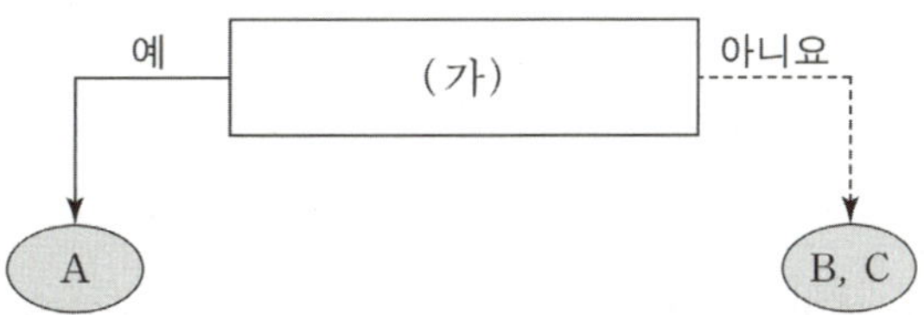

① A가 공공 부조이면, (가)에는 '금전적 지원을 원칙으로 하는가?'가 적절하다.

② A가 사회 보험이면, (가)에는 '강제 가입을 원칙으로 하는가?'가 적절하다.

③ A가 사회 서비스이면, (가)에는 '상호 부조의 성격이 강한가?'가 적절하다.

④ (가)가 '소득 재분배 효과가 가장 큰 제도인가?'이면, 기초 연금과 고용 보험은 각각 B, C 중 하나에 속한다.

⑤ (가)가 '상담, 재활, 사회 복지 시설 이용 등의 지원을 기본으로 하는가?'이면, B와 C의 대상자는 상호 배타적이다.

05 18학년도 9월 평가원 16번

[정답과 해설 163page]

그림은 질문 (가)~(다)에 따라 사회 불평등 현상을 설명하는 이론 A, B를 구분한 것이다. 이에 대한 옳은 설명만을 〈보기〉에서 있는 대로 고르시오. (단, A, B는 각각 계급 이론, 계층 이론 중 하나이다.) [3점]

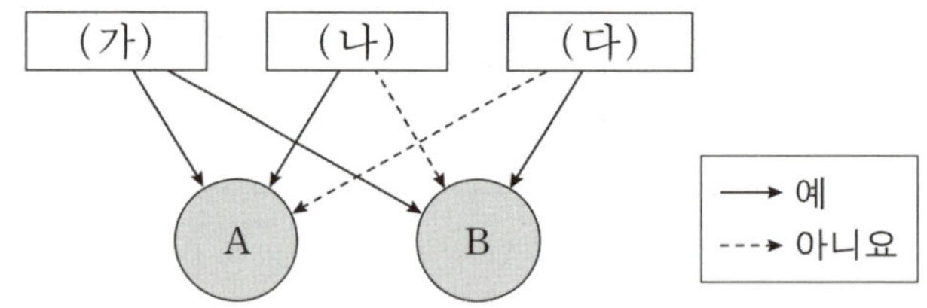

─── 〈보 기〉 ───

ㄱ. (가)에는 '사회 불평등 현상의 원인으로 경제적 요인을 고려하는가?'가 들어갈 수 있다.
ㄴ. A가 계층 이론이라면, (나)에는 '사회 불평등 현상을 불연속적인 위계화로 파악하는가?'가 들어갈 수 있다.
ㄷ. A가 계급 이론이라면, (다)에는 '사회 불평등 현상의 발생 원인을 다원론적 관점으로 보는가?'가 들어갈 수 있다.
ㄹ. B가 계층 이론이라면, (나)에는 '지위 불일치 현상을 설명하기에 적합한가?'가 들어갈 수 있다.

06 15학년도 수능 12번

[정답과 해설 163page]

표는 질문 (가)~(다)를 활용하여 사회 불평등 현상을 설명하는 두 이론 A, B를 비교한 것이다. 이에 대한 설명으로 옳은 것은? (단, A와 B는 각각 계급론과 계층론 중 하나이다.) [3점]

이론 ＼ 질문	(가)	(나)	(다)
A	아니요	예	아니요
B	예	아니요	아니요

① A가 계층론이면 (가)는 "지위 불일치 현상을 설명할 수 있는가?"가 적절하다.
② A가 계층론이면 (나)는 "계층을 일원론적 관점에서 구분하는가?"가 적절하다.
③ (나)가 "동일한 경제적 위치에 있는 집단 구성원이 갖는 강한 귀속 의식을 중시하는가?"이면, B는 계층론이다.
④ (다)는 "불평등의 원인을 희소가치의 차등 분배에서 찾는가?"가 적절하다.
⑤ (가)가 "사회 불평등을 연속적인 서열로 파악하는가?"이면, (나)는 "사회 이동의 개방성이 크다고 보는가?"가 적절하다.

표는 질문 (가)~(다)를 활용하여 사회 변동을 보는 관점 A, B를 구분한 것이다. 이에 대한 설명으로 옳은 것은? (단, A와 B는 각각 진화론과 순환론 중 하나이다.)

관점＼질문	(가)	(나)	(다)
A	아니요	예	예
B	예	아니요	예

① A가 진화론이면 (가)에는 "서구 중심적 사고라고 비판을 받는가?"가 적절하다.

② B가 순환론이면 (다)에는 "사회 변동을 사회 발전으로 인식하는가?"가 적절하다.

③ (나)가 "사회 변동은 주기적으로 동일한 과정을 반복하는가?"이면, B는 순환론이다.

④ (다)에는 "사회 변동은 일정한 방향을 가지고 있는가?"가 적절하다.

⑤ (가)가 "제국주의를 정당화하는 근거로 사용되었는가?"이면, (나)에는 "사회 변동 과정에서 문명이 퇴보할 수 있는가?"가 적절하다.

표는 자료 수집 방법 A~C의 일반적인 특징을 나타낸 것이다. 이에 대한 옳은 설명만을 〈보기〉에서 있는 대로 고르시오. (단, A~C는 각각 실험법, 질문지법, 면접법 중 하나이다.) [3점]

자료 수집 방법	A	B	C
일반적인 특징	(가)		(나)
	(다)	(라)	

〈보 기〉

ㄱ. A가 질문지법이고, (가)가 '독립 변수와 종속 변수의 관계를 검증하는 연구에 적합하다.'라면, (나)는 '자료 수집 과정에서 연구자가 유연성이나 융통성을 발휘하기 어렵다.'가 적절하다.

ㄴ. C가 면접법이고, (다)가 '인위적으로 상황을 통제함으로써 변수의 효과를 관찰하기에 용이하다.'라면, (라)는 '대규모 집단을 대상으로 한 자료 수집에 용이하다.'가 적절하다.

ㄷ. (가)가 '연구 대상자와 언어를 매개로 한 상호 작용이 필수적이다.'라면, (나)는 '실제성이 높은 생생한 자료를 수집하기에 용이하다.'가 적절하다.

ㄹ. (나)가 '소수의 응답자로부터 깊이 있는 정보를 수집하기에 용이하다.'라면, (가)는 '수집된 자료를 통계적으로 처리하기에 용이하다.'가 적절하다.

표는 질문 (가)~(다)를 통해 사회·문화 현상을 이해하는 관점 A~C를 구분한 것이다. 이에 대한 옳은 설명만을 〈보기〉에서 있는 대로 고르시오. (단, A~C는 각각 기능론, 갈등론, 상징적 상호 작용론 중 하나이다.) [3점]

구분	A	B	C
(가)	예	아니요	예
(나)	아니요	㉠	㉡
(다)	아니요	예	아니요

* 단, 질문에 대해 '예' 또는 '아니요'로만 답할 수 있음.

〈보 기〉

ㄱ. (가)에는 '인간을 능동적인 주체로 전제하는가?'가 적절하다.
ㄴ. (나)가 '사회 구성원의 주관적 상황 정의에 기초한 상호 작용을 중시하는가?'라면, ㉠과 ㉡의 답변은 서로 다르다.
ㄷ. (다)에는 '개인의 행위를 강제하는 사회 체계를 중시하는가?'가 적절하다.
ㄹ. A, B가 각각 기능론과 갈등론 중 하나라면, (다)에는 '갈등을 사회 변동의 원동력으로 보는가?'가 적절하다.

표는 자발적 결사체 A~C를 질문 (가)~(다)의 응답에 따라 분류한 것이다. 이에 대한 설명으로 옳은 것은? (단, A~C는 각각 친목 집단, 이익 집단, 시민 단체 중 하나이다.) [3점]

질문＼응답	예	아니요
(가)	B	A, C
(나)	A, B, C	—
(다)	A, C	B

① (가)에는 '가입과 탈퇴가 자유로운가?'가 들어갈 수 있다.
② (나)에는 '본질 의지에 의해 자연 발생적으로 형성된 집단인가?'가 들어갈 수 있다.
③ (다)에는 '공통의 관심사나 목표를 가지고 결성한 집단인가?'가 들어갈 수 있다.
④ A와 C가 각각 시민 단체와 친목 집단 중 하나라면, (가)에는 '사회 다원화에 기여하는가?'가 들어갈 수 있다.
⑤ B가 친목 집단이라면, (다)에는 '과업 지향적인 집단인가?'가 들어갈 수 있다.

11 20학년도 수능 14번

표는 문화 이해의 태도 A ~ C를 질문 (가)~(다)에 따라 구분한 것이다. 이에 대한 옳은 설명만을 〈보기〉에서 있는 대로 고르시오. (단, A ~ C는 각각 문화 사대주의, 문화 상대주의, 자문화 중심주의 중 하나이다.) [3점]

태도 \ 질문	(가)	(나)	(다)
A	예	아니요	예
B	예	아니요	아니요
C	아니요	예	아니요

〈보 기〉

ㄱ. A가 자문화 중심주의라면, (가)에는 '국수주의적 태도로 인해 문화 다양성을 거부하는가?'가 들어갈 수 있다.

ㄴ. B가 자문화 중심주의, C가 문화 사대주의라면, (다)에는 '타 문화를 일방적으로 추종하는가?'가 들어갈 수 있다.

ㄷ. (가)가 '문화 간 우열을 평가할 수 있다고 보는가?'라면, (나)에는 '개별 사회가 향유하고 있는 문화의 고유한 가치를 존중하는가?'가 들어갈 수 있다.

ㄹ. (나)가 '자기 문화의 정체성을 상실할 우려가 있다는 비판을 받는가?'이고, (다)가 '자기 문화의 가치만을 중시하는가?'라면, B는 문화 상대주의이다.

다음 자료에 대한 설명으로 옳은 것은? (단, A~C는 각각 면접법, 질문지법, 참여 관찰법 중 하나이다.)

연구 사례	자료 수집 방법
토론 수업 방식에 대한 고등학생의 선호도를 연구하기 위해 □□ 지역 고등학생 500명에게 구조화된 문항을 제시하고 응답을 구하였다.	A
정부의 저출산 대책과 그 효과에 대한 젊은 층의 인식을 연구하기 위해 20~30대 신혼부부 10쌍을 선정하여 깊이 있는 대화를 나누고 기록하였다.	B
코로나19로 인한 마스크 착용이 유아들의 언어 발달에 미치는 영향을 연구하기 위해 ○○ 어린이집에 6개월간 머무르며 유아들의 행동과 대화 내용 등 전반적인 상황을 모두 기록하였다.	C

구분	자료 수집 방법		
	A	B	C
(가)	예	아니요	아니요
(나)	아니요	아니요	예
(다)	예	예	아니요

① C는 A, B에 비해 시간과 비용이 적게 든다는 장점이 있다.

② B, C는 A와 달리 연구 대상자의 주관적 인식을 파악할 수 있다.

③ (가)에는 '경험적 자료의 수집에 적합한가?'가 들어갈 수 있다.

④ (나)에는 '연구자가 인위적으로 통제한 상황에서 연구 대상자를 관찰하는가?'가 들어갈 수 있다.

⑤ (다)에는 '연구자와 연구 대상자의 언어적 상호 작용이 필수적인가?'가 들어갈 수 있다.

03 채점 및 카드 게임 유형

채점 및 카드 게임 유형 문제를 풀 때 가장 먼저 해야 하는 일은 주어진 질문에 대해 '예'라고 답할 관점/이론이나 주어진 답변에 맞는 관점/이론을 적는 것이다. 해당 관점/이론을 적은 이후에는 문제 상황에 맞는 판단을 하는 것이 중요하다.

① 채점 유형의 경우에는 '예/아니요'에 대한 정·오답에 관한 판단과 귀류법을 적절히 사용하는 것이 필요하다.

② 카드 게임 유형의 경우에는 선지에 해당하는 각각의 판단을 하되, '* 복원 추출인지 ** 비복원 추출인지'를 파악하는 것도 필요하다.

 * 카드 게임 유형에서 말하는 복원 추출은 첫 번째 사람이 상자에서 카드를 꺼낸 후 다시 그 카드를 상자에 넣고, 다음 사람이 상자에서 카드를 꺼내는 것이다.
** 카드 게임 유형에서 말하는 비복원 추출은 첫 번째 사람이 상자에서 카드를 꺼낸 후 그 카드를 상자에 넣지 않고, 다음 사람이 상자에서 카드를 꺼내는 것이다.

어찌 보면 당연한 이야기지만, 기출 문제를 많이 풀어보면서 아래에 있는 논리적인 상관관계를 직관적으로 판단할 수 있도록 하는 것이 중요하다.

〈정답〉

채점 결과 ＼ 학생의 답변	'예'	'아니요'
○	예	아니요
×	아니요	예

귀류법 활용하기

귀류법 : 어떤 명제가 참임을 증명하려 할 때 그 명제의 결론을 부정함으로써 가정 또는 공리 등이 모순됨을 보여 간접적으로 그 결론이 성립한다는 것을 증명하는 방법

예를 들어, A가 갈등론일 때는 주어진 점수를 획득할 수 있지만, 기능론일 때는 획득할 수 없다고 한다면 A가 기능론일 때 얻을 수 있는 점수로는 주어진 점수를 획득할 수 없다는 것을 보여주는 것이다.

다음 자료에 대한 옳은 설명만을 〈보기〉에서 있는 대로 고르시오. (단, A, B는 각각 기능론, 갈등론 중 하나이다.)

질문	답변	
	갑	을
A는 직업 유형 간 사회적 중요도에서 차이가 있다고 보는가?	아니요	㉠
(가)	예	예
A는 차등 분배가 갖는 사회적 순기능을 강조하는가?	아니요	예
B는 사회 불평등을 불가피한 현상으로 보는가?	아니요	예
점수	2점	1점

* 교사는 각 질문별로 채점하고, 답변 하나가 맞을 때마다 1점씩 부여함.

〈보 기〉

ㄱ. (가)에는 'A는 B와 달리 개인의 귀속적 요인이 사회 불평등에 미치는 영향을 간과하는가?'가 들어갈 수 있다.

ㄴ. ㉠은 '아니요'이다.

ㄷ. A는 균등 분배가 인재의 적재적소 배치에 어려움을 야기한다고 본다.

ㄹ. B는 희소가치의 분배 기준은 대다수 사회 구성원이 합의한 것이라고 본다.

다음은 문제에 있는 각 질문에 '예'라고 답할 관점을 적은 것이다.

질문	'예'라고 답할 관점
직업 유형 간 사회적 중요도에서 차이가 있다고 보는가?	기능론
차등 분배가 갖는 사회적 순기능을 강조하는가?	기능론
사회 불평등을 불가피한 현상으로 보는가?	기능론

(1) 우선 A를 기능론, B를 갈등론이라고 가정하자. 그러면, 갑은 네 번째 질문에만 옳은 답변을 하고, 첫 번째와 세 번째 질문에는 틀린 답변을 한 것이 되므로 두 번째 질문에 옳게 답변해야 갑이 2점을 획득할 수 있다.

이 경우에, 갑은 두 번째와 네 번째 질문에는 옳은 답변을, 첫 번째와 세 번째 질문에는 틀린 답변을 하므로 갑과 을의 답변을 비교하면 을은 두 번째와 세 번째 질문에 옳은 답변을 한 것이 된다.

〈A가 기능론, B가 갈등론일 때 획득 점수〉

	갑	을
첫 번째 질문	0점	0점 or 1점
두 번째 질문	**1점**	**1점**
세 번째 질문	0점	**1점**
네 번째 질문	1점	0점
점수	2점	최소 2점

이는 을의 점수가 1점이라는 것에 모순되므로 A는 갈등론, B는 기능론이다. (귀류법)

(2) A가 갈등론, B가 기능론이라면 갑은 첫 번째와 세 번째 질문에는 옳은 답변을, 네 번째 질문에는 틀린 답변을 한 것이 되므로 두 번째 질문에 틀린 답변을 해야 갑이 2점을 획득할 수 있다.

이 경우에, 갑은 첫 번째와 세 번째 질문에는 옳은 답변을, 두 번째와 네 번째 질문에는 틀린 답변을 하므로 갑과 을의 답변을 비교하면 을은 네 번째 질문에만 옳은 답변을 한 것이 된다. 을이 1점을 얻기 위해서는 첫 번째 질문에 틀린 답변을 해야 하므로 ㉠에 들어갈 을의 답변은 '예'이다.

〈선지 분석〉

ㄱ. (가)에는 '아니요'가 옳은 답변이 될 질문이 들어가야 한다. 개인의 귀속적 요인이 사회 불평등에 미치는 영향을 간과하는 관점은 갈등론(A)이 아니라 기능론(B)이므로 해당 질문이 (가)에 들어간다면 '아니요'가 옳은 답변이 된다. 따라서 해당 질문은 (가)에 들어갈 수 있다.

ㄴ. 을은 첫 번째 질문에 틀린 답을 하므로 ㉠에 들어갈 답변은 '예'이다.

ㄷ. 균등 분배가 인재의 적재적소 배치에 어려움을 야기한다고 보는 관점은 갈등론(A)이 아니라 기능론(B)이다.

ㄹ. 기능론(B)은 희소가치의 분배 기준이 대다수 사회 구성원이 합의한 것이라고 본다.

※ 채점 유형은 쉽지 않은 유형이니 이해가 갈 때까지 풀어보길 바란다.
비슷한 유형으로 이미 출제되었던 21학년도 9월 평가원 15번 문제를 같이 풀어보자.

다음은 사회 변동 이론 A, B 관련 질문에 대한 학생들의 답변과 교사의 채점 결과이다. 이에 대한 옳은 설명만을 〈보기〉에서 있는 대로 고르시오. (단, A와 B는 각각 진화론과 순환론 중 하나이다.) [3점]

질문	답변	
	갑	을
A는 사회가 단순한 형태에서 복잡한 형태로 발전한다고 보는가?	예	아니요
B는 흥망성쇠를 거듭한 국가의 사례를 설명하기에 적합한가?	아니요	예
B는 A와 달리 사회 변동이 일정한 방향성을 가지고 있다고 보는가?	예	㉠
(가)	아니요	예
점수	3점	2점

* 교사는 각 질문별로 채점하고, 답변 하나가 맞을 때마다 1점씩 부여함.

〈보 기〉

ㄱ. A는 서구 제국주의 역사를 정당화하는 수단으로 악용될 수 있다는 비판을 받는다.

ㄴ. B는 사회 변동을 사회 발전으로 인식한다.

ㄷ. ㉠은 '예'이다.

ㄹ. (가)에는 'B는 A와 달리 사회 변동에 작용하는 인간 행위의 역동성과 자율성을 과소평가 한다는 비판을 받는가?'가 들어갈 수 있다.

다음은 문제에 있는 각 질문에 '예'라고 답할 관점을 적은 것이다.

질문	'예'라고 답할 관점
사회가 단순한 형태에서 복잡한 형태로 발전한다고 보는가?	진화론
흥망성쇠를 거듭한 국가의 사례를 설명하기에 적합한가?	순환론
사회 변동이 일정한 방향성을 가지고 있다고 보는가?	진화론

(1) 우선 A를 진화론, B를 순환론이라고 하자. 그러면, 갑은 첫 번째 질문에만 옳은 답변을 하고, 두 번째와 세 번째 질문에는 틀린 답변을 한 것이 되므로 네 번째 질문에 옳은 답변을 한다고 하더라도 갑이 얻을 수 있는 최대 점수는 2점이다.

〈A가 진화론, B가 순환론일 때 갑의 획득 점수〉

첫 번째 질문	1점
두 번째 질문	0점
세 번째 질문	0점
네 번째 질문	0점 or 1점
점수	최대 2점

이는 갑의 점수가 3점이라는 것에 모순되므로 A는 순환론, B는 진화론이다. (귀류법)

(2) A가 순환론, B가 진화론이라면 갑은 두 번째와 세 번째 질문에는 옳은 답변을, 첫 번째 질문에는 틀린 답변을 한 것이 된다. 따라서 갑이 3점을 얻기 위해서는 네 번째 질문에 옳은 답변을 해야 한다. 갑과 을의 답변을 비교하면 을은 첫 번째 질문에는 옳은 답변을, 두 번째와 네 번째 질문에는 틀린 답변을 한 것이 된다. 따라서 을이 2점을 얻기 위해서는 세 번째 질문에 옳은 답변을 해야 하므로 ㉠에 들어갈 을의 답변은 '예'이다.

〈선지 분석〉

ㄱ. 서구 제국주의 역사를 정당화하는 수단으로 악용될 수 있다는 비판을 받는 관점은 순환론(A)이 아니라 진화론(B)이다.

ㄴ. 진화론(B)은 사회 변동을 사회 발전으로 인식한다.

ㄷ. 을은 세 번째 질문에 옳은 답변을 하므로 ㉠에 들어갈 답변은 '예'이다.

ㄹ. (가)에는 '아니요'가 옳은 답변이 될 질문이 들어가야 한다. 사회 변동에 작용하는 인간 행위의 역동성과 자율성을 과소평가한다는 비판을 받는 관점은 순환론(A)이므로 해당 질문이 (가)에 들어가면 '아니요'가 옳은 답변이 된다. 따라서 해당 질문은 (가)에 들어갈 수 있다.

다음은 〈서술형 평가 문제〉에 대한 학생 갑~병의 답안과 교사의 채점 결과이다. 이에 대한 설명으로 옳은 것은? (단, A~C는 각각 기능론, 갈등론, 상징적 상호 작용론 중 하나이다.) [3점]

〈서술형 평가 문제〉

번호	문제
1	A와 C의 공통점을 1가지만 서술하시오.
2	C와 구별되는 B의 특징을 1가지만 서술하시오.
3	A에서 바라보는 C에 대한 비판을 1가지만 서술하시오.

〈학생 답안 및 채점 결과〉

학생	답안	점수
갑	1. 거시적 관점에 해당한다. 2. 행위자의 능동성과 자율성을 중시한다. 3. 사회의 질서 유지 및 안정 회복 능력을 간과한다.	2점
을	1. 개인의 행위에 영향을 미치는 사회 구조를 중시한다. 2. _______________ (가) _______________ 3. 기득권층의 이익을 옹호하는 논리로 악용될 수 있다.	㉠
병	1. 개인을 행위와 상황에 주관적인 의미를 부여하는 주체라고 본다. 2. 사회는 스스로 균형을 유지하려는 속성을 지닌다. 3. 사회 구조를 지배와 피지배 관계로 단순화한다.	0점

* 각 문제별로 채점하며, 문제별 답안 내용이 맞을 때마다 1점씩 부여함.

① A는 B와 달리 사회·문화 현상에 대한 상황의 맥락적 이해를 중시한다.

② B는 C와 달리 사회 문제를 병리적 현상으로 본다.

③ C는 A와 달리 사회 각 요소 간의 기능적 의존 관계를 중시한다.

④ B, C는 A와 달리 갈등과 대립이 사회 변동의 원동력임을 강조한다.

⑤ (가)가 '사회 구성원 전체의 합의에 따라 사회 규범이 정해진다.'라면, ㉠에는 '3점'이 적절하다.

다음은 학생의 답안에 맞는 각각의 관점을 적은 것이다.

학생	답안	관점
갑	1. 거시적 관점에 해당한다.	기능론, 갈등론
	2. 행위자의 능동성과 자율성을 중시한다.	상징적 상호 작용론
	3. 사회의 질서 유지 및 안정 회복 능력을 간과한다.	갈등론, 상징적 상호 작용론이 받을 비판
을	1. 개인의 행위에 영향을 미치는 사회 구조를 중시한다.	기능론, 갈등론
	3. 기득권층의 이익을 옹호하는 논리로 악용될 수 있다.	기능론이 받을 비판
병	1. 개인을 행위와 상황에 주관적인 의미를 부여하는 주체라고 본다.	상징적 상호 작용론
	2. 사회는 스스로 균형을 유지하려는 속성을 지닌다.	기능론
	3. 사회 구조를 지배와 피지배 관계로 단순화한다.	갈등론이 받을 비판

갑과 병은 답안과 점수가 각각 모두 나와 있다. 그러므로 갑과 병 중 누구를 먼저 확인하더라도 A, B, C가 무엇인지 구할 수 있다. 두 경우를 모두 살펴보자.

(1) 갑을 먼저 볼 경우 (귀류법)
- B가 기능론이나 갈등론이라면, 갑은 1번과 2번의 문제에 틀린 대답을 한 것이 되므로 갑은 2점을 얻을 수 없다. 따라서 B는 상징적 상호 작용론이다.
- 갑은 1번과 2번의 문제에 옳은 대답을 하였으므로 3번의 문제에 틀린 대답을 했다. 따라서 A는 갈등론, C는 기능론이다.

(2) 병을 먼저 볼 경우
- 병이 0점이 되려면, 병은 모든 문제에 틀린 답안을 작성해야 한다. 2번 답안을 통해서 B는 기능론이 될 수 없고, 3번 답안을 통해서 C는 갈등론이 될 수 없다는 것을 알 수 있다.

C \ B	갈등론	상징적 상호 작용론
기능론	①	②
상징적 상호 작용론	③	

- 갑의 경우 B가 갈등론이라면(①, ③) 갑은 모든 질문에 틀린 답안을 쓰게 되므로 갑의 점수는 2점이 될 수 없다. 따라서 B는 상징적 상호 작용론이고, C는 기능론이다. 그리고 A는 갈등론이다. (②번의 경우)

〈선지 분석〉

① 사회·문화 현상에 대한 상황의 맥락적 이해를 중시하는 관점은 상징적 상호 작용론(B)이다.

② 사회 문제를 병리적 현상으로 보는 관점은 기능론(C)이다.

③ 기능론(C)은 사회 각 요소 간의 기능적 의존 관계를 중시한다.

④ 갈등과 대립이 사회 변동의 원동력임을 강조하는 관점은 갈등론(A)이다.

⑤ A가 갈등론, B가 상징적 상호 작용론, C가 기능론이라면 을은 첫 번째와 세 번째에 옳은 답안을 한 것이 되므로 을이 2번 질문에 옳은 응답을 했다면 3점을 얻고, 틀린 응답을 했다면 2점을 얻는다. 사회 구성원 전체의 합의에 따라 사회 규범이 정해진다고 보는 관점은 상징적 상호 작용론이 아니라 기능론이다. 따라서, 해당 문장이 (가)에 들어가면 을의 점수는 3점이 아니라 2점이 된다.

다음은 일탈 이론 A~C에 대한 수행 평가 및 교사의 채점 결과이다. 이에 대한 옳은 설명만을 〈보기〉에서 있는 대로 고르시오. (단, A~C는 각각 낙인 이론, 머튼의 아노미 이론, 차별 교제 이론 중 하나이다.) [3점]

〈수행 평가 문제〉

학생	과제 내용
갑	A와 구분되는 B의 특징 3가지 서술하기
을	B와 구분되는 C의 특징 3가지 서술하기
병	C와 구분되는 A의 특징 3가지 서술하기

〈각 학생의 서술 및 교사의 채점 결과〉

학생	서술 내용	점수
갑	1. 차별적인 제재가 일탈 행동의 원인이라고 본다. 2. 일탈 행동이 발생하는 과정에서 나타나는 상호 작용에 주목한다. 3. 일탈자로 규정하는 것에 대한 신중한 접근이 필요하다고 본다.	2점
을	1. 사회 규범의 통제력 회복을 일탈 행동의 근본적인 해결 방안으로 본다. 2. 일탈 행동의 원인을 부정적 자아 정체성 형성에서 찾는다. 3. 일탈 행동을 규정하는 객관적 기준이 존재한다고 본다.	㉠
병	1. 정상적인 사회 집단과의 교류가 일탈 행동을 억제한다고 본다. 2. 일탈 행동에 대한 사회적 반응이 지속적인 일탈 행동의 원인이라고 본다. 3. __________________(가)__________________	1점

* 교사는 각 서술별로 채점하고, 서술 하나가 맞을 때마다 1점씩 부여함.

〈보 기〉

ㄱ. ㉠은 2점이다.

ㄴ. (가)에는 '일탈 행동은 비행 집단과의 접촉을 통해 학습된다고 본다.'가 들어갈 수 있다.

ㄷ. B는 최초의 일탈 행동보다 반복적 일탈 행동에 초점을 맞춘다.

ㄹ. C는 일탈 행동 예방 방안으로 소외 계층에 대한 교육 지원, 직업 훈련 프로그램 제공을 지지할 것이다.

다음은 학생의 서술 내용에 맞는 일탈 이론을 적은 것이다.

학생	서술 내용	일탈 이론
갑	1. 차별적인 제재가 일탈 행동의 원인이라고 본다.	낙인
	2. 일탈 행동이 발생하는 과정에서 나타나는 상호 작용에 주목한다.	낙인, 차별 교제
	3. 일탈자로 규정하는 것에 대한 신중한 접근이 필요하다고 본다.	낙인
을	1. 사회 규범의 통제력 회복을 일탈 행동의 근본적인 해결 방안으로 본다.	아노미(뒤르켐)
	2. 일탈 행동의 원인을 부정적 자아 정체성 형성에서 찾는다.	낙인
	3. 일탈 행동을 규정하는 객관적 기준이 존재한다고 본다.	아노미, 차별 교제
병	1. 정상적인 사회 집단과의 교류가 일탈 행동을 억제한다고 본다.	차별 교제
	2. 일탈 행동에 대한 사회적 반응이 지속적인 일탈 행동의 원인이라고 본다.	낙인

학생 갑 ~ 병 중 서술 내용과 점수가 모두 나와 있는 학생은 갑이므로 갑의 경우를 먼저 살펴보자.

- 갑은 A와 구분되는 B의 특징을 적어야 하는데, 갑은 첫 번째와 세 번째에 낙인 이론만의 특징을 서술하였고, 두 번째에 낙인 이론과 차별 교제 이론의 공통적인 특징을 서술하였으므로 갑이 2점을 얻기 위해서는 B가 낙인 이론, A가 차별 교제 이론이 되어야 한다. 따라서 C는 머튼의 아노미 이론이다.

- 을은 낙인 이론(B)과 구분되는 머튼의 아노미 이론(C)의 특징을 적어야 한다. 을의 세 번째 서술 내용에만 낙인 이론과 구분되는 머튼의 아노미 이론의 특징을 서술했으므로 을의 점수(㉠)는 1점이다.

- 병은 머튼의 아노미 이론(C)과 구분되는 차별 교제 이론(A)의 특징을 적어야 한다. 병은 첫 번째에 머튼의 아노미 이론과 구분되는 차별 교제 이론의 특징을 적었으므로, 1점을 얻기 위해서 병은 세 번째 서술 내용에 머튼의 아노미 이론(C)과 구분되는 차별 교제 이론(A)의 특징을 적어서는 안 된다.

〈선지 분석〉

ㄱ. 을의 점수(㉠)는 2점이 아니라 1점이다.
ㄴ. (가)에는 머튼의 아노미 이론(C)과 구분되는 차별 교제 이론(A)의 특징이 들어가서는 안 된다. 일탈 행동이 비행 집단과의 접촉을 통해 학습된다고 보는 것은 차별 교제 이론(A)뿐이므로 해당 문장은 (가)에 들어갈 수 없다.
ㄷ. 낙인 이론(B)은 최초의 일탈 행동보다 반복적 일탈 행동에 초점을 맞춘다.
ㄹ. 머튼의 아노미 이론(C)은 문화적 목표를 달성하기 위한 제도적 수단의 마련을 중시한다.
   따라서 일탈 행동 예방 방안으로 소외 계층에 대한 교육 지원, 직업 훈련 프로그램 제공을 지지할 것이다.

memo

01 19년 3월 교육청 19번
[정답과 해설 168page]

다음 자료에 대한 설명으로 옳은 것은? (단, A와 B는 각각 우리나라의 공공 부조와 사회 보험 중 하나이다.) [3점]

질문	답변	
	A	B
사후 처방보다 사전 예방의 성격이 강한가?	예	
(가)		
(나)	아니요	
계 (답변 '예'의 개수)	2개	2개

① A는 공공 부조, B는 사회 보험이다.
② A와 달리 B는 금전적 지원을 원칙으로 한다.
③ 기초 연금 제도는 A에, 국민 기초 생활 보장 제도는 B에 해당한다.
④ (가)에 '소득 재분배 효과가 있는가?'가 들어갈 수 있다.
⑤ (나)에 '의무 가입을 원칙으로 하는가?'가 들어갈 수 있다.

02 19년 10월 교육청 16번
[정답과 해설 169page]

다음 자료에 대한 설명으로 옳은 것은? (단, A ~ C는 각각 우리나라의 공공 부조, 사회 보험, 사회 서비스 중 하나이다.) [3점]

◦ 문제 : 제시된 응답을 할 수 있도록 답란 (가), (나)에 A ~ C를 비교하는 질문을 쓰시오.

3학년 2반 15번 ○○○

응답		답란 (질문)	교사 채점
예	(가)	A와 달리 B는 복지 제공에 민간 부문이 참여하는가?	○
아니요	(나)	B와 C는 수익자 부담 원칙이 존재한다는 공통점을 갖는가?	×

① A와 달리 B는 선별적 복지 이념을 바탕으로 한다.
② B와 달리 C는 비금전적 지원을 원칙으로 한다.
③ C와 달리 A는 상호 부조의 원리를 구현하고자 한다.
④ (가)에서 A 대신에 C를 썼다면 채점 결과는 달라진다.
⑤ (나)에서 C 대신에 A를 썼다면 채점 결과는 달라진다.

[정답과 해설 170page]

03 22학년도 9월 평가원 11번

다음 자료는 서술형 평가에 대한 학생의 답변과 교사의 채점 결과이다. 이에 대한 설명으로 옳은 것은? (단, A, B는 각각 순환론, 진화론 중 하나이다.)

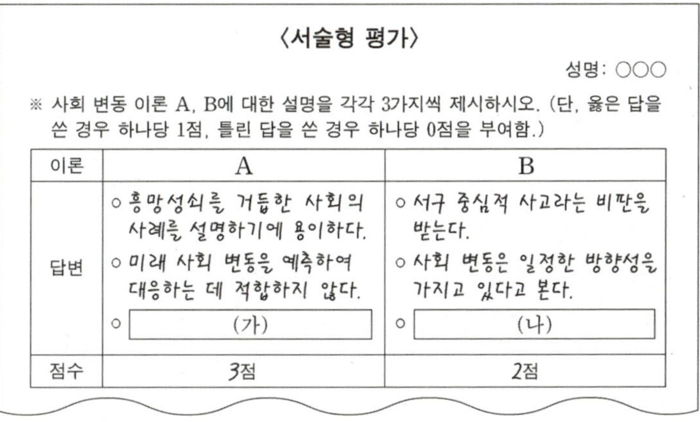

이론	A	B
답변	○ 흥망성쇠를 거듭한 사회의 사례를 설명하기에 용이하다. ○ 미래 사회 변동을 예측하여 대응하는 데 적합하지 않다. ○ (가)	○ 서구 중심적 사고라는 비판을 받는다. ○ 사회 변동은 일정한 방향성을 가지고 있다고 본다. ○ (나)
점수	3점	2점

① A는 사회 변동이 곧 사회 발전이라고 본다.
② B는 사회 변동에 대응하는 인간의 노력을 과소평가한다는 비판을 받는다.
③ A는 B와 달리 사회 변동을 문명 사회로 이행하는 과정으로 본다.
④ B는 A와 달리 사회가 단순한 형태에서 복잡한 형태로 변동한다고 본다.
⑤ '운명론적 관점에서 사회 변동을 설명한다.'는 (가)가 아닌 (나)에 들어갈 수 있다.

04 22학년도 9월 평가원 12번

[정답과 해설 171page]

다음은 일탈 이론 A, B를 구분하는 질문에 대한 학생의 답변과 교사의 채점 결과이다. 이에 대한 옳은 설명만을 〈보기〉에서 있는 대로 고르시오. (단, A, B는 각각 낙인 이론, 차별 교제 이론 중 하나이다.) [3점]

질문	답변 갑	답변 을
A는 일탈자의 부정적 자아 형성 과정에 주목하는가?	예	아니요
A는 일탈 행동이 상호 작용을 통해 일탈 문화를 학습한 결과임을 강조하는가?	㉠	㉡
(가)	아니요	예
B는 일탈 행동을 규정하는 객관적 기준이 있다고 보는가?	예	아니요
점수	4점	1점

* 교사는 질문별로 각각 채점하고, 각 질문당 옳은 답을 쓴 경우는 1점, 틀린 답을 쓴 경우는 0점을 부여함.

〈보 기〉

ㄱ. A는 최초의 일탈보다는 일탈 행동을 반복하는 현상에 주목한다.
ㄴ. B는 일탈자로 규정하는 것에 대해 신중한 접근을 해결 방안으로 제시한다.
ㄷ. (가)에는 'B는 차별적 제재를 일탈 행동의 원인으로 보는가?'가 들어갈 수 있다.
ㄹ. ㉠, ㉡은 모두 '예'이다.

다음 자료는 교사의 질문에 대한 학생 갑, 을의 답변과 교사의 채점 결과이다. ⊙~ⓒ에 해당하는 답변으로 옳은 것은?

질문	답변	
	갑	을
A는 해당 집단 구성원의 수로 결정되는가?	예	아니요
특정 집단이 A에 해당하는지 여부는 시대와 장소에 따라 달라지는가?	⊙	ⓒ
A는 주류 집단에 비해 사회적 희소 자원을 획득하는 데 불리한 위치에 있는가?	아니요	예
A를 위한 적극적 우대 정책은 주류 집단에 대한 역차별이라는 비판을 받기도 하는가?	예	ⓒ
점수	2점	2점

○ 교사 : A는 신체·문화적 특성이 다르다는 이유로 주류 집단으로부터 불평등한 처우를 받으며, 자신이 차별받는 집단에 속해 있다는 의식을 지닌 사람들을 의미하는 개념입니다. A의 특징에 대한 질문에 답변해 보세요.

* 교사는 질문별로 각각 채점하고 옳은 답변은 1점, 틀린 답변은 0점을 부여함.

	⊙	ⓒ	ⓒ
①	예	예	아니요
②	예	아니요	예
③	예	아니요	아니요
④	아니요	예	예
⑤	아니요	아니요	아니요

다음은 문화 이해의 태도 A ~ C를 구분하는 질문에 대한 학생의 답변과 교사의 채점 결과이다. 이에 대한 설명으로 옳은 것은? (단, A ~ C는 각각 자문화 중심주의, 문화 사대주의, 문화 상대주의 중 하나임.) [3점]

질문	답변	
	갑	을
A는 B, C와 달리 특정 사회의 문화를 기준으로 자문화를 낮게 평가하는가?	예	예
C는 A, B와 달리 국수주의로 변질될 수 있다는 비판을 받는가?	예	아니요
(가)	㉠	아니요
(나)	㉡	예
점수	4점	2점

* 교사는 질문별로 각각 채점하고, 각 질문당 옳은 답변을 쓴 경우는 1점, 틀린 답변을 쓴 경우는 0점을 부여함.

① ㉠이 '예'라면, (나)에는 'C는 B와 달리 문화 간 우열을 평가할 수 없다고 보는가?'가 들어갈 수 있다.

② ㉡이 '아니요'라면, (가)에는 'A는 C와 달리 타문화와의 마찰을 초래할 가능성이 큰가?'가 들어갈 수 없다.

③ (가)가 'B는 A와 달리 문화의 다양성을 보존하는 데 기여하는가?'라면, ㉡은 '아니요'이다.

④ (나)가 'B는 C와 달리 자기 문화의 가치만을 중시하는가?'라면, ㉠은 '아니요'이다.

⑤ (가)가 'A는 B와 달리 자문화의 정체성을 상실할 수 있다는 비판을 받는가?'라면, (나)에는 'C는 A와 달리 타문화를 무비판적으로 수용할 가능성이 높은가?'가 들어갈 수 있다.

다음은 사회·문화 현상을 바라보는 관점 A~C를 구분하는 질문에 대한 학생의 답변과 교사의 채점 결과이다. 이에 대한 설명으로 옳은 것은? (단, A~C는 각각 기능론, 갈등론, 상징적 상호 작용론 중 하나임.) [3점]

질문	답변		
	갑	을	병
A는 B와 달리 지배 집단과 피지배 집단 간 갈등이 사회 발전의 원동력이라고 보는가?	아니요	아니요	예
A, C는 B와 달리 개인의 행위를 강제하는 사회 구조를 중시하는가?	예	아니요	예
(가)	예	아니요	아니요
(나)	예	아니요	예
채점 결과	3점	2점	3점

* 교사는 질문별로 채점하고, 질문당 옳은 답변을 쓴 경우는 1점, 틀린 답변을 쓴 경우는 0점을 부여함.

① A는 C와 달리 사회가 본질적으로 변동을 지향한다고 본다.
② B는 A와 달리 다양한 사회 제도의 상호 의존 관계에 주목한다.
③ C는 B와 달리 인간이 상황 정의에 기초하여 행동한다고 본다.
④ (가)에는 'B는 A와 달리 행위자의 능동성을 중시하는가?'가 들어갈 수 있다.
⑤ (나)에는 'A는 C와 달리 기득권층의 이익을 대변한다는 비판을 받는가?'가 들어갈 수 있다.

다음 자료에 대한 옳은 설명만을 〈보기〉에서 있는 대로 고르시오. (단, A, B는 각각 산업 사회, 정보 사회 중 하나임.)

〈형성 평가〉
◦ 제시된 '대답'에 맞게 빈칸을 채워 질문을 완성하시오.

대답	대답에 맞는 질문	채점 결과
예	A는 B에 비해 [　　　(가)　　　] 이/가 높은가?	㉠
아니요	B는 A에 비해 정보 제공자와 수용자 간 구분 이/가 명확한가?	1점

* 교사는 완성한 질문별로 채점하고 제시된 대답에 맞게 질문을 완성한 경우는 1점, 틀린 경우는 0점임.

〈보 기〉

ㄱ. A는 B에 비해 물리적 거리가 사회적 관계 형성에 미치는 제약 정도가 크다.
ㄴ. (가)에 '사회의 다원화 정도'가 들어간다면, ㉠은 '1점'이다.
ㄷ. ㉠이 '0점'이라면, (가)에는 '가정과 일터의 결합 정도'가 들어갈 수 없다.

다음은 자료 수집 방법 A~C를 구분하는 질문에 대한 학생의 답변과 교사의 채점 결과이다. 이에 대한 설명으로 옳은 것은? (단, A~C는 각각 질문지법, 실험법, 면접법 중 하나임.) [3점]

질문	답변		
	갑	을	병
A는 인위적으로 통제된 상황에서 변수의 효과를 관찰하는 방법인가?	예	아니요	아니요
A에 비해 B는 자료 수집 과정에서 연구자가 유연성이나 융통성을 발휘하기 용이한 방법인가?	아니요	아니요	㉠
B에 비해 C는 주로 양적 연구에서 활용하는 자료 수집 방법인가?	예	아니요	예
(가)	아니요	아니요	예
채점 결과	3점	1점	2점

* 교사는 질문별로 각각 채점하고, 옳은 답변은 1점, 틀린 답변은 0점을 부여함.

① ㉠은 '아니요'이다.
② A에 비해 B는 독립 변수와 종속 변수의 관계를 검증하는 연구에 적합하다.
③ B와 달리 C는 조사 대상자와의 언어적 상호 작용이 필수적이다.
④ C와 달리 A는 조사 대상자의 주관적 인식을 파악할 수 있다.
⑤ (가)에는 'B에 비해 C는 소수의 응답자로부터 깊이 있는 정보를 수집하기에 용이한 방법인가?'가 들어갈 수 있다.

10 25학년도 9월 평가원 9번

[정답과 해설 176page]

다음은 일탈 이론 A~D를 구분하는 질문에 대한 학생의 답변과 교사의 채점 결과이다. 이에 대한 설명으로 옳은 것은? (단, A~D는 각각 뒤르켐의 아노미 이론, 머튼의 아노미 이론, 낙인 이론, 차별 교제 이론 중 하나임.)

질문	답변		
	갑	을	병
A는 일탈이 주변 사람으로부터 학습되는 과정에 주목하는가?	예	아니요	예
B와 달리 C는 일탈자가 부정적 자아를 내면화하는 과정에 주목하는가?	아니요	아니요	예
B와 달리 D는 문화적 목표와 제도적 수단 간의 괴리가 일탈의 원인이라고 보는가?	아니요	예	예
B, D와 달리 A, C는 모두 타인과의 상호 작용이 일탈에 미치는 영향을 강조하는가?	아니요	예	예
채점 결과	2점	㉠	3점

* 교사는 질문별로 각각 채점하고, 옳은 답변은 1점, 틀린 답변은 0점을 부여함.

① ㉠은 '1점'이다.
② A의 사례로 비행 청소년이라는 부정적인 평판으로 인해 범죄를 다시 저지르는 경우를 들 수 있다.
③ B의 사례로 경찰의 치안과 공권력이 무너진 국가에서 각종 범죄가 늘어나는 경우를 들 수 있다.
④ C의 사례로 프로 야구 만년 후보 선수가 주전 선수가 되고 싶어 금지 약물을 복용한 경우를 들 수 있다.
⑤ D의 사례로 상습적으로 불법 도박을 하는 친구에게 배워 불법 스포츠 도박에 빠진 청소년의 경우를 들 수 있다.

다음은 일탈 이론 A~D를 구분하는 질문에 대한 학생의 분류와 교사의 채점 결과이다. 이에 대한 설명으로 옳은 것은? (단, A~D는 각각 뒤르켐의 아노미 이론, 머튼의 아노미 이론, 차별 교제 이론, 낙인 이론 중 하나임.) [3점]

질문	예	아니요	채점 결과
※ 질문에 따라 A, B, C, D를 '예', '아니요'로 분류하여 해당하는 칸에 적으시오.			
일탈자가 부정적 자아를 내면화하는 과정에 주목하는가?	B, C	A, D	3점
타인과의 상호 작용이 일탈에 미치는 영향을 강조하는가?	B, D	A, C	2점
일탈을 규정하는 객관적인 기준이 존재한다고 보는가?	B, D	A, C	1점
문화적 목표와 제도적 수단 간의 괴리가 일탈의 원인이라고 보는가?	B, C	A, D	3점

* 질문별로 채점하며, 맞게 적은 이론에는 각 1점을, 틀리게 적은 이론에는 각 0점을 부여함. 질문별 만점은 4점임.

① A의 사례로 신입 사원이 비리를 저지르는 회사 선배들과 어울리면서 죄의식이 사라져 부정행위를 같이 하는 경우를 들 수 있다.

② B의 사례로 한탕주의로 쉽게 돈을 버는 사람을 보고 부자가 되고 싶은 실업자가 불법 도박에 빠지는 경우를 들 수 있다.

③ C의 사례로 학교 폭력 가해 사실로 징계를 받은 학생이 스스로를 문제아로 인식하고 범죄를 저지르는 경우를 들 수 있다.

④ B와 달리 D는 정상 집단과의 교류를 일탈의 해결책으로 본다.

⑤ D와 달리 A는 사회 규범의 통제력 강화를 일탈의 해결책으로 본다.

12 25학년도 수능 16번

다음 자료에 대한 옳은 설명만을 〈보기〉에서 있는 대로 고르시오. (단, A, B는 각각 기능론과 갈등론 중 하나임.) [3점]

<table>
<tr><td colspan="3" align="center">〈확인 평가〉</td></tr>
<tr><td colspan="3">◦ 제시된 '진위 판단'에 부합하도록 빈칸을 채워 진술을 완성하시오.</td></tr>
<tr><td>진위 판단</td><td>진위 판단에 부합하는 진술</td><td>채점 결과</td></tr>
<tr><td>참</td><td>A와 달리 B는 희소 자원의 차등 분배가 개인의 성취동기에 긍정적으로 작용한다고 본다.</td><td>0점</td></tr>
<tr><td>거짓</td><td>B와 달리 A는 (가)</td><td>㉠</td></tr>
<tr><td colspan="3">* 교사는 완성한 진술별로 채점하고, 제시된 '진위 판단'에 부합하도록 진술을 완성한 경우에는 1점을, 그렇지 않은 경우에는 0점을 부여함.</td></tr>
</table>

〈보 기〉

ㄱ. A는 직업 유형 간 사회적 중요도의 차이가 없다고 본다.

ㄴ. B는 사회 불평등 현상을 제거해야 하는 대상이라고 본다.

ㄷ. (가)에 '개인의 귀속적 요인이 사회 불평등에 미치는 영향력을 중시한다.'가 들어간다면, ㉠은 '0점'이다.

ㄹ. ㉠이 '1점'이라면, (가)에 '사회적 희소가치의 분배 기준은 사회 전체가 합의한 것이라고 본다.'가 들어갈 수 없다.

20학년도 6월 평가원 2번

사회·문화 현상을 바라보는 관점을 활용한 다음 게임에 대한 설명으로 옳은 것은? [3점]

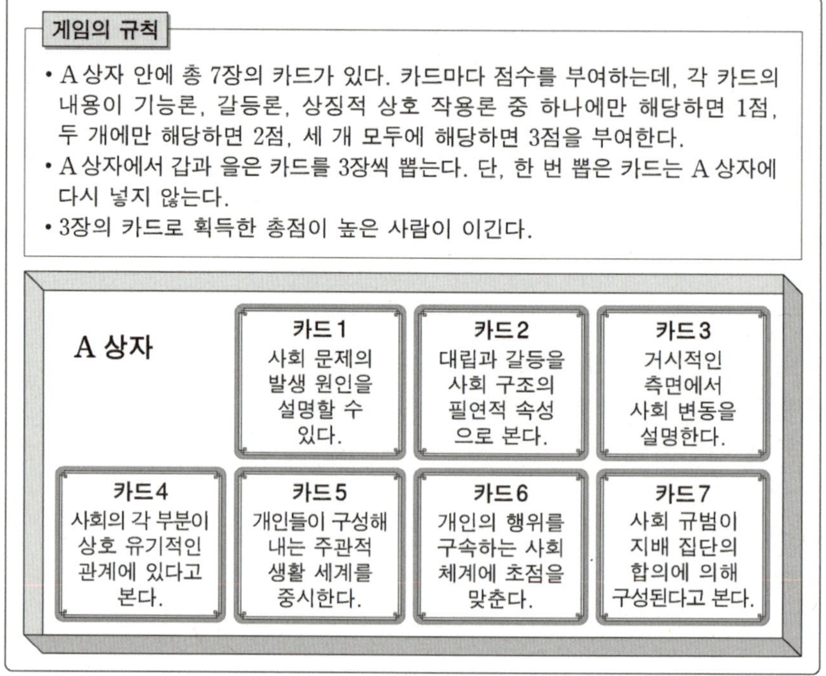

① 카드 3장의 조합으로 얻을 수 있는 최소 점수는 4점이다.
② 카드 3장의 조합으로 얻을 수 있는 최대 점수는 8점이다.
③ 기능론에 해당하는 내용이 있는 3장의 카드로 얻을 수 있는 최대 점수는 6점이다.
④ 상징적 상호 작용론에 해당하는 내용이 없는 3장의 카드로 얻을 수 있는 최대 점수는 5점이다.
⑤ 갑이 카드 1, 카드 5, 카드 6을 뽑았다면 을이 이길 수 있는 카드의 조합은 1가지이다.

20학년도 6월 평가원 2번 해설 / 정답 : ④

다음은 카드의 내용에 해당하는 관점을 적은 것이다.

카드	카드의 내용	관점	점수
1	사회 문제의 발생 원인을 설명할 수 있다.	기능론, 갈등론, 상징적 상호 작용론	3
2	대립과 갈등을 사회 구조의 필연적 속성으로 본다.	갈등론	1
3	거시적인 측면에서 사회 변동을 설명한다.	기능론, 갈등론	2
4	사회의 각 부분이 상호 유기적인 관계에 있다고 본다.	기능론	1
5	개인들이 구성해내는 주관적 생활 세계를 중시한다.	상징적 상호 작용론	1
6	개인의 행위를 구속하는 사회 체계에 초점을 맞춘다.	기능론, 갈등론	2
7	사회 규범이 지배 집단의 합의에 의해 구성된다고 본다.	갈등론	1

〈선지 분석〉

① 카드 3장의 조합으로 얻을 수 있는 최소 점수는 3점이다. 카드 2, 카드 4, 카드 5, 카드 7 중 3개를 뽑으면 최소 점수 3점이 나온다.

② 카드 3장의 조합으로 얻을 수 있는 최대 점수는 7점이다. 카드 1, 카드 3, 카드 6을 뽑으면 최대 점수 7점이 나온다.

③ 기능론에 해당하는 내용이 있는 카드는 카드 1, 카드 3, 카드 4, 카드 6이다. 카드 1, 카드 3, 카드 4, 카드 6 중 3장의 카드로 얻을 수 있는 최대 점수는 7점이다. 카드 1, 카드 3, 카드 6을 뽑으면 7점이 나온다.

④ 상징적 상호 작용론에 해당하는 내용이 없는 카드는 카드 2, 카드 3, 카드 4, 카드 6, 카드 7이다. 카드 2, 카드 3, 카드 4, 카드 6, 카드 7 중 3장의 카드로 얻을 수 있는 최대 점수는 5점이다. 카드 3과 카드 6을 포함해 3장의 카드를 뽑으면 5점이 나온다.

⑤ 갑이 카드 1, 카드 5, 카드 6을 뽑았다면 갑의 점수는 6점이다. 갑이 뽑은 카드는 다시 상자에 넣지 않으므로 을은 카드 2, 카드 3, 카드 4, 카드 7 중에서 3장의 카드를 뽑아야 한다. 카드 2, 카드 3, 카드 4, 카드 7 중 3장의 카드를 뽑아 얻을 수 있는 최대 점수는 4점이므로 갑이 카드 1, 카드 5, 카드 6을 뽑았다면 을이 이길 수 있는 조합은 존재하지 않는다.

01 22학년도 6월 평가원 12번

[정답과 해설 180page]

다음은 자료 수집 방법의 일반적인 특징을 활용한 수업이다. 이에 대한 설명으로 옳은 것은? [3점]

교사 : 자료 수집 방법 중에서 질문지법, 참여 관찰법, 면접법의 공통점을 알아보기 위해 카드 게임을 해봅시다. 학생 갑, 을, 병에게 각각 나눠 준 6장의 카드에는 자료 수집 방법의 일반적인 특징이 적혀 있습니다. 3가지 자료 수집 방법의 특징 모두에 해당하는 카드는 3점, 2가지에만 해당하는 카드는 2점, 1가지에만 해당하는 카드는 1점을 받습니다. 6장의 카드 중에서 가장 높은 점수를 받을 수 있도록 3장을 뽑으세요.

〈학생이 받은 카드〉

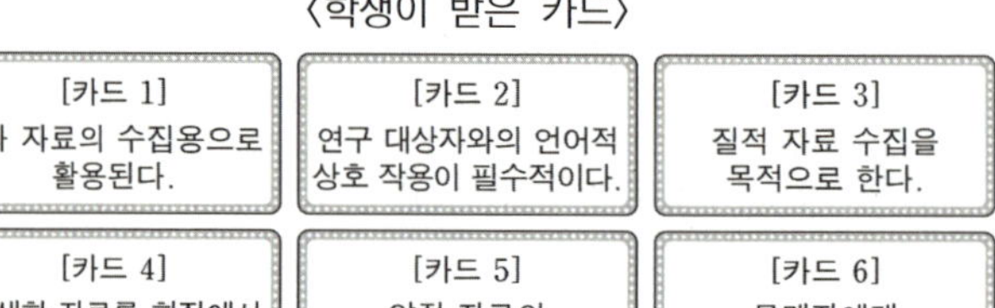

갑: 저는 [카드 1], [카드 2], [카드 3]을 뽑았습니다.
을: 저는 [카드 3], [카드 4], [카드 6]을 뽑았습니다.
병: 저는 [카드 1], [카드 2], [카드 5]를 뽑았습니다.

---

① 높은 점수를 받을 학생부터 순서대로 나열하면 병, 갑, 을 순이다.
② 갑이 뽑은 카드 중에는 3가지 자료 수집 방법 모두에 해당하는 특징이 적힌 카드가 1장 있다.
③ 을이 뽑은 카드 중에는 질문지법에 해당하는 특징이 적힌 카드가 없다.
④ 병이 뽑은 모든 카드에는 참여 관찰법에 해당하는 특징이 적혀 있다.
⑤ 갑, 을, 병이 모두 면접법에 해당하는 특징이 적힌 카드를 2장 이상씩 뽑았다.

Part

03

표 파트

① 비 – 각각의 양을 기호 :로 나타낸 것 (2 : 1) ⇒ 1이 기준량, 2가 비교하는 양
② 비율 – 기호 :를 사용하지 않고, 기준량과 비교하는 양을 분수로 나타내어 비교하는 것
$$\Rightarrow \frac{비교하는\ 양}{기준량} ,\ \text{A 대비 B} \Rightarrow \frac{B}{A}$$
③ 백분율 – 기준량이 100인 비율 ⇒ 비율 × 100(%)
④ 변화율 – 두 변수가 변화하는 정도를 비율로 나타낸 것

(1) 기본적인 비율 비교하기

분모가 같다고 가정할 때, 분자가 큰 곳의 비율이 더 높다.

ex $\dfrac{2}{7} < \dfrac{5}{7}$ $\dfrac{4}{9} > \dfrac{2}{9}$

분자가 같다고 가정할 때, 분모가 큰 곳의 비율이 더 낮다.

ex $\dfrac{3}{5} > \dfrac{3}{8}$ $\dfrac{2}{5} < \dfrac{2}{3}$

변화율은 수 자체가 얼마나 증가했는지를 보여주는 것이 아니라, 수가 **얼마나 빠르게 증가했는지**를 보여주는 지표이다.

변화율 구하는 공식 : $\dfrac{\text{나중 값} - \text{초기 값}}{\text{초기 값}} \times 100$

18년 3월 교육청 13번 변형

표를 보고 옳고 그름을 판단하시오.

〈A 지역의 가구 월평균 소득〉

(단위 : 만 원)

구분	2015년	2016년	2017년
빈곤 가구	100	110	120
비빈곤 가구	500	530	550

① 2015년 대비 2016년의 월평균 소득 증가액은 빈곤 가구보다 비빈곤 가구가 크다. (○ / ×)
② 2015년 대비 2016년의 월평균 소득 증가율은 빈곤 가구보다 비빈곤 가구가 크다. (○ / ×)

18년 3월 교육청 13번 변형 해설 / 정답 : ○, ×

① 2015년 대비 2016년의 월평균 소득 증가**액**은 빈곤 가구보다 비빈곤 가구가 크다. (○ / ×)

구분	2015년	2016년	월평균 소득 증가액
빈곤 가구	100만 원	110만 원	10만 원
비빈곤 가구	500만 원	530만 원	30만 원

② 2015년 대비 2016년의 월평균 소득 증가**율**은 빈곤 가구보다 비빈곤 가구가 크다. (○ / ×)

구분	2015년	2016년	월평균 소득 증가율
빈곤 가구	100만 원	110만 원	10%
비빈곤 가구	500만 원	530만 원	6%

※ 수의 변화와 비율의 변화를 혼동하지 않길 바란다.

다음 자료에 대한 옳은 분석만을 〈보기〉에서 있는 대로 고르시오. [3점]

* 중위 소득 : 전체 가구를 소득 순으로 일렬로 배열하였을 때 한가운데에 위치한 가구의 소득

〈갑국의 공공 부조 지원 대상 가구 현황〉

(단위 : %)

구분	2000년	2005년	2010년	2015년
전체 가구 수 변화율	0	10	−10	0
중위 소득 50% 이하 가구 비율	35	35	35	35
중위 소득 43% 이하 가구 비율	27	28	29	30
중위 소득 40% 이하 가구 비율	15	15	15	15
중위 소득 28% 이하 가구 비율	5	5	5	5

* 갑국은 1995년부터 5년 단위로 공공 부조 지원 가구를 조사함.

** 전체 가구 수 변화율 = $\dfrac{\text{당해 조사 연도의 전체 가구 수} - \text{직전 조사 연도의 전체 가구 수}}{\text{직전 조사 연도의 전체 가구 수}} \times 100$

─────── 〈보 기〉 ───────

ㄱ. 전체 가구 중 교육 급여 한 가지만 지원받는 가구 비율은 2010년과 2015년이 같다.

ㄴ. 교육, 주거 급여 두 가지만 지원받는 가구 수는 2000년이 2015년보다 작다.

ㄷ. 전체 가구 중 교육, 주거, 의료, 생계 급여 모두를 지원받는 가구 비율은 2000년이 2010년 보다 낮다.

ㄹ. 2005년 교육, 주거, 의료 급여 세 가지만 지원받는 가구 수는 2015년 교육, 주거, 의료, 생계 급여 모두를 지원받는 가구 수의 2배 이상이다.

해당 문제를 분석하기 이전에 해당 문제에서 활용되는 변화율의 원리에 대해 짚고 넘어가자.

(단위 : %)

구분	2000년	2005년	2010년
전체 가구 수 변화율	0	10	−10

* 갑국은 1995년부터 5년 단위로 공공 부조 지원 가구를 조사함.

** 전체 가구 수 변화율 $= \dfrac{\text{당해 조사 연도의 전체 가구 수} - \text{직전 조사 연도의 전체 가구 수}}{\text{직전 조사 연도의 전체 가구 수}} \times 100$

2000년의 전체 가구 수와 2010년의 전체 가구 수는 같을까? 2000년의 전체 가구 수를 1,000명이라고 가정하고, 각 조사 연도의 전체 가구 수를 구해보자.

(단위 : 명)

구분	2000년	2005년	2010년
전체 가구 수	1,000	1,100	990

같지 않다. 2005년에는 2000년의 전체 가구 수인 1,000명에서 10% 증가하였고, 2010년에는 2005년의 전체 가구 수인 1,100명에서 10% 감소하였으므로 2000년과 2010년의 전체 가구 수가 다른 것이다. **기준이 되는 직전 조사 연도가 서로 다르기 때문이다.**

아래 경우에도 2010년의 전체 가구 수가 2000년의 전체 가구 수보다 작을까? 마찬가지로 2000년의 전체 가구 수를 1,000명이라고 가정하고, 각 조사 연도의 전체 가구 수를 구해보자.

(단위 : %)

구분	2000년	2005년	2010년
전체 가구 수 변화율	0	−10	10

(단위 : 명)

구분	2000년	2005년	2010년
전체 가구 수	1,000	900	990

이 경우에는 전체 가구 수가 어떻게 달라질까? 2005년에는 2000년의 전체 가구 수인 1,000명에서 10% 감소하였고, 2010년에는 2005년의 전체 가구 수인 900명에서 10% 증가하였으므로 **2010년의 전체 가구 수가 2000년의 전체 가구 수보다 작다.**

〈선지 분석〉 - 2000년의 전체 가구 수를 1,000명으로 가정

ㄱ. 전체 가구 중 교육 급여 한 가지만 지원받는 가구 비율은 2010년과 2015년이 같다. (×)

구분	2010년	2015년
교육 급여 한 가지만 지원받는 가구 비율(%)	6 (35 − 29)	5 (35 − 30)

ㄴ. 교육, 주거 급여 두 가지만 지원받는 가구 수는 2000년이 2015년보다 작다. (○)

구분	2000년	2015년
전체 가구 수(명)	1,000	990
두 가지 급여를 지원받는 가구 비율(%)	12 (27 − 15)	15 (30 − 15)
두 가지 급여를 지원받는 가구 수(명)	120	120보다 높음

ㄷ. 전체 가구 중 교육, 주거, 의료, 생계 급여 모두를 지원받는 가구 비율은 2000년이 2010년보다 낮다. (×)

구분	2000년	2010년
네 가지 급여 모두를 지원받는 가구 비율(%)	5	5

ㄹ. 2005년 교육, 주거, 의료 급여 세 가지만 지원받는 가구 수는 2015년 교육, 주거, 의료, 생계 급여 모두를 지원받는 가구 수의 2배 이상이다. (○)

구분	2005년	2015년
전체 가구 수(명)	1,100	990

(1) 2005년에 세 가지 급여를 지원받는 가구 비율 : 10%

(2) 2010년에 네 가지 급여 모두를 지원받는 가구 비율 : 5%

⇒ (1)의 비율이 (2)의 비율의 2배이므로 2005년과 2015년의 전체 가구 수만 비교하면 된다. 2005년의 전체 가구 수가 2015년의 전체 가구 수보다 많으므로 옳은 선지이다.

---

comment

[정답과 해설 182page]

① 분모가 증가하더라도 전체의 비율이 증가하는 경우와 ② 분자가 감소하더라도 전체의 비율이 증가하는 경우가 존재한다. 이 두 가지 경우는 어떤 때에 일어나는지 서술하라.

①

②

01 17학년도 수능 18번　　　　　　　　　　　　[정답과 해설 182page]

표에 대한 분석으로 옳지 <u>않은</u> 것은? [3점]

〈갑국의 경력 단절 여성 규모와 사유〉

(단위 : %)

구분		2011년	2012년	2013년	2014년	2015년
15~64세 기혼 여성 인구 변화율		0	2	−2	0	0
경력 단절 여성 비율		20	20	20	20	20
경력 단절 사유	결혼	47	46	45	40	37
	임신 · 출산	20	24	21	20	24
	육아	25	26	30	31	32
	기타	8	4	4	9	7
	합계	100	100	100	100	100

$$* \ 15{\sim}64\text{세 기혼 여성 인구 변화율} = \frac{(\text{당해 연도 } 15{\sim}64\text{세 기혼 여성 수}) - (\text{전년도 } 15{\sim}64\text{세 기혼 여성 수})}{\text{전년도 } 15{\sim}64\text{세 기혼 여성 수}} \times 100$$

$$** \ \text{경력 단절 여성 비율} = \frac{\text{경력 단절 여성 수}}{15{\sim}64\text{세 기혼 여성 수}} \times 100$$

① 15~64세 기혼 여성의 수는 2012년이 2013년보다 많다.

② 경력 단절 여성의 수는 2011년이 2015년보다 많다.

③ 결혼으로 인한 경력 단절 여성의 비율은 줄어들고 있다.

④ 임신 · 출산으로 인한 경력 단절 여성의 수는 2011년이 2014년보다 적다.

⑤ 육아로 인한 경력 단절 여성의 수가 가장 많은 해는 2015년이다.

표에 대한 분석으로 옳은 것은? [3점]

〈갑국의 다문화 가정 학생 현황〉

(단위 : %)

구분		2016년	2017년	2018년
전년 대비 다문화 가정 학생 수 변화율		0	−2.0	2.0
전체 학생 중 다문화 가정 학생 비율		1.7	1.8	1.9
다문화 가정 학생의 학교급별 구성비	초등학교	78.3	79.1	81.5
	중학교	16.8	15.9	13.3
	고등학교	4.9	5.0	5.2
	계	100	100	100

* 갑국의 초·중·고교 재학생을 전수 조사한 결과임.

① 2016년과 2018년의 다문화 가정 학생 수는 같다.

② 2017년의 전체 학생 수는 2016년에 비해 감소하였다.

③ 고등학교에 재학 중인 다문화 가정 학생 수는 지속적으로 증가하였다.

④ 2017년 초등학교에 재학 중인 다문화 가정 학생 수는 전체 초등학생 수의 과반이다.

⑤ 2016년 중학교에 재학 중인 다문화 가정 학생 수는 고등학교에 재학 중인 다문화 가정 학생 수의 4배 이상이다.

가중평균의 정의

중요도나 영향도에 해당하는 **가중치를 곱해 구한 평균값**

단순 평균과 가중평균의 차이

단순 평균은 각 변수에 동일한 가중치를 곱해 구한 평균값이지만, 가중평균은 각 변수의 비율을 고려하여 다른 가중치를 곱해 구한 평균값이다.

(1) 단순 평균

○○ 고등학교 3학년 사회·문화 평균 점수를 구해보자.
(단, ○○ 고등학교의 3학년 학급에는 1반과 2반만이 존재한다.)

구분	3학년 1반	3학년 2반
학급 인원	30명	30명
학급 사회·문화 평균 점수	40점	30점

○○ 고등학교의 3학년 1반과 2반의 사회·문화 평균 점수는 직관적으로 35점이라는 것을 알 수 있다. 보통 이 경우에는 3학년 1반의 사회·문화 평균 점수와 2반의 사회·문화 평균 점수를 더한 값을 2로 나누어서 계산할 것이다. ($\dfrac{40+30}{2} = 35$)

우리가 ○○ 고등학교 3학년 사회·문화 평균 점수를 구할 때, **단순히 두 학급의 사회·문화 평균 점수를 더해서 2로 나눌 수 있는 이유는 두 반의 가중치(학급 인원)가 서로 같기 때문이다.**

(2) 가중평균

○○ 고등학교 3학년의 사회·문화 평균 점수를 구해보자.
(단, ○○ 고등학교의 3학년 학급에는 1반과 2반만이 존재한다.)

구분	3학년 1반	3학년 2반
학급 인원	30명	20명
학급 사회·문화 평균 점수	40점	30점

이 경우에는 단순 평균을 구하듯이 단순히 각 학급의 사회·문화 평균 점수를 더한 값을 2로 나누어서 계산해서는 안 된다. 두 반의 가중치(학급 인원)가 서로 다르기 때문이다.

두 반의 사회·문화 평균 점수를 구하기 위해서는 각 학급 사회·문화 평균 점수에 학급 인원이라는 가중치를 곱하는 가중평균을 이용하여 구해야 한다.

3학년 1반의 학급 인원은 30명, 3학년 2반의 학급 인원은 20명이므로 3학년 1반의 사회·문화 평균 점수에는 가중치 3을 곱하고, 3학년 2반의 사회·문화 평균 점수에는 가중치 2를 곱하면 된다. 곱한 두 값을 더한 것은 3학년의 사회·문화 평균 점수에 가중치 5를 곱한 값과 같다.

3학년 전체 사회·문화 평균 점수를 미지수 x로 두고, 계산을 통해 x의 값을 구해보자.
$(3 \times 40) + (2 \times 30) = (5 \times x)$
$180 = 5x$
$x = 36$

3학년 1반의 학급 인원은 2반의 학급 인원의 1.5배이므로 ○○ 고등학교 3학년의 사회·문화 평균 점수에서 2반의 평균 점수와 떨어져 있는 거리(6점)가 1반의 평균 점수와 떨어져 있는 거리(4점)의 1.5배인 것이다.

전체 평균은 가중치가 더 큰 쪽에 가까이 있다.

x에 들어갈 비율을 구하여라. (단, ○○시는 A, B 지역으로만 이루어져 있다.)

〈○○시 지역별 총인구 대비 수급자 비율〉

(단위 : %)

지역 \ 제도	(가)	(나)
A 지역	5.5	1.9
B 지역	7.6	x
전체	6.9	1.7

1. x의 값을 구하기 위해서는 A 지역의 인구와 B 지역의 인구가 각각 전체의 인구에서 차지하는 비중 (가중치)을 알아야 한다.

2. 이는 '각 지역의 비율이 평균에서 얼마나 떨어져 있는가?'를 가지고 각 지역의 인구의 상대적 비율을 구하면 된다. (가) 제도 수급자를 통해 이를 확인해 보자.

   A 지역의 (가) 제도 수급자 비율은 전체에서 1.4%p만큼 떨어져 있고, B 지역의 (가) 제도 수급자 비율은 전체에서 0.7%p만큼 떨어져 있다.

   이는 B 지역의 인구가 A 지역의 인구의 2배라는 사실을 보여준다.

   B 지역의 인구가 A 지역의 인구의 2배이므로 전체 비율이 B 지역의 비율에 2배만큼 가까운 것이다.

(단위 : %)

지역＼제도	(가)
A 지역	5.5 (전체 − 1.4)
B 지역	7.6 (전체 + 0.7)
전체	6.9

3. 앞의 설명이 옳은지 확인하기 위해서 검산해보자. 앞에서 B 지역의 인구가 A 지역의 인구의 2배라는 것을 알아냈다. 이제 B 지역 인구의 비율에 가중치 2를 곱하고, A 지역 인구의 비율에 가중치 1을 곱해서 더한 수치가 전체 인구의 비율에 3을 곱한 값과 같은지를 확인하면 된다.

$$\Rightarrow (5.5 \times 1) + (7.6 \times 2) = 6.9 \times 3$$

4. 두 지역 인구의 비를 구하였으니 마지막으로 x의 값을 구해보자.

   (나) 제도에서 A 지역의 비율에 1을 곱하고, B 지역의 비율에 2를 곱한 값을 합한 것이 전체 비율에 3을 곱한 것과 같게 해주면 된다.

$$\Rightarrow (1.9 \times 1) + (x \times 2) = 1.7 \times 3$$
$$\Rightarrow 2x = 3.2$$
$$\Rightarrow x = 1.6$$

5. A 지역의 (나) 제도 수급자 비율인 1.9%는 평균과 0.2%p만큼 차이가 나고,
   B 지역의 (나) 제도 수급자 비율인 1.6%는 평균과 0.1%p만큼 차이가 난다.
   이는 B 지역의 인구가 A 지역의 인구의 2배라는 것을 보여주는 것이다.

(단위 : %)

지역＼제도	(나)
A 지역	1.9 (전체 +0.2)
B 지역	1.6 (전체 −0.1)
전체	1.7

A 지역 인구를 2,000명이라고 가정했을 때, 각 제도 수혜자의 수를 구하여 표에 적어라.

〈자료〉 우리나라 A, B 지역 (가)~(다) 제도 수혜자 비율

(단위 : %)

구분	A 지역			B 지역		
	남성	여성	전체	남성	여성	전체
(가)	10.0	9.6	9.8	10.2	9.4	9.6
(나)	1.6	2.0	1.8	2.8	2.0	2.2
(다)	1.2	1.6	1.4	1.2	1.6	1.5

* A 지역과 B 지역의 총인구는 동일함.

** 해당 지역 남성(여성) 수혜자 비율(%) = $\dfrac{\text{해당 지역 남성(여성) 수혜자 수}}{\text{해당 지역 남성(여성) 인구}} \times 100$

수혜자의 수

(단위 : 명)

구분	A 지역			B 지역		
	남성	여성	전체	남성	여성	전체
(가)						
(나)						
(다)						

(1) 첫 번째 단서에 따라 A 지역과 B 지역의 총인구는 동일하므로 B 지역의 총인구도 2,000명이라는 사실을 알 수 있다.

(2) 수혜자의 수를 각각 구하기 위해서는 A 지역과 B 지역에서 각각 남녀의 인구가 차지하는 비중(가중치)을 알아야 한다.

(3) 이는 '남녀의 비율이 각각 평균에서 얼마나 떨어져 있는가?'를 가지고 구할 수 있다.

- A 지역의 경우에는 전체의 비율로부터 남녀의 비율이 각각 떨어져 있는 정도가 같으므로 남녀의 인구(가중치)가 서로 같다는 것을 알 수 있다.

(단위 : %)

구분	A 지역		
	남성	여성	전체
(가)	10.0 (전체 +0.2)	9.6 (전체 −0.2)	9.8
(나)	1.6	2.0	1.8
(다)	1.2	1.6	1.4

- B 지역의 경우에는 전체의 비율로부터 남자의 비율과 떨어져 있는 정도가 여자의 비율과 떨어져 있는 정도의 3배이므로 여자의 인구가 남자의 인구의 3배라는 것을 알 수 있다.
여자의 인구가 남자의 인구보다 많으므로 평균이 여자의 비율에 더 가까이 있는 것이다.

(단위 : %)

구분	B 지역		
	남성	여성	전체
(가)	10.2 (전체 +0.6)	9.4 (전체 −0.2)	9.6
(나)	2.8	2.0	2.2
(다)	1.2	1.6	1.5

구분	A 지역	B 지역
남 : 여 비율 (%)	1 : 1	1 : 3
남 : 여 총인구 (명)	1000 : 1000	500 : 1500

(단위 : %)

구분	A 지역		
	남성	여성	전체
(가)	10.0 (전체 +0.2)	9.6 (전체 −0.2)	9.8
(나)	1.6	2.0	1.8
(다)	1.2	1.6	1.4

(단위 : %)

구분	B 지역		
	남성	여성	전체
(가)	10.2 (전체 +0.6)	9.4 (전체 −0.2)	9.6
(나)	2.8	2.0	2.2
(다)	1.2	1.6	1.5

구분	A 지역	B 지역
남 : 여 비율 (%)	1 : 1	1 : 3
남 : 여 총인구 (명)	1,000 : 1,000	500 : 1,500

- 위의 세 가지 표를 가지고 각 제도 수혜자 수를 구해보자.

- ㉠ B 지역의 (나) 제도 남성 수혜자 수, ㉡ B 지역의 (나) 제도 여성 수혜자 수, ㉢ B 지역의 (나) 제도 전체 수혜자 수를 예시로 들어보겠다. ㉠의 경우에는 B 지역의 남성 인구가 500명이고 수혜자 비율이 2.8%이므로 두 수를 곱해(500×2.8%＝14) 구할 수 있다. ㉡의 경우에는 B 지역의 여성 인구가 1,500명이고 수혜자 비율이 2.0%이므로 두 수를 곱해(1,500×2.0%＝30) 구할 수 있다. ㉢은 ㉠과 ㉡의 합이므로 44명이다.

- ㉢의 값이 44인 것은 또 다른 방식으로도 증명할 수 있다. B 지역의 총인구는 2,000명이고, B 지역의 (나) 제도 전체 수혜자 비율은 2.2%이므로 두 수를 곱해(2,000×2.2%＝44) 구할 수 있다.

수혜자의 수

(단위 : 명)

구분	A 지역			B 지역		
	남성	여성	전체	남성	여성	전체
(가)	100	96	196	51	141	192
(나)	16	20	36	㉠ 14	㉡ 30	㉢ 44
(다)	12	16	28	6	24	30

02 기출 문제

01

[정답과 해설 184page]

x, y에 들어갈 비율을 구하여라. (단, 전체 인구는 도시 인구와 농촌 인구로만 구성되며 도시 인구와 농촌 인구의 비는 3 : 2이다.)

	(가) 제도 수급자 비율 (%)	(나) 제도 수급자 비율 (%)
전체 인구	7.5	10.0
도시 인구	4.5	8.0
농촌 인구	x	y

02

[정답과 해설 184page]

갑국에서 B 지역의 (다) 제도 수급자 수가 37명이라고 할 때, A 지역의 인구와 A 지역의 (다) 제도 수급자 수를 구하여라. (단, 갑국은 A, B 지역으로만 이루어져 있다.)

	(다) 제도 수급자 비율 (%)
A 지역	3.4
B 지역	7.4
전체	4.2

A 지역의 인구	명
A 지역의 (다) 제도 수급자 수	명

memo

03 인구 부양비

인구 부양비 유형은 과거에 한 번 출제되고 한동안 나오지 않다가 21학년도 평가원, 수능부터 계속 출제되었기 때문에 중요하게 다룰 필요가 있다.

문제에서 주어지기는 하지만, 문제에 주로 등장하는 용어를 짚고 넘어가도록 하자.

> (1) **유소년 인구** : 0~14세 인구, **부양 인구** : 15~64세 인구, **노인(노령) 인구** : 65세 이상 인구
>
> (2) **총부양비** = 유소년 부양비 ($\dfrac{\text{유소년 인구}}{\text{부양 인구}} \times 100$) + 노년 부양비 ($\dfrac{\text{노인(노령) 인구}}{\text{부양 인구}} \times 100$)
>
> $\qquad = \dfrac{\text{유소년 인구 + 노인(노령) 인구}}{\text{부양 인구}} \times 100$
>
> (3) **노령화 지수** $= \dfrac{\text{노인(노령) 인구}}{\text{유소년 인구}} \times 100$
>
> (4) **고령화 사회** : 전체 인구에서 노인(노령) 인구가 차지하는 비율이 7% 이상인 사회
>
>   **고령 사회** : 전체 인구에서 노인(노령) 인구가 차지하는 비율이 14% 이상인 사회
>
>   **초고령 사회** : 전체 인구에서 노인(노령) 인구가 차지하는 비율이 20% 이상인 사회

다음으로 총부양비와 노령화 지수를 통해 각 인구를 구하는 원리를 이해해 보자.

Q. 다음 표를 보고, 노인 인구와 유소년 인구를 각각 구해보자.

부양 인구(명)	총부양비	노령화 지수
100	60	50

* 총부양비 $= \dfrac{\text{유소년 인구(0~14세 인구) + 노인 인구(65세 이상 인구)}}{\text{부양 인구(15~64세 인구)}} \times 100$

** 노령화 지수 $= \dfrac{\text{노인 인구(65세 이상 인구)}}{\text{유소년 인구(0~14세 인구)}} \times 100$

- 부양 인구는 100명이고, 총부양비는 60이므로 유소년 인구와 노인 인구의 합은 60명이다.
- 노령화 지수는 50이므로 계산을 통해 유소년 인구와 노인 인구를 각각 구할 수 있다.

〈풀이 1〉 **노령화 지수 활용**	〈풀이 2〉 **유소년 인구 x, 노인 인구 y로 두기**
$\Rightarrow$ 노령화 지수가 50이므로 유소년 인구가 $2x$라면, 노인 인구는 x이다. $\Rightarrow 2x + x = 60,\ 3x = 60$ $\Rightarrow x = 20$	$\Rightarrow x + y = 60,\ \dfrac{y}{x} \times 100 = 50$ $\Rightarrow x + y = 60,\ y = 0.5x$ $\Rightarrow 1.5x = 60$ $\Rightarrow x = 40,\ y = 20$

- 둘 중 본인이 편한 풀이 방식대로 풀면 된다.

다음 자료를 보고 제시된 모든 연도의 인구를 표에 채워 넣고, 문장의 옳고 그름을 판단하시오. (단, 제시된 모든 연도의 부양 인구는 100명으로 동일하다.)

구분	t년	t+30년	t+60년
총부양비	70	64	56
노령화 지수	40	60	100

$$* \text{ 총부양비} = \frac{\text{유소년 인구(0~14세 인구)} + \text{노령 인구(65세 이상 인구)}}{\text{부양 인구(15~64세 인구)}} \times 100$$

$$** \text{ 노령화 지수} = \frac{\text{노령 인구(65세 이상 인구)}}{\text{유소년 인구(0~14세 인구)}} \times 100$$

*** 전체 인구에서 노인 인구가 차지하는 비율이 7% 이상이면 고령화 사회, 14% 이상이면 고령 사회, 20% 이상이면 초고령 사회임.

(단위 : 명)

인구 \ 연도	t년	t+30년	t+60년
노령 인구			
부양 인구			
유소년 인구			
총인구			

① t년은 고령화 사회, t+30년은 고령 사회, t+60년은 초고령 사회에 해당한다. (　　)

② 전체 인구에서 유소년 인구가 차지하는 비율은 t년이 가장 높고, t+30년이 가장 낮다. (　　)

③ 유소년 인구의 t+30년 대비 t+60년의 비는 노인 인구의 t+30년 대비 t+60년의 비보다 작다. (　　)

(1) 제시된 모든 연도에서 부양 인구가 100명이므로, 각 연도의 유소년 인구와 노령 인구를 구해보자.

① t년(총부양비 70, 노령화 지수 40)

〈풀이 1〉 노령화 지수 활용	〈풀이 2〉 유소년 인구 x, 노인 인구 y로 두기
⇒ 유소년 인구가 $5x$라면, 노인 인구는 $2x$이다.	⇒ $x+y=70$, $y=0.4x$
⇒ $5x+2x=70$, $7x=70$	⇒ $1.4x=70$
⇒ $x=10$	⇒ $x=50$, $y=20$

② t+30년(총부양비 64, 노령화 지수 60)

〈풀이 1〉 노령화 지수 활용	〈풀이 2〉 유소년 인구 x, 노인 인구 y로 두기
⇒ 유소년 인구가 $5x$라면, 노인 인구는 $3x$이다.	⇒ $x+y=64$, $y=0.6x$
⇒ $5x+3x=64$, $8x=64$	⇒ $1.6x=64$
⇒ $x=8$	⇒ $x=40$, $y=24$

③ t+60년(총부양비 56, 노령화 지수 100)

〈풀이 1〉 노령화 지수 활용	〈풀이 2〉 유소년 인구 x, 노인 인구 y로 두기
⇒ 유소년 인구가 x라면, 노인 인구는 x이다.	⇒ $x+y=56$, $y=x$
⇒ $x+x=56$, $2x=56$	⇒ $2x=56$
⇒ $x=28$	⇒ $x=28$, $y=28$

(단위 : 명)

인구 \ 연도	t년	t+30년	t+60년
노령 인구	20	24	28
부양 인구	**100**	**100**	**100**
유소년 인구	50	40	28
총인구	170	164	156

⇒ 앞으로 부양 인구를 기준으로 한 문제에서 노인(노령) 인구와 유소년 인구를 구할 때는 다음과 같이 계산하면 된다.

(단위 : 명)

인구 \ 연도	t년	t+30년	t+60년
노령 인구	20	24	28
부양 인구	**100**	**100**	**100**
유소년 인구	50	40	28
총인구	170	164	156

① t년은 고령화 사회, t+30년은 고령 사회, t+60년은 초고령 사회에 해당한다. (×)

→ 노인 인구가 차지하는 비율이 t년은 약 11.8%(20/170×100%) t+30년은 약 14.6%(24/164×100%), t+60년은 약 17.9%(28/156×100%)이다. 따라서 t년은 고령화 사회에 해당하고, t+30년과 t+60년은 고령 사회에 해당한다.

② 전체 인구에서 유소년 인구가 차지하는 비율은 t년이 가장 높고, t+30년이 가장 낮다. (×)

→ 전체 인구에서 유소년 인구가 차지하는 비율이 t년은 50/170×100%, t+30년은 40/164×100%, t+60년은 28/156×100%이다. 세 비율의 대소 비교만 하면 되므로 각각의 비율을 엄밀히 구할 필요는 없다.

→ 50/170은 1/4보다 크고, 40/164는 1/4보다 작으므로 전체 인구에서 유소년 인구가 차지하는 비율은 t년이 t+30년보다 크다. 또한, 40/164는 1/5보다 크고, 28/156은 1/5보다 작으므로 전체 인구에서 유소년 인구가 차지하는 비율은 t+30년이 t+60년보다 크다. 결론적으로 전체 인구에서 유소년 인구가 차지하는 비율은 t년이 가장 높고, t+60년이 가장 낮다.

→ 이와 같이 비율의 대소를 비교할 때, 분수를 활용한 어림셈으로 비교하는 것은 꽤 효율적인 방법이다.

③ 유소년 인구의 t+30년 대비 t+60년의 비는 노인 인구의 t+30년 대비 t+60년의 비보다 작다. (○)

→ 유소년 인구의 t+30년 대비 t+60년의 비는 28/40이고, 노인 인구의 t+30년 대비 t+60년의 비는 28/24이다. 비율 파트에서 배웠듯이, 분자가 같은 경우 분모가 더 큰 쪽의 수가 상대적으로 작으므로 유소년 인구의 t+30년 대비 t+60년의 비는 노인 인구의 t+30년 대비 t+60년의 비보다 작다.

⇒ 비율과 변화율 파트에서도 언급했었지만, 분모가 같을 때는 분자가 큰 쪽의 비율이 더 높고, 분자가 같을 때는 분모가 큰 쪽의 비율이 더 낮다.

memo

다음 자료를 보고 제시된 모든 연도의 인구를 다음 표에 채워 넣어라. (단, 제시된 모든 연도의 유소년 인구는 100명으로 동일하다.)

구분	t년	t+30년	t+60년
총부양비	50	80	40
노령화 지수	40	60	100

$$* \text{총부양비} = \frac{\text{유소년 인구(0~14세 인구)} + \text{노령 인구(65세 이상 인구)}}{\text{부양 인구(15~64세 인구)}} \times 100$$

$$** \text{노령화 지수} = \frac{\text{노령 인구(65세 이상 인구)}}{\text{유소년 인구(0~14세 인구)}} \times 100$$

*** 전체 인구에서 노인 인구가 차지하는 비율이 7% 이상이면 고령화 사회, 14% 이상이면 고령 사회, 20% 이상이면 초고령 사회임.

(단위 : 명)

인구 \ 연도	t년	t+30년	t+60년
노령 인구			
부양 인구			
유소년 인구			
총인구			

(1) 제시된 모든 연도에서 유소년 인구가 100명이므로, 각 연도의 부양 인구와 노령 인구를 구해보자.

① t년(총부양비 50, 노령화 지수 40)
 - t년의 노령화 지수가 40이므로 t년의 노령 인구는 40명이다. t년에 유소년 인구와 노령 인구의 합이 140명이고, 총부양비는 50이므로 t년에 유소년 인구와 노령 인구의 합(140명)은 부양 인구의 50%이다. t년의 부양 인구의 절반이 140명이므로 t년의 부양 인구는 140×2=280명이다.

② t+30년(총부양비 80, 노령화 지수 60)
 - t+30년의 노령화 지수가 60이므로 t+30년의 노령 인구는 60명이다. t+30년에 유소년 인구와 노령 인구의 합이 160명이고, 총부양비는 80이므로 t+30년에 유소년 인구와 노령 인구의 합(160명)은 부양 인구의 80%이다. t+30년의 부양 인구의 80%가 160명이므로 t+30년의 부양 인구는 200명이다.

③ t+60년(총부양비 40, 노령화 지수 100)
 - t+60년의 노령화 지수가 100이므로 t+60년의 노령 인구는 100명이다. t+60년에 유소년 인구와 노령 인구의 합이 200명이고, 총부양비는 40이므로 t+60년에 유소년 인구와 노령 인구의 합(200명)은 부양 인구의 40%이다. t+60년의 부양 인구의 40%가 200명이므로 t+60년의 부양 인구는 500명이다.

(단위 : 명)

인구 \ 연도	t년	t+30년	t+60년
노령 인구	40	60	100
부양 인구	280	200	500
유소년 인구	100	100	100
총인구	420	360	700

※ 부양 인구가 기준인 문제는 '총부양비 ⇒ 노령화 지수' 순서로 계산하여 유소년 인구와 노인(노령) 인구를 구하고, 노인(노령) 인구나 유소년 인구가 기준인 문제는 '노령화 지수 ⇒ 총부양비' 순서로 계산하여 마지막에 부양 인구를 구하면 된다.

※ 유소년 인구를 기준으로 노인(노령) 인구를 구할 때는 유소년 인구에 노령화 지수를 곱하면 되므로, 노인(노령) 인구를 기준으로 유소년 인구를 구할 때는 노인(노령) 인구에 노령화 지수의 역수를 곱하면 된다.

다음 자료에 대한 분석으로 옳은 것은? (단, t년 대비 t+20년에 을국의 유소년 인구는 증가하였다.)

구분	t년		t+20년	
	갑국	을국	갑국	을국
노령화 지수	25	40	50	60
총부양비	20	25	50	100

* 노령화 지수 $= \dfrac{\text{노인 인구(65세 이상 인구)}}{\text{유소년 인구(0~14세 인구)}} \times 100$

** 총부양비 $= \dfrac{\text{유소년 인구 + 노인 인구}}{\text{부양 인구(15~64세 인구)}} \times 100$

*** 전체 인구에서 노인 인구가 차지하는 비율이 7% 이상이면 고령화 사회, 14% 이상이면 고령 사회, 20% 이상이면 초고령 사회라고 함.

① t년에 갑국에서 부양 인구 100명당 노인 인구는 25명이다.

② t+20년에 갑국은 고령화 사회, 을국은 고령 사회에 해당한다.

③ t년과 달리 t+20년에 을국에서 노인 인구가 유소년 인구보다 많다.

④ t년 대비 t+20년에 을국에서 유소년 인구 증가율이 노인 인구 증가율보다 크다.

⑤ t년과 t+20년 모두 부양 인구가 부담해야 하는 총 부양 비용은 갑국보다 을국이 크다.

(1) 유소년 인구에 관한 단서가 주어졌으므로 유소년 인구를 기준으로 문제를 푸는 것이 좋다. 이 문제에서는 t년 대비 t+20년에 을국의 유소년 인구가 증가하였다는 조건만 주었으므로 t년에 갑국, 을국의 유소년 인구와 t+20년에 갑국, 을국의 유소년 인구를 각각 다른 수로 두어야 한다.

(2) t년 갑국의 유소년 인구를 100a, t년 을국의 유소년 인구를 100b, t+20년 갑국의 유소년 인구를 100c, t+20년 을국의 유소년 인구를 100d로 가정하자. 이때, 조건에 의하면 b는 d보다 더 크다. 계산 과정은 '21학년도 수능 18번 변형 (2) 풀이-(2)'와 유사하므로 생략하도록 할 것이다.

(단위 : 명)

구분	t년		t+20년	
	갑국	을국	갑국	을국
노인 인구	25a	40b	50c	60d
부양 인구	625a	560b	300c	160d
유소년 인구	**100a**	**100b**	**100c**	**100d**
총인구	750a	700b	450c	320d

〈선지 판단〉

① t년에 갑국에서 부양 인구 625명당 노인 인구는 25명이다. t년에 갑국의 유소년 100명당 노인 인구를 의미하는 노령화 지수가 25이므로 학생들로 하여금 혼란을 주기 위해 이러한 선지를 낸 것이다.

② 전체 인구에서 노인 인구가 차지하는 비율이 t+20년에 갑국은 약 11.1%(50/450×100%)이고, 을국은 18.75%(60/320×100%)이다.
따라서 t+20년에 갑국은 고령화 사회, 을국은 고령 사회에 해당한다.

⇒ 전체 인구에서 노인 인구가 차지하는 비율이 14% 이상이면 고령 사회, 20% 이상이면 초고령 사회이다. 그러므로 이 선지를 판단할 때 정확한 계산은 아니지만, **총인구가 노인 인구의 7배에서 14배 사이면 그 사회는 고령화 사회, 총인구가 노인 인구의 5배에서 7배 사이면 그 사회는 고령 사회, 총인구가 노인 인구의 5배보다 작으면 그 사회는 초고령 사회**라는 점을 활용하면 신속한 선지 판별이 가능하다. 단, **총인구가 노인 인구의 7배나 14배 근처에 있는 값이라면, 다른 선지를 우선 판단하고 엄밀하게 계산하는 것이 좋다.**

③ 을국의 경우 t년과 t+20년 모두 노령화 지수가 100보다 작으므로 유소년 인구가 노인 인구보다 많다.

④ t년 대비 t+20년에 을국에서 노인 인구 증가율[(60d−40b/40b)×100%=(150d−100b/100b)×100%]은 유소년 인구 증가율[(100d−100b/100b)×100%]보다 크다.

⑤ t년과 t+20년 모두 을국이 갑국보다 총부양비가 큰 것은 사실이지만, 경제적 비용에 해당하는 총 부양 비용은 서로 비교할 수 없다. 갑국과 을국의 1인당 부양 비용이 동일하다는 단서도 없으며, 설령 동일하다고 하더라도 갑국과 을국의 인구비가 주어져 있지 않으므로 두 국가의 총 부양 비용은 비교할 수 없다.

다음 자료에 대한 분석으로 옳은 것은? [3점]

표는 갑국과 을국의 인구 관련 통계이다. 갑국과 을국의 총인구는 t년에 동일하며, t+80년에 각각 2배로 증가하였다.

구분	갑국		을국	
	t년	t+80년	t년	t+80년
합계 출산율(명)	4.4	2.4	3.1	1.1
전체 인구 대비 0~14세 인구 비율(%)	60	30	50	20
노령화 지수	25	50	20	125

* 합계 출산율 : 여성 1명이 가임 기간(15~49세) 동안 낳을 것으로 예상되는 평균 출생아 수

** 노령화 지수 $= \dfrac{65세\ 이상\ 인구}{0\sim14세\ 인구} \times 100$

*** 전체 인구에서 노인 인구(65세 이상 인구)가 차지하는 비율이 7% 이상인 사회를 고령화 사회, 14% 이상인 사회를 고령 사회, 20% 이상인 사회를 초고령 사회라고 함.

① 갑국의 경우 15~64세 인구 대비 65세 이상 인구의 비는 t+80년이 t년보다 크다.
② 을국의 경우 t년에 비해 t+80년에 65세 이상 인구가 증가한 원인은 합계 출산율 감소이다.
③ t+80년의 15~64세 인구 비율 대비 0~14세 인구 비율은 을국이 갑국보다 크다.
④ t년과 t+80년을 비교했을 때 을국은 갑국과 달리 고령화 사회에서 초고령 사회로 변화하였다.
⑤ t년 대비 t+80년의 경우 갑국과 을국 모두 0~14세 인구 감소가 노령화 지수의 상승 원인이다.

(1) 갑국과 을국의 각 시기에 전체 인구 대비 0~14세 인구 비율(%)과 노령화 지수가 모두 주어졌으므로 제시된 모든 시기의 15~64세 인구 비율(%), 65세 이상 인구 비율(%)을 모두 구할 수 있다.

(단위 : %)

구분	갑국		을국	
	t년	t+80년	t년	t+80년
65세 이상 인구 비율	**15**(=60×0.25)	**15**(=30×0.5)	**10**(=50×0.2)	**25**(=20×1.25)
15~64세 인구 비율	25	55	40	55
0~14세 인구 비율	60	30	50	20

(2) 갑국과 을국의 총인구는 t년에 동일하며, t+80년에 각각 2배로 증가하였으므로 갑국과 을국의 각 시기에 0~14세 인구, 15~64세 인구, 65세 이상 인구를 각각 구할 수 있다. t년 갑국과 을국의 총인구를 편의상 100명으로 가정하자.

(단위 : 명)

구분	갑국		을국	
	t년	t+80년	t년	t+80년
65세 이상 인구	15	**30**	10	**50**
15~64세 인구	25	**110**	40	**110**
0~14세 인구	60	**60**	50	**40**
총인구	100	**200**	100	**200**

〈선지 판단〉

① 갑국의 경우 15~64세 인구 대비 65세 이상 인구의 비가 t년은 15/25이고, t+80년은 15/55(= 30/110)이다. 분자가 같을 때 분모의 수가 큰 것이 더 작은 수이므로, 갑국의 경우 15~64세 인구 대비 65세 이상 인구의 비는 t년이 t+80년보다 크다.

② 을국의 경우 t년에 비해 t+80년에 합계 출산율이 감소하였고(3.1→1.1), 합계 출산율의 감소가 65세 이상 인구의 비율을 증가시키는 요인에는 해당할 수 있으나 65세 이상 인구의 수를 증가시킨 요인이라고 보기는 어렵다.

③ t+80년의 15~64세 인구 비율 대비 0~14세 인구 비율이 갑국은 30/55(=60/110)이고, 을국은 20/55(=40/110)이다. 분모가 같을 때 분자의 수가 큰 것이 더 큰 수이므로, t+80년의 15~64세 인구 비율 대비 0~14세 인구 비율은 갑국이 을국보다 크다.

④ 전체 인구에서 노인 인구(65세 이상 인구)가 차지하는 비율이 갑국은 t년과 t+80년 모두 15%이고, 을국은 t년에 10%에서 t+80년에 25%로 변화하였다. 따라서 t년과 t+80년을 비교했을 때 갑국은 모두 고령 사회이지만, 을국은 고령화 사회에서 초고령 사회로 변화하였다.

⑤ 갑국은 t년 대비 t+80년의 0~14세 인구에 변동이 없고, 65세 이상 인구는 증가하였다. 따라서 갑국은 노령화 지수의 상승 원인을 0~14세 인구 감소가 아니라 65세 이상 인구의 증가에서 찾을 수 있다. 을국은 t년 대비 t+80년의 0~14세 인구 감소율보다 65세 이상 인구 증가율이 크다. 따라서, 0~14세 인구 감소보다는 65세 이상 인구 증가가 노령화 지수 상승에 더 큰 영향을 주었다. 한편, 을국에서는 0~14세 인구 감소가 을국의 노령화 지수 상승의 원인 중 하나인 것은 맞다.

memo

01 20년 10월 교육청 18번 [정답과 해설 186page]

표에 대한 분석으로 옳은 것은? [3점]

〈갑국의 총인구 중 연령대별 인구 비율〉

(단위 : %)

구분	1990년	2000년	2010년
0~14세 인구	20	20	10
65세 이상 인구	10	20	30

 * 유소년 부양비 = (0~14세 인구 / 15~64세 인구) × 100
 ** 노년 부양비 = (65세 이상 인구 / 15~64세 인구) × 100
 *** 노령화 지수 = (65세 이상 인구 / 0~14세 인구) × 100

① 노령화 지수는 2010년이 1990년의 3배이다.
② 유소년 부양비는 1990년보다 2000년이 작다.
③ 유소년 부양비와 노년 부양비의 합은 2000년보다 2010년이 크다.
④ 15~64세 인구 100명 당 65세 이상 인구는 1990년보다 2010년이 많다.
⑤ 2000년 대비 2010년에 노년 부양비는 하락하였고, 노령화 지수는 상승하였다.

자료에 대한 옳은 분석만을 〈보기〉에서 있는 대로 고르시오. [3점]

<연령대별 인구 비율(%)의 변화 추이>

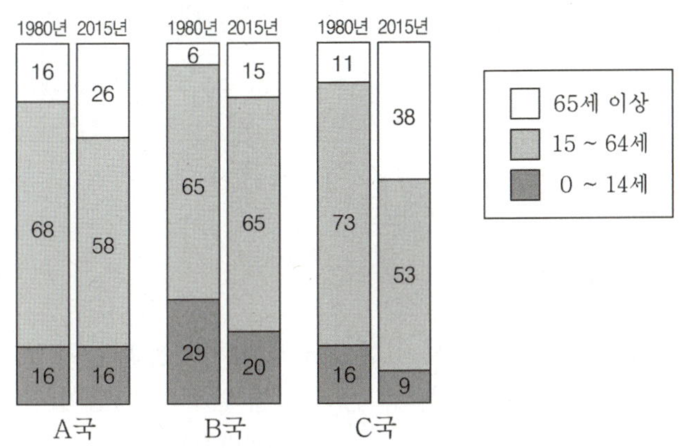

* 노년 부양비 : (65세 이상 인구 / 15~64세 인구) × 100
** 유소년 부양비 : (0~14세 인구 / 15~64세 인구) × 100

────────── 〈보 기〉 ──────────

ㄱ. 노년 부양비가 가장 큰 국가는 1980년과 2015년에 동일하다.

ㄴ. 2015년에 0~14세 인구 대비 65세 이상 인구의 비율이 가장 높은 국가는 C국이다.

ㄷ. 1980년 대비 2015년에 A국과 B국의 유소년 부양비는 감소하였다.

ㄹ. 1980년 대비 2015년에 A~C국 모두 노년 부양비가 증가하였다.

표는 A국의 인구 부양비 변화를 나타낸 것이다. 이에 대한 분석으로 옳은 것은? [3점]

(단위 : %)

구분	1990년	2000년	2010년
유소년 부양비	40	33	20
노년 부양비	10	12	20

$$\text{* 유소년 부양비(\%)} = \frac{0{\sim}14\text{세 인구}}{15{\sim}64\text{세 인구}} \times 100$$

$$\text{** 노년 부양비(\%)} = \frac{65\text{세 이상 인구}}{15{\sim}64\text{세 인구}} \times 100$$

① 1990년에는 총인구 중 0~14세 인구와 65세 이상 인구가 차지하는 비율이 50%이다.

② 2000년에는 0~14세 인구 100명을 부양하는 데 15~64세 인구는 33명이 필요하다.

③ 0~14세 인구 대비 65세 이상 인구 비율은 1990년이 2010년보다 높다.

④ 총인구 중 15~64세 인구가 차지하는 비율은 2000년이 2010년보다 높다.

⑤ 총인구 중 65세 이상 인구가 차지하는 비율은 2010년이 1990년의 2배보다 크다.

다음 자료에 대한 분석으로 옳은 것은? [3점]

> 표는 A 지역의 인구 구성 비율을 나타낸 것이다. 2000년에 비해 2020년 A 지역의 총인구는 20% 증가하였다. A 지역의 노령화 지수는 2000년에 60, 2020년에 125였다. 단, 음영 처리된 부분은 주어진 자료와 단서를 통해 알 수 있다.

(단위 : %)

구분	2000년	2020년
0~14세 인구 (유소년 인구)		20
15~64세 인구 (부양 인구)		
65세 이상 인구 (노인 인구)	15	

$$\text{* 노령화 지수} = (65\text{세 이상 인구} / 0{\sim}14\text{세 인구}) \times 100$$
$$\text{** 유소년 부양비} = (0{\sim}14\text{세 인구} / 15{\sim}64\text{세 인구}) \times 100$$
$$\text{*** 노인 부양비} = (65\text{세 이상 인구} / 15{\sim}64\text{세 인구}) \times 100$$
$$\text{**** 총부양비} = (0{\sim}14\text{세 인구} + 65\text{세 이상 인구}) / 15{\sim}64\text{세 인구} \times 100$$

① 2020년에 노인 인구는 유소년 인구의 2배 이상이다.

② 2000년에 비해 2020년의 부양 인구는 감소하였다.

③ 2000년 유소년 부양비와 2020년 노인 부양비는 동일하다.

④ 2000년에 비해 2020년의 노인 인구는 10% 증가하였고, 유소년 인구는 5% 감소하였다.

⑤ 2000년에 비해 2020년의 유소년 부양비는 감소하였고, 노인 부양비와 총부양비는 모두 증가하였다.

다음 자료에 대한 분석으로 옳은 것은? (단, 갑국 전체 인구와 을국 전체 인구는 각각 t년 대비 t+60년에 10% 증가하였다.)

구분	갑국		을국	
	t년	t+60년	t년	t+60년
전체 인구 중 65세 이상 인구의 비율(%)	10	20	10	30
0~14세 인구 100명당 65세 이상 인구	50	200	40	300

$$\text{* 유소년 부양비} = \frac{0{\sim}14\text{세 인구}}{15{\sim}64\text{세 인구}} \times 100 \qquad \text{** 노년 부양비} = \frac{65\text{세 이상 인구}}{15{\sim}64\text{세 인구}} \times 100$$

① t년의 노년 부양비는 갑국이 을국보다 크다.
② t+60년의 유소년 부양비는 갑국이 을국보다 크다.
③ t년 대비 t+60년에 갑국의 65세 이상 인구는 2배 증가하였다
④ t년 대비 t+60년에 갑국과 을국 모두 15~64세 인구는 증가하였다.
⑤ t년 대비 t+60년에 갑국의 0~14세 인구는 증가하였고 을국의 0~14세 인구는 감소하였다.

다음 자료에 대한 분석으로 옳은 것은?

갑국에서 t+100년에 전체 인구 중 유소년 인구(0세~14세 인구)가 차지하는 비율은 t년에 전체 인구 중 유소년 인구가 차지하는 비율의 1/2이고, t년에 전체 인구 중 노인 인구(65세 이상 인구)가 차지하는 비율의 2배이다. 단, t년과 t+100년의 부양 인구(15세~64세 인구)는 동일하다. 표는 갑국의 연도별 총부양비를 나타낸 것이다.

구분	t년	t+100년
총부양비	100	150

   * 노령화 지수 = (노인 인구 / 유소년 인구) × 100
  ** 유소년 부양비 = (유소년 인구 / 부양 인구) × 100
 *** 노년 부양비 = (노인 인구 / 부양 인구) × 100
**** 총부양비 = [(유소년 인구 + 노인 인구) / 부양 인구] × 100

① t년 대비 t+100년에 전체 인구는 50% 증가하였다.
② t년 대비 t+100년에 유소년 부양비는 50% 감소하였다.
③ t+100년 노령화 지수는 t년 노령화 지수의 8배이다.
④ t+100년 노년 부양비는 t년 노년 부양비의 4배이다.
⑤ t년의 유소년 인구와 t+100년의 노인 인구는 동일하다.

다음 자료에 대한 옳은 분석만을 〈보기〉에서 있는 대로 고르시오. [3점]

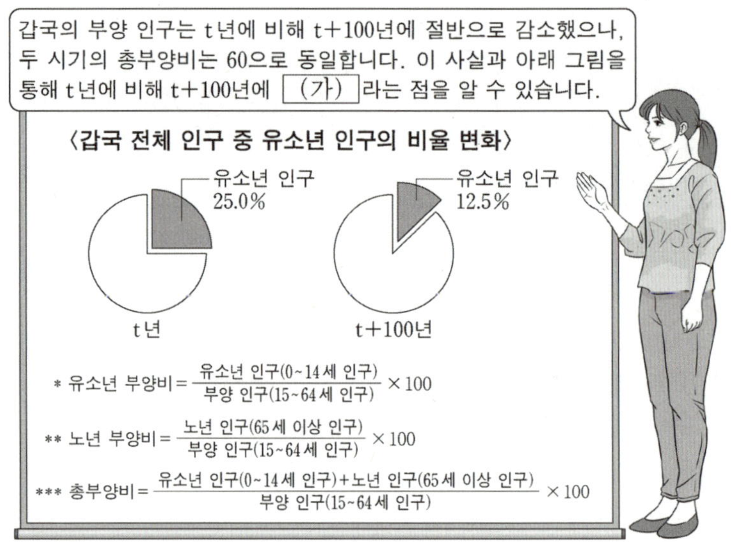

$$* \text{유소년 부양비} = \frac{\text{유소년 인구(0~14세 인구)}}{\text{부양 인구(15~64세 인구)}} \times 100$$

$$** \text{노년 부양비} = \frac{\text{노년 인구(65세 이상 인구)}}{\text{부양 인구(15~64세 인구)}} \times 100$$

$$*** \text{총부양비} = \frac{\text{유소년 인구(0~14세 인구)}+\text{노년 인구(65세 이상 인구)}}{\text{부양 인구(15~64세 인구)}} \times 100$$

〈보 기〉

ㄱ. t년 대비 t+100년에 유소년 인구는 30% 감소하였다.

ㄴ. t년의 노년 인구와 t+100년의 노년 인구는 동일하다.

ㄷ. 유소년 인구와 노년 인구의 합이 전체 인구에서 차지하는 비율은 t년에 비해 t+100년이 높다.

ㄹ. (가)에는 '유소년 부양비는 절반으로 감소하고, 노년 부양비는 2배가 되었다'가 들어갈 수 있다.

다음 자료에 대한 분석 및 추론으로 옳은 것은?

현재(t년) 갑국은 표와 같은 인구 구성을 가지고 있다. 갑국 정부는 향후(t+100년) 발생할 인구 변화를 서로 다른 시나리오로 예측하여 A, B의 결과를 얻었다. t년에 부양 인구(15~64세 인구)는 전체 인구의 절반이며, t+100년에도 부양 인구는 전체 인구의 절반이라고 가정한다.

구분	현재(t년)	t+100년의 시나리오 예측 결과	
		A	B
유소년 인구 (0~14세 인구)	750만 명	t년 대비 20% 증가	t년 대비 20% 감소
노년 인구 (65세 이상 인구)	250만 명	t년 대비 20% 증가	t년 대비 140% 증가

* 유소년 부양비 = $\dfrac{\text{유소년 인구}}{\text{부양 인구}} \times 100$

** 노년 부양비 = $\dfrac{\text{노년 인구}}{\text{부양 인구}} \times 100$

*** 총부양비 = $\dfrac{\text{유소년 인구 + 노년 인구}}{\text{부양 인구}} \times 100$

① 노년 부양비는 A가 현재보다 크다.
② 총부양비는 B가 현재보다 크다.
③ 유소년 부양비는 A가 B의 2배이다.
④ 전체 인구에서 노년 인구가 차지하는 비율은 B가 A의 2배이다.
⑤ 저출산·고령화 문제는 B보다 A에서 더 부각된다.

다음 자료에 대한 분석 및 추론으로 옳은 것은?

> 갑국에서 t년의 전체 인구 중 노년 인구 비율은 20%이고 t+50년의 전체 인구 중 유소년 인구 비율은 28%이다. t년 대비 t+50년에 전체 인구는 25% 증가하였고 유소년 인구는 12.5% 감소하였다. t년 대비 t+50년에 노년 부양비는 150% 증가하였다.
>
>   * 유소년 부양비 $= \dfrac{\text{유소년 인구}(0\sim14\text{세 인구})}{\text{부양 인구}(15\sim64\text{세 인구})} \times 100$
>
>   ** 노년 부양비 $= \dfrac{\text{노년 인구}(65\text{세 이상 인구})}{\text{부양 인구}(15\sim64\text{세 인구})} \times 100$
>
> *** 피부양 인구 = 유소년 인구(0~14세 인구) + 노년 인구(65세 이상 인구)

① t년의 유소년 인구와 t+50년의 노년 인구는 동일하다.
② t년 대비 t+50년에 전체 인구 증가율은 피부양 인구 증가율보다 크다.
③ t년 대비 t+50년에 유소년 인구 감소율과 유소년 부양비 감소율은 동일하다.
④ t년보다 t+50년에 전체 인구에서 부양 인구가 차지하는 비율이 크다.
⑤ t년보다 t+50년에 부양 인구 감소로 인해 경제 성장 동력이 약화될 가능성이 높다.

다음 자료에 대한 분석으로 옳은 것은?

> 갑국의 t+50년의 총인구는 t년의 2배이고, t+100년의 총인구는 t년의 1.5배이다. 갑국 총인구 중 부양 인구 비율은 t년과 t+50년이 각각 40%, t+100년이 30%이다. t+50년의 노년 부양비는 75로 t년의 3배이고, t+100년의 노령화 지수는 250이다.
>
>   * 노령화 지수 $= \dfrac{\text{노년 인구}(65\text{세 이상 인구})}{\text{유소년 인구}(0\sim14\text{세 인구})} \times 100$
>
>   ** 유소년 부양비 $= \dfrac{\text{유소년 인구}(0\sim14\text{세 인구})}{\text{부양 인구}(15\sim64\text{세 인구})} \times 100$
>
> *** 노년 부양비 $= \dfrac{\text{노년 인구}(65\text{세 이상 인구})}{\text{부양 인구}(15\sim64\text{세 인구})} \times 100$
>
> **** 총부양비 = 유소년 부양비 + 노년 부양비

① t+50년의 총부양비는 t년보다 크다.
② t+50년의 노령화 지수는 t년의 5배이다.
③ t+50년의 부양 인구는 t년에 비해 200% 증가하였다.
④ t+100년의 유소년 인구는 t년보다 많고 t+50년보다 적다.
⑤ t년, t+50년, t+100년 중 유소년 부양비는 t+50년이 가장 크고, t+100년이 가장 작다.

11 24학년도 9월 평가원 20번

다음 자료에 대한 분석으로 옳은 것은? [3점]

표는 갑국과 을국의 인구 구성 변화를 나타낸 것이다. A~C는 각각 전체 인구에서 유소년 인구, 부양 인구, 노년 인구가 차지하는 비율 중 하나이다. 갑국에서 t년의 유소년 부양비는 50이다. t년 대비 t+50년에 갑국의 유소년 인구는 10% 감소하였고, 을국의 유소년 인구는 20% 감소하였다. 단, t년에 갑국과 을국의 전체 인구는 동일하다.

구분	갑국		을국	
	t년	t+50년	t년	t+50년
$\dfrac{B+C}{A}$	$\dfrac{2}{3}$	1	$\dfrac{7}{13}$	1
$\dfrac{B}{C}$	$\dfrac{1}{3}$	$\dfrac{2}{3}$	$\dfrac{1}{6}$	$\dfrac{2}{3}$

* 유소년 부양비 $= \dfrac{\text{유소년 인구(0~14세 인구)}}{\text{부양 인구(15~64세 인구)}} \times 100$

** 노년 부양비 $= \dfrac{\text{노년 인구(65세 이상 인구)}}{\text{부양 인구(15~64세 인구)}} \times 100$

*** 전체 인구 중 65세 이상 인구가 차지하는 비율이 20% 이상인 사회를 초고령 사회라고 함.

① t년에 노년 부양비는 갑국이 을국의 2배이다.

② t+50년에 유소년 인구는 갑국과 을국이 동일하다.

③ t+50년에 을국은 갑국과 달리 초고령 사회이다.

④ t년에서 t+50년 사이에 을국에서는 갑국과 달리 저출산·고령화 현상이 나타났다.

⑤ t년에 부양 인구는 을국이 갑국보다 많고, t+50년에 부양 인구는 갑국이 을국보다 많다.

12 24학년도 수능 20번

다음 자료에 대한 분석으로 옳은 것은? [3점]

표는 갑국과 을국의 인구 구조 변화를 비교한 것이다. t년 대비 t+50년에 갑국의 전체 인구는 10% 감소하였고, 을국의 전체 인구는 20% 감소하였다. 단, t년에 갑국과 을국의 전체 인구는 동일하다.

구분	갑국		을국	
	t년	t+50년	t년	t+50년
합계 출산율(명)	4.2	1.8	1.5	0.9
전체 인구 대비 15~64세 인구 비율(%)	50	60	50	55
노령화 지수	25	100	150	200

* 합계 출산율 : 여성 1명이 가임 기간(15~49세) 동안 낳을 것으로 예상되는 평균 출생아 수

** 노령화 지수 $= \dfrac{\text{노년 인구(65세 이상 인구)}}{\text{유소년 인구(0~14세 인구)}} \times 100$

*** 전체 인구 중 65세 이상 인구가 차지하는 비율이 20% 이상인 사회를 초고령 사회라고 함.

① t년과 t+50년 모두 갑국은 을국에 비해 저출산 현상이 강하게 나타난다.

② t년과 t+50년에 갑국과 을국은 모두 초고령 사회이다.

③ t년 대비 t+50년의 노령화 지수 증가율은 을국이 갑국보다 크다.

④ t년에 을국의 유소년 인구는 t+50년에 갑국의 유소년 인구보다 많다.

⑤ t년에 노년 인구는 을국이 갑국의 3배이고, t+50년에 노년 인구는 을국이 갑국의 1.5배이다.

다음 자료에 대한 옳은 분석만을 〈보기〉에서 있는 대로 고르시오. [3점]

t년 갑국과 을국의 전체 인구는 같다. 갑국에서 t+50년의 인구는 t년의 2배이고, 을국에서 t+50년의 인구는 t년의 3배이다. 단, 복지 지출의 필요성은 복지 정책의 적용 대상이 되는 인구에 비례한다.

구분	갑국		을국	
	t년	t+50년	t년	t+50년
전체 인구 대비 노년 인구 비율(%)	10	35	10	㉠
노령화 지수	20	140	㉡	100
총부양비	㉢	㉣	100	100

$$\text{* 노령화 지수} = \frac{\text{노년 인구(65세 이상 인구)}}{\text{유소년 인구(0~14세 인구)}} \times 100$$

$$\text{** 유소년 부양비} = \frac{\text{유소년 인구(0~14세 인구)}}{\text{부양 인구(15~64세 인구)}} \times 100$$

$$\text{*** 노년 부양비} = \frac{\text{노년 인구(65세 이상 인구)}}{\text{부양 인구(15~64세 인구)}} \times 100$$

**** 총부양비 = 유소년 부양비 + 노년 부양비

─── 〈보 기〉 ───

ㄱ. ㉠과 ㉡은 같고, ㉣은 ㉢보다 크다.
ㄴ. 을국의 t+50년 부양 인구는 갑국의 t년 유소년 인구의 3배이다.
ㄷ. t년 노년 부양비의 경우 갑국이 을국보다 크고, t+50년 유소년 부양비의 경우 을국이 갑국보다 크다.
ㄹ. 갑국과 을국 모두 t년 대비 t+50년에 노년 인구를 대상으로 한 복지 지출의 필요성이 커졌다.

다음 자료에 대한 분석으로 옳은 것은? [3점]

〈조건〉

1. 갑국 t년의 유소년 인구(0~14세 인구)는 부양 인구(15~64세 인구)의 50%이고 노년 인구(65세 이상 인구)의 3배이다.
2. A 시기는 t년 대비 t+30년으로, B 시기는 t+30년 대비 t+50년으로 인구 변화 양상을 예측하여 나타낸다.
3. A 시기와 B 시기 동안 전체 인구의 변화는 없다.
4. 세대 간 갈등의 정도는 노년 부양비에 비례하고, 경제 성장 동력은 부양 인구에 비례한다.

〈A 시기와 B 시기의 인구 변화 양상 예측〉

구분	A 시기	B 시기
전체 인구 중 유소년 인구 비율	감소	감소
전체 인구 중 부양 인구 비율	변화 없음	감소
유소년 부양비	감소	증가

* 유소년(노년) 부양비 = $\dfrac{\text{유소년(노년) 인구}}{\text{부양 인구}} \times 100$

** 총부양비 = 유소년 부양비 + 노년 부양비

*** 피부양 인구 = 유소년 인구 + 노년 인구

---

① A 시기에는 피부양 인구의 증가로 경제 성장 동력이 저하될 것이다.
② B 시기에는 유소년 인구보다 부양 인구가 더 많이 감소할 것이다.
③ 세대 간 갈등은 B 시기보다 A 시기에 더 심각할 것이다.
④ t년의 총부양비는 100보다 작고, t+30년의 총부양비는 100이다.
⑤ t+50년의 노년 인구는 t년보다 많고 t+30년보다 적을 것이다.

다음 자료에 대한 분석으로 옳은 것은? [3점]

갑국 t년의 부양 인구(15~64세 인구)는 노년 인구의 7배이며, 노령화 지수는 50이다. 표는 기간별 인구 변화 양상을 나타낸 것으로 A 기간은 t년 대비 $t+30$년으로, B 기간은 $t+30$년 대비 $t+50$년으로 하여 분석하였다. 단, A 기간과 B 기간 동안 전체 인구의 변화는 없다.

구분	A 기간	B 기간
노령화 지수 증가율(%)	60	50
노년 인구 증가율(%)	100	50

* 노령화 지수 $= \dfrac{\text{노년 인구(65세 이상 인구)}}{\text{유소년 인구(0~14세 인구)}} \times 100$

〈조건〉
◦ 노동력 부족 정도, 세대 간 갈등 정도, 양육에 대한 사회적 부담 정도는 아래의 조건으로만 각각 판단한다.
  1. 노동력 부족 정도는 부양 인구와 부($-$)의 관계에 있다.
  2. 세대 간 갈등 정도는 노년 부양비와 정($+$)의 관계에 있다.
  3. 양육에 대한 사회적 부담 정도는 유소년 부양비와 정($+$)의 관계에 있다.

* 노년(유소년) 부양비 $= \dfrac{\text{노년(유소년) 인구}}{\text{부양 인구}} \times 100$

---

① A 기간에 유소년 인구는 감소하고 노년 인구는 증가하였다.
② B 기간에 부양 인구와 노년 인구는 모두 증가하였다.
③ A 기간과 B 기간에 증가한 노년 인구는 동일하다.
④ 양육에 대한 사회적 부담 정도는 $t+50$년보다 $t+30$년이 크다.
⑤ 노동력 부족 정도는 $t+50$년보다 $t+30$년이, 세대 간 갈등 정도는 $t+30$년보다 $t+50$년이 크다.

04 사회 보장 제도

가장 많이 나오는 표 문제 유형이며, 20학년도 수능부터 21학년도 수능까지는 4번 연속으로 가중평균을 활용한 문제가 출제되었다. 따라서 수능에서 이 유형의 표 문제를 풀기 위해서는 앞에서 공부했던 가중평균을 완벽하게 이해할 필요가 있다.

사회 보장 제도와 관련한 표 문제를 풀기 위해서는 사회 보장 제도의 사례를 보고 어떤 사회 보장 제도에 해당하는지 판단하는 것이 선행되어야 하므로 각 사회 보장 제도의 사례를 눈에 익힐 필요가 있다.
기출에 주로 등장한 사회 보장 제도의 사례들을 살펴보도록 하자.

〈기출에 주로 등장한 사회 보장 제도의 사례〉

1. 사회 보험

(1) 국민연금 : 노령, 사망, 장애 등으로 인한 소득 상실을 보전하고 기본 생활을 지원하기 위해 가입자와 고용주 등이 분담해서 마련한 기금을 통해 연금 급여를 지급하는 제도
(2) 노인 장기 요양 보험 : 고령이나 노인성 질병 등의 사유로 일상생활을 혼자서 수행하기 어려운 노인 등에게 신체 활동 또는 가사 활동 지원 등의 장기 요양 급여를 제공하는 제도

2. 공공 부조

(1) 기초 연금 : 노인 세대의 안정된 노후 생활을 지원하기 위해 65세 이상인 노인 중 가구의 소득 인정액이 선정기준액 이하인 노인에게 매월 연금을 지급하는 제도
(2) 국민 기초 생활 보장 제도 : 생활이 어려운 사람에게 필요한 급여를 지급하여 최저 생활을 보장하고 자활을 지원하는 제도

3. 사회 서비스

(1) 노인 맞춤 돌봄 서비스 : 안정적인 노후 생활 보장, 노인의 기능·건강 유지 및 악화 예방을 위해 일상생활 영위가 어려운 취약 노인에게 적절한 돌봄 서비스를 제공하는 제도

20학년도 수능 15번 변형

다음 자료를 보고 제시된 모든 시기의 수급자 수를 표에 채워 넣고, 문장의 옳고 그름을 판단하시오. (단, (가), (나) 이외의 다른 제도는 고려하지 않는다.) [3점]

〈자료 1〉은 우리나라의 사회 보장 제도 (가), (나)를 검색한 결과이고, 〈자료 2〉는 해당 제도의 ○○시 지역·시기별 수급자 비율이다.

〈자료 1〉 (가), (나)의 검색 결과

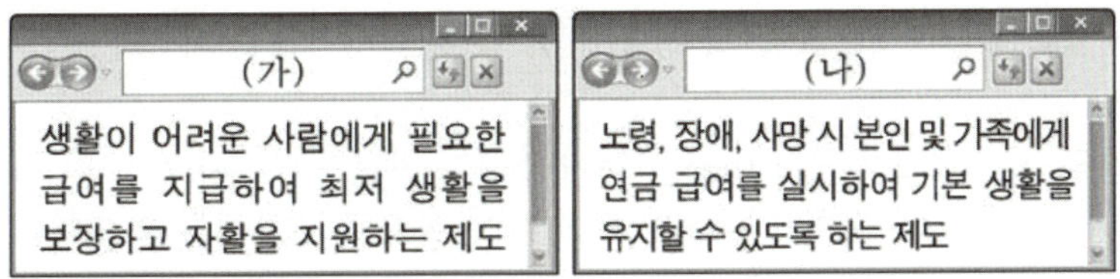

〈자료 2〉 ○○시의 지역·시기별 수급자 비율

(단위 : %)

구분	(가)		(나)	
	t년	t+10년	t년	t+10년
A 지역	4.8	5.0	3.4	4.0
B 지역	2.8	3.6	7.4	8.0
전체	4.4	4.3	4.2	6.0

* 해당 지역 수급자 비율(%) = $\dfrac{\text{해당 지역 수급자 수}}{\text{해당 지역 인구}} \times 100$

** ○○시에는 A, B 지역만 있고, t년과 t+10년의 ○○시 총인구는 <u>10,000명으로</u> 동일함.

〈제시된 모든 시기의 수급자 수를 표에 채워 넣기〉

(단위 : 명)

구분	(가)		(나)	
	t년	t+10년	t년	t+10년
A 지역				
B 지역				
전체				

① 사후 처방적 성격이 강한 제도의 경우, t년에 A 지역 수급자 수는 B 지역 수급자 수의 4배이다. (　)

② 강제 가입의 원칙이 적용되는 제도의 경우, t년은 t+10년과 달리 B 지역 수급자 수보다 A 지역 수급자 수가 많다. (　)

③ 상호 부조의 원리가 적용되는 제도의 경우, B 지역 수급자 비율 대비 A 지역 수급자 비율은 t년보다 t+10년이 작다. (　)

④ 보편적 복지의 성격이 강한 제도의 t년 지역 간 수급자 수 차이는 선별적 복지의 성격이 강한 제도의 t+10년 지역 간 수급자 수 차이보다 작다. (　)

(1) (가)는 국민 기초 생활 보장 제도의 사례로 이는 공공 부조에 해당하고, (나)는 국민연금의 사례로 이는 사회 보험에 해당한다.

(2) 이 문제를 풀기 위해서는 〈자료 2〉를 통해 t년과 t+10년에 각각 A 지역과 B 지역의 총인구 비를 알아내야 한다. 앞에서 배운 가중평균을 활용해 t년과 t+10년에 각각 A 지역과 B 지역의 총인구 비를 알아보자.

(3) 가중평균을 활용해 (가) 제도의 t년과 t+10년에 각각 A 지역과 B 지역의 총인구 비를 구해보자.

→ t년의 경우 A 지역의 수급자 비율은 전체 수급자 비율과 0.4%p가 차이 나고, B 지역의 수급자 비율은 전체 수급자 비율과 1.6%p가 차이 난다. 전체 수급자 비율은 총인구가 더 많은 지역의 수급자 비율과 더 가까이 있으므로 t년에 A 지역의 총인구가 B 지역의 총인구의 4배라는 사실을 알 수 있다.

→ t+10년의 경우 A 지역의 수급자 비율도 전체 수급자 비율과 0.7%p가 차이 나고, B 지역의 수급자 비율도 전체 수급자 비율과 0.7%p가 차이 난다. 두 지역 각각의 수급자 비율과 전체 수급자 비율 간의 차이가 동일하므로 t+10년에 A 지역의 총인구와 B 지역의 총인구는 같음을 알 수 있다.

→ 같은 시기에 조사한 자료이므로 (나) 제도의 경우를 계산해 봐도 동일한 A 지역과 B 지역의 총인구 비가 나올 것이다. 꼭 계산을 해보길 바란다.

(4) t년과 t+10년에 ○○시 총인구는 10,000명으로 동일하다고 했으므로 풀이 3번의 계산 결과를 토대로 t년과 t+10년에 각각 A 지역과 B 지역의 총인구를 구해보자.

(단위 : 명)

구분	t년	t+10년
A 지역	8,000	5,000
B 지역	2,000	5,000
전체	10,000	10,000

(5) 〈자료 2〉와 풀이 4번의 계산 결과를 종합하면 ○○시의 지역·시기별 수급자 수를 구할 수 있다.

(단위 : 명)

구분	(가)		(나)	
	t년	t+10년	t년	t+10년
A 지역	384	250	272	200
B 지역	56	180	148	400
전체	440	430	420	600

〈○○시의 지역 · 시기별 수급자 비율〉

(단위 : %)

구분	공공 부조		사회 보험	
	t년	t+10년	t년	t+10년
A 지역	4.8	5.0	3.4	4.0
B 지역	2.8	3.6	7.4	8.0
전체	4.4	4.3	4.2	6.0

〈○○시의 지역 · 시기별 수급자 수〉

(단위 : 명)

구분	공공 부조		사회 보험	
	t년	t+10년	t년	t+10년
A 지역	384	250	272	200
B 지역	56	180	148	400
전체	440	430	420	600

① 사후 처방적 성격이 강한 제도는 공공 부조이다. 공공 부조의 경우, t년에 A 지역 수급자 수는 384명이고, B 지역 수급자 수는 56명이다. t년에 A 지역 수급자 수는 t년에 B 지역 수급자 수의 4배가 아니다. (×)

② 강제 가입의 원칙이 적용되는 제도는 사회 보험이다. 사회 보험의 경우, t년은 B 지역 수급자 수보다 A 지역 수급자 수가 많고, t+10년은 A 지역 수급자 수보다 B 지역 수급자 수가 더 많다. (○)

③ 상호 부조의 원리가 적용되는 제도는 사회 보험이다. 사회 보험의 경우, t년의 B 지역 수급자 비율 대비 A 지역 수급자 비율은 1/2보다 작고, t+10년의 B 지역 수급자 비율 대비 A 지역 수급자 비율은 1/2이므로 t+10년보다 t년이 작다. (×)

④ 보편적 복지의 성격이 강한 제도는 사회 보험이고, 선별적 복지의 성격이 강한 제도는 공공 부조이다. 사회 보험의 t년 지역 간 수급자 수 차이는 124명이고, 공공 부조의 t+10년 지역 간 수급자 수 차이는 70명이므로 전자가 더 크다. (×)

memo

다음 자료에 대한 분석으로 옳은 것은? [3점]

갑국의 사회 보장 제도는 우리나라의 사회 보장 제도와 동일하다. 금전적 지원을 원칙으로 하는 (가), (나) 제도 중에서, (가)는 현재 직면한 사회적 위험에 대응하는 사후 처방적 성격이 강한 반면, (나)는 미래에 직면할 사회적 위험에 대처하는 사전 예방적 성격이 강하다. 표는 갑국의 (가), (나) 제도 수급자 비율이다. 갑국은 A, B, C 세 지역으로만 구성되며, B 지역 전체 인구는 A 지역 전체 인구의 2배이다.

〈갑국의 (가), (나) 제도 수급자 비율〉

(단위 : %)

구분	A 지역	B 지역	C 지역	전체
(가)	3	4	7	4
(나)	25	55	75	48

* 해당 지역 수급자 비율(%) = $\dfrac{\text{해당 지역 수급자 수}}{\text{해당 지역 인구}} \times 100$

① 상호 부조의 원리를 원칙으로 하는 제도의 경우, A 지역 수급자 수는 B 지역 수급자 수보다 많다.

② 대상자 선정에 따른 부정적 낙인이 발생할 수 있는 제도의 경우, B 지역 수급자 수는 C 지역 수급자 수의 3배 이상이다.

③ 강제 가입의 원칙이 적용되는 제도의 경우, C 지역 수급자 수는 A 지역 수급자 수보다 많다.

④ 정부 재정으로 비용을 전액 충당하는 것을 원칙으로 하는 제도의 경우, A 지역과 C 지역 수급자 수의 합이 B 지역 수급자 수보다 많다.

⑤ 선별적 복지의 성격이 강한 제도의 갑국 전체 수급자 수는 보편적 복지의 성격이 강한 제도의 A 지역 수급자 수보다 많다.

(1) 금전적 지원을 원칙으로 하는 (가), (나) 제도 중 사후 처방적 성격이 강한 (가)는 공공 부조이고, 사전 예방적 성격이 강한 (나)는 사회 보험이다.

(2) 단서에서 B 지역 전체 인구는 각각 A 지역 전체 인구의 2배라고 했으므로 문제를 풀기 위해 지역들의 인구비를 알아야 하므로 가중평균을 활용하면 된다. 비슷하지만 서로 다른 두 가지 풀이를 설명하려고 한다.

→ **첫 번째는 미지수를 사용하는 풀이**이다. 단서에서 B 지역 전체 인구는 A 지역 인구의 2배라고 했으므로 A 지역 인구 : B 지역 인구 = 1 : 2이다. 단서에서 C 지역 인구에 관한 내용은 없으므로 A 지역 인구를 1이라고 했을 때, C 지역 전체 인구를 미지수 x로 두면 A 지역 인구 : B 지역 인구 : C 지역 인구 = 1 : 2 : x이다.

A 지역 인구	B 지역 인구	C 지역 인구	갑국 전체 인구
1	2	x	$3+x$

(가) 제도에 각 지역 전체 인구의 가중치에 수급자 비율을 곱해주면 x를 구할 수 있다. 각 지역의 인구라는 가중치에 수급자 비율을 곱한 비율을 모두 더하면 갑국의 전체 인구라는 가중치에 전체 수급자 비율을 곱한 값과 같은 값이 나와야 한다.

→ $(1\times0.03)+(2\times0.04)+(x\times0.07) = (3+x)\times0.04$
→ $0.11+0.07x = 0.12+0.04x$
→ $0.03x = 0.01$
→ $x = 1/3$

계산의 편의를 위해 C 지역 인구를 100명으로 두도록 하자.

(단위 : 명)

A 지역 인구	B 지역 인구	C 지역 인구	갑국 전체 인구
300	600	100	1,000

〈갑국의 (가), (나) 제도 수급자 수〉

(단위 : 명)

구분	A 지역	B 지역	C 지역	전체
(가)	9	24	7	40
(나)	75	330	75	480

하자.

〈갑국의 (가) 제도 수급자 비율〉

(단위 : %)

구분	A 지역	B 지역	C 지역	전체
(가)	3	4	7	4

→ 이 표를 보면 B 지역의 (가) 제도 수급자 비율은 갑국 전체 수급자 비율과 같음을 알 수 있다.
따라서 이 표에서 갑국의 각 지역의 인구비를 구하기 위해서 B 지역의 수급자 비율은 생각하지 않아도
된다. 이게 과연 무슨 말일까?

→ 이 말의 의미는 첫 번째 풀이에서 힌트를 얻을 수 있다.
$(1 \times 0.03) + (2 \times 0.04) + (x \times 0.07) = (3+x) \times 0.04$에서 좌변의 2에 곱해진 0.04와 우변의
$3+x$에 곱해진 0.04는 같은 수급자 비율을 의미하므로 양변에 (2×0.04)는 더하지 않아도 된다는
의미이다.

→ B 지역의 수급자 비율과 갑국 전체의 수급자 비율이 같으므로 갑국에 A 지역과 C 지역만이 있다고
가정하더라도 A 지역과 C 지역의 인구비를 알 수 있다.

(단위 : %)

구분	A 지역	C 지역	전체
(가)	3	7	4

→ A 지역의 (가) 수급자 비율이 갑국 전체의 (가) 수급자 비율과 1%p만큼 차이가 나고, C 지역의 (가)
수급자 비율이 갑국 전체의 (가) 수급자 비율과 3%p만큼 차이가 나므로 A 지역의 총인구가 C 지역의
총인구의 3배라는 사실을 알 수 있다. 다음 풀이는 풀이 1번과 동일하므로 생략하도록 하겠다.

⇒ 연습할 때는 첫 번째와 두 번째 풀이 모두 이해하고 체화하길 바란다. 현장에서 이 문제를 보았다면
두 번째 풀이처럼 푸는 것보다 첫 번째 풀이처럼 푸는 것이 훨씬 편했을 것이지만, 이미 출제된 유형이
기에 두 가지 풀이 모두 능숙하게 사용할 수 있어야 한다.

〈갑국의 공공 부조, 사회 보험 수급자 수〉

(단위 : 명)

구분	A 지역	B 지역	C 지역	전체
공공 부조	9	24	7	40
사회 보험	75	330	75	480

* 계산의 편의를 위해 C 지역 전체 인구를 100명으로 두도록 하자.

〈선지 판단〉

① 상호 부조의 원리를 원칙으로 하는 제도는 사회 보험이다. 사회 보험의 경우, A 지역 수급자 수는 75명이고, B 지역 수급자 수는 330명이다. 따라서 B 지역 수급자 수가 더 많다.

② **대상자 선정에 따른 부정적 낙인이 발생할 수 있는 제도는 공공 부조이다. 공공 부조의 경우, B 지역 수급자 수는 24명이고, C 지역 수급자 수는 7명이므로 B 지역 수급자 수는 C 지역 수급자 수의 3배 이상이다.**

③ 강제 가입의 원칙이 적용되는 제도는 사회 보험이다. 사회 보험의 경우, C 지역 수급자 수도 75명이고, A 지역 수급자 수도 75명이다. 따라서 두 지역의 수급자 수는 동일하다.

④ 정부 재정으로 비용을 전액 충당하는 것을 원칙으로 하는 제도는 공공 부조이다. 공공 부조의 경우, A 지역과 C 지역 수급자 수의 합은 16명이고, B 지역 수급자 수는 24명이다. 따라서 B 지역 수급자 수가 A 지역과 C 지역 수급자 수의 합보다 많다.

⑤ 선별적 복지의 성격이 강한 제도는 공공 부조이고, 보편적 복지의 성격이 강한 제도는 사회 보험이다. 공공 부조의 갑국 전체 수급자 수는 40명이고, 사회 보험의 A 지역 수급자 수는 75명이므로 사회 보험의 A 지역 수급자 수가 공공 부조의 갑국 전체 수급자 수보다 더 많다.

⇒ **중요한 기출 유형이므로 해당 유형 연습을 위해 21학년도 수능 15번도 함께 풀어보자.**

다음 자료에 대한 분석으로 옳은 것은? [3점]

〈자료 1〉 갑국의 사회 보장 제도

(가) 노인 세대의 안정된 노후 생활을 지원하기 위해 65세 이상인 노인 중 가구의 소득 인정액이 선정 기준액 이하인 노인에게 매월 연금을 지급하는 제도

(나) 노령, 사망, 장애 등으로 인한 소득 상실을 보전하고 기본 생활을 지원하기 위해 가입자와 고용주 등이 분담해서 마련한 기금을 통해 연금 급여를 지급하는 제도

〈자료 2〉 갑국의 (가), (나) 제도 수급자 비율

(단위 : %)

구분	A 지역	B 지역	C 지역	D 지역	전체
(가)	4	3	7	7	5
(나)	20	10	30	40	24

  * 갑국의 사회 보장 제도는 우리나라의 사회 보장 제도와 동일함.

 ** 갑국은 A~D 네 지역으로만 구성되고, B와 D 지역 인구는 각각 A지역 인구의 0.5배임.

*** 해당 지역 수급자 비율(%) = $\dfrac{\text{해당 지역 수급자 수}}{\text{해당 지역 인구}} \times 100$

---

① 사후 처방적 성격이 강한 제도의 경우, D 지역 수급자 수는 A 지역 수급자 수보다 많다.

② 강제 가입의 원칙이 적용되는 제도의 경우, A 지역 수급자 수는 C 지역 수급자 수의 1.5배이다.

③ 상호 부조의 원리가 적용되는 제도의 경우, A와 B 지역 간 수급자 수 차이는 C와 D 지역 간 수급자 수 차이와 동일하다.

④ 선별적 복지 성격이 강한 제도의 갑국 전체 수급자 수는 보편적 복지 성격이 강한 제도의 B 지역 수급자 수의 2.5배이다.

⑤ 공공 부조에 해당하는 제도의 수급자 수 대비 사회 보험에 해당하는 제도의 수급자 수의 비는 C 지역이 B 지역보다 작다.

(1) (가)는 기초 연금의 사례로 이는 공공 부조에 해당하고, (나)는 국민연금의 사례로 이는 사회 보험에 해당한다.

(2) ** 단서에서 B와 D 지역 인구는 각각 A 지역 인구의 0.5배라고 했으므로 인구비를 활용해 문제를 풀기 위해 가중평균을 활용하면 된다. 앞에서 설명했던 두 가지 풀이를 모두 적용해보자.

→ **첫 번째는 미지수를 사용하는 풀이**이다. 단서에서 B와 D 지역 인구는 각각 A 지역 인구의 0.5배라고 했으므로 A 지역 인구 : B 지역 인구 : D 지역 인구 $= 2 : 1 : 1$이다. 단서에서 C 지역 전체 인구에 관한 내용은 없으므로 A 지역 전체 인구를 2라고 했을 때, C 지역 전체 인구를 미지수 x로 두면 A 지역 인구 : B 지역 인구 : C 지역 인구 : D 지역 인구 $= 2 : 1 : x : 1$이다.

A 지역 인구	B 지역 인구	C 지역 인구	D 지역 인구	갑국 전체 인구
2	1	x	1	$4+x$

→ (가) 제도에 각 지역 전체 인구의 가중치에 수급자 비율을 곱해주면 x를 구할 수 있다. 각 지역의 인구라는 가중치에 수급자 비율을 곱한 비율을 모두 더하면 갑국의 전체 인구라는 가중치에 전체 수급자 비율을 곱한 값과 같은 값이 나와야 한다.

→ $(2 \times 0.04) + (1 \times 0.03) + (x \times 0.07) + (1 \times 0.07) = (4+x) \times 0.05$
→ $0.18 + 0.07x = 0.2 + 0.05x$
→ $0.02x = 0.02$
→ $x = 1$

→ 계산의 편의를 위해 A 지역 전체 인구를 200명으로 두도록 하자.

(단위 : 명)

A 지역 인구	B 지역 인구	C 지역 인구	D 지역 인구	갑국 전체 인구
200	100	100	100	500

〈갑국의 (가), (나) 제도 수급자 수〉

(단위 : 명)

구분	A 지역	B 지역	C 지역	D 지역	전체
(가)	8	3	7	7	25
(나)	40	10	30	40	120

출제자가 어떤 의도로 이 문제를 냈을지 알아보도록 하자.

〈갑국의 (가) 제도 수급자 비율〉

(단위 : %)

구분	A 지역	B 지역	C 지역	D 지역	전체
(가)	4	3	7	7	5

* 갑국은 A∼D 네 지역으로만 구성되고, B와 D 지역 인구는 각각 A지역 인구의 0.5배임.

→ 이 표에서 갑국 전체의 수급자 비율과 같은 비율은 찾을 수 없는 것처럼 보이지만, 각주를 보면 B 지역과 D 지역의 인구가 같음을 알 수 있다. 따라서, 이 두 지역을 하나로 합치면 두 지역 수급자 비율의 평균인 5%가 나온다.

〈갑국의 (가) 제도 수급자 비율〉

(단위 : %)

구분	A 지역	C 지역	B 지역 + D 지역	전체
(가)	4	7	5	5

* 갑국은 A∼D 네 지역으로만 구성되고, B와 D 지역 인구는 각각 A지역 인구의 0.5배임.

→ B 지역과 D 지역을 하나로 묶으면, 갑국 전체의 (가) 제도 수급자 비율과 같은 수급자 비율이 나오므로 B 지역과 D 지역을 하나로 묶는다면 계산을 하지 않아도 된다. 21학년도 9월 평가원 풀이를 참고하여 이 원리를 수식으로 증명해보길 바란다.

(단위 : %)

구분	A 지역	C 지역	전체
(가)	4	7	5

→ A 지역의 (가) 수급자 비율이 갑국 전체의 (가) 수급자 비율과 1%p만큼 차이가 나고, C 지역의 (가) 수급자 비율이 갑국 전체의 (가) 수급자 비율과 2%p만큼 차이가 나므로 A 지역의 총인구가 C 지역의 총인구의 2배라는 사실을 알 수 있다. 다음 풀이는 풀이 1번과 동일하므로 생략하도록 하겠다.

〈갑국의 공공 부조, 사회 보험 수급자 수〉

(단위 : 명)

구분	A 지역	B 지역	C 지역	D 지역	전체
공공 부조	8	3	7	7	25
사회 보험	40	10	30	40	120

* 계산의 편의를 위해 A 지역 전체 인구를 200명으로 두도록 하자.

(단위 : 명)

A 지역 인구	B 지역 인구	C 지역 인구	D 지역 인구	갑국 전체 인구
200	100	100	100	500

〈선지 판단〉

① 사후 처방적 성격이 강한 제도는 공공 부조이다. 공공 부조의 경우, D 지역 수급자 수는 7명이고, A 지역 수급자 수는 8명이다. 따라서 A 지역 수급자 수가 D 지역 수급자 수보다 많다.

② 강제 가입의 원칙이 적용되는 제도는 사회 보험이다. 사회 보험의 경우, A 지역 수급자 수는 40명이고, C 지역 수급자 수는 30명이다. 따라서 A 지역 수급자 수는 C 지역 수급자 수의 1.5배가 아니다.

③ 상호 부조의 원리가 적용되는 제도는 사회 보험이다. 사회 보험의 경우, A와 B 지역 간 수급자 수 차이는 30명이고, C와 D 지역 간 수급자 수 차이는 10명이다. 따라서 둘의 차이는 다르다.

④ 선별적 복지 성격이 강한 제도는 공공 부조이고, 보편적 복지 성격이 강한 제도는 사회 보험이다. 공공 부조의 갑국 전체 수급자 수는 25명이고, 사회 보험의 B 지역 수급자 수는 10명이다. 따라서 공공 부조의 갑국 전체 수급자 수는 사회 보험의 B 지역 수급자 수의 2.5배이다.

⑤ 공공 부조에 해당하는 제도의 수급자 수 대비 사회 보험에 해당하는 제도의 수급자 수의 비가 C 지역은 30/7이고, B 지역은 10/3이다. 따라서 C 지역이 B 지역보다 크다.

가중평균 원리를 더 익히기 위해 아래에 있는 연습문제를 가중평균 원리만을 사용하여 풀어보자.

(연습문제)

A 지역의 인구를 100명이라고 했을 때, B 지역과 C 지역의 인구를 각각 구하시오.

〈자료〉 갑국의 (가), (나) 제도 수급자 비율

(단위 : %)

구분	A 지역	B 지역	C 지역	D 지역	전체
(가)	5	5	6	8	6
(나)	12	17	11	15	14

* 갑국은 A~D 네 지역으로만 구성되고, D 지역 인구는 A지역 인구의 2배임.

** 해당 지역 수급자 비율(%) = $\dfrac{\text{해당 지역 수급자 수}}{\text{해당 지역 인구}} \times 100$

(해설)

각주를 보면 D 지역의 인구가 A 지역의 인구의 2배이므로 가중평균을 활용하여 이 두 지역을 하나로 합치면 두 지역을 합친 (가) 제도 수급자 비율은 7%가 나온다.

〈갑국의 (가) 제도 수급자 비율〉

(단위 : %)

구분	A 지역 + D 지역	B 지역	C 지역	전체
(가)	7	5	6	6

C 지역의 (가) 제도 수급자 비율은 갑국 전체 (가) 제도 수급자 비율과 같으므로 고려하지 않아도 된다.

갑국 전체 (가) 제도 수급자 비율은 A 지역과 D 지역을 합한 것의 (가) 제도 수급자 비율과 B 지역 (가) 제도 수급자 비율의 정확히 가운데에 있으므로 B 지역의 인구는 A 지역과 D 지역의 인구를 합한 것과 같다는 사실을 알 수 있다.

따라서 A 지역 인구가 100명일 때, D 지역의 인구는 200명이고, **B 지역의 인구는 300명이다.**

〈갑국의 (나) 제도 수급자 비율〉

(단위 : %)

구분	A 지역 + D 지역	B 지역	C 지역	전체
(나)	14	17	11	14

A 지역과 D 지역을 합한 것의 (나) 제도 수급자 비율은 갑국 전체 (나) 제도 수급자 비율과 같으므로 고려하지 않아도 된다. 갑국 전체 (나) 제도 수급자 비율이 B 지역 (나) 제도 수급자 비율과 C 지역 (나) 제도 수급자 비율의 정확히 가운데에 있으므로 B 지역의 인구와 C 지역의 인구는 동일하다.

따라서, **C 지역의 인구는 300명이다.**

01 20년 10월 교육청 20번 [정답과 해설 202page]

자료에 대한 분석으로 옳은 것은? [3점]

표는 우리나라의 갑 지역과 을 지역의 65세 이상 인구 중 기초 연금 수급자 비율과 국민 연금 수급자 비율을 나타낸 것이다.

(단위 : %)

구분		갑 지역	을 지역
기초 연금 수급자	전체	50	40
	남자	60	50
	여자	40	35
국민 연금 수급자	전체	60	70
	남자	70	80
	여자	50	65
기초 연금과 국민 연금 중복 수급자		10	20

① 65세 이상 인구 중 기초 연금 수급자 비율은 을 지역보다 갑 지역이 낮다.

② 65세 이상 인구 중 상호 부조의 원리에 기초한 제도의 수급자 비율은 갑 지역보다 을 지역이 낮다.

③ 65세 이상 인구 중 선별적 복지 이념에 기초한 제도의 수급자 수는 갑 지역과 을 지역 모두에서 여자보다 남자가 많다.

④ 사후 처방보다 사전 예방 성격이 강한 제도의 65세 이상 수급자 중 남자 수급자의 비율은 갑 지역보다 을 지역이 높다.

⑤ 두 제도에 따른 65세 이상 수급자 중 수익자 부담 원칙을 적용하는 제도의 수급자에만 해당하는 사람의 비율은 갑 지역보다 을 지역이 높다.

다음 자료에 대한 분석으로 옳은 것은? (단, 갑국의 사회 보장 제도는 우리나라의 사회 보장 제도와 동일하다.) [3점]

〈자료 1〉 갑국의 사회 보장 제도

(가) 수급자에게 건강한 생활을 유지하는 데 필요한 각종 검사 및 치료 등의 급여를 제공하는 제도로, 소득 인정액이 일정 수준 이하인 사람 등을 대상으로 한다.
(나) 실직자에 대한 생계 지원은 물론 재취업 촉진, 실업 예방 및 고용 안정을 위해 근로자와 사업주가 공동 부담하는 기금에서 급여를 지급하는 제도로, 사업장 및 근로자가 대상이 된다.

〈자료 2〉 갑국 (가), (나) 제도의 지역별 수급자 비율

(단위 : %)

구분	A 지역	B 지역	C 지역	전체
(가)	㉠	7	11	8
(나)	14	13	20	14

* 지역별 수급자 비율(%) = $\dfrac{\text{해당 지역 수급자 수}}{\text{해당 지역 인구}} \times 100$

** 갑국은 A~C 지역으로만 구성되고, B 지역 인구는 A 지역 인구의 2배임.

---

① A 지역에서는 선별적 복지의 성격이 강한 제도의 수급자 수가 보편적 복지의 성격이 강한 제도의 수급자 수보다 많다.
② 대상자 선정에 따른 부정적 낙인이 발생할 수 있는 제도의 경우, 지역별 수급자 수는 C 지역이 가장 적다.
③ 강제 가입의 원칙이 적용되는 제도의 경우, A 지역과 C 지역 수급자 수의 합은 B 지역 수급자 수보다 많다.
④ 정부 재정으로 비용을 전액 충당하는 것을 원칙으로 하는 제도의 경우, A 지역 수급자 비율이 C 지역 수급자 비율보다 높다.
⑤ 사후 처방적 성격이 강한 제도의 B 지역 수급자 수는 상호 부조의 원리가 적용되는 제도의 C 지역 수급자 수보다 적다.

다음 자료에 대한 분석으로 옳은 것은? (단, 갑국의 사회 보장 제도는 우리나라의 사회 보장 제도와 동일하다.) [3점]

〈자료 1〉 갑국의 사회 보장 제도

(가) 소득 수준이 일정 수준 이하인 노인에게 기초 연금을 지급하여 안정적인 소득 기반을 제공함으로써 노인의 생활 안정을 지원하고 복지를 증진함을 목적으로 하는 제도
(나) 고령이나 노인성 질병 등의 사유로 일상생활을 혼자서 수행하기 어려운 노인 등에게 장기 요양 급여를 제공하여 노후의 건강 증진 및 생활 안정 도모를 목적으로 하는 제도

〈자료 2〉 갑국의 지역별 65세 이상 인구 중 (가), (나) 수급자 비율

(단위 : %)

구분	A 지역	B 지역	C 지역	전체
(가) 수급자	45	㉠	60	60
(나) 수급자	㉡	19	19	20
(가)와 (나) 중복 수급자	6	10	4	6

* 갑국은 A~C 지역으로만 구성되며, 65세 이상 인구는 B 지역이 A 지역의 3배임.

① ㉠은 65, ㉡은 23이다.
② 금전적 지원을 원칙으로 하는 제도의 수급자 비율은 C 지역이 B 지역보다 높다.
③ 강제 가입 원칙이 적용되는 제도의 수급자 수는 B 지역이 A 지역의 3배이다.
④ 사전 예방적 성격이 강한 제도의 A 지역 수급자 수는 사후 처방적 성격이 강한 제도의 C 지역 수급자 수보다 많다.
⑤ 선별적 복지 성격이 강한 제도의 수급자 비율은 B 지역이, 보편적 복지 성격이 강한 제도의 수급자 비율은 C 지역이 가장 높다.

다음 자료에 대한 분석으로 옳은 것은? (단, 갑국의 사회 보장 제도는 우리나라의 사회 보장 제도와 동일함.)

[3점]

〈자료 1〉 갑국의 사회 보장 제도

(가) 고령이나 노인성 질병 등의 사유로 일상생활을 혼자서 수행하기 어려운 노인 등에게 장기 요양 급여를 지급하는 제도
(나) 소득 인정액이 일정 수준 이하인 노인에게 기초 연금을 지급하여 안정적 소득 기반을 제공하는 제도

〈자료 2〉 갑국의 지역별 65세 이상 인구 중 (가), (나) 수급자 비율

(단위 : %)

구분	A 지역	B 지역	전체 지역
(가) 수급자	26	㉠	㉡
(나) 수급자	76	68	70
(가)와 (나) 중복 수급자	㉢	6	10

 * 갑국은 A, B 지역으로만 구성됨.
** 갑국 전체 지역 65세 이상 인구 중 (가)와 (나) 중복 수급자를 제외한 (나) 수급자 비율이 (가)와 (나) 중복 수급자를 제외한 (가) 수급자 비율의 6배임.

① ㉢은 ㉠보다 크고 ㉡보다 작다.
② 금전적 지원을 원칙으로 하는 제도의 수급자에 해당하는 65세 이상 인구는 A 지역이 B 지역의 3배이다.
③ 사전 예방적 성격보다 사후 처방적 성격이 강한 제도의 수급자에만 해당하는 65세 이상 인구는 A 지역이 B 지역보다 많다.
④ 상호 부조의 원리가 적용되는 제도의 수급자에만 해당하는 65세 이상 인구는 B 지역이 A 지역의 3배이다.
⑤ 갑국 전체 지역에서 (가)와 (나) 중복 수급자에 해당하는 65세 이상 인구는 강제 가입을 원칙으로 하는 제도의 수급자에만 해당하는 65세 이상 인구와 동일하다.

다음 자료에 대한 분석으로 옳은 것은? (단, A, B는 각각 공공 부조, 사회 보험 중 하나임.) [3점]

> 갑국의 사회 보장 제도는 우리나라의 사회 보장 제도와 동일하다. A는 보편적 복지의 성격이 강하고, B는 선별적 복지의 성격이 강하다. 표는 갑국의 시기별 (가), (나) 지역 인구 중 A, B 수급자 비율을 나타낸 것이다. 갑국은 (가), (나) 지역으로만 구성되며, 전체 인구는 t년에 비해 t+20년이 20% 많다.

(단위 : %)

구분	t년			t+20년		
	(가) 지역	(나) 지역	전체	(가) 지역	(나) 지역	전체
A 수급자	46	36	40	46	52	50
B 수급자	30	20	24	30	42	38
A와 B 중복 수급자	15	10	12	6	18	14

① 상호 부조의 원리가 적용되는 제도의 수급자 수는 t+20년의 (가) 지역이 t년의 (가) 지역보다 20% 많다.

② 수혜자 비용 부담 원칙이 적용되는 제도의 수급자 수는 t+20년의 (가) 지역이 t년의 (나) 지역보다 많다.

③ t년의 (가) 지역에서 정부 재정으로 비용을 전액 충당하는 것을 원칙으로 하는 제도에만 해당하는 수급자 수는 A와 B 중복 수급자 수의 2배이다.

④ t+20년에 사전 예방적 성격보다 사후 처방적 성격이 강한 제도에만 해당하는 수급자 수는 (나) 지역이 (가) 지역의 2배이다.

⑤ t+20년에 A와 B 중복 수급자 수는 (나) 지역이 (가) 지역의 3배이다.

06 25학년도 6월 평가원 15번

다음 자료에 대한 분석으로 옳은 것은?

〈자료 1〉 갑국의 사회 보장 제도

(가) 국민에게 발생하는 사회적 위험을 보험의 방식으로 대처함으로써 국민의 안전한 생활에 필요한 건강과 소득을 보장하는 제도
(나) 생활 유지 능력이 없거나 생활이 어려운 국민의 최저 생활을 보장하고 자립을 지원하는 제도
(다) 상담, 재활, 돌봄, 정보의 제공, 관련 시설의 이용, 역량 개발, 사회 참여 지원 등을 통하여 국민의 삶의 질이 향상되도록 지원하는 제도

〈자료 2〉 갑국의 (가)~(다) 제도의 지역별 수혜자 비율

(단위 : %)

제도＼지역	A	B	전체
(가)	㉠	8	10
(나)	3	6	4
(다)	10	7	㉡

* 갑국은 A, B 지역으로만 이루어져 있고, 갑국의 사회 보장 제도는 우리나라의 사회 보장 제도와 동일함.
** 해당 지역 수혜자 비율(%) = (해당 지역 수혜자 수 / 해당 지역 인구) × 100

---

① ㉠은 11, ㉡은 8이다.
② (가)와 (나) 중 선별적 복지의 성격이 강한 제도의 수혜자 수는 A 지역이 B 지역보다 적다.
③ 갑국에서 우리나라의 사회 서비스에 해당하는 제도의 수혜자 수는 A 지역이 B 지역의 3배이다.
④ 금전적 지원을 원칙으로 하며 사전 예방적 성격이 강한 제도의 수혜자 수는 A 지역이 B 지역의 2배보다 많다.
⑤ 갑국 전체에서 상호 부조의 원리가 적용되는 제도의 수혜자 수는 소득 재분배 효과가 가장 큰 제도의 수혜자 수의 2배보다 적다.

22학년도 6월 평가원 15번

다음 자료에 대한 분석으로 옳은 것은? (단, A∼C는 각각 사회 보험, 공공 부조, 사회 서비스 중 하나이다.) [3점]

우리나라 사회 보장 제도 유형 A∼C 중 A는 B와 달리 금전적 지원을 원칙으로 한다. 또한, C는 A와 달리 상호 부조의 원리가 적용된다. 우리나라 (가), (나) 지역의 모든 가구는 A∼C 중 한 가지 이상의 혜택을 받고 있으며, 지역별 중복 수혜 가구 비율은 다음과 같다.

(단위 : %)

구분	(가) 지역	(나) 지역
A와 B의 중복 수혜 가구	10	20
A와 C의 중복 수혜 가구	6	9
B와 C의 중복 수혜 가구	50	45

* (가) 지역의 각 수치에는 A, B, C 중복 수혜 가구 비율(2%)이, (나) 지역의 각 수치에는 A, B, C 중복 수혜 가구 비율(5%)이 포함되어 있다.

① A는 B, C와 달리 사전 예방적 목적을 가진다.
② B는 A, C와 달리 보편적 복지의 이념을 바탕으로 한다.
③ C는 A, B와 달리 비용 부담자와 수혜자가 일치하지 않는다.
④ 사회 보험과 사회 서비스의 혜택은 모두 받지만, 공공 부조의 혜택은 받지 않는 가구의 비율은 (나) 지역이 (가) 지역보다 높다.
⑤ 사회 보험과 공공 부조의 혜택은 모두 받지만, 사회 서비스의 혜택은 받지 않는 가구의 비율은 (가), (나) 지역이 같다.

사회 보험, 공공 부조는 사회 서비스와 달리 금전적 지원을 원칙으로 하므로 B는 사회 서비스이다.
사회 보험은 공공 부조와 달리 상호 부조의 원리가 적용되므로 C는 사회 보험, A는 공공 부조이다.

(단위 : %)

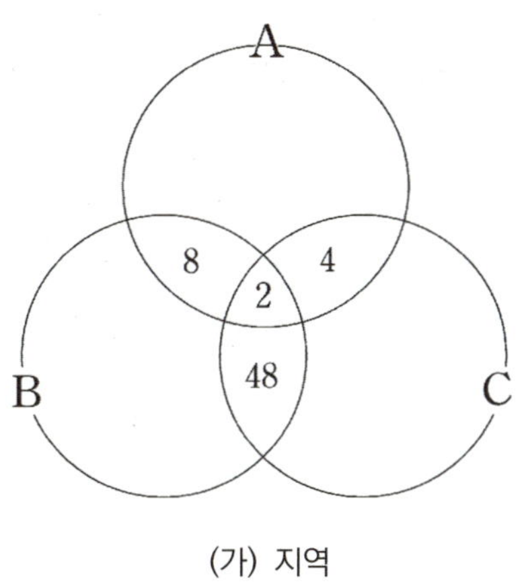

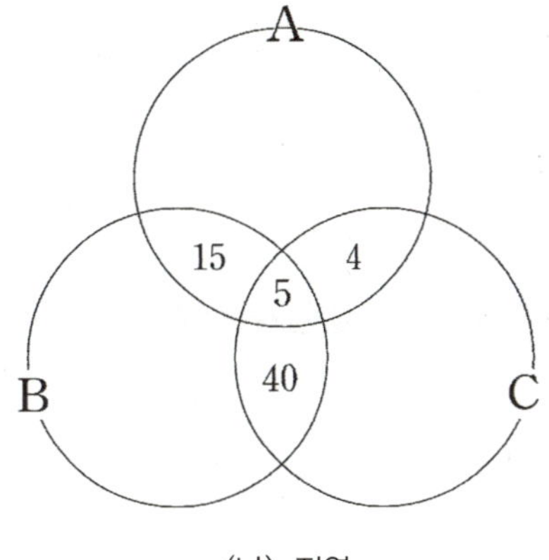

〈선지 분석〉

① 사전 예방적 목적을 가지는 사회 보장 제도는 공공 부조(A)가 아니라 사회 보험(C)이다.
공공 부조(A)는 사후 처방적 목적을 가진다.

② 보편적 복지의 이념을 바탕으로 하는 제도는 사회 보험(C)이다.

③ 비용 부담자와 수혜자가 일치하지 않는 제도는 공공 부조(A)이다.
사회 보험(C)은 수혜자가 비용의 일부를 부담하고, 사회 서비스(B)는 부담 능력이 있는 국민에 한해
수익자 부담을 원칙으로 한다.

④ 사회 보험(C)과 사회 서비스(B)의 혜택은 모두 받지만, 공공 부조(A)의 혜택을 받지 않는 가구의
비율은 B와 C의 중복 수혜 가구에서 A, B, C 중복 수혜 가구 비율을 뺀 것과 같다.
따라서, 사회 보험과 사회 서비스의 혜택은 모두 받지만, 공공 부조의 혜택은 받지 않는 가구의 비율은
(가) 지역 48%(50−2), (나) 지역 40%(45−5)이다.
따라서, 사회 보험과 사회 서비스의 혜택은 모두 받지만, 공공 부조의 혜택은 받지 않는 가구의 비율은
(가) 지역이 (나) 지역보다 높다.

⑤ 사회 보험(C)과 공공 부조(A)의 혜택은 모두 받지만, 사회 서비스(B)의 혜택을 받지 않는 가구
의 비율은 A와 C의 중복 수혜 가구에서 A, B, C 중복 수혜 가구 비율을 뺀 것과 같다.
따라서, 사회 보험과 공공 부조의 혜택은 모두 받지만, 사회 서비스의 혜택은 받지 않는 가구의
비율은 (가) 지역 4%(6−2), (나) 지역 4%(9−5)이다.
따라서, 사회 보험과 공공 부조의 혜택은 모두 받지만, 사회 서비스의 혜택을 받지 않는 가구의
비율은 (가), (나) 지역이 같다.

❚ 벤 다이어그램 문제에 대한 고찰

22학년도 6월 평가원 15번 문제는 벤 다이어그램 형태에서 낼 수 있는 가장 기본적인 형태의 문제이다. 22학년도 9월 평가원과 수능에서는 22학년도 6월 평가원 15번 문제를 응용한 문제가 나오지 않았지만, 이후에 언제든 응용되어 나올 수 있다고 생각하여 사회 보장 제도에 관한 벤 다이어그램 유형을 깊게 다루려고 한다.

사회 보장 제도 한 가지의 혜택을 받는 가구를 한 개의 수혜 가구, 사회 보장 제도 두 가지의 혜택을 받는 가구를 두 개의 수혜 가구, 사회 보장 제도 세 가지의 혜택을 받는 가구를 세 개의 수혜 가구라고 하자.

22학년도 6월 평가원 15번

우리나라 사회 보장 제도 유형 A~C 중 A는 B와 달리 금전적 지원을 원칙으로 한다. 또한, C는 A와 달리 상호 부조의 원리가 적용된다. 우리나라 (가), (나) 지역의 모든 가구는 A~C 중 한 가지 이상의 혜택을 받고 있으며, 지역별 중복 수혜 가구 비율은 다음과 같다.

(단위 : %)

구분	(가) 지역	(나) 지역
A와 B의 중복 수혜 가구	10	20
A와 C의 중복 수혜 가구	6	9
B와 C의 중복 수혜 가구	50	45

* (가) 지역의 각 수치에는 A, B, C 중복 수혜 가구 비율(2%)이, (나) 지역의 각 수치에는 A, B, C 중복 수혜 가구 비율(5%)이 포함되어 있다.

22학년도 6월 평가원 15번에서는 두 개의 수혜 가구와 세 개의 수혜 가구에 관한 문제가 나왔다. 이것이 의미하는 바는 두 가지의 혜택만을 받는 가구의 비율을 구할 수 있다는 것이다. 두 개의 수혜 가구 비율에서 세 개의 수혜 가구 비율을 빼면 두 가지의 혜택만을 받는 가구의 비율을 구할 수 있다.

이번에는 좀 다른 상황을 생각해 보자. 만약 문제에서 **한 개의 수혜 가구와 두 개의 수혜 가구에 관한 정보만을 주면**, 어떻게 풀어야 할까?

(단위 : %)

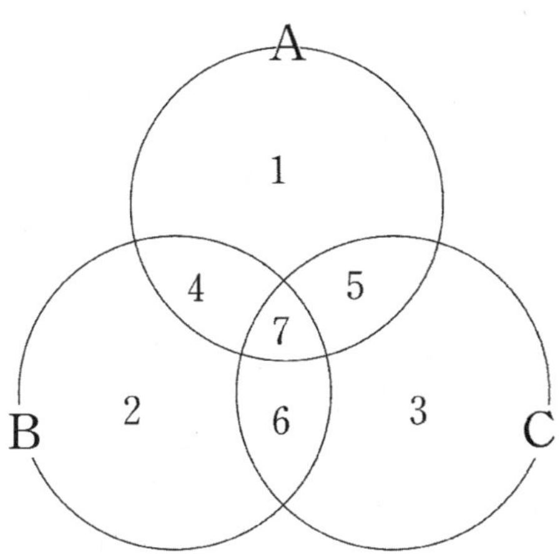

모든 가구가 한 가지 이상의 혜택을 받고 있다고 가정하고 위의 벤 다이어그램을 보자.

A 제도 수혜 가구의 비율은 (1+4+5+7)%
B 제도 수혜 가구의 비율은 (2+4+6+7)%
C 제도 수혜 가구의 비율은 (3+5+6+7)%

A와 B 제도 수혜 가구의 중복 수혜 비율은 (4+7)%
A와 C 제도 수혜 가구의 중복 수혜 비율은 (5+7)%
B와 C 제도 수혜 가구의 중복 수혜 비율은 (6+7)%

A, B, C 제도의 혜택을 모두 받는 사람의 비율은 (7)%이다.

결론적으로 두 개의 수혜 가구는 세 개의 수혜 가구를 포함하게 되고, 한 개의 수혜 가구는 두 개의 수혜 가구와 세 개의 수혜 가구를 모두를 포함하게 된다.

만약 문제에서 한 개의 수혜 가구 비율과 두 개의 수혜 가구 비율만을 준다면, 세 개의 혜택을 모두 받는 가구 비율을 미지수 x나 y로 두고 풀면 된다.

아래의 연습문제를 풀어보자.

다음 표를 보고, (가) 지역의 A, B, C 제도의 혜택을 모두 받는 가구의 비율을 x, (나) 지역의 A, B, C 제도의 혜택을 모두 받는 가구의 비율을 y로 두고 벤 다이어그램에 수혜 가구 비율을 표시하시오. (단, 모든 가구는 A~C 중 한 가지 이상의 혜택을 받고 있다.)

(단위 : %)

구분	(가) 지역	(나) 지역
A 제도의 수혜 가구	50	45
B 제도의 수혜 가구	40	50
C 제도의 수혜 가구	30	40

(단위 : %)

구분	(가) 지역	(나) 지역
A와 B의 중복 수혜 가구	20	30
A와 C의 중복 수혜 가구	15	20
B와 C의 중복 수혜 가구	10	30

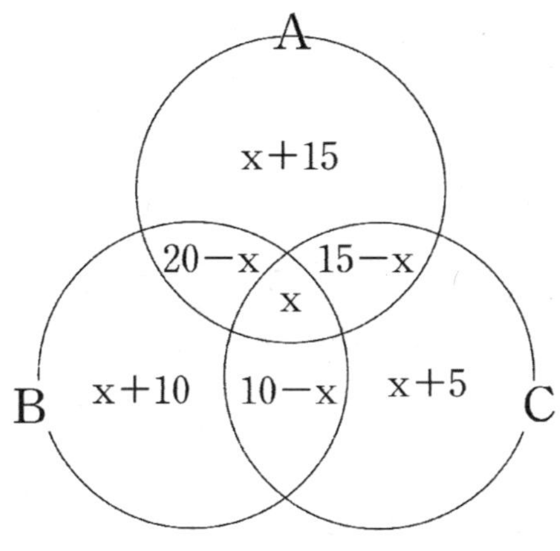

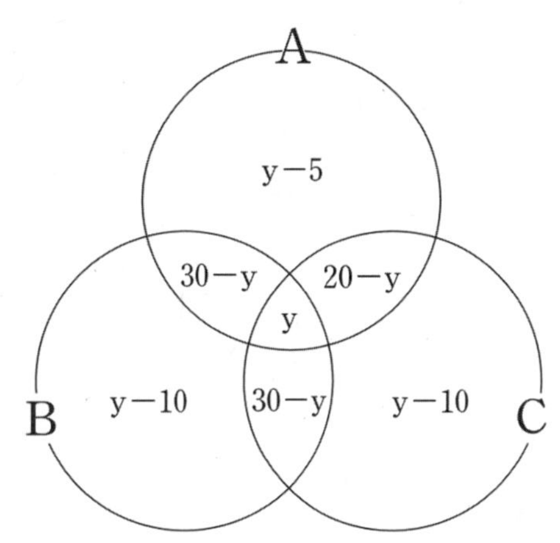

비율은 항상 0% 이상의 값을 가져야 한다. 이를 통해 x와 y의 범위를 각각 구해보자.

x는 0 이상, 10 이하의 값($0 \le x \le 10$)을 가진다. $10-x$는 0 이상의 값을 가져야 하기 때문이다.
한편, y는 10 이상, 20 이하의 값($10 \le y \le 20$)을 가짐을 알 수 있다.
$y-10$과 $20-y$ 모두 0 이상의 값을 가져야 하기 때문이다.

여기에서 (가) 지역과 (나) 지역의 인구비가 주어진다면, **인구수를 비교하는 선지**도 출제될 수 있다.

만약 문제에서 **한 개의 수혜 가구와 세 개의 수혜 가구에 관한 정보만을 주면**, 어떻게 풀어야 할까?

(예시)

(단위 : %)

구분	(가) 지역	(나) 지역
A 제도의 수혜 가구	60	55
B 제도의 수혜 가구	45	40
C 제도의 수혜 가구	30	50

* (가) 지역의 각 수치에는 A, B, C 중복 수혜 가구 비율(10%)이, (나) 지역의 각 수치에는 A, B, C 중복 수혜 가구 비율(5%)이 포함되어 있다.

(단위 : %)

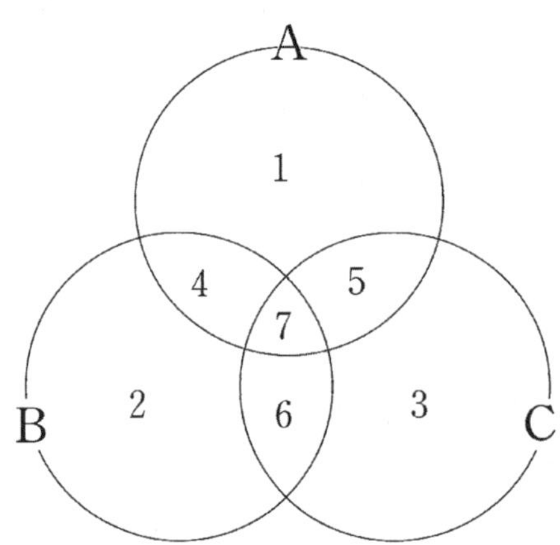

각 제도의 수혜 가구 비율을 모두 더하면 4, 5, 6에 해당하는 비율은 두 번 더해지고, 7에 해당하는 비율은 세 번 더해지는 결과가 발생한다. 따라서, **각 제도의 수혜 가구 비율을 모두 더한 것에서 100%를 빼면**, 4, 5, 6은 하나씩 남고, 7은 두 번 남는다. 7은 문제에서 주어졌으므로 4, 5, 6의 합을 구할 수 있다.

(가) 지역의 경우, 각 제도의 수혜 가구 비율을 모두 더하면 135%이다. 여기서 100%를 빼고, 7에 해당하는 비율 10%를 두 번 빼면 4, 5, 6에 해당하는 비율의 합 15%가 도출된다.
4, 5, 6에 해당하는 비율의 합과 7에 해당하는 비율을 알기 때문에 100%에서 4, 5, 6에 해당하는 비율의 합과 7에 해당하는 비율을 빼주면 **1, 2, 3의 합은 75%임을 알 수 있다.**

(나) 지역의 경우, 각 제도의 수혜 가구 비율을 모두 더하면 145%이다. 여기서 100%를 빼고, 7에 해당하는 비율 5%를 두 번 빼면 4, 5, 6에 해당하는 비율의 합 35%가 도출된다.
4, 5, 6에 해당하는 비율의 합과 7에 해당하는 비율을 알기 때문에 100%에서 4, 5, 6에 해당하는 비율의 합과 7에 해당하는 비율을 빼주면 **1, 2, 3의 합은 60%임을 알 수 있다.**

memo

01 21년 10월 교육청 12번 [정답과 해설 208page]

다음 자료에 대한 옳은 분석만을 〈보기〉에서 있는 대로 고르시오. (단, A와 B는 각각 국민 연금 제도와 기초 연금 제도 중 하나이다.) [3점]

표는 우리나라 (가), (나) 각 지역 인구 중 A, B 수급자 비율을 나타낸 것이다. 표에 따르면 (가) 지역에서 사회 보험에 해당하는 제도의 수급자 중 공공 부조에 해당하는 제도의 수급자가 3/4을 차지한다. 단, (나) 지역의 인구는 (가) 지역 인구의 2배이다.

(단위 : %)

구분	(가) 지역	(나) 지역
A의 수급자	16	10
B의 수급자	12	15
A와 B 모두의 수급자	9	9

〈보 기〉

ㄱ. 사후 처방보다 사전 예방 성격이 강한 제도의 수급자는 (나) 지역이 (가) 지역의 2배보다 많다.
ㄴ. 각 지역 인구 중 상호 부조의 원리에 기초한 제도의 수급자 비율은 (가) 지역이 (나) 지역보다 높다.
ㄷ. A와 B 중 수익자 부담 원칙을 적용하는 제도의 수급자에만 해당하는 사람 수는 (나) 지역이 (가) 지역의 4배이다.
ㄹ. (가)와 (나) 지역 전체에서 선별적 복지 이념에 기초한 제도의 수급자가 보편적 복지 이념에 기초한 제도의 수급자보다 많다.

다음 자료에 대한 분석으로 옳은 것은? [3점]

> 갑국의 사회 보장 제도는 우리나라의 사회 보장 제도와 동일하다. A는 상호 부조의 원리가 적용되는 제도이고, B는 정부 재정으로 비용을 전액 충당하는 것을 원칙으로 하는 제도이다. 표는 갑국의 전체 인구 중 A, B 수급자 비율과 시기에 따른 비율 차이를 나타낸 것이다. t년 대비 t+30년에 갑국의 전체 인구는 50% 증가하였다.

〈표 1〉 t년의 수급자 비율

(단위 : %)

A 수급자	B 수급자	A와 B의 중복 수급자
40	15	8

〈표 2〉 t년 대비 t+30년의 수급자 비율 차이*

(단위 : %)

A에만 해당하는 수급자	B에만 해당하는 수급자	A와 B의 중복 수급자
2	−3	8

* 수급자 비율 차이 = t+30년의 수급자 비율 − t년의 수급자 비율

① t년에 전체 인구 중 부정적 낙인이 발생할 수 있는 제도에만 해당하는 수급자 비율은 A와 B의 중복 수급자 비율보다 크다.

② t+30년에 수혜자 비용 부담 원칙이 적용되는 제도의 수급자 수는 t년에 A나 B 어느 것도 받지 않는 비(非)수급자 수보다 많다.

③ t+30년에 강제 가입의 원칙이 적용되는 제도에만 해당하는 수급자 수는 A와 B의 중복 수급자 수보다 적다.

④ t년에 사전 예방적 성격이 강한 제도의 수급자 수는 t+30년에 사후 처방적 성격이 강한 제도의 수급자 수의 2배이다.

⑤ t년 대비 t+30년에 A 수급자 수의 증가율은 B 수급자 수의 증가율보다 크다.

다음 자료에 대한 분석으로 옳은 것은?

갑국의 사회 보장 제도 A와 B는 우리나라의 사회 보장 제도와 동일하다. A는 사전 예방적 성격이 강한 제도이고, B는 사후 처방적 성격이 강한 제도이다. 중복 수급자 비율은 t+30년이 t년에 비해 50% 감소하였고, 중복 수급자 수는 t년과 t+30년이 동일하다.

〈갑국의 A, B 수급자와 비(非)수급자의 비율〉

(단위 : %)

구분	t년	t+30년
A 수급자	70	77
B 수급자	26	㉠
비(非)수급자	14	15

* 비(非)수급자 : A나 B 어느 것도 받지 않는 사람
** 중복 수급자 : A 수급자이면서 동시에 B 수급자인 사람

① ㉠은 t년의 중복 수급자 비율보다 작고 t+30년의 중복 수급자 비율보다 크다.

② 선별적 복지의 성격이 강한 제도에만 해당하는 수급자 비율은 t+30년이 t년에 비해 8% 감소하였다.

③ 소득 재분배 효과가 있는 제도의 수급자 수는 t년과 t+30년이 동일하다.

④ 정부 재정으로 비용을 전액 충당하는 것을 원칙으로 하는 제도에만 해당하는 수급자 수는 t+30년이 t년의 2배이다.

⑤ t년에 상호 부조의 원리가 적용되는 제도에만 해당하는 수급자 수는 t+30년 비(非)수급자 수의 2배이다.

다음 자료에 대한 분석으로 옳은 것은? (단, A, B는 각각 공공 부조와 사회 보험 중 하나임.)

갑국에는 사회 보장 제도 A, B만 존재하며, A, B는 우리나라의 사회 보장 제도와 동일하다. A는 사전 예방적 성격이 강한 제도이고, B는 사후 처방적 성격이 강한 제도이다.

표는 갑국의 (가)~(다) 지역별 전체 인구 중 A, B 수급자 비율 및 비(非)수급자 비율을 나타낸 것이다. 비(非)수급자는 A나 B 중 어느 것도 받지 않는 사람으로서, A나 B의 복지 혜택이 필요하지만 수급 자격 조건에 미달하여 받지 못하는 사람(탈락자)과 비(非)수급자에서 탈락자를 제외한 사람(비(非)탈락자)으로 구성된다. 단, (가)~(다) 지역의 중복 수급자 수는 동일하다.

(단위 : %)

구분	A 수급자	B 수급자	중복 수급자	비(非)수급자	
				탈락자	비(非)탈락자
(가) 지역	73	20	㉠	12	10
(나) 지역	72	28	15	5	㉡
(다) 지역	50	㉢	10	8	32

* 중복 수급자 : A 수급자이면서 동시에 B 수급자인 사람

① ㉠은 (나) 지역의 선별적 복지의 성격이 강한 제도에만 해당하는 수급자 비율보다 작다.
② ㉡은 (가) 지역의 부정적 낙인이 발생할 수 있는 제도에만 해당하는 수급자 비율과 같다.
③ ㉢은 (다) 지역의 상호 부조의 원리가 적용되는 제도에만 해당하는 수급자 비율의 2배이다.
④ (가) 지역의 탈락자 수보다 (나) 지역의 비(非)탈락자 수가 많다.
⑤ 금전적 지원을 원칙으로 하는 제도의 수급자 수는 (다) 지역이 가장 많다.

17학년도 6월 평가원 17번

(가), (나)는 갑국의 사회 복지 제도 변화를 나타낸 것이다. 이에 대한 분석으로 옳은 것은? [3점]

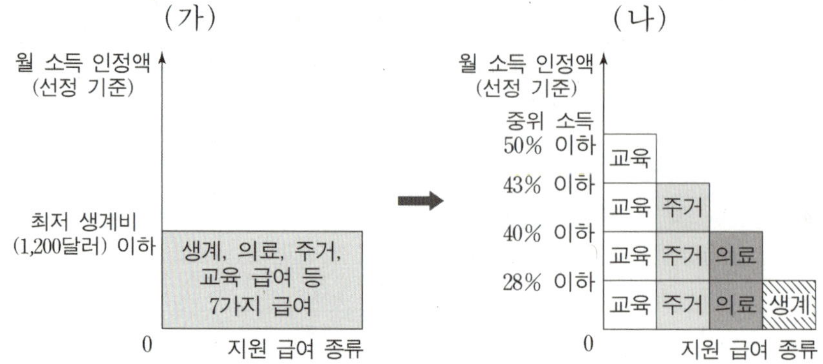

　　* 최저 생계비는 중위 소득 40%와 동일함.
　　** 개별 가구의 월 소득 인정액 이외의 다른 조건은 모두 동일함.
　　*** 중위 소득 : 전체 가구를 소득 순으로 나열했을 때 한가운데 위치한 가구의 소득

① (가)는 선별적 복지보다는 보편적 복지의 성격이 강하다.

② (나)에서 교육 급여를 받을 수 있는 기준은 월 소득 인정액 1,400달러 이하이다.

③ (나)에서 월 소득 인정액 1,000달러인 가구는 의료 급여를 받을 수 있다.

④ (가)는 (나)와 달리 상대적 생활수준을 반영한 기준을 적용한다.

⑤ 월 소득 인정액 900달러인 가구는 (가)에서는 모든 급여를 받았으나 (나)에서는 교육 급여만 받을
　　수 있다.

최저 생계비가 1,200달러인데, 이는 중위 소득의 40%이므로 갑국의 중위 소득은 1,200 × 100/40 = 3,000달러이다.

(가) 제도는 월 소득 인정액이 1,200달러 이하에 해당하는 사람들이 7가지 급여를 모두 받을 수 있는 복지 제도이고, **(나) 제도**는 월 소득 인정액이 **1,500달러 이하에 해당하는 사람은 교육 급여를, 1,290달러 이하에 해당하는 사람은 교육 급여와 주거 급여를, 1,200달러 이하에 해당하는 사람은 교육 급여, 주거 급여, 의료 급여를, 840달러 이하에 해당하는 사람은 교육 급여, 주거 급여, 의료 급여, 생계 급여 모두를** 지원받을 수 있는 복지 제도이다.

〈선지 분석〉

① 선별적 복지의 성격이 강한 제도는 공공 부조이고, 보편적 복지의 성격이 강한 제도는 사회 보험이다. (가) 제도는 사회 보험이 아니라 공공 부조에 해당한다.

② (나)에서 교육 급여를 받을 수 있는 기준은 월 소득 인정액 1,400달러 이하가 아니라 1,500달러 이하 이다.

③ **(나)에서 의료 급여를 받을 수 있는 기준은 월 소득 인정액 1,200달러 이하이므로 월 소득 인정액 1,000달러인 가구는 의료 급여를 받을 수 있다.**

④ 상대적 생활수준을 반영한 기준을 적용하는 복지 제도는 최저 생계비를 기준으로 한 (가) 제도가 아니라 중위 소득을 기준으로 한 (나) 제도이다.

⑤ 월 소득 인정액 900달러인 가구는 (가)에서는 모든 급여를 받을 수 있고, (나)에서는 교육 급여, 주거 급여, 의료 급여를 받을 수 있다.

다음 자료에 대한 옳은 분석만을 〈보기〉에서 있는 대로 고르시오. (단, (가)~(다)는 각각 사회 보험, 공공 부조, 사회 서비스 중 하나이다.) [3점]

〈자료 1〉 우리나라 사회 보장 제도의 사례

제도	사례
(가)	소득, 건강, 주거, 사회적 접촉 등의 수준을 평가하여 선정된 65세 이상의 독거노인에게 정기적인 안전 확인 및 정서적 지원, 보건 서비스 연계·조정, 생활 교육 지원 등을 하는 제도
(나)	사용자, 근로자 또는 자영업자 등이 공동으로 마련한 재원으로 노령에 따른 근로 소득 상실을 보전하기 위한 급여를 지급하는 제도
(다)	국가와 지방 자치 단체의 재정으로 65세 이상 노인 중 소득이 일정 수준 이하인 사람에게 생활 안정에 필요한 연금을 지급하는 제도

〈자료 2〉 A 지역의 65세 이상 인구 중 (가)~(다)의 수혜자 현황

(단위 : %)

구분	2014년						2015년					
제도	(가)		(나)		(다)		(가)		(나)		(다)	
수혜자 비율	12		40		60		12		40		60	
수혜자 중 남녀 비율	남	여	남	여	남	여	남	여	남	여	남	여
	30	70	58	42	36	64	40	60	55	45	30	70

* 2014년 A 지역의 65세 이상 인구는 10,000명임.
** 2015년 A 지역의 65세 이상 인구 증가율은 −5%임.

$$*** 65세\ 이상\ 인구\ 증가율(\%) = \frac{당해\ 연도\ 65세\ 이상\ 인구 - 전년도\ 65세\ 이상\ 인구}{전년도\ 65세\ 이상\ 인구} \times 100$$

─── 〈보 기〉 ───

ㄱ. 2014년에 소득 재분배 효과가 가장 큰 제도의 수혜자 수는 비금전적 지원이 원칙인 제도의 수혜자 수의 1.5배이다.

ㄴ. 2015년에 수혜 정도와 무관하게 능력에 따른 비용 부담이 원칙인 제도의 남자 수혜자 수는 여자 수혜자 수보다 많다.

ㄷ. 2015년에 상호 부조의 원리에 기반을 둔 제도의 여자 수혜자 수와 최저 생활 보장을 목적으로 하는 제도의 남자 수혜자 수는 동일하다.

ㄹ. 강제 가입이 원칙인 제도의 여자 수혜자 수는 2014년보다 2015년이 많다.

계산이 많아 복잡해 보이는 문제를 푸는 방법은 두 가지가 있다. 하나는 출제 의도를 생각하지 않고 그냥 계산하는 방법이고, 또 다른 하나는 출제자가 왜 그러한 선지를 냈을까에 대해 생각하면서 문제를 푸는 방법이다. 우선, 계산하여 문제를 푼 후에 출제자가 왜 그러한 선지를 냈을까에 대해 함께 생각해 보도록 하자. 실전에서는 단순히 계산해서 풀어도 되지만, **기출을 분석할 때는 그 기출 문제의 의미를 파악해야 한다.**

(가) 제도는 사회 서비스에 해당하는 노인맞춤돌봄서비스, (나) 제도는 사회 보험에 해당하는 국민연금, (다) 제도는 공공 부조에 해당하는 기초 연금이다.

단순 계산으로 이 문제를 푼 후, 각 선지의 의미를 파악하도록 하자.

① 단순 계산으로 풀기

2014년 A 지역의 65세 이상 인구는 10,000명이고, 2015년 A 지역의 65세 이상 인구 증가율은 −5%이므로 2015년 A 지역의 65세 이상 인구는 9,500명이다.

〈A 지역의 65세 이상 인구 중 (가)~(다)의 수혜자 수〉

(단위 : 명)

구분	2014년			2015년		
제도	사회 서비스	사회 보험	공공 부조	사회 서비스	사회 보험	공공 부조
수혜자 수	1,200	4,000	6,000	1,140	3,800	5,700
수혜자 중 남녀 수	남 / 여	남 / 여	남 / 여	남 / 여	남 / 여	남 / 여
	360 / 840	2,320 / 1,680	2,160 / 3,840	456 / 684	2,090 / 1,710	1,710 / 3,990

※ 각 제도의 전체 수혜자 수에서 남자 수혜자 수를 빼면 여자 수혜자 수가 나온다.

〈선지 분석〉

ㄱ. 세 가지의 사회 보장 제도 중 소득 재분배 효과가 가장 큰 제도는 공공 부조이고, 비금전적 지원이 원칙인 제도는 사회 서비스이다. 2014년 공공 부조의 수혜자 수는 6,000명이고, 사회 서비스의 수혜자 수는 1,200명이므로 2014년에 공공 부조의 수혜자 수는 사회 서비스의 수혜자 수의 5배이다.

ㄴ. 수혜 정도와 무관하게 능력에 따른 비용 부담이 원칙인 제도는 사회 보험이다. 2015년 사회 보험의 남자 수혜자 수는 2,090명이고, 여자 수혜자 수는 1,710명이므로 2015년에 사회 보험은 남자 수혜자 수가 여자 수혜자 수보다 많다.

ㄷ. 상호 부조의 원리에 기반을 둔 제도는 사회 보험이고, 최저 생활 보장을 목적으로 하는 제도는 공공 부조이다. 2015년 사회 보험의 여자 수혜자 수는 1,710명이고, 공공 부조의 남자 수혜자 수도 1,710명이므로 2015년에 사회 보험의 여자 수혜자 수와 공공 부조의 남자 수혜자 수는 동일하다.

ㄹ. 강제 가입이 원칙인 제도는 사회 보험이다. 사회 보험의 여자 수혜자 수는 2014년에 1,680명이고, 2015년에 1,710명이므로 2014년보다 2015년이 많다.

② 선지의 의미를 파악하며 풀기

〈선지 분석〉

ㄱ. 2014년에 공공 부조 수혜자 수는 10,000명×0.6이고, 사회 서비스 수혜자 수는 10,000명×0.12이므로 공공 부조의 수혜자 수가 사회 서비스 수혜자 수의 5배이다.

※ 1.5배라는 수는 2014년 (나) 제도와 (다) 제도의 관계를 통해 도출된다. 따라서, 이 선지는 사회 서비스가 (가) 제도임을 알고 있는지를 물어보는 선지이다.

ㄴ. 2015년 사회 보험의 수혜자 비율은 남자가 55%이고, 여자가 45%이므로 2015년에 사회 보험의 경우, 남자 수혜자 수가 여자 수혜자 수보다 많다.

ㄷ. 2015년 사회 보험의 여자 수혜자 수는 9,500명×0.4×0.45이고, 공공 부조의 남자 수혜자 수는 9,500명×0.6×0.3이다. 이 선지는 0.4×0.45와 0.6×0.3이 같음을 보여주는 선지이다.

ㄹ. 사회 보험의 여자 수혜자 수는 2014년에 10,000명×0.4×0.42이고, 2015년에 9,500명×0.4×0.45이다. 양변에 모두 0.4가 있으므로 이를 소거한 후, 9,500×0.45와 4,200(10,000×0.42)의 대소 비교를 하면 된다. 9,500 × 0.45는 4,275이므로 사회 보험의 여자 수혜자 수는 2014년보다 2015년이 많다.

→ 선지를 분석하며 평가원은 결코 학생들에게 단순 계산만을 시키지 않는다는 것을 느끼길 바란다. 1분 1초가 급한 시험장에서 선지의 의미를 빠르게 파악하지 못했다면 단순 계산으로 풀어야 하지만, 선지의 의미를 분석하는 연습을 충분히 한다면 시험장에서도 쉽게 문제를 풀 수 있을 것이다.

다음 자료에 대한 옳은 분석 및 추론만을 〈보기〉에서 있는 대로 고르시오. [3점]

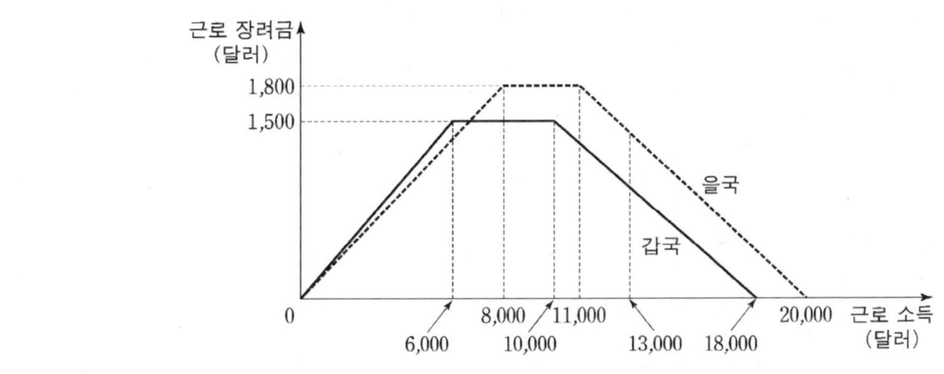

그림은 갑국과 을국의 저소득층 단독 가구가 근로 소득에 따라 받을 수 있는 근로 장려금 지급 체계를 보여 준다. 단, 근로 소득과 근로 장려금 이외에 다른 소득이나 조건은 고려하지 않는다.

─── 〈보 기〉 ───

ㄱ. 을국은 근로 소득이 6,000달러인 경우보다 13,000달러인 경우가 근로 장려금 지급액이 많다.
ㄴ. 근로 소득이 7,000달러인 경우, 근로 장려금 지급액은 갑국과 을국이 같다.
ㄷ. 갑국과 을국 모두 근로 의욕을 높이려는 생산적 복지 이념을 반영하고 있다.
ㄹ. 갑국과 을국 모두 근로 장려금 지급에 따른 소득 재분배 효과가 발생한다.

〈선지 분석〉

ㄱ. 을국의 경우 근로 소득이 0달러일 때부터 8,000달러일 때까지 동일한 기울기로 근로 장려금이 증가했으며 근로 소득이 0달러일 때 근로 장려금이 0달러이고, 근로 소득이 8,000달러일 때 근로 장려금이 1,800달러이다. 0에서부터 시작하면 6,000은 8,000의 3/4이므로 근로 소득이 6,000달러일 때의 근로 장려금은 1,800달러 × 3/4 = 1,350달러이다.

한편, 근로 소득이 20,000달러일 때부터 11,000달러일 때까지 동일한 기울기로 근로 장려금이 증가했으며 근로 소득이 20,000달러일 때 근로 장려금이 0달러이고, 근로 소득이 11,000달러일 때 근로 장려금이 1,800달러이다.
20,000에서부터 시작하면 (20,000 − 13,000)은 (20,000 − 11,000)의 7/9이므로 근로 소득이 13,000달러일 때의 근로 장려금은 1,800달러 × (1 − 2/9) = 1,800달러 × 7/9 = 1,400달러이다. 따라서 을국은 근로 소득이 6,000달러인 경우보다 13,000달러인 경우가 근로 장려금 지급액이 많다.

ㄴ. 갑국은 근로 소득이 7,000달러인 경우, 근로 장려금 지급액은 1,500달러이다. 을국의 경우 근로 소득이 0달러일 때부터 8,000달러일 때까지 동일한 기울기로 근로 장려금이 증가했으며 근로 소득이 0달러일 때 근로 장려금이 0달러이고, 근로 소득이 8,000달러일 때 근로 장려금이 1,800달러이므로 근로 소득이 7,000달러인 경우, 근로 장려금 지급액은 1,800달러 × 7/8이다. 1,800달러 × 7/8은 1,500달러가 아니므로 근로 소득이 7,000달러인 경우, 근로 장려금 지급액은 서로 다르다.

ㄷ. 근로 장려금 제도는 근로 의욕을 높이려는 생산적 복지 이념을 반영한다.

ㄹ. 근로 소득에 따라 근로 장려금 지급액이 달라진다는 점에서, 갑국과 을국 모두 근로 장려금 지급에 따른 소득 재분배 효과가 발생한다는 것을 알 수 있다.

01 16년 4월 교육청 14번 [정답과 해설 213page]

다음 자료에 대한 분석으로 옳은 것은? (단, A, B는 우리나라의 사회 보장 제도이다.) [3점]

표는 우리나라 ○○ 지역의 65세 이상 인구 중 A의 수급자 수 및 A와 B의 동시 수급자 수를 나타낸 것이다. A는 65세 이상 인구 중 소득 인정액이 기준 금액 이하인 사람에게 연금을 지급하는 제도이다. B는 일정 기간 보험료를 납부한 사람이 노령, 장애, 사망으로 소득이 상실될 때 본인 및 가족에게 연금을 지급하는 제도이다.

(단위 : 명)

구분	65세 이상 인구	A의 수급자 수	A와 B의 동시 수급자 수
2010년	550	370	80
2012년	600	400	100
2014년	620	430	130

① A는 B에 비해 사전 예방적 기능을 중시한다.

② B는 A와 달리 정부 재정으로 비용이 전액 충당된다.

③ A, B는 모두 소득 재분배 효과가 나타난다.

④ 2010년에 공공 부조에 해당하는 제도의 수급자 수는 65세 이상 인구의 절반 이하이다.

⑤ 2012년에 비해 2014년에 능력별 비용 부담 원칙이 적용되는 제도의 수급자 수는 30명 증가하였다.

자료에 대한 옳은 분석만을 〈보기〉에서 있는 대로 고르시오. [3점]

표는 우리나라 A 지역의 65세 이상 노인 중 공적 연금 수급자의 평균 수급액을 비교한 것이다. 단, 각 공적 연금 수급자 중 남자 노인 수와 여자 노인 수가 같고 비독거 노인 수와 독거 노인 수가 같으며, 기준이 되는 수급자의 평균 수급액을 100으로 간주하여 비교하였다.

구분	국민 연금	기초 연금
남자 노인 수급자 평균 수급액 대비 여자 노인 수급자 평균 수급액	80	84
비독거 노인 수급자 평균 수급액 대비 독거 노인 수급자 평균 수급액	64	120

〈보 기〉

ㄱ. 사후 처방의 성격이 강한 제도의 평균 수급액은 비독거 노인 수급자보다 독거 노인 수급자가 많다.

ㄴ. 상호 부조의 원리를 적용한 제도의 평균 수급액은 비독거 노인 수급자보다 독거 노인 수급자가 많다.

ㄷ. 수익자 부담 원칙이 적용되는 제도의 여자 노인 수급자 평균 수급액은 전체 노인 수급자 평균 수급액의 80%를 넘는다.

ㄹ. 남자 노인 수급자 평균 수급액에 대한 여자 노인 수급자 평균 수급액의 비(比)는 두 제도 중 의무 가입을 원칙으로 하는 제도가 크다.

다음 자료에 대한 분석으로 옳은 것은? (단, 갑국의 사회 보장 제도는 우리나라의 사회 보장 제도와 동일함.)

〈자료 1〉 갑국의 사회 보장 제도 A~C의 사례

• A의 사례 : 생활이 어려운 사람의 질병, 부상 등에 대해 급여 제공
• B의 사례 : 노령, 장애, 사망 시 본인 및 가족에게 연금 급여 실시
• C의 사례 : 일상생활과 사회 활동이 어려운 저소득층의 생활 안정을 위해 가사·간병 서비스 지원

〈자료 2〉 갑국의 사회 보장 제도 A~C의 시기별 수혜자 현황

제도	A				B				C			
시기	2015년		2020년		2015년		2020년		2015년		2020년	
전체 인구 중 수혜자 비율(%)	12		18		48		48		24		36	
수혜자 중 성별 비율(%)	여	남	여	남	여	남	여	남	여	남	여	남
	60	40	65	35	30	70	30	70	50	50	60	40

---

① 최저 생활 보장을 목적으로 하는 제도의 경우, 2015년 전체 인구 중 수혜자 비율은 24%이다.

② 비금전적 지원을 원칙으로 하는 제도의 경우, 2015년 남성 수혜자 수는 갑국 인구의 12%이다.

③ 상호 부조의 원리를 바탕으로 하는 제도의 경우, 2015년 여성 수혜자 수와 2020년 여성 수혜자 수는 같다.

④ 2015년의 경우, 소득 재분배 효과가 가장 큰 제도의 수혜자 수는 의무 가입이 원칙인 제도의 수혜자 수의 4배이다.

⑤ 2020년의 경우, 공공 부조에 해당하는 제도의 남성 수혜자 수는 사회 보험에 해당하는 제도의 남성 수혜자 수의 절반이다.

다음 자료에 대한 옳은 설명만을 〈보기〉에서 있는 대로 고르시오. [3점]

갑국은 정부 예산만을 재원으로 경제적 형편이 어려운 노인에게 급여를 지급하는 우리나라의 연금 제도와 같은 ㉠ ○○연금 제도를 도입하고자 한다. 연금 지급액을 놓고 A안과 B안을 검토 중인데, 다음은 ○○연금 제도 시행 전의 상대적 빈곤율과 A안 또는 B안을 시행할 경우 예상되는 상대적 빈곤율을 제시한 표의 일부이다. 제도 시행 전후의 상대적 빈곤율은 현재 시점의 노인 가구를 기준으로 계산한 것이다.

가구 형태	가구 수 (만 가구)	상대적 빈곤율(%)		
		제도 시행 전	제도 시행 후	
			A안	B안
1인 가구	100	50	25	20
부부 가구	200	40	20	15
기타 가구				

* 갑국의 노인 가구는 1인 가구(65세 이상 노인 1명), 부부 가구(65세 이상 노인 2명) 및 기타 가구로 구분됨.
** 상대적 빈곤율은 가구 소득이 정부가 가구 형태별로 결정한 일정 금액 미만인 가구의 비율임.

─── 〈보 기〉 ───

ㄱ. ㉠은 상호 부조의 원리를 바탕으로 한다.
ㄴ. ㉠은 사전 예방적 성격보다 사후 처방적 성격이 강하다.
ㄷ. A안 시행 전후의 상대적 빈곤 가구 수 차이는 1인 가구가 부부 가구보다 작다.
ㄹ. 상대적 빈곤에 해당하는 부부 가구 인구는 A안을 시행할 경우가 B안을 시행할 경우보다 10만 명 많다.

다음 자료에 대한 옳은 분석만을 〈보기〉에서 있는 대로 고르시오.

〈자료1〉 갑국의 사회 보장 제도

> (가) 65세 이상 노인 중 소득 인정액이 일정 수준 이하인 사람에게 생활 안정에 필요한 연금을 지급하는 제도
> (나) 노령, 사망, 장애 등으로 인한 소득 상실을 보전하고 기본적인 생활을 지원하기 위해 가입자와 고용주 등이
>   분담해서 마련한 기금을 통해 연금 급여를 지급하는 제도

〈자료 2〉 갑국의 성별·시기별 (가), (나) 제도의 수급자 수

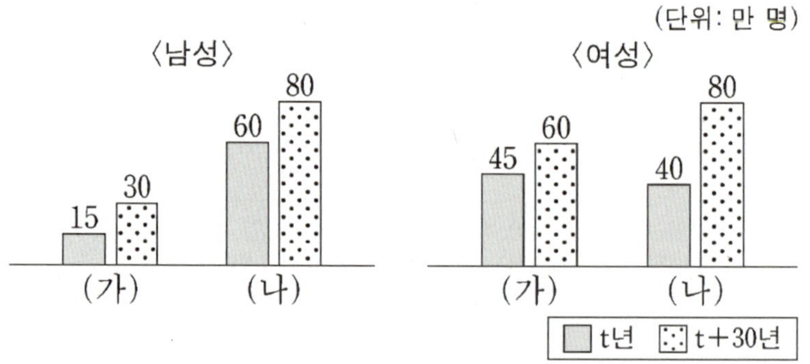

* 갑국의 사회 보장 제도는 우리나라의 사회 보장 제도와 동일함.
** t년과 t+30년 모두 갑국의 남녀 인구는 각각 1,000만 명임.

〈보 기〉

ㄱ. t년에 수급자에 대한 부정적 낙인이 발생할 수 있는 제도의 남성 수급자 수는 여성 수급자 수의
   3배이다.
ㄴ. t년에 비해 t+30년에 수혜자 비용 부담 원칙이 적용되는 제도의 수급자 수는 60만 명 증가
   하였다.
ㄷ. t년에 상호 부조의 원리가 적용되는 제도의 수급자 중 남성 수급자 비율은 t+30년에 강제 가입의
   원칙이 적용되는 제도의 수급자 중 여성 수급자 비율보다 높다.
ㄹ. t년에 갑국 인구 중 사전 예방적 성격이 강한 제도의 수급자 비율은 t+30년에 갑국 인구 중
   사후 처방적 성격이 강한 제도의 수급자 비율보다 낮다.

20학년도까지는 복잡한 계산을 요하는 고난도의 계층 이동 유형 문제가 20번에 고정으로 출제되었으나, 21학년도에는 아예 출제되지 않았고 22학년도에는 계층에 관한 개념을 묻는 내용만 출제되었다.

따라서, 계층 이동 유형은 22학년도의 문제와 20학년도까지 출제되었던 유형을 분리하여 구성하였다. 20학년도까지 출제되었던 유형이 다시 나올 확률이 높진 않지만, 고난도 문항이 아니라 유형을 익힐 수 있는 정도의 연습 문제들을 넣어두었으니 풀어보길 바란다.

▌기본적인 용어와 문제 풀이 방식 정리

이 책에서는 표를 그릴 때, 주로 우물 정(井)자로 불리는 방식을 사용할 것이다.

보편적으로 계층 표 문제는 부모의 계층(상, 중, 하)과 자녀의 계층(상, 중, 하) 간의 관계를 비교한다.

표의 상단에는 '부모'를 기재하여 세로로는 전체에서 부모의 각 계층이 차지하는 비율을 나타내고, 표의 좌측에는 '자녀'를 기재하여 가로로는 전체에서 자녀의 각 계층이 차지하는 비율을 나타낸다.

		부모		
		상층	중층	하층
자녀	상층			
	중층			
	하층			

	상층	중층	하층
상층	1	2	3
중층	4	5	6
하층	7	8	9

- **색칠되지 않은 부분(1, 5, 9)은 계층 대물림(일치, 세습)**이라고 한다. 이는 자녀가 부모의 계층을 그대로 물려받는 경우이다.

- **색칠된 부분은 계층의 불일치(수직 이동)**라고 한다. 이는 자녀의 계층이 부모의 계층과 다른 경우이다.

- 연하게 색칠된 부분(2, 3, 6)은 **상승 이동**이라고 한다. 이는 **자녀의 계층이 부모의 계층보다 높은 경우**이다.
- 진하게 색칠된 부분(4, 7, 8)은 **하강 이동**이라고 한다. 이는 **자녀의 계층이 부모의 계층보다 낮은 경우**이다.

※ 세대 간 이동 vs 세대 내 이동

- 세대 간 이동 : 두 세대 이상에 걸쳐 계층적 위치가 변화하는 이동
- 세대 내 이동 : 개인의 한 생애 내에서 나타나는 사회적 계층의 이동

※ 주로 등장하는 계층 구조 형태

구분	피라미드형 계층 구조	다이아몬드형 계층 구조	모래시계형 계층 구조
의미	하층의 비율이 가장 높고, 상층의 비율이 가장 낮음	중층의 비율이 가장 높음	중층의 비율이 가장 낮고, 다수의 하층으로 구성됨
특징	사회 통합의 필요성이 높음	사회 통합이 유리함 사회의 안정성이 높음	양극화 현상이 심함
형태	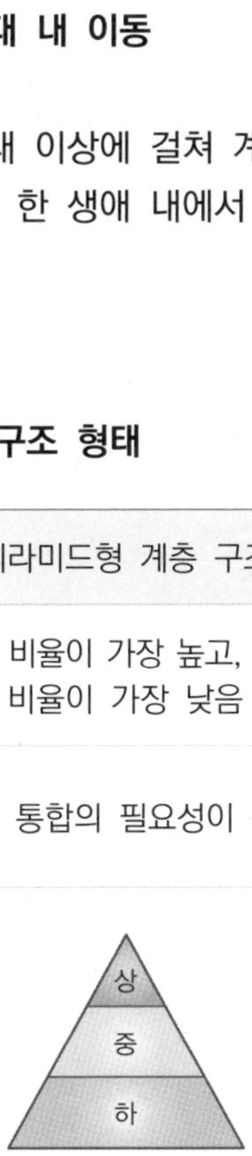 상 / 중 / 하 (피라미드형)	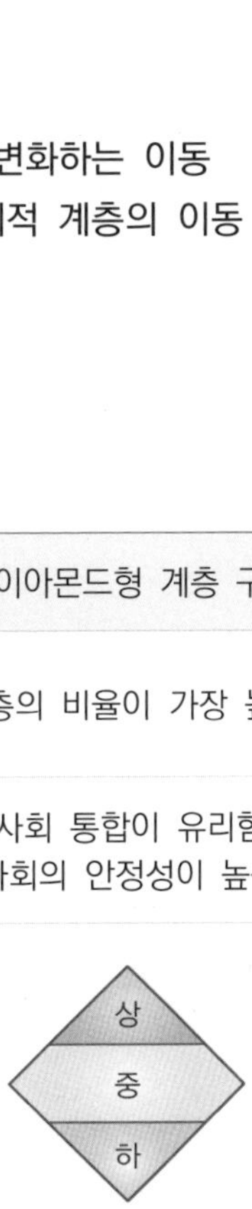 상 / 중 / 하 (다이아몬드형)	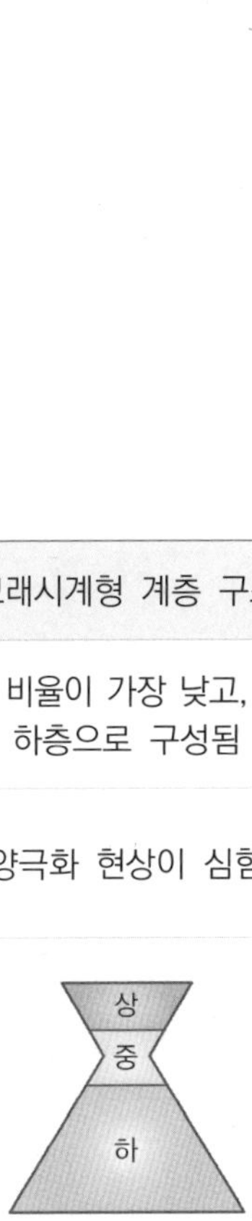 상 / 중 / 하 (모래시계형)

22학년도 6월 평가원 9번

다음 자료에 대한 분석으로 옳은 것은? [3점]

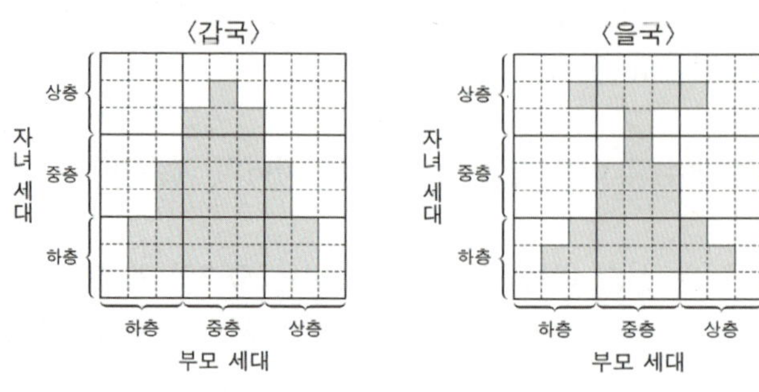

① 갑국은 을국과 달리 세대 간 상승 이동이 나타났다.

② 을국은 갑국과 달리 세대 간 하강 이동이 나타났다.

③ 갑국의 자녀 세대에서는 피라미드형 계층 구조가 나타나고, 을국의 자녀 세대에서는 모래시계형 계층 구조가 나타난다.

④ 갑국과 을국 모두 부모 세대에서는 다이아몬드형 계층 구조가 나타난다.

⑤ 갑국과 을국 모두 부모의 계층을 대물림 받은 자녀는 하층에서 가장 많다.

		부모		
		하층	중층	상층
자녀	상층	(1)	(2)	(3)
	중층	(4)	(5)	(6)
	하층	(7)	(8)	(9)

편의상 자녀 세대 상층에서 부모 세대 하층, 중층, 상층을 각각 (1), (2), (3)으로, 자녀 세대 중층에서 부모 세대 하층, 중층, 상층을 각각 (4), (5), (6)으로, 자녀 세대 하층에서 부모 세대 하층, 중층, 상층을 각각 (7), (8), (9)로 두자. 해당 문제는 칸수를 정확히 세면 쉽게 풀 수 있다.

〈선지 분석〉

① 세대 간 상승 이동이 나타나는 칸은 (1), (2), (4)이다.
갑국과 을국 모두 해당 칸에서 음영 부분 면적이 있으므로 갑국과 을국 모두 세대 간 상승 이동이 나타났다.

② 세대 간 하강 이동이 나타나는 칸은 (6), (8), (9)이다.
갑국과 을국 모두 해당 칸에서 음영 부분 면적이 있으므로 갑국과 을국 모두 세대 간 하강 이동이 나타났다.

③ 갑국의 자녀 세대에서 음영 부분 면적은 상층 4개, 중층 13개, 하층 14개이므로 갑국의 자녀 세대에서는 피라미드형 계층 구조가 나타난다.
을국의 자녀 세대에서 음영 부분 면적은 상층 6개, 중층 7개, 하층 12개이므로 을국의 자녀 세대에서도 피라미드형 계층 구조가 나타난다.
겉보기에는 모래시계형처럼 생겼지만, 칸수를 계산해보면 피라미드형 계층 구조임을 알 수 있다.

④ 갑국의 부모 세대에서 음영 부분 면적은 상층 6개, 중층 19개, 하층 6개이므로
갑국의 부모 세대에서는 다이아몬드형 계층 구조가 나타난다.
을국의 부모 세대에서 음영 부분 면적은 상층 4개, 중층 17개, 하층 4개이므로
을국의 부모 세대에서도 다이아몬드형 계층 구조가 나타난다.

⑤ 계층 대물림이 나타나는 칸은 상층이 (3), 중층이 (5), 하층이 (7)이다. 갑국과 을국 모두 부모의 계층을 대물림 받은 자녀는 중층에서 가장 많다.

다음 자료는 갑국과 을국의 세대 간 계층 이동 현황을 나타낸 것이다. 이에 대한 분석으로 옳은 것은? (단, 계층은 상층, 중층, 하층으로만 구분된다.) [3점]

〈갑국〉　　　　　　　　　〈을국〉

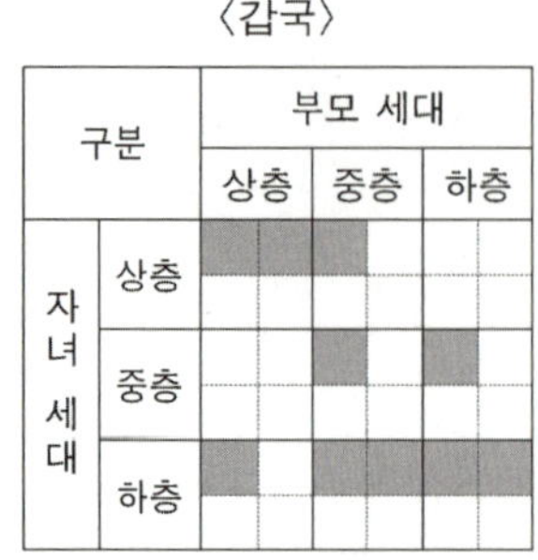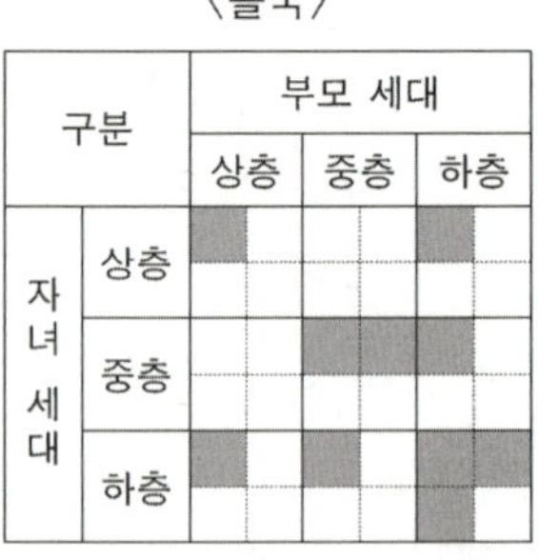

* ■의 면적은 해당 계층에 속한 사람 수를 나타낸 것이며, 각 ■의 면적은 동일함.

① 갑국에서는 세대 간 상승 이동이 세대 간 하강 이동보다 많다.

② 을국에서는 세대 간 이동이 계층 대물림보다 많다.

③ 부모 세대의 경우, 을국의 계층 구조가 갑국에 비해 사회 통합에 유리하다.

④ 자녀 세대의 경우, 갑국의 계층 구조는 모래시계형이고 을국의 계층 구조는 피라미드형이다.

⑤ 갑국에서는 개방적 계층 구조가, 을국에서는 폐쇄적 계층 구조가 나타난다.

		부모		
		상층	중층	하층
	상층	(1)	(2)	(3)
자녀	중층	(4)	(5)	(6)
	하층	(7)	(8)	(9)

편의상 자녀 세대 상층에서 부모 세대 상층, 중층, 하층을 각각 (1), (2), (3)으로, 자녀 세대 중층에서 부모 세대 상층, 중층, 하층을 각각 (4), (5), (6)으로, 자녀 세대 하층에서 부모 세대 상층, 중층, 하층을 각각 (7), (8), (9)로 두자. 해당 문제는 칸수를 정확히 세면 쉽게 풀 수 있다.

〈선지 분석〉

① 세대 간 상승 이동이 나타나는 칸은 (2), (3), (6)이고, 세대 간 하강 이동이 나타나는 칸은 (4), (7), (8) 이다.
갑국에서 세대 간 상승 이동이 나타나는 곳에서 음영의 면적은 2칸이고, 세대 간 하강 이동이 나타나는 곳에서 음영의 면적은 3칸으로 후자가 전자보다 많다.

② 세대 간 이동이 나타나는 칸은 (2), (3), (4), (6), (7), (8)이고, 계층 대물림이 나타나는 칸은 (1), (5), (9)이다.
을국에서 세대 간 이동이 나타나는 곳에서 음영의 면적은 4칸이고, 계층 대물림이 나타나는 곳에서 음영의 면적은 6칸으로 후자가 전자보다 많다.

③ 부모 세대에서 음영의 면적은 갑국에서 상층 3칸, 중층 4칸, 하층 3칸이고, 을국에서 상층 2칸, 중층 3칸, 하층 5칸이므로 부모 세대의 경우, 갑국의 계층 구조는 다이아몬드형, 을국의 계층 구조는 피라미드형이다.
따라서 부모 세대의 경우, 갑국의 계층 구조가 을국에 비해 사회 통합에 유리하다.

④ 자녀 세대에서 음영의 면적은 갑국에서 상층 3칸, 중층 2칸, 하층 5칸이고, 을국에서 상층 2칸, 중층 3칸, 하층 5칸이다.
따라서 자녀 세대의 경우, 갑국의 계층 구조는 모래시계형, 을국의 계층 구조는 피라미드형이다.

⑤ 갑국과 을국 모두 세대 간 계층 이동이 나타나므로 개방적 계층 구조가 나타난다.

그림은 갑국의 시기별 계층 구성 비율을 나타낸 것이다. 이에 대한 분석으로 옳은 것은? (단, 갑국의 계층은 상층, 중층, 하층으로만 구성되며, 각 시기별 조사 대상은 동일하다.)

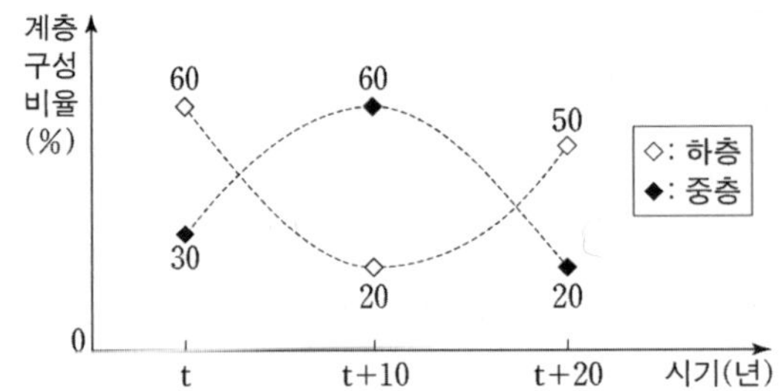

① t년 대비 t+20년에 상층의 비율은 3배가 되었다.

② 상층과 하층의 비율 차이는 t년보다 t+10년이 크다.

③ t년은 폐쇄적 계층 구조, t+10년과 t+20년은 개방적 계층 구조이다.

④ t+10년보다 t+20년이 사회 통합에 더 유리한 계층 구조이다.

⑤ t년 대비 t+20년의 변화는 세대 간 이동, t+10년 대비 t+20년의 변화는 세대 내 이동의 결과이다.

갑국의 시기별 계층 구성 비율은 다음과 같다.

(단위 : %)

구분	t년	t+10년	t+20년
상층	10	20	30
중층	30	60	20
하층	60	20	50

〈선지 분석〉

① 상층의 비율은 t년(10%) 대비 t+20년(30%)에 3배가 되었다.

② 상층과 하층의 비율 차이는 t년(50%p)이 t+10년(0%p)보다 크다.

③ 제시된 각 시기의 조사 대상은 동일한 사람인데, 시기에 따라 연속적으로 각 계층의 비율이 달라졌으므로 계층 이동이 나타났음을 알 수 있다.
따라서, t년, t+10년, t+20년 모두 개방적 계층 구조라고 볼 수 있다.

④ t+10년의 계층 구조는 중층의 비율이 가장 높은 다이아몬드형 구조, t+20년의 계층 구조는 중층의 비율이 가장 낮은 모래시계형 구조이다. 중층의 비율이 높을수록 사회 통합에 유리하므로 t+10년이 t+20년보다 사회 통합에 더 유리한 계층 구조이다.

⑤ 제시된 각 시기의 조사 대상은 동일한 사람이므로 제시된 기간에 나타난 변화는 모두 세대 내 이동의 결과이다.

01 10학년도 6월 평가원 20번
[정답과 해설 218page]

그래프는 A국의 부모 계층별 자녀 계층 구성비를 나타낸 것이다. 이에 대한 분석으로 옳은 것은? [3점]

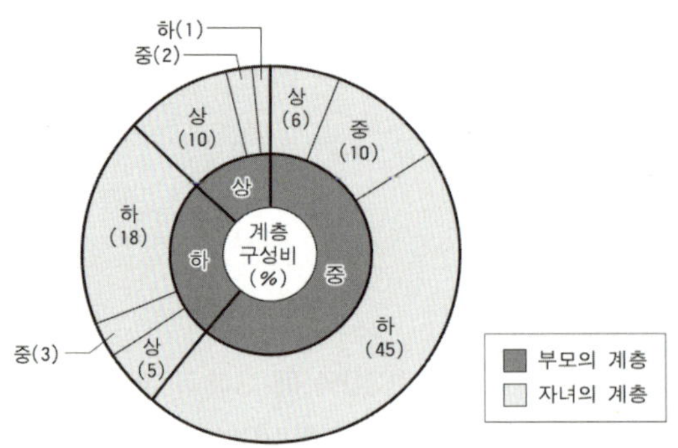

① 세대간 상승 이동률이 하강 이동률보다 높다.
② 상층의 비율은 자녀 세대보다 부모 세대에서 더 높다.
③ 부모가 중층인 경우 상승 이동률이 하강 이동률보다 높다.
④ 다이아몬드형 계층 구조에서 피라미드형 계층 구조로 변하였다.
⑤ 부모의 계층별로 계층 지위가 대물림되는 비율은 상층이 가장 높다.

02 10학년도 9월 평가원 20번
[정답과 해설 219page]

그림은 (가), (나) 사회의 계층 구성비와 각 계층별로 그들의 출신 계층을 나타낸 것이다. 이에 대한 옳은 분석만을 〈보기〉에서 있는 대로 고르시오. [3점]

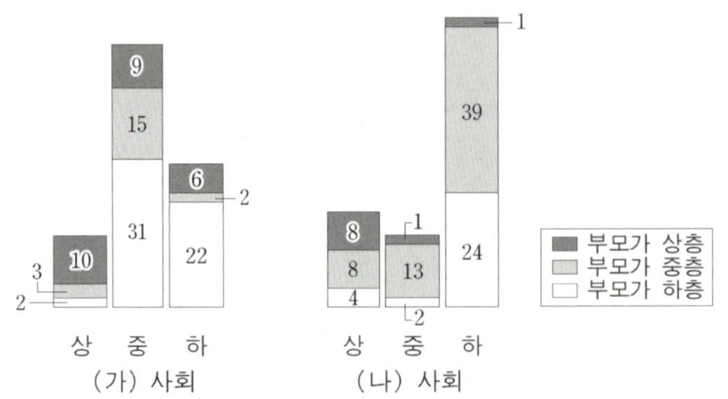

*(가), (나) 사회의 인구는 동일하며 수치는 비율(%)을 나타냄.

〈보 기〉

ㄱ. (가) 사회에서 계층 지위가 대물림된 사람은 하층이 가장 많다.
ㄴ. (나) 사회는 세대 간 상승 이동이 하강 이동보다 더 많이 일어났다.
ㄷ. (가) 사회보다 (나) 사회가 세대 간 이동이 더 많이 일어났다.
ㄹ. 계층 구조로 보면 (가) 사회보다 (나) 사회가 안정된 사회 모습을 나타낸다.

그림은 성인 자녀 1명을 둔 가구주 100명을 대상으로 부모 계층별 자녀 계층 구성비를 조사한 것이다. 이에 대한 옳은 분석만을 〈보기〉에서 있는 대로 고르시오. [3점]

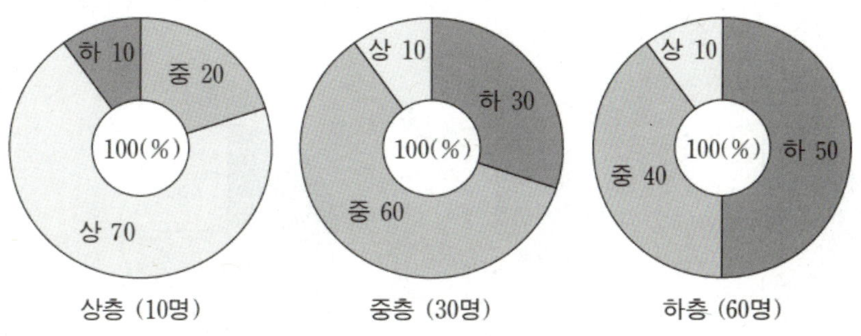

───── 〈보 기〉 ─────

ㄱ. 세대 간 상승 이동이 하강 이동보다 더 많다.
ㄴ. 세대 간 지위를 대물림한 비율은 상층에서 가장 높다.
ㄷ. 자녀 세대만 집계하면 피라미드형 계층 구조를 이룬다.
ㄹ. 세대 간 수직 이동이 지위를 대물림한 경우보다 더 많다.

그림은 갑국과 을국의 시기별 계층 구성 비율을 나타낸다. 이에 대한 분석으로 옳은 것은?

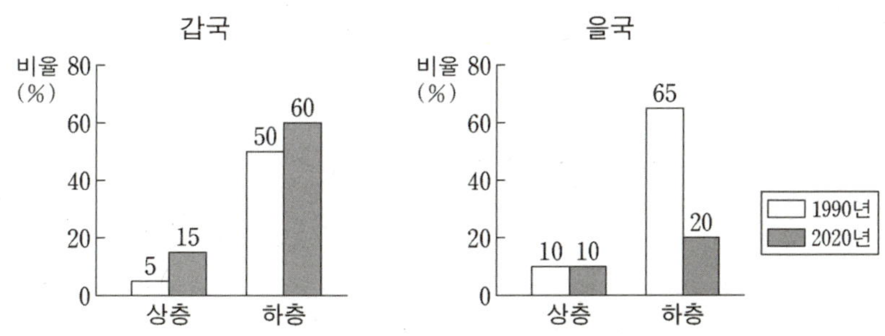

① 갑국의 계층 구조는 피라미드형에서 모래시계형으로 변화하였다.
② 갑국은 을국과 달리 폐쇄적 계층 구조이다.
③ 갑국은 을국에 비해 상승 이동이 더 많이 나타났다.
④ 을국은 갑국과 달리 사회 안정성이 높은 계층 구조로 변화하였다.
⑤ 1990년 중층 대비 상층의 비는 갑국이 을국보다 크다.

다음 자료에 대한 설명으로 옳은 것은? [3점]

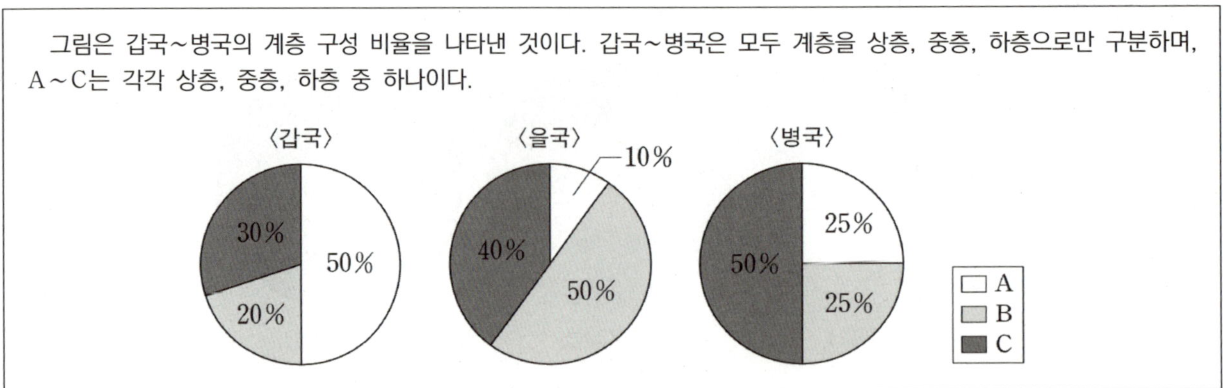

① A가 상층이고 B가 중층이라면, 병국의 계층 구조는 을국의 계층 구조보다 사회 통합에 유리하다.

② B가 하층이고 C가 상층이라면, 을국의 계층 구조는 갑국의 계층 구조보다 계층 양극화로 인한 문제가 발생할 가능성이 높다.

③ 갑국의 계층 구조가 모래시계형이라면, 을국과 병국은 모두 중층 비율이 가장 작다.

④ 을국의 계층 구조가 피라미드형이라면, 병국에서 상층 비율과 중층 비율은 동일하다.

⑤ 병국의 계층 구조가 다이아몬드형이고 B가 하층이라면, 을국의 중층 비율은 갑국의 상층 비율보다 크다.

06 23학년도 수능 12번

다음 자료에 대한 분석으로 옳은 것은?

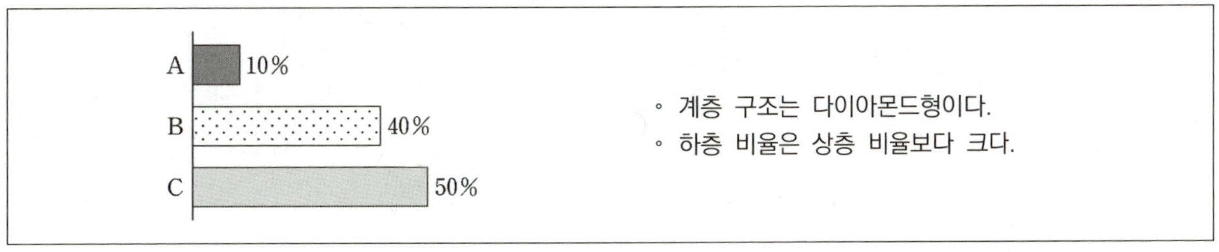

〈자료 1〉은 현재 갑국의 계층 구조와 계층 구성 비율에 대한 정보이고, 〈자료 2〉는 t년 후 갑국의 계층 구성 비율에 대한 두 가지 예측 결과이다. 단, A~C는 각각 상층, 중층, 하층 중 하나이다.

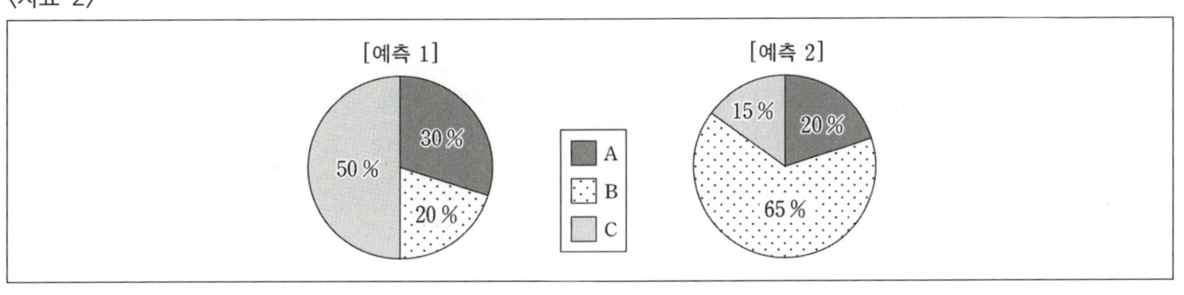

① [예측 1]대로 된 경우의 중층 비율은 현재의 중층 비율보다 크다.
② [예측 1]대로 된 경우의 상층 비율은 현재의 상층 비율의 2배이다.
③ [예측 2]대로 된 경우의 계층 구조는 피라미드형이다.
④ [예측 2]대로 된 경우의 하층 비율은 [예측 2]대로 된 경우의 중층 비율의 4배보다 크다.
⑤ [예측 2]대로 된 경우의 중층 비율은 [예측 1]대로 된 경우의 상층 비율의 2배보다 크다.

그림은 갑국의 세대별 계층 구성 비율을 나타낸 것이다. 이에 대한 옳은 분석만을 〈보기〉에서 있는 대로 고르시오.

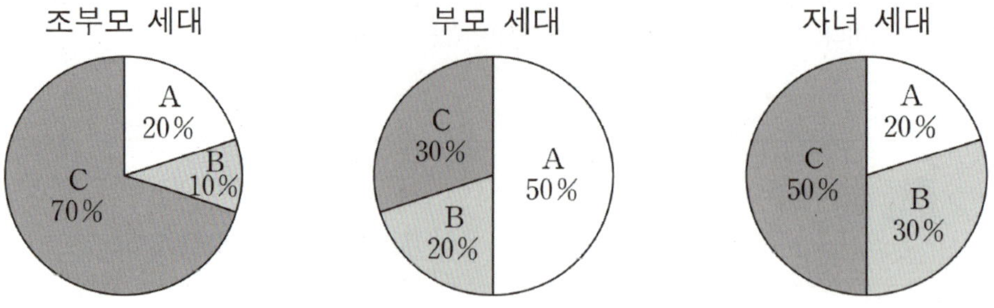

* 계층은 A, B, C로 구분되며, A~C는 각각 상층, 중층, 하층 중 하나임.
** 조부모 세대의 계층 구조는 피라미드형이고, 각 세대의 인구는 동일함.

───── 〈보 기〉 ─────

ㄱ. 조부모 세대에서 하층 인구는 상층 인구의 2배이다.
ㄴ. 상층 인구는 조부모, 부모, 자녀 세대로 갈수록 증가한다.
ㄷ. 부모 세대의 계층 구조는 조부모 세대의 계층 구조에 비해 사회 통합에 불리하다.
ㄹ. 부모 세대의 계층 구조는 다이아몬드형, 자녀 세대의 계층 구조는 모래시계형이다.

다음 자료에 대한 옳은 분석만을 〈보기〉에서 있는 대로 고르시오. [3점]

　　표는 갑국~병국의 계층 구성 비율을 나타낸 것이다. 모래시계형 계층 구조에서는 A의 비율이 가장 낮다. 단, 갑국~병국의 계층 구조는 각각 피라미드형, 다이아몬드형, 모래시계형 중 하나이다.

(단위 : %)

구분	갑국	을국	병국
A	30	20	50
B	20	30	20
C	50	50	30

* 계층은 A, B, C로만 구분되며, A~C는 각각 상층, 중층, 하층 중 하나임.

───── 〈보 기〉 ─────

ㄱ. 갑국은 병국과 달리 폐쇄적 계층 구조가 나타난다.

ㄴ. 병국의 계층 구조는 을국의 계층 구조에 비해 사회 안정성이 높다.

ㄷ. 갑국과 병국은 모두 해당 국가에서 상층 인구가 가장 적다.

ㄹ. 을국의 계층 구조는 갑국, 병국의 계층 구조와 달리 주로 근대 이후의 산업 사회에서 나타난다.

다음 자료에 대한 분석으로 옳은 것은? [3점]

표는 갑국과 을국의 세대 간 계층 이동 현황을 나타낸 것이다. C에서 A로의 이동은 하강 이동이고, C에서 B로의 이동은 상승 이동이다. 단, 계층은 A, B, C로만 구분되고, A~C는 각각 상층, 중층, 하층 중 하나이다.

〈갑국〉

구분		부모 세대		
		A	B	C
자녀 세대	A	●●	●	●●●
	B	●●●●	●●	
	C	●●●	●	●●

〈을국〉

구분		부모 세대		
		A	B	C
자녀 세대	A	●●●	●	●●●●●●
	B	●	●●	●●●
	C	●●	●	●

* ●는 해당 계층 사람의 수를 나타낸 것이며, 각 ●가 나타내는 사람의 수는 동일함.

① 갑국은 자녀 세대에서 완전 평등한 계층 구조를 이루었다.
② 을국의 자녀 세대에서 중층인 사람의 수는 갑국의 부모 세대에서 상층인 사람의 수보다 많다.
③ 갑국은 을국과 달리 부모 세대 중층에서 세대 간 하강 이동이 발생하지 않았다.
④ 갑국은 개방적 계층 구조, 을국은 폐쇄적 계층 구조이다.
⑤ 갑국의 부모 세대 계층 구조는 피라미드형, 을국의 자녀 세대 계층 구조는 모래시계형이다.

다음 자료에 대한 분석으로 옳은 것은? [3점]

그림은 갑국~병국의 계층 구성 비율을 나타낸 것이다. 계층은 A, B, C로 구분되며, A~C는 각각 상층, 중층, 하층 중 하나이다. 한 국가 내에서 C에서 A로의 이동은 상승 이동, C에서 B로의 이동은 하강 이동에 해당한다. 갑국~병국의 인구는 동일하다.

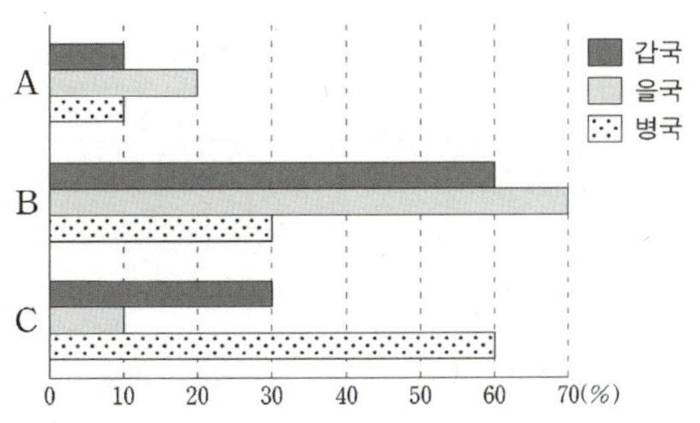

① 을국의 계층 구조는 피라미드형이다.

② 갑국의 상층 인구는 을국의 상층 인구보다 많다.

③ 중층 인구 대비 하층 인구의 비율은 갑국이 병국보다 낮다.

④ 갑국~병국 중 병국의 계층 구조가 사회 안정성이 가장 높다.

⑤ 갑국의 계층 구조는 세대 내 이동이, 을국과 병국의 계층 구조는 세대 간 이동이 활발하게 일어난다.

다음 자료에 대한 분석으로 옳은 것은? [3점]

　　자료는 연령이 50세인 갑~병의 사회 이동과 그들이 속한 국가의 현재 계층 비율을 조사한 결과이다. 단, A~C는 각각 상층, 중층, 하층 중 하나이며, 다른 계층은 존재하지 않는다. 세대 간 이동은 (가)와 (다), 세대 내 이동은 (나)와 (다)를 통해 판단한다.

〈갑~병의 사회 이동 양상〉

구분	갑	을	병
(가) 부모의 계층	상층	중층	하층
(나) 20년 전 본인 계층	A	B	C
(다) 현재 본인 계층	B	C	A

〈갑~병이 속한 국가의 현재 계층 비율〉

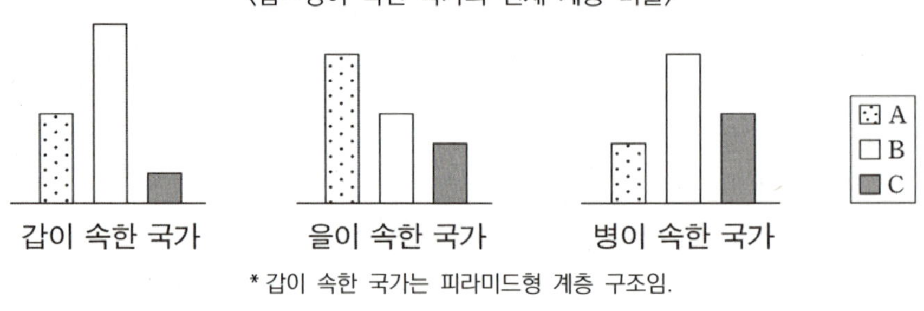

* 갑이 속한 국가는 피라미드형 계층 구조임.

---

① 갑과 달리 을은 세대 간 하강 이동을 하였다.

② 을과 병에게는 모두 계층 대물림이 이루어졌다.

③ 갑과 을은 모두 세대 간 이동과 세대 내 이동을 하였다.

④ 을이 속한 국가는 갑이 속한 국가에 비해 계층 양극화로 인한 문제가 발생할 가능성이 높다.

⑤ 병이 속한 국가는 을이 속한 국가에 비해 사회 통합에 유리한 계층 구조가 나타난다.

12 25학년도 수능 10번

다음 자료에 대한 분석으로 옳은 것은?

> 다음은 □□국 시기별 계층 구성 비율과 연령이 50대인 갑~무의 사회 이동 결과를 세대 간 이동과 세대 내 이동으로 구분하여 나타낸 것이다. 단, 세대 간 이동은 부모 계층과 본인의 현재 계층 비교로, 세대 내 이동은 본인의 24년 전 계층과 현재 계층 비교로 판단한다. A~C는 각각 상층, 중층, 하층 중 하나이다.

〈자료 1〉 시기별 계층 구성 비율(%)

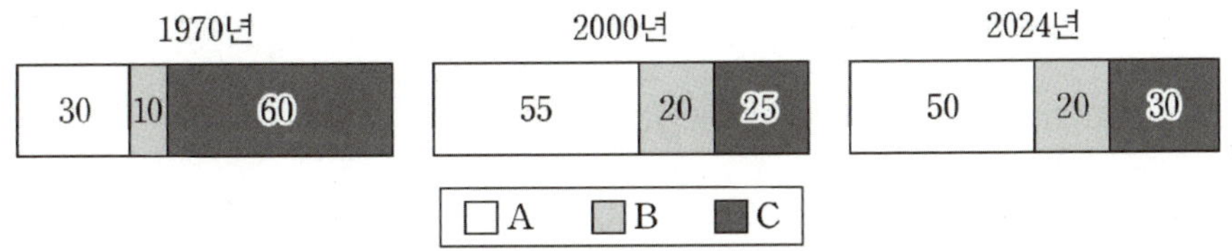

〈자료 2〉 갑~무의 사회 이동 결과

구분		부모 계층(1970년)		
		A	B	C
본인의 현재 계층 (2024년)	A		정	
	B	을		무
	C	병	갑	

구분		본인의 24년 전 계층(2000년)		
		A	B	C
본인의 현재 계층 (2024년)	A		정	
	B		을	무
	C	갑		병

* 갑의 부모 계층(1970년)은 상층이며, 갑의 세대 간 이동과 세대 내 이동은 모두 하강 이동임.

① 1970년 계층 구조는 2000년 계층 구조보다 사회 안정성이 높다.
② 2000년은 다이아몬드형, 2024년은 모래시계형 계층 구조이다.
③ 을은 세대 간 상승 이동과 세대 내 하강 이동을 하였다.
④ 정은 세대 간 이동과 세대 내 이동 모두 상승 이동을 하였다.
⑤ 병은 세대 간 하강 이동을 하였고, 무는 세대 내 상승 이동을 하였다.

1) 계층 문제에 등장하는 대물림 비율은 모두 조건부확률이다.

확률과 통계를 공부한 학생이라면 누구나 조건부확률을 접해 보았을 것이다. B가 일어났을 때, A가 일어날 확률을 $P(A|B) = \dfrac{P(A \cap B)}{P(B)}$ 라고 표기하는 것이 조건부확률이다. 계층 표 문제를 풀 때, 조건부확률의 개념이 사용된다.

다음 두 문장에 어떤 차이가 있는지 비교해보길 바란다.

> · 자녀 세대 중 부모 세대가 상층이고 자녀가 중층인 비율은 20%이다.
> · 자녀 세대 중층 중 부모 세대가 상층인 비율은 20%이다.

– 첫 번째 문장의 기준(분모)은 자녀 세대 전체지만, 두 번째 문장의 기준(분모)은 자녀 세대 중층이다.

– 예를 들어, 첫 번째 문장에서 자녀 세대 전체를 100으로 둔다면, 아래 표에서 4의 영역에 해당하는 부분의 수는 20이 될 것이다. 한편, 두 번째 문장에서 자녀 세대 중층의 비율을 50%로 둔다면, 아래 표에서 4의 영역에 해당하는 부분은 50의 20%에 해당하는 10이 될 것이다.

	ㅅ	ㅈ	ㅎ
ㅅ	1	2	3
ㅈ	4	5	6
ㅎ	7	8	9

– 앞으로는 표의 상단에 부모를 기재하고 표의 좌측에 자녀를 기재하기로 약속하자. 또한, 상층, 중층, 하층 대신에 문제 푸는 시간을 조금이라도 줄이기 위해 'ㅅ, ㅈ, ㅎ'이라는 약식을 사용할 것이다.

	ㅅ	ㅈ	ㅎ
ㅅ			
ㅈ			
ㅎ			

2) 계층 이동의 패턴 파악

이 패턴은 A, B, C의 계층을 구할 때 많이 사용된다. **아래에 있는 문장들을 이해하지 못하고 단순히 외우기만 한다면 시험장에서 활용하기 어렵다.** 우선 아래의 두 문장의 빈칸에 들어갈 말을 생각해 보자.

> · 자녀 세대 ＿＿ 층은 부모 세대보다 계층이 높을 수 없다.
> · 자녀 세대 ＿＿ 층은 부모 세대보다 계층이 낮을 수 없다.

아래의 문장을 보면서 다시 두 문장의 빈칸에 들어갈 말이 무엇인지 생각해 보자.

> · 부모 세대 상층에서는 계층 대물림(상층) 혹은 하강 이동(중층, 하층)만 발생한다.
> · 부모 세대 중층에서는 상승 이동(상층), 계층 대물림(중층), 하강 이동(하층)이 모두 발생한다.
> · 부모 세대 하층에서는 계층 대물림(하층) 혹은 상승 이동(상층, 중층)만 발생한다.
>
> · 자녀 세대 상층은 계층 대물림(상층) 혹은 상승 이동(중층, 하층)으로 인해 발생한다.
> · 자녀 세대 중층은 상승 이동(하층), 계층 대물림(중층), 하강 이동(상층) 모두에 의해 발생한다.
> · 자녀 세대 하층은 계층 대물림(하층) 혹은 하강 이동(상층, 중층)으로 인해 발생한다.

〈정답〉

> · 자녀 세대 **하층**은 부모 세대보다 계층이 높을 수 없다.
> · 자녀 세대 **상층**은 부모 세대보다 계층이 낮을 수 없다.

3) 계층을 A, B, C로 주는 경우

* 해당 유형은 2018학년도부터 출제되기 시작했으며, 출제된 9번의 계층 문제에서 7번이나 등장할 정도로 이 유형이 나오는 문제가 많았다.

계층의 이름을 A, B, C로 준다면 우리는 A, B, C가 각각 무슨 계층인지에 대해서도 알아야 하고, 각 계층의 비율도 알아야 한다. A, B, C가 각각 무슨 계층인지 알아냈다면, 자료에 있는 A, B, C를 ㅅ, ㅈ, ㅎ (상, 중, 하)로 바꿔줘야 한다. 바꾸어 준다면 다음 풀이를 헷갈리지 않고 정확하게 할 수 있다.

자녀 세대 계층	A	B	C
자신의 계층이 부모보다 높은 사람의 비율	0	80	50
자신의 계층이 부모보다 낮은 사람의 비율	50	0	10

- 유일하게 자신의 계층이 부모보다 높은 사람의 비율이 없는 A는 하층이고, 유일하게 자신의 계층이 부모보다 낮은 사람의 비율이 없는 B는 상층이다. 따라서 C는 중층이다.

자녀 세대 계층	A ㅎ	B ㅅ	C ㅈ
자신의 계층이 부모보다 높은 사람의 비율	0	80	50
자신의 계층이 부모보다 낮은 사람의 비율	50	0	10

- 위와 같이 자료 모든 곳에 있는 A ~ C를 ㅅ, ㅈ, ㅎ로 바꿔주는 것이 좋다.

4) 문제에서 부모 계층과 자녀 계층의 상대적 비를 줬을 때, 미지수 x를 이용하는 것이 좋다.

- 부모 계층과 자녀 계층의 상대적 비를 통해 각 계층의 비율을 구할 때는 미지수를 2개로 두는 것보다 1개로 두는 것이 편하다. 예시를 통해 확인해 보자.

계층	부모 세대 해당 계층 대비 자녀 세대 해당 계층의 상대적 비
상층	1
중층	0.5
하층	2

* 부모 세대 중층의 비율은 60%이다.
** 부모의 자녀는 각각 1명이다.

	ㅅ	ㅈ	ㅎ	
ㅅ				
ㅈ				30
ㅎ				
		60		

- 부모 세대 중층의 비율이 60%이므로 자녀 세대 중층의 비율은 60% × 0.5 = 30%이다.

- **부모 상층, 하층이나 자녀 상층, 하층 중 어느 것을 미지수 x로 두어서 계산해도 된다.**
  부모 상층의 비율을 미지수 x%로 두어서 계산해보자.
  부모 세대 상층 비율과 자녀 세대 상층 비율은 같으므로 자녀 상층의 비율도 x%이다.
  각 계층의 비율의 합은 100%이므로 부모 하층의 비율은 $(40-x)$%이고,
  자녀 하층의 비율은 $(70-x)$%이다.

- 자녀 세대 하층의 비율이 부모 세대 하층의 비율의 2배이므로 $2(40-x) = (70-x)$이다.
  이 방정식을 풀면, x는 10이라는 결과가 나온다.

	ㅅ	ㅈ	ㅎ	
ㅅ				10
ㅈ				30
ㅎ				60
	10	60	30	

5) 문제에 세대 간 이동 비율 자료나 계층 불일치 자료가 제시되면, 이를 계층 일치 비율로 바꾸자.

- 이 과정은 '**3) 계층을 A, B, C로 주는 경우**'에서 A, B, C를 ㅅ, ㅈ, ㅎ로 바꾸는 것과 비슷하다. 시간 단축을 위해 필요한 과정이다.

- 전체 100%에서 불일치 비율을 제한 값을 자료의 불일치 비율 칸 아래에 작성하고 적혀 있는 불일치 비율은 헷갈리지 않게 지우는 것이 좋다. 이때, 자료에 있는 '불일치'라는 단어에서 '불'이라는 글자도 함께 지우자.

구분	ㅅ	ㅈ	ㅎ
부모 세대 해당 계층 대비 부모와 자녀의 계층 불일치 비율	~~75~~ 25	~~0~~ 100	~~40~~ 60

6) '역으로 계산하기 과정'을 체득하자.

- 우선, 다음 문제에서 x에 들어갈 값을 구해보자.

$$x \times 0.75 = 15$$

위의 식에서 x을 구하는 방법은 두 가지가 있다.

① 0.75를 분수로 바꾸기
→ 0.75를 분수로 바꾸면 3/4이다. $x \times 3/4 = 15$이므로, $x = 15 \times 4/3 = 20$이다.

② 75라는 수 배열과 15라는 수 배열의 관계를 활용하기
→ 가끔 수를 계산할 때 수 배열의 관계를 활용하면, 식을 쓰지 않더라도 계산할 수 있을 때가 있다.
　 75의 2배는 150이고 7.5의 2배는 15이므로 15는 0.75배의 20배이다. 따라서 x는 20이다.

- '역으로 계산하기 과정'은 부모와 자녀의 계층 일치 비율을 알고 있을 때, 부모나 자녀의 각 계층 비율을 아는 데 활용할 수 있다.

  다음 표와 자료를 통해 계층 표 문제에서 '역으로 계산하기 과정'을 어떻게 활용하는지 알아보자.

계층	부모 세대 계층 대비 부모와 자녀의 계층이 일치하는 비율(%)	자녀 세대 계층 대비 부모와 자녀의 계층이 일치하는 비율(%)
상층	75	60
중층	50	30
하층	40	80

* 자녀 세대 계층 비율은 상층 25%, 중층 50%, 하층 25%이다.

- **자녀 세대의 각 계층 비율과 자녀 세대 계층 대비 부모와 자녀의 계층이 일치하는 비율을 통해 전체에서 상층, 중층, 하층 각각의 대물림이 차지하는 비율을 알 수 있다.**

  부모와 자녀가 모두 상층인 비율은 15%, 모두 중층인 비율은 15%, 모두 하층인 비율은 20%이다.

- **전체에서 상층, 중층, 하층 각각의 대물림이 차지하는 비율과 부모 세대 계층 대비 부모와 자녀의 계층이 일치하는 비율을 통해 부모 세대의 각 계층 비율을 알 수 있다.**

  상층부터 구하면, 부모와 자녀가 모두 상층인 비율이 15%이고 부모 세대 계층 대비 부모와 자녀의 계층이 일치하는 비율이 75%이므로 부모 세대의 상층 비율을 x%라고 하면, $x \times 0.75 = 15$이다.

  따라서 x는 20이다.

- 이와 같은 방식으로 구하면 부모 세대 중층의 비율은 30%, 하층의 비율은 50%이다.

	ㅅ	ㅈ	ㅎ	
ㅅ	15			25
ㅈ		15		50
ㅎ			20	25
	20	30	50	

7) 일반적으로 계층 표는 3+1의 법칙이 성립한다.

- 3+1에서 3은 계층 일치 구간인 (1, 5, 9)를 의미하고, 1은 계층 일치 구간이 아닌 나머지 한 칸을 의미한다.

- **이는 부모와 자녀의 각 계층 비율을 알고 있다는 전제하에, 계층 일치 구간과 나머지 한 칸만 채운다면 계층 표를 완성할 수 있다는 것이다.**

간단한 예시를 통해 이를 증명해보자.

	ㅅ	ㅈ	ㅎ	
ㅅ	15			20
ㅈ		25		30
ㅎ	5		20	50
	25	50	25	

이렇게 계층 일치 구간(1, 5, 9)과 나머지 한 칸(7)을 채우면 계층 표를 완성할 수 있다.
(4)에 들어갈 수는 5, (8)에 들어갈 수는 25이다.

	ㅅ	ㅈ	ㅎ	
ㅅ	15	X	5	20
ㅈ	5	25	X	30
ㅎ	5	25	20	50
	25	50	25	

이처럼 계층 일치 구간(1, 5, 9)과 나머지 한 칸에 들어갈 수만 안다면 계층 표를 완성할 수 있다.

8) 구간 추정을 통한 연계성 발견

→ 모든 계층 비율을 다 알지 못하더라도, 미지수 x를 활용하여 표를 모두 채울 수 있다.

우선 다음 표를 살펴보자.

	ㅅ	ㅈ	ㅎ	
ㅅ	8			20
ㅈ		14		60
ㅎ			12	20
	10	30	60	

계층 일치 구간의 비율은 알지만, 나머지 한 칸의 비율을 모르기에 모든 계층 비율을 알 수 없다. 그럼에도 구간 추정을 통해 표를 모두 채울 수 있다.

그 방법은 다음과 같다. 세로 3줄과 가로 3줄 중 남아 있는 칸의 비율의 합이 가장 작은 곳을 공략하는 것이다. 아래 표에 세로 3줄과 가로 3줄 중 남아 있는 칸의 비율이 합이 가장 작은 곳은 부모 상층 쪽이다. 부모 상층 비율에서 계층 일치 구간의 비율을 빼면 2%가 남는다. 부모가 상층이면서 자녀가 중층인 4번 구간의 비율을 x로 두고 표를 모두 채워보자.

	ㅅ	ㅈ	ㅎ	
ㅅ	8	$10-x$	$2+x$	20
ㅈ	x	14	$46-x$	60
ㅎ	$2-x$	$6+x$	12	20
	10	30	60	

※ **계층 표의 칸에 들어가는 수는 0 이상이어야 하므로 이를 고려하여 미지수 x의 범위를 정해야 한다. 따라서, x는 0 이상 2 이하이다. ($0 \leq x \leq 2$)**

	ㅅ	ㅈ	ㅎ	
ㅅ	8	8~10	2~4	20
ㅈ	0~2	14	44~46	60
ㅎ	0~2	6~8	12	20
	10	30	60	

※ **(4)와 (7) 모두 0~2의 구간을 갖는다는 것이 두 수가 같다는 것을 의미하는 것은 아니다. (4)와 (7)에 들어갈 수의 합은 항상 2이다.**

다음 자료에 대한 옳은 분석만을 〈보기〉에서 있는 대로 고르시오.

(가), (나)는 갑국에서 부모와 자녀의 계층이 일치하는 비율을 부모 세대와 자녀 세대의 계층별로 각각 나타낸 것이다. 자녀 세대의 계층 구성 비율은 상층 25%, 중층 50%, 하층 25%이다. 모든 부모의 자녀는 1명씩이고, 부모 세대 상층에서 자녀 세대 하층으로의 이동은 발생하지 않았다.

(가) 부모 세대 계층 대비
부모와 자녀의 계층이 일치하는 비율

부모 계층	비율(%)
상층	75
중층	50
하층	40

(나) 자녀 세대 계층 대비
부모와 자녀의 계층이 일치하는 비율

자녀 계층	비율(%)
상층	60
중층	30
하층	80

〈보 기〉

ㄱ. 세대 간 이동 비율은 50%이다.
ㄴ. 세대 간 하강 이동한 자녀보다 세대 간 상승 이동한 자녀가 더 많다.
ㄷ. 부모 세대보다 자녀 세대의 계층 구조에서 사회 통합의 필요성이 더 크다.
ㄹ. 부모 세대 하층에서 자녀 세대 상층으로의 세대 간 이동은 발생하지 않았다.

자녀 세대의 계층 구성 비율과 자녀 세대 계층 대비 부모와 자녀의 계층이 일치하는 비율이 주어져 있으므로 각 계층의 일치 비율을 구할 수 있다. **부모와 자녀 모두 상층인 비율은 15%(25%×0.6), 모두 중층인 비율은 15%(50%×0.3), 모두 하층인 비율은 20%(25%×0.8)이다.**

부모와 자녀 각 계층의 일치 비율과 부모 세대 계층 대비 부모와 자녀의 계층이 일치하는 비율이 주어져 있으므로 '**역으로 계산하기 과정**'을 통해 부모 세대의 계층 구성 비율을 구할 수 있다. **부모의 상층 비율은 20%(15%×100/75), 중층 비율은 30%(15%×100/50), 하층 비율은 50%(20%×100/40)이다.**

부모 세대 상층에서 자녀 세대 하층으로의 이동은 발생하지 않았다는 조건을 통해, 계층 일치 구간과 나머지 한 칸을 채울 수 있게 되었다. 따라서 표를 모두 채울 수 있다.

	ㅅ	ㅈ	ㅎ	
ㅅ	15	10	X	25
ㅈ	5	15	30	50
ㅎ	X	5	20	25
	20	30	50	

〈선지 분석〉

ㄱ. 세대 간 이동 비율은 50%이다.

ㄴ. 세대 간 하강 이동 비율은 10%이고, 상승 이동 비율은 40%이다.
따라서 세대 간 하강 이동한 자녀보다 세대 간 상승 이동한 자녀가 더 많다.

ㄷ. 부모 세대의 계층 구조는 피라미드형이고, 자녀 세대의 계층 구조는 다이아몬드형이다.
따라서 부모 세대와 자녀 세대의 계층 구조 중 사회 통합의 필요성이 더 큰 것은 부모 세대이다.

ㄹ. 부모 세대 하층에서 자녀 세대 상층으로의 세대 간 이동은 발생하지 않았다.

다음 자료에 나타난 갑국의 세대 간 계층 이동에 대한 옳은 분석만을 〈보기〉에서 있는 대로 고르시오.
(단, 계층은 상층, 중층, 하층으로만 구분하며, A~C는 각각 상층, 중층, 하층 중 하나이다.) [3점]

〈세대 간 계층별 구성 비율과 상대적 비〉

구분	A	B	C
부모 세대 해당 계층 대비 자녀 세대 해당 계층의 상대적 비	0.5	1	2

〈세대 간 계층 이동 현황〉

(단위 : %)

구분	A	B	C
부모 세대 해당 계층 대비 부모와 자녀의 계층 불일치 비율	75	0	50

* 모든 부모의 자녀는 1명이고, 부모 세대의 계층 구조는 다이아몬드형임.
** A는 C보다 높은 계층이며, 부모 세대의 계층 구성비에서 A는 B와 C를 합한 것의 1.5배임.

〈보 기〉

ㄱ. 세대 간 상승 이동한 자녀가 세대 간 하강 이동한 자녀의 3배이다.
ㄴ. 자녀 세대 계층 대비 계층 대물림 비율은 상층이 가장 높고 하층이 가장 낮다.
ㄷ. 중층으로 세대 간 상승 이동한 자녀와 중층으로 세대 간 하강 이동한 자녀의 수는 같다.
ㄹ. 세대 간 계층 이동을 한 사람의 수는 중층 부모를 둔 자녀가 하층 부모를 둔 자녀의 3배이다.

(1) A, B, C가 각각 무슨 계층인지 구하기

부모 세대의 계층 구조가 다이아몬드형이고, 부모 세대의 계층 구성비에서 A가 B와 C의 합의 1.5배이므로 A는 **중층**이다. 또한, 부모 세대에서 중층이 차지하는 비율은 60%이다.

A가 C보다 높은 계층이므로 C는 **하층**, B는 **상층**이다.

(2) 세대별 각 계층의 비율 구하기

부모 세대에서 상층과 하층이 차지하는 비율은 모르므로 **부모 세대 상층의 비율을 x%로 두고 풀자.** 그러면, **부모 세대 하층의 비율은 $(40-x)$%이다.**

부모 세대의 계층 구성 비율과 부모 세대 해당 계층 대비 자녀 세대 해당 계층의 상대적 비를 통해 자녀 세대 각 계층 구성 비율을 구할 수 있다.

자녀 세대 상층(B)의 비율은 x%, 중층(A)의 비율은 30%, 하층(C)의 비율은 $2(40-x)$%이다. 계층 비율의 총합은 100%이므로 $x+30+2(40-x)=100$이다. 이를 계산하면, x는 10이다.

따라서 세대별 각 계층의 비율은 다음과 같다.

(단위 : %)

구분	부모 세대	자녀 세대
상층	10	10
중층	60	30
하층	30	60

(3) 표 채우기

부모 세대의 계층 구성 비율과 부모 세대 해당 계층 대비 부모와 자녀의 계층 불일치 비율을 통해 계층 일치 구간의 비율을 모두 구할 수 있다.

부모와 자녀 모두 상층(B)인 비율은 10%(10%×1), 모두 중층(A)인 비율은 15%(60%×0.25), 모두 하층(C)인 비율은 15%(30%×0.5)이다.

	ㅅ	ㅈ	ㅎ	
ㅅ	10			10
ㅈ		15		30
ㅎ			15	60
	10	60	30	

부모가 상층인 자녀는 모두 상층이고, 자녀가 상층인 부모는 모두 상층이므로 표를 모두 채울 수 있다.

	ㅅ	ㅈ	ㅎ	
ㅅ	10	X	X	10
ㅈ	X	15	15	30
ㅎ	X	45	15	60
	10	60	30	

〈선지 분석〉

ㄱ. 세대 간 상승 이동한 자녀의 비율은 15%, 하강 이동한 자녀의 비율은 45%이므로 세대 간 하강 이동한 자녀가 세대 간 상승 이동한 자녀의 3배이다.

ㄴ. 자녀 세대 계층 대비 계층 대물림 비율은 상층이 10/10, 중층이 15/30, 하층이 15/60이다. 따라서 해당 비율은 상층이 가장 높고 하층이 가장 낮다.

ㄷ. (하층에서) 중층으로 세대 간 상승 이동한 자녀의 비율은 전체에서 15%이고, (상층에서) 중층으로 세대 간 하강 이동한 자녀의 비율은 전체에서 0%이다. 따라서 두 수는 같지 않다.

ㄹ. 중층 부모를 둔 자녀 중 세대 간 계층 이동을 한 사람의 비율은 45%, 하층 부모를 둔 자녀 중 세대 간 계층 이동을 한 사람의 비율은 15%이다. 따라서 세대 간 계층 이동을 한 사람의 수는 중층 부모를 둔 자녀가 하층 부모를 둔 자녀의 3배이다.

다음 자료에 대한 분석으로 옳은 것은?

(가), (나) 사회의 계층은 A~C로만 구성되며, A~C는 각각 상층, 중층, 하층 중 하나이다. 모든 부모의 자녀는 1명이다.

〈부모 세대와 자녀 세대 계층 구성의 상대적 비〉

구분	(가) 사회		(나) 사회	
	부모 세대	자녀 세대	부모 세대	자녀 세대
$\dfrac{A+C}{A+B}$	$\dfrac{7}{9}$	$\dfrac{5}{8}$	$\dfrac{5}{9}$	$\dfrac{5}{7}$
$\dfrac{A+C}{B+C}$	$\dfrac{7}{4}$	$\dfrac{5}{7}$	$\dfrac{5}{6}$	$\dfrac{5}{8}$

〈자녀 세대 계층 대비 부모 세대와 자녀 세대의 계층 불일치 비율〉

(단위 : %)

구분	(가) 사회	(나) 사회
A	0	20
B	52	10
C	55	80

* 자녀 세대 B는 부모 세대보다 계층이 높을 수 없으며, C는 A보다 높은 계층임.

---

① (가) 사회에서 세대 간 상승 이동을 한 사람의 수는 하층 부모를 둔 자녀보다 중층 부모를 둔 자녀가 많다.

② (나) 사회는 중층 부모를 둔 자녀 중에서 세대 간 상승 이동 비율이 세대 간 하강 이동 비율보다 높다.

③ (가) 사회와 달리 (나) 사회에서는 세대 간 이동 비율이 계층 대물림 비율보다 낮다.

④ (가) 사회와 달리 (나) 사회에서 부모 세대에는 피라미드형 계층 구조가, 자녀 세대에는 다이아몬드형 계층 구조가 나타난다.

⑤ (가) 사회는 부모 세대 상층에서 자녀 세대 중층으로의 이동이, (나) 사회는 부모 세대 하층에서 자녀 세대 상층으로의 이동이 나타나지 않았다.

(1) A, B, C가 각각 무슨 계층인지 구하기

부모 세대보다 계층이 높을 수 없는 자녀 세대의 계층은 하층이다. 따라서 B는 **하층**이고, C는 A보다 높은 계층이므로 C는 **상층**, A는 **중층**이다.

(2) 세대별 각 계층의 비율 구하기

(가) 사회의 경우 부모 세대 $(A+C)/(A+B)$가 7/9이고, $(A+C)/(B+C)$가 7/4이므로 $A+B : A+C : B+C = 9 : 7 : 4$이다.

$A+B$를 9a라고 하면, $A+C$는 7a, $B+C$는 4a이다. $(A+B)+(A+C)+(B+C)=20a$인데, 이는 $2(A+B+C)$로 200%와 같다. 따라서 a는 10%이다. $A+B+C$는 10a이므로 A는 6a, B는 3a, C는 a이다. **따라서 (가) 사회의 경우 부모 세대의 상층 비율은 10%, 중층 비율은 60%, 하층 비율은 30%이다.**

이와 같은 방식으로 풀면, (가) 사회 자녀 세대 각 계층이 차지하는 비율과 (나) 사회에 부모와 자녀 세대 각 계층이 차지하는 비율을 구할 수 있다.

(단위 : %)

구분	(가) 사회		(나) 사회	
	부모 세대	자녀 세대	부모 세대	자녀 세대
상층	10	20	10	30
중층	60	30	40	20
하층	30	50	50	50

(3) 표 채우기

자녀 세대 각 계층이 차지하는 비율과 자녀 세대 계층 대비 부모 세대와 자녀 세대의 계층 불일치 비율을 통해 계층 일치 구간의 비율을 모두 구할 수 있다.

(가) 사회의 경우 부모와 자녀 모두 상층(C)인 비율은 9%(20%×0.45), 모두 중층(A)인 비율은 30%(30%×1), 모두 하층(B)인 비율은 24%(50%×0.48)이다. **(나)** 사회의 경우 부모와 자녀 **모두 상층(C)인 비율은 6%(30%×0.2), 모두 중층(A)인 비율은 16%(20%×0.8), 모두 하층(B)인 비율은 45%(50%×0.9)이다.**

(가) 사회

	ㅅ	ㅈ	ㅎ	
ㅅ	9	5	6	20
ㅈ	X	30	X	30
ㅎ	1	25	24	50
	10	60	30	

(나) 사회

	ㅅ	ㅈ	ㅎ	
ㅅ	6			30
ㅈ		16		20
ㅎ			45	50
	10	40	50	

(나) 사회의 경우에는 계층 일치 구간 외 나머지 한 칸을 더 채울 수 없으므로 구간 추정을 활용해서 표를 모두 채우자. 부모 상층에서 자녀 중층으로 이동한 비율을 $x\%$로 두는 것이 좋다.

(나) 사회

	ㅅ	ㅈ	ㅎ	
ㅅ	6	$23-x$	$1+x$	30
ㅈ	x	16	$4-x$	20
ㅎ	$4-x$	$1+x$	45	50
	10	40	50	

(단, $0 \le x \le 4$이다.)

(가) 사회

	ㅅ	ㅈ	ㅎ	
ㅅ	9	5	6	20
ㅈ	X	30	X	30
ㅎ	1	25	24	50
	10	60	30	

(나) 사회

	ㅅ	ㅈ	ㅎ	
ㅅ	6	19~23	1~5	30
ㅈ	0~4	16	0~4	20
ㅎ	0~4	1~5	45	50
	10	40	50	

〈선지 분석〉

① (가) 사회에서 하층 부모를 둔 자녀가 세대 간 상승 이동을 한 비율은 6%, 중층 부모를 둔 자녀가 상승 이동을 한 비율은 5%이다. 따라서 세대 간 상승 이동을 한 사람의 수는 하층 부모를 둔 자녀가 중층 부모를 둔 자녀보다 많다.

② (나) 사회의 중층 부모를 둔 자녀 중에서 세대 간 상승 이동 비율은 19%~23%, 세대 간 하강 이동 비율은 1%~5%이다. 따라서 중층 부모를 둔 자녀 중에서 세대 간 상승 이동 비율이 세대 간 하강 이동 비율보다 높다.

③ (가) 사회는 세대 간 이동 비율(37%)이 계층 대물림 비율(63%)보다 낮고, (나) 사회도 세대 간 이동 비율(33%)이 계층 대물림 비율(67%)보다 낮다.

④ (가) 사회의 부모 세대에서는 다이아몬드형 계층 구조, 자녀 세대에서는 피라미드형 계층 구조가 나타난다. (나) 사회의 부모 세대에서는 피라미드형 계층 구조, 자녀 세대에서는 모래시계형 계층 구조가 나타난다.

⑤ (가) 사회는 부모 세대 상층에서 자녀 세대 중층으로의 이동이 나타나지 않았지만, (나) 사회는 부모 세대 하층에서 자녀 세대 상층으로의 이동(1%~5%)이 일어났다.

memo

14학년도 수능 17번

그림은 갑국의 고소득층과 저소득층의 남녀 간 평균 임금 격차 추이를 나타낸 것이다. 이에 대한 분석으로 옳은 것은? (단, 고소득층과 저소득층 모두에서 남성 평균 임금은 지속적으로 상승하였다.) [3점]

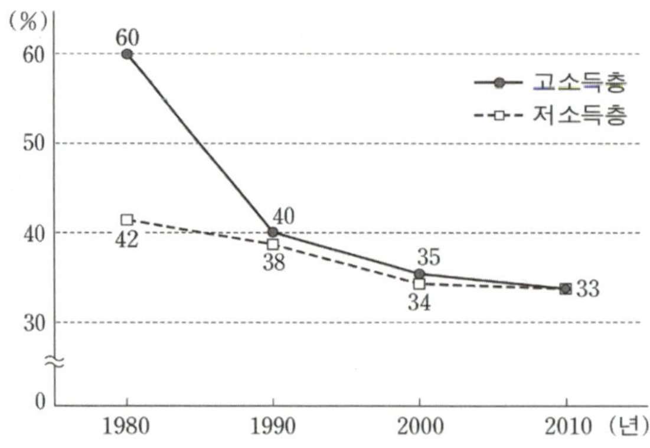

* 남녀 간 평균 임금 격차(%) = [(남성 평균 임금 − 여성 평균 임금) ÷ 남성 평균 임금] × 100

① 1980년에 고소득층에서 여성 평균 임금은 전체 평균 임금의 40%이다.
② 1990년에 저소득층 여성 평균 임금은 10년 전과 비교하여 4% 증가하였다.
③ 1990년 대비 2000년에 고소득층에서 남성 평균 임금의 상승률이 여성 평균 임금의 상승률보다 크다.
④ 2010년에 고소득층과 저소득층의 남녀 간 평균 임금의 차이는 같다.
⑤ 1980년, 2010년 모두 저소득층에서 여성 평균 임금은 남성 평균 임금의 50%를 넘는다.

14학년도 수능 17번 해설 / 정답 : ⑤

고소득층과 저소득층 모두에서 남성 평균 임금은 지속적으로 상승하였는데, 남녀 간 평균 임금 격차는 지속적으로 감소하였으므로 고소득층과 저소득층 모두에서 남성 평균 임금의 상승률보다 여성 평균 임금의 상승률이 더 크다는 것을 알 수 있다.

남녀 간 평균 임금 격차(%)를 통해 남성과 여성의 임금을 비교해보자. 예를 들어, 남녀 간 평균 임금 격차(%)가 30이라면, 남성 평균 임금이 100일 때 여성 평균 임금이 70인 것이다.

〈선지 분석〉

① 전체 평균 임금은 남녀 인구의 비율을 알아야 구할 수 있는데, 문제에서 남녀 인구의 비율이 주어지지 않았으므로 전체 평균 임금을 알 수 없다. 따라서, 1980년에 고소득층에서 여성 평균 임금이 전체 평균 임금의 얼마인지도 알 수 없다. 1980년에 고소득층에서 남녀 간 평균 임금 격차는 60%인데, 이는 여성 평균 임금이 전체 평균 임금이 아니라 남자 평균 임금의 40%라는 것을 의미한다.

② 1990년에 저소득층의 남녀 간 평균 임금 격차는 10년 전과 비교하여 4%p 감소하였다. 이는 1990년에 남성 평균 임금 대비 여성 평균 임금이 10년 전과 비교하여 4%p 증가하였다는 것을 의미한다.
   - → 이 선지는 %와 %p의 차이를 알고 있느냐를 물어보고 있다. %p(퍼센트포인트)는 백분율 간의 차이를 나타내는 단위로 %p를 계산할 때는 단순히 퍼센트 앞에 있는 수를 더하거나 빼면 된다. 반면, %(퍼센트)의 변화를 계산할 때는 단순히 퍼센트 앞에 있는 수를 더하거나 빼서는 안 된다. **(예시) 30%에서 50%만큼 증가하면 30%+(30%×0.5)＝45%이지만, 50%p만큼 증가하면 80%이다.**
   - → **1990년에 저소득층의 남녀 간 평균 임금 격차는 10년 전과 비교하여 4%p 감소하였으므로 1990년에 저소득층의 남성 평균 임금이 10년 전과 100으로 같다고 가정하면, 여성 평균 임금은 62에서 66으로 늘어난 것이 되고, 이 증가율은 약 6.45%이다. 저소득층에서 남성 평균 임금은 지속적으로 상승하였으므로 여성 평균 임금의 증가율은 약 6.45%보다 더 높다.**

③ 1990년 대비 2000년에 고소득층에서는 여성 평균 임금 상승률이 남성 평균 임금 상승률보다 크다. 이는 1990년 대비 2000년에 고소득층에서 남녀 간 평균 임금 격차가 줄어들었기 때문이다.

④ 2010년에 고소득층과 저소득층의 남녀 간 평균 임금 격차가 같다고 해서 남녀 간 평균 임금의 차이가 같은 것은 아니다. 2010년에 고소득층 남성 평균 임금이 200만원, 저소득층 남성 평균 임금이 100만원이라고 가정하면 2010년에 고소득층 여성 평균 임금은 134만원, 저소득층 여성 평균 임금은 67만원이다. 이 때 고소득층의 남녀 간 평균 임금의 차이는 66만원이고, 저소득층의 남녀 간 평균 임금의 차이는 33만원이다. 상식적으로 고소득층과 저소득층의 평균 임금은 다를 수밖에 없으므로 2010년에 고소득층과 저소득층의 남녀 간 평균 임금 차이는 다르다.

⑤ 1980년과 2010년 모두 저소득층에서 남녀 간 평균 임금 격차는 50%보다 작으므로 여성 평균 임금이 남성 평균의 50%를 넘는다. 참고로 남녀 간 평균 임금 격차가 50%라면, 여성 평균 임금은 남성 평균의 50%가 된다.

다음 자료에 대한 옳은 분석만을 〈보기〉에서 있는 대로 고르시오. [3점]

연구자 갑은 A~D 기업을 대상으로 입사, 승진 등 인사 현황을 조사하여 '성비 불균형' 정도를 알아보고자 하였다. 성비 불균형은 전체 인원 중 남성의 구성 비율과 여성의 구성 비율 간 차이의 절댓값으로 나타낼 수 있다. 성비 불균형은 0에서 100까지의 값을 가지며, 그 값이 클수록 성비 불균형 정도가 큼을 의미한다. 표는 A~D 기업별로 t년에 입사한 신입 사원의 여성비(比)와 20년 후 이들 중 임원으로 승진한 사람들의 여성비를 나타낸다.

〈기업별 신입 사원 및 임원의 여성비〉

구분	㉠ 신입 사원(t년)	㉡ 임원(t+20년)
A 기업	1.0	1.0
B 기업	0.5	0.3
C 기업	0.5	0.4
D 기업	1.5	2.0

* 여성비 $= \dfrac{\text{여성 수}}{\text{남성 수}}$

** 성비 불균형 $= \left| \dfrac{(\text{남성 수} - \text{여성 수})}{(\text{남성 수} + \text{여성 수})} \times 100 \right|$

*** 기업별 입사 및 승진 시 남녀의 업무 능력은 동일하고, 중도 퇴사자 및 휴직자는 없는 것으로 가정함.

──── 〈보 기〉 ────

ㄱ. ㉡의 여성비를 기준으로 판단하면, A 기업을 제외한 나머지 기업에서 승진의 진입 장벽은 남성보다 여성에게 높다.

ㄴ. B 기업은 ㉠의 성비 불균형이 ㉡의 성비 불균형보다 작다.

ㄷ. C 기업의 경우 ㉡에서 여성이 차지하는 비율은 40%이다.

ㄹ. ㉠의 성비 불균형은 C 기업이 D 기업보다 크다.

남성 수와 여성 수가 같을 때를 기준으로 하면 여성비가 1일 때, 성비 불균형은 0이 된다. 여성비가 1보다 커지면 성비 불균형의 절댓값 안의 수는 음수가 되고, 성비 불균형은 여성비가 1에서 커지면서 멀어질수록 증가한다. 또한, 여성비가 1보다 작아지면 성비 불균형의 절댓값 안의 수는 양수가 되고, 성비 불균형은 여성비가 1에서 작아지면서 멀어질수록 증가한다.

〈선지 분석〉

ㄱ. 기업별 입사 및 승진 시 남녀의 업무 능력은 동일하고, 중도 퇴사자 및 휴직자가 없는 것으로 가정했으므로 승진의 진입 장벽은 t년의 신입 사원의 여성비(㉠)와 t+20년의 임원의 여성비(㉡)를 비교하면 된다. ㉡이 ㉠에 비해 증가했다면 승진의 진입 장벽은 여성보다 남성에게 높은 것이고, 감소했다면 승진의 진입 장벽은 남성보다 여성에게 높은 것이다. ㉡과 ㉠이 같다면 남녀 간 승진의 진입 장벽의 차이는 존재하지 않는 것이다.

구분	여성비의 변화	승진의 진입 장벽
A 기업	변화 없음	차이가 존재하지 않음
B 기업	감소	여성에게 더 높음
C 기업	감소	여성에게 더 높음
D 기업	**증가**	**남성에게 더 높음**

→ D 기업은 승진의 진입 장벽이 여성보다 남성에게 높으므로 틀린 선지이다.

ㄴ. 성비 불균형은 여성비가 1보다 작은 경우에, 여성비가 1에서 작아지면서 멀어질수록 증가하므로 B 기업은 ㉠의 성비 불균형이 ㉡의 성비 불균형보다 작다.

ㄷ. C 기업의 경우 ㉡에서 여성비(=여성 수/남성 수)가 0.4이므로 남성 수가 10명이라고 한다면 여성 수는 4명이다. 따라서 C 기업의 경우 ㉡에서 여성이 차지하는 비율은 40%가 아니라 $[4/(10+4)] \times 100$%이다.

ㄹ. C 기업의 경우는 ㉠에서 여성비가 0.5이므로 성비 불균형은

$$\left| \frac{0.5\ (=1/2)}{1.5\ (=3/2)} \times 100 \right| = \frac{1}{3} \times 100$$이다.

D 기업의 경우는 ㉠에서 여성비가 1.5이므로 성비 불균형은

$$\left| \frac{-0.5\ (=-1/2)}{2.5\ (=5/2)} \times 100 \right| = \frac{1}{5} \times 100$$이다.

따라서, ㉠의 성비 불균형은 C 기업이 D 기업보다 크다.

01 21학년도 6월 평가원 10번
[정답과 해설 228page]

(가)에 들어갈 옳은 내용만을 〈보기〉에서 있는 대로 고르시오. [3점]

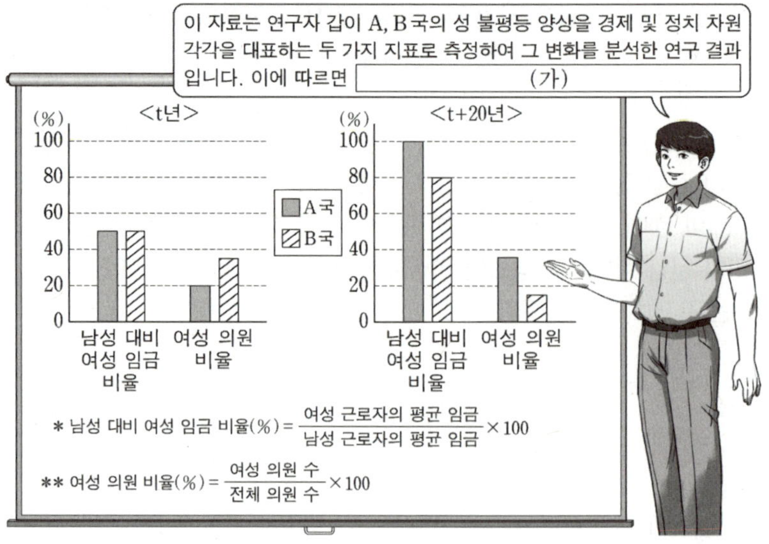

─── 〈보 기〉 ───

ㄱ. A 국은 t년에 비해 t+20년에 근로자의 성별 평균 임금 격차가 증가했습니다.

ㄴ. B 국은 t년에 비해 t+20년에 여성 의원 비율이 낮아졌습니다.

ㄷ. t년에 비해 t+20년의 여성 근로자의 평균 임금은 A 국이 B 국보다 많이 증가했습니다.

ㄹ. A 국은 t년에 비해 t+20년에 경제 및 정치 차원의 지표 모두에서 성 불평등이 완화된 반면, B 국은 경제 차원의 지표에서만 성 불평등이 완화된 것으로 나타났습니다.

표에 대한 분석으로 옳은 것은? [3점]

〈갑국 근로자의 평균 임금〉

(단위 : 달러)

구분	2000년		2010년	
	남자	여자	남자	여자
내국인	2,000	1,600	2,500	2,100
외국인	1,400	1,000	1,700	1,500
전체	1,900	1,500	2,400	2,000

① 2000년에 내국인 남자 근로자 임금 총액에 대한 외국인 여자 근로자 임금 총액의 비는 1/2이다.

② 2010년에 내국인 근로자 평균 임금에 대한 외국인 근로자 평균 임금의 비는 3/5보다 작다.

③ 2010년에 남자 근로자와 여자 근로자 간 평균 임금 차이보다 내국인 근로자와 외국인 근로자 간 평균 임금 차이가 크다.

④ 남자 근로자 평균 임금에 대한 여자 근로자 평균 임금의 비는 2000년보다 2010년이 작다.

⑤ 2000년 대비 2010년에 내국인 여자 근로자 평균 임금 증가율보다 내국인 남자 근로자 평균 임금 증가율이 크다.

다음 자료에 대한 분석으로 옳은 것은? [3점]

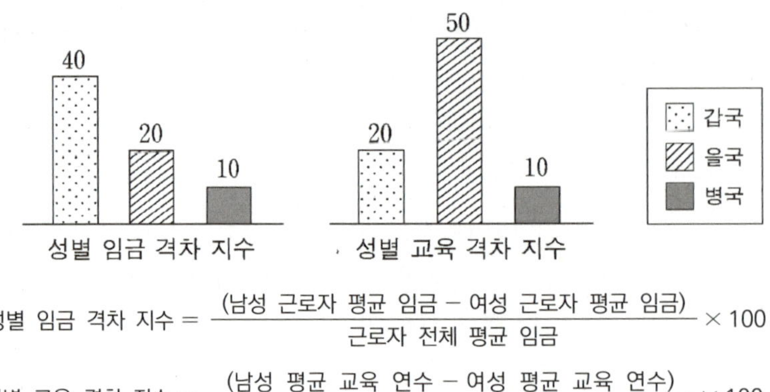

$$* \text{성별 임금 격차 지수} = \frac{(\text{남성 근로자 평균 임금} - \text{여성 근로자 평균 임금})}{\text{근로자 전체 평균 임금}} \times 100$$

$$** \text{성별 교육 격차 지수} = \frac{(\text{남성 평균 교육 연수} - \text{여성 평균 교육 연수})}{\text{국민 전체 평균 교육 연수}} \times 100$$

① 갑국의 남성 근로자 평균 임금은 여성 근로자 평균 임금의 1.5배이다.

② 을국의 남성 평균 교육 연수는 여성 평균 교육 연수의 3배이다.

③ 병국의 남성 근로자 평균 임금 대비 여성 근로자 평균 임금의 비는 갑국의 남성 평균 교육 연수 대비 여성 평균 교육 연수의 비보다 작다.

④ 남성 근로자 평균 임금 대비 여성 근로자 평균 임금의 비는 을국이 갑국보다는 작지만 병국보다는 크다.

⑤ 갑~병국 중 경제적 측면에서 성 불평등이 가장 심한 국가와 사회적 측면에서 성 불평등이 가장 심한 국가는 동일하다.

다음 자료에 대한 옳은 설명만을 〈보기〉에서 있는 대로 고르시오. [3점]

구분	조치 시행 전		조치 시행 후	
	남성	여성	남성	여성
신입 사원 월 평균 임금 (달러)	3,000	2,500	3,300	3,000
신입 사원 중 남녀 비율 (%)	60	40	40	60
임원 중 남녀 비율 (%)	75	25	60	40

─ 〈보 기〉 ─

ㄱ. 성차별 개선 조치 시행 후 남녀 신입 사원의 월 평균 임금 격차는 60% 감소하였다.

ㄴ. 성차별 개선 조치 시행 전후 신입 사원 수가 같다면, 여성 신입 사원 수는 조치 시행 후 50% 증가하였다.

ㄷ. 남성 임원 대 여성 임원의 비는 성차별 개선 조치 시행 전 3:1에서 조치 시행 후 3:2로 변화하였다.

ㄹ. (가)에는 '남성 신입 사원의 월 평균 임금이 여성 신입 사원의 월 평균 임금보다 30% 높다.'가 들어갈 수 있다.

다음 자료에 대한 분석으로 옳은 것은? [3점]

한 연구자가 노동자 성비와 성별 임금 격차를 기준으로 노동 시장에서의 성 불평등 정도를 측정하였다. 표는 갑국의 시기별 노동자 성비와 성별 임금 격차를 나타낸다. 단, 갑국에서 t년에 비해 t+10년에 남성 노동자의 수는 20% 증가하였고, 남성 노동자의 평균 임금도 20% 증가하였다.

〈갑국의 시기별 노동자 성비와 성별 임금 격차〉

구분	t년	t+10년
노동자 성비	60	100
노동자 성별 임금 격차	30	40

* 노동자 성비 : 여성 노동자 100명당 남성 노동자의 수

** 노동자 성별 임금 격차 $= (1 - \dfrac{\text{여성 노동자 평균 임금}}{\text{남성 노동자 평균 임금}}) \times 100$

① t년에 여성 노동자 평균 임금은 남성 노동자 평균 임금의 30%이다.
② t+10년에 여성 노동자 평균 임금은 전체 노동자 평균 임금의 60% 이하이다.
③ t년에 비해 t+10년에 여성 노동자 수는 감소하였다.
④ t년에 비해 t+10년에 여성 노동자 평균 임금은 감소하였다.
⑤ t년에 비해 t+10년에 노동자 성비 불균형과 성별 임금 격차는 모두 완화되었다.

다음 자료에 대한 옳은 분석만을 〈보기〉에서 있는 대로 고르시오. [3점]

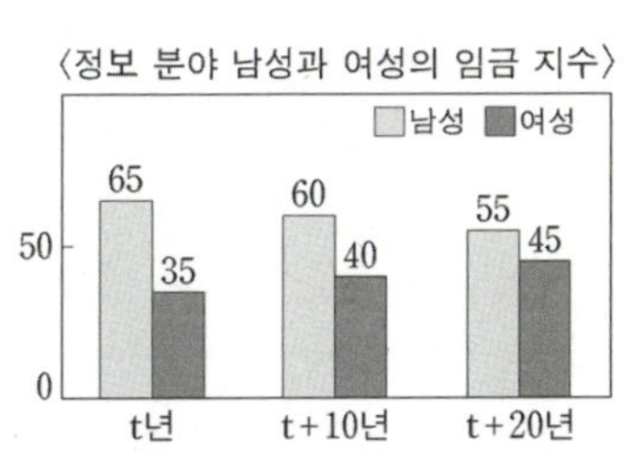

그림은 갑국의 정보 분야 남성과 여성의 임금 지수를 비교한 것이다. 정보 분야 남성(여성)의 임금 지수는 정보 분야 남성의 평균 임금과 여성의 평균 임금을 합한 값을 100으로 하여 남성(여성)의 평균 임금을 나타낸 것이다.

─── 〈보 기〉 ───

ㄱ. t년, t+10년, t+20년 모두에서 정보 분야 남성의 평균 임금이 정보 분야 여성의 평균 임금보다 많다.

ㄴ. t년 대비 t+10년에 정보 분야 남성의 임금 지수와 정보 분야 여성의 임금 지수 간 격차는 10% 감소하였다.

ㄷ. 정보 분야 여성의 임금 지수의 경우, t년 대비 t+10년의 증가율은 t+10년 대비 t+20년의 증가율보다 크다.

ㄹ. t년 대비 t+20년에 정보 분야 남성의 임금 지수 감소율과 정보 분야 여성의 임금 지수 증가율 크기는 동일하다.

다음 자료에 대한 분석으로 옳은 것은?

표는 연구자 갑이 A국 ○○기업 직원의 연봉 구간에 따른 성별 분포와 여성비를 조사한 것이다. 단, ○○기업의 연봉은 1구간에서 시작하며 근무 기간에 비례한다.

연봉 구간		구성 비율(%)		여성비
		여성	남성	
1구간	2만 달러 미만	13	5	1.61
2구간	2만 달러 이상 4만 달러 미만	57	32	1.10
3구간	4만 달러 이상 6만 달러 미만	18	29	0.38
4구간	6만 달러 이상 8만 달러 미만	7	15	0.29
5구간	8만 달러 이상	5	19	0.16
전체		100	100	0.62

* 여성비 $= \dfrac{\text{여성 수}}{\text{남성 수}}$

** 여성비는 소수점 셋째 자리에서 반올림한 수치임.

---

① 전체 여성 직원 수는 전체 직원 수의 62%이다.

② 1구간에 해당하는 남성 직원 수는 5구간에 해당하는 여성 직원 수보다 적다.

③ 4구간에 해당하는 남성 직원 수는 4구간에 해당하는 여성 직원 수보다 8% 많다.

④ 1구간에서 5구간으로 갈수록 각 구간의 여성 직원 수는 지속적으로 감소한다.

⑤ 1구간에서 5구간으로 갈수록 각 구간의 전체 직원 중 남성 직원이 차지하는 비율은 지속적으로 증가한다.

다음 자료에 대한 분석 및 추론으로 옳은 것은? [3점]

그림은 갑국의 성 불평등 양상을 파악하기 위해 수집한 자료이다. (가)는 맞벌이 부부의 1일 평균 가사 노동 시간을, (나)는 정규직 월평균 임금을, (다)는 고위 공직자 수를 성별에 따라 나타낸 것이다.

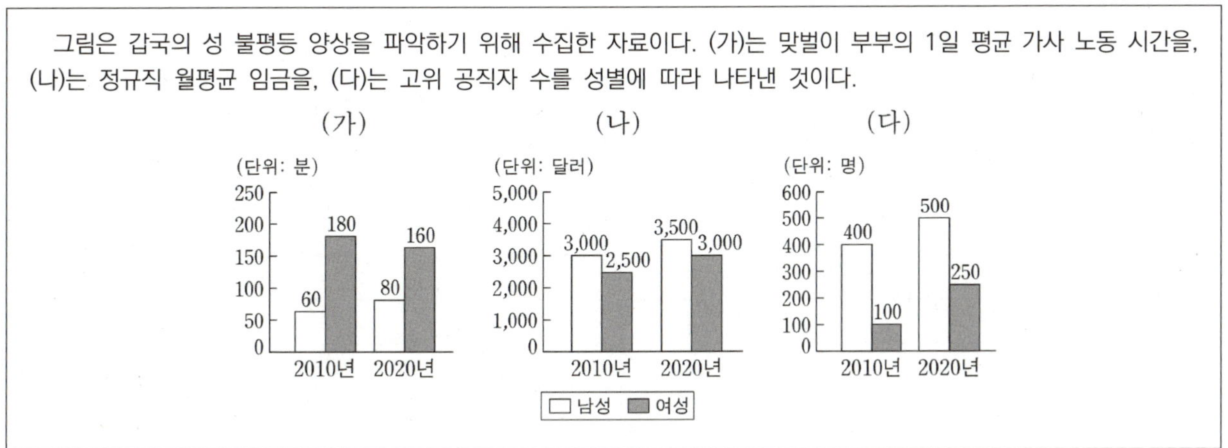

① (가)는 갑국에서 성별 가사 분담의 격차가 심화되었다는 주장의 근거로 활용될 수 있다.

② (가)에서 맞벌이 부부 중 여성의 1일 평균 가사 노동 시간 대비 맞벌이 부부 중 남성의 1일 평균 가사 노동 시간은 2010년이 2020년의 1.5배이다.

③ (나)에서 2010년 대비 2020년에 남성 정규직 월평균 임금 상승률과 여성 정규직 월평균 임금 상승률은 동일하다.

④ (다)에서 2010년 대비 2020년에 전체 고위 공직자 수 증가율은 남성 고위 공직자 수 증가율의 2배이다.

⑤ (다)는 (나)와 달리 경제적 측면의 성 불평등 양상을 파악하기 위한 자료이다.

다음 자료에 대한 분석으로 옳은 것은? [3점]

표는 갑국의 t년 연령대별 남녀 임금을 조사하여 구성한 것이다.

연령대	여성 임금비	20대 기준 연령대별 상대적 평균 임금	
		남성	여성
10대	88	40	39
20대	90	100	100
30대	75	㉠	145
40대	61	200	㉡
50대	50	190	105
60대	47	114	60

* 여성 임금비 $= \dfrac{\text{여성 평균 임금}}{\text{남성 평균 임금}} \times 100$

** 여성 임금비는 소수점 첫째 자리에서 반올림한 수치임.

*** 20대 기준 연령대별 상대적 평균 임금은 20대 남성(여성) 평균 임금을 100이라고 할 때 연령대별 남성(여성)의 상대적 평균 임금임.

① ㉠은 180보다 작고, ㉡은 130보다 크다.

② 평균 임금은 남성과 여성에서 모두 40대가 가장 높다.

③ 40대 여성 평균 임금은 40대 전체 평균 임금의 60%보다 작다.

④ 연령대별 남녀 평균 임금 차이는 20대부터 60대까지 지속적으로 증가한다.

⑤ 50대 남성 취업자 수가 50대 여성 취업자 수의 1.5배라면, 50대 여성 임금 총액은 50대 남성 임금 총액의 40%보다 크다.

다음 자료에 대한 분석으로 옳은 것은? [3점]

　　표는 갑국의 t년 연령대별 '상대적 평균 임금'을 혼인 상태별·성별로 구분하여 제시한 것이다. 연령대별 상대적 평균 임금은 20대 기혼(미혼) 남성(여성) 평균 임금을 100이라고 할 때 다른 연령대의 기혼(미혼) 남성(여성) 평균 임금의 크기를 나타낸다.

　　갑국에서 t년에 기혼 20대의 성별 임금 격차 지수는 20이고, 미혼 20대의 성별 임금 격차 지수는 10이다. 20대 기혼 여성의 평균 임금과 20대 미혼 남성의 평균 임금은 같다. 따라서 20대 기혼 남성의 평균 임금이 100달러라면 20대 미혼 여성의 평균 임금은 ⎡　㉠　⎤ 달러이다.

〈연령대별 상대적 평균 임금〉

구분	기혼		미혼	
	남성	여성	남성	여성
20대	100	100	100	100
30대	142	130	140	140
40대	165	120	145	155
50대	170	90	130	150
60대 이상	110	70	90	60

* 성별 임금 격차 지수 $= \dfrac{(\text{남성 평균 임금} - \text{여성 평균 임금})}{\text{남성 평균 임금}} \times 100$

---

① ㉠은 '100'이다.

② 40대에서 성별 임금 격차 지수는 기혼이 미혼보다 작다.

③ 50대 기혼 여성과 20대 미혼 여성의 평균 임금은 같다.

④ 기혼 남성 40대와 50대의 평균 임금 차이와 미혼 남성 30대와 40대의 평균 임금 차이는 같다.

⑤ 미혼의 경우, 모든 연령대에서 남성 평균 임금이 여성 평균 임금보다 높다.

최근에 자주 나왔던 유형은 아니지만 언제든 시험에 나올 수 있는 표 유형이므로 문제를 푸는 방법은 반드시 익혀 두어야 한다.

빈곤율 문제에서는 절대적 빈곤율과 상대적 빈곤율을 비교하는 문제와 빈곤 탈출 가구와 빈곤 진입 가구를 물어보는 문제가 나온다.

빈곤율 문제를 풀기 전에 빈곤율 관련 용어를 복습하고 빈곤율 문제에서 주로 등장하는 특징에 대해 알아보자.

용어

(1) 빈곤 : 기본적 욕구가 충족되지 않은 상태

(2) 빈곤율 : 가난하여 살기가 어려운 가구나 사람의 비율

(3) **절대적 빈곤 : 최소한의 생활 수준을 유지하기 어려운 상태**

(4) **상대적 빈곤 : 사회 구성원 대다수가 누리는 생활 수준에 이르지 못한 상태**

⇒ 절대적 빈곤선과 상대적 빈곤선은 문제마다 그 기준을 주지만, **우리나라의 절대적 빈곤선은 * 최저 생계비이고, 상대적 빈곤선은 ** 중위 소득의 50%로** 절대적 빈곤 가구는 최저 생계비 미만에 해당하는 가구이고, 상대적 빈곤 가구는 중위 소득의 50% 미만의 소득에 해당하는 가구이다. **절대적 빈곤과 상대적 빈곤 모두 객관적 기준에 의해 빈곤선이 결정되는 객관적 빈곤**이다.

(5) 상대적 박탈감(주관적 빈곤) : 다른 대상과 비교하여 권리나 자격 등 당연히 자신에게 있어야 할 어떤 것을 빼앗긴 듯한 느낌 → 절대적 빈곤, 상대적 빈곤 모두 상대적 박탈감 유발 가능

* 최저 생계비 : 정부가 생계를 보장하는 극빈층(기초생활보장 수급자)을 선정하고 그들에 대한 지원 금액액수를 정할 때 기준으로 삼는 소득 수준을 말한다.

** 중위 소득 : 전체 가구를 소득순으로 순위를 매긴 후 정확히 가운데를 차지한 가구의 소득을 말한다. 이는 평균 소득과는 다른 용어이다.

┃특징

(1) **절대적 빈곤율이** 상대적 빈곤율보다 **높을 때, 상대적 빈곤 가구는 모두 절대적 빈곤 가구에 속한다.**
반대로, **상대적 빈곤율이** 절대적 빈곤율보다 **높을 때, 절대적 빈곤 가구는 모두 상대적 빈곤 가구에 속한다.**

(2) 전체 빈곤율은 절대적 빈곤율과 상대적 빈곤율 중 더 많은 비율을 차지하는 빈곤율과 같다.
절대적 빈곤율과 상대적 빈곤율을 합해야 전체 빈곤율이 나오는 것이 아니다.
반대로 두 빈곤 모두에 속하는 가구의 비율은 절대적 빈곤율과 상대적 빈곤율 중 더 적은 비율을 차지하는 빈곤율과 같다.

(3) 우리나라의 경우, **상대적 빈곤선은 중위 소득의 50%이므로 상대적 빈곤율과 절대적 빈곤율이 같다면 절대적 빈곤선은 중위 소득의 1/2과 같다.**
절대적 빈곤선이 중위 소득의 1/2보다 높다면, 절대적 빈곤율이 상대적 빈곤율보다 더 높고, 중위 소득의 1/2보다 낮다면, 상대적 빈곤율이 절대적 빈곤율보다 더 높다.

(4) 빈곤율 문제에서는 모든 소득 분포가 연속적이라고 가정하기에, **절대적 빈곤율과 상대적 빈곤율이 같다면 두 빈곤선도 일치한다고 생각하고 문제를 풀어야 한다.**

(5) **가구와 인구의 개념을 확실히 구분할 필요가 있다.**
가령, 문제에 '모든 가구의 구성원 수는 동일하다.'라는 조건이 없다면, 가구 수만 주어졌을 때 인구를 비교할 수는 없다.

(6) 절대적 빈곤과 상대적 빈곤은 국가의 소득 수준과 무관하다.
따라서 소득 수준이 높은 국가든 낮은 국가든 절대적 빈곤과 상대적 빈곤 모두 나타날 수 있다.

(7) 일반적으로 전체 소득에서 빈곤 가구의 소득이 차지하는 비율이 전체 가구에서 빈곤 가구가 차지하는 비율을 넘을 수 없다.
예를 들어, 전체 가구에서 빈곤 가구가 차지하는 비율이 20%라면 전체 소득에서 빈곤 가구의 소득이 차지하는 비율은 20%를 넘을 수 없다.
전체 소득에서 빈곤 가구의 소득이 차지하는 비율이 전체 가구에서 빈곤 가구가 차지하는 비율을 넘는다는 것은 모순된 말이기 때문이다.

memo

그림에 대한 분석으로 옳은 것만을 〈보기〉에서 있는 대로 고르시오. (단, 이 기간 동안 A ~ C국의
전체 가구 수와 절대적 빈곤 가구 수는 지속적으로 증가하였으며, 모든 가구의 구성원 수는 동일하다.)

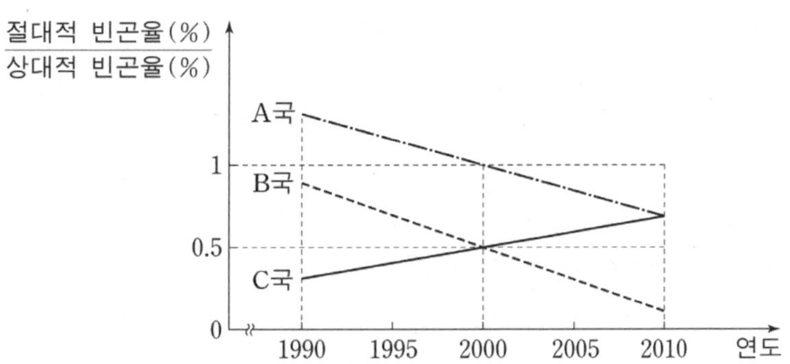

* 절대적 빈곤율 : 전체 가구 중 절대적 빈곤 가구(가구 소득이 최저 생계비 미만인 가구)의 비율
** 상대적 빈곤율 : 전체 가구 중 상대적 빈곤 가구(가구 소득이 중위 소득의 50% 미만인 가구)의 비율
*** 중위 소득 : 전체 가구를 소득 순으로 일렬로 배열했을 때 한가운데 위치한 가구의 소득

─〈 보 기 〉─

ㄱ. 1990년부터 2000년까지 B국의 상대적 빈곤 가구 수는 증가하였고, C국의 상대적 빈곤 가구
   수는 감소하였다.
ㄴ. 1990년부터 2010년까지 A국에서 절대적 빈곤 가구 수의 증가율보다 상대적 빈곤 가구 수의
   증가율이 더 낮다.
ㄷ. 1995년부터 2010년까지 B국에서 중위 소득의 1/2이 최저 생계비보다 크다.
ㄹ. 2005년부터 2010년까지 A국, B국, C국 모두에서 절대적 빈곤 가구는 모두 상대적 빈곤 가구에
   속한다.

절대적 빈곤율/상대적 빈곤율이 1이라는 것은 절대적 빈곤율과 상대적 빈곤율이 같음을 의미한다. 이때, 중위 소득의 50%와 최저 생계비는 일치한다.

따라서, 절대적 빈곤율/상대적 빈곤율이 1보다 크면 절대적 빈곤율이 상대적 빈곤율보다 많아 최저 생계비가 중위 소득의 50%보다 더 많고, 1보다 작으면 상대적 빈곤 가구 수가 절대적 빈곤 가구 수보다 많아 중위 소득의 50%가 최저 생계비보다 더 많다.

주어진 기간 동안 A ~ C국의 절대적 빈곤 가구 수는 지속적으로 증가했으므로 절대적 빈곤율/상대적 빈곤율이 감소한다는 것은 상대적 빈곤율의 증가율이 절대적 빈곤율의 증가율보다 더 커졌음을 의미한다.

그렇지만, 절대적 빈곤율/상대적 빈곤율이 증가한다는 것으로 상대적 빈곤율이 증가했는지 감소했는지는 알 수 없다.

상대적 빈곤율이 유지되거나 감소했을 때, 절대적 빈곤율/상대적 빈곤율이 증가할 수도 있지만, 상대적 빈곤율이 증가하더라도 절대적 빈곤율의 증가율이 상대적 빈곤율의 증가율보다 크다면 절대적 빈곤율/상대적 빈곤율은 증가하기 때문이다.

〈선지 분석〉

ㄱ. 1990년부터 2000년까지 B국의 절대적 빈곤율/상대적 빈곤율은 감소하였고, 절대적 빈곤 가구 수는 지속적으로 증가했으므로 상대적 빈곤 가구 수도 증가하였다.

한편, 1990년부터 2000년까지 C국의 절대적 빈곤율/상대적 빈곤율은 증가하였으므로 절대적 빈곤 가구 수가 지속적으로 증가했더라도 상대적 빈곤 가구 수가 감소하였는지는 알 수 없다.

ㄴ. 1990년부터 2010년까지 A국의 절대적 빈곤율/상대적 빈곤율은 감소했으므로 절대적 빈곤 가구 수의 증가율보다 상대적 빈곤 가구 수의 증가율이 더 높다.

ㄷ. 1995년부터 2010년까지 B국에서 절대적 빈곤율/상대적 빈곤율은 1보다 작으므로 중위 소득의 1/2이 최저 생계비보다 크다.

ㄹ. 2005년부터 2010년까지 A, B, C국 모두 절대적 빈곤율/상대적 빈곤율이 1보다 작으므로 상대적 빈곤 가구가 절대적 빈곤 가구보다 많다.

따라서, 2005년부터 2010년까지 A, B, C국 모두에서 절대적 빈곤 가구는 모두 상대적 빈곤 가구에 속한다.

다음 자료에 대한 분석으로 옳은 것은? (단, 갑국과 을국 각각에서 전체 가구 수는 2016년 이후 변동이 없으며, 모든 가구의 구성원 수는 동일하다.)

- 갑국과 을국은 모두 가구 소득이 최저 생계비 미만인 가구를 절대적 빈곤 가구로, 중위 소득의 50% 미만인 가구를 상대적 빈곤 가구로 분류한다.
- 갑국은 절대적 빈곤 가구에 생계비를 지원하고, 을국은 상대적 빈곤 가구에 교육비를 지원한다.
- 2016년에 을국의 최저 생계비는 중위 소득의 50%였으며, 갑국, 을국 모두 전체 가구의 30%가 절대적 빈곤 가구였다.
- 갑국, 을국 모두 수급 자격 가구와 수급 가구는 일치한다.

(단위 : %)

구분		2017년	2018년
갑국	수급 자격 상실 비율	7	8
	수급 자격 취득 비율	3	4
을국	수급 자격 상실 비율	10	10
	수급 자격 취득 비율	5	5

$$\text{* 수급 자격 상실 비율(\%)} = \frac{\text{금년도 수급 자격 상실 가구 수}}{\text{전년도 수급 가구 수}} \times 100$$

$$\text{** 수급 자격 취득 비율(\%)} = \frac{\text{금년도 수급 자격 취득 가구 수}}{\text{전년도 비(非)수급 가구 수}} \times 100$$

① 갑국은 객관적 지표를, 을국은 주관적 지표를 통해 수급 자격 가구를 결정한다.
② 을국은 갑국에 비해 보편적 복지 이념에 부합하는 빈곤 대책을 채택하고 있다.
③ 2016년과 2017년 갑국의 최저 생계비는 동일하다.
④ 2017년과 달리 2018년에 갑국은 전년 대비 생계비 수급 가구 수가 증가하였다.
⑤ 2017년과 달리 2018년에 을국은 전년 대비 교육비 수급 가구 수가 증가하였다.

〈선지 분석〉

① 갑국은 최저 생계비, 을국은 중위 소득이라는 객관적 지표를 통해 수급 자격 가구를 결정한다.

② 갑국과 을국 모두 보편적 복지 이념이 아니라 선별적 복지 이념에 부합하는 빈곤 대책을 채택하고 있다.

③ 주어진 자료로 2016년과 2017년 갑국의 최저 생계비가 동일한지는 알 수 없다.

④ 갑국의 전체 가구 수는 2016년 이후 변동이 없으므로 2016년, 2017년, 2018년의 전체 가구 수 모두 1,000명으로 가정하자. 2016년에 갑국의 생계비 수급 가구 비율은 30%이므로 2016년에 갑국의 생계비 수급 가구 수는 300명, 비수급 가구 수는 700명이다.

구분	2016년	2017년	2018년
생계비 수급 가구 수	300명	21(700×0.03) + 279(300−21) = **300명**	28 + 276 = **304명**
생계비 비수급 가구 수	700명	21(300×0.07) + 679(700−21) = **700명**	24 + 672 = **696명**

2017년에 갑국은 전년 대비 생계비 수급 가구 수의 변동이 없지만, 2018년에 갑국은 전년 대비 생계비 수급 가구 수가 증가하였다.

※ 2016년에 생계비 수급 가구 수는 300명, 생계비 비수급 가구 수가 700명인데, 2017년의 수급 자격 상실 비율은 7%이고, 수급 자격 취득 비율은 3%이므로 2017년의 생계비 수급 가구 수, 비수급 가구 수는 각각 2016년의 생계비 수급 가구 수, 비수급 가구 수와 동일하다.

⑤ 을국의 전체 가구 수는 2016년 이후 변동이 없으므로 2016년, 2017년, 2018년의 전체 가구 수 모두 1,000명으로 가정하자. 2016년에 을국의 교육비 수급 가구 비율은 30%이므로 2016년에 을국의 교육비 수급 가구 수는 300명, 비수급 가구 수는 700명이다.

구분	2016년	2017년	2018년
교육비 수급 가구 수	300명	305명	309.25명
교육비 비수급 가구 수	700명	695명	690.75명

→ 2017년과 2018년 모두 을국은 전년 대비 교육비 수급 가구 수가 증가하였다.

학생 갑~무의 분석에 대한 평가로 옳은 것은? [3점]

〈A국 빈곤 인구 구성의 변화〉

(단위 : %)

구분	20대 미만	20대	30대	40대	50대	60대 이상	계
2014년	10	11	15	14	20	㉠ 30	100
2015년	8	8	12	10	22	㉡ 40	100

* 2014년에 비해 2015년의 A국 전체 인구는 증가하였고, 2014년과 2015년의 빈곤율은 일치함.
** 빈곤율(%) = (전체 빈곤 인구 / 전체 인구) × 100

〈학생들의 분석〉

갑 : 2014년보다 2015년의 전체 빈곤 인구가 더 많습니다.
을 : 50대 인구 중 빈곤 인구의 비율은 2014년에 비해 2015년이 더 큽니다.
병 : 50대 빈곤 인구는 40대 빈곤 인구와 달리 2014년보다 2015년에 더 많습니다.
정 : 2014년과 달리 2015년에는 50대 이상인 빈곤 인구가 전체 빈곤 인구의 과반수를 차지하였습니다.
무 : ㉠에 해당하는 사람들이 모두 ㉡에 포함되어 있다면, 2015년 전체 빈곤 인구 중 ㉠에 해당하지 않는 60대 이상 빈곤 인구의 비율은 10%입니다.

① 빈곤율 수치가 주어지지 않아 전체 빈곤 인구를 알 수 없으므로 갑의 분석은 타당하지 않다.

② 전체 인구가 증가하였고 전체 빈곤 인구 중 50대의 빈곤 인구의 비율도 증가하였으므로 을의 분석은 타당하다.

③ 40대와 50대 빈곤 인구 모두 어느 해가 더 많은지 알 수 없으므로 병의 분석은 타당하지 않다.

④ 전체 빈곤 인구 중 50대 이상 빈곤 인구의 비율은 두 해 모두 50% 이상이므로 정의 분석은 타당하지 않다.

⑤ ㉠에 해당하는 빈곤 인구는 2015년 전체 빈곤 인구의 30%보다 작은 비율을 차지하므로 무의 분석은 타당하지 않다.

2014년에 비해 2015년의 전체 인구가 증가하였고, 2014년과 2015년의 빈곤율이 일치하므로 2014년에 비해 2015년의 전체 빈곤 인구는 증가하였음을 알 수 있다.

〈선지 분석〉

① 2014년에 비해 2015년의 전체 인구는 증가하였고, 2014년과 2015년의 빈곤율은 일치하므로 2014년보다 2015년의 전체 빈곤 인구가 더 많음을 알 수 있다.
따라서 갑의 분석은 타당하다. 빈곤율 수치가 주어지지 않았고, 전체 빈곤 인구가 얼마인지 알 수는 없지만, **전체 인구가 증가하였고 빈곤율이 일치한다는 단서로 전체 빈곤 인구가 더 많아졌다는 사실은 알 수 있다.**

② 주어진 자료로 전체 빈곤 인구 중에 50대 빈곤 인구가 차지하는 비율은 알 수 있지만, 50대 인구 중 빈곤 인구가 차지하는 비율은 알 수 없다. 따라서 을의 분석은 타당하지 않다.

③ 2014년에 비해 2015년의 전체 빈곤 인구는 증가하였고, 전체 빈곤 인구에서 50대가 차지하는 비율은 증가했으므로 50대 빈곤 인구는 2014년보다 2015년에 더 많음을 알 수 있다.
한편, **전체 빈곤 인구에서 40대가 차지하는 비율은 감소하였는데, 2014년에 비해 2015년의 전체 빈곤 인구는 증가하였으므로 40대 빈곤 인구가 2014년에 비해 2015년에 증가하였는지 감소하였는지는 알 수 없다.** 따라서 병의 분석은 타당하지 않다.
하지만, 50대 빈곤 인구는 2015년이 더 많다는 것을 알 수 있으므로 병의 분석이 타당하지 않은 이유는 적절하지 않다.

④ 과반수는 절반이 넘는 수를 의미한다.
전체 빈곤 인구에서 50대 이상이 차지하는 비율이 2014년에는 50%, 2015년에는 62%이므로 정의 분석은 타당하다.

⑤ 2014년에 비해 2015년의 전체 빈곤 인구는 증가하였으므로 ㉠에 해당하는 사람이 모두 ㉡에 포함되어 있다고 하더라도 2015년 전체 빈곤 인구 중 ㉠에 해당하는 60대 이상 빈곤 인구의 비율은 30%보다 작다.
따라서, 2015년 전체 빈곤 인구 중 ㉠에 해당하지 않는 60대 이상 빈곤 인구의 비율은 10%보다 크다.

※ 2014년의 전체 빈곤 인구를 100명, 2015년의 전체 빈곤 인구를 150명이라고 가정하자.
이때, ㉠에 해당하는 사람은 30명으로 ㉠에 해당하는 사람이 모두 ㉡에 포함되어 있다면, 2015년 전체 빈곤 인구 중 ㉠에 해당하는 60대 이상 빈곤 인구의 비율은 20%로 이는 30%보다 작다.

memo

01 16학년도 6월 평가원 10번 [정답과 해설 236page]

다음 자료에 대한 분석으로 옳은 것은?

표는 갑국과 을국의 절대적 빈곤 가구 수(A) 대비 상대적 빈곤 가구 수(B)의 변화를 나타낸 것이다. 두 국가 모두 2000년에서 2010년 사이에 최저 생계비는 지속적으로 증가하였다. (단, 갑국과 을국 각각 모든 가구의 구성원 수는 동일하다.)

구분	2000년	2005년	2010년
갑국(B/A)	0.25	1	1.5
을국(B/A)	2	1	0.5

  * 절대적 빈곤 가구 : 가구 소득이 절대적 빈곤선(최저 생계비) 미만인 가구
  ** 상대적 빈곤 가구 : 가구 소득이 상대적 빈곤선(중위 소득의 50%) 미만인 가구
  *** 중위 소득 : 전체 가구를 소득 순으로 나열했을 때 한가운데 위치한 가구의 소득

① 2000년에 갑국에서 절대적 빈곤선은 상대적 빈곤선의 4배이다.
② 2000년에 을국에서 상대적 빈곤 가구는 모두 절대적 빈곤 가구에 해당한다.
③ 2005년 대비 2010년에 갑국에서는 절대적 빈곤선과 상대적 빈곤선이 모두 높아졌다.
④ 2010년에 을국에서 중위 소득 대비 최저 생계비의 비율은 50% 미만이다.
⑤ 2010년에 갑국은 을국과 달리 상대적 빈곤 가구의 비율이 절대적 빈곤 가구의 비율보다 낮다.

표에 대한 옳은 분석만을 〈보기〉에서 있는 대로 고르시오. (단, A국의 1990년 전체 가구 중 빈곤층 가구의 비율은 10%이며, 가구별 구성원과 전체 가구 수에는 변동이 없다.) [3점]

〈A국의 빈곤 탈출률과 빈곤 진입률〉

(단위 : %)

구분	2000년	2010년
빈곤 탈출률	30	20
빈곤 진입률	20	10

* 빈곤 탈출률 : 10년 전 빈곤층 가구 중 조사 연도에 비빈곤층인 가구 비율
* 빈곤 진입률 : 10년 전 비빈곤층 가구 중 조사 연도에 빈곤층인 가구 비율

──────── 〈보 기〉 ────────

ㄱ. 2000년에 빈곤 진입 가구보다 빈곤 탈출 가구가 많다.
ㄴ. 2010년에 빈곤층 가구는 전체 가구의 30%를 넘는다.
ㄷ. 비빈곤층 가구 중 10년 전에 빈곤층인 가구의 비율은 2000년보다 2010년이 높다.
ㄹ. 1990년 빈곤층 가구 중 2000년, 2010년 모두에 빈곤층인 가구의 비율은 최대 70%이다.

표에 대한 옳은 분석만을 〈보기〉에서 있는 대로 고르시오. (단, 갑국의 전체 가구 수와 가구별 구성원은 2014년과 2015년이 같다.) [3점]

〈갑국의 빈곤층 가구 비율의 변화〉

(단위 : %)

구분	비빈곤층 가구	빈곤층 가구	계
2014년	80	20	100
2015년	90	10	100

──────── 〈보 기〉 ────────

ㄱ. 2014년에만 빈곤층인 가구가 2015년에만 빈곤층인 가구보다 적다.
ㄴ. 2014년 빈곤층 가구 중 2015년에 비빈곤층인 가구의 비율은 50%이다.
ㄷ. 전체 가구 중 2014년과 2015년에 모두 비빈곤층인 가구의 비율은 최소 70%이다.
ㄹ. 2014년과 2015년에 모두 비빈곤층인 가구의 수는 두 해 모두 빈곤층인 가구 수의 8배 이상이다.